教师教育精品教材·学前教育专业系列

学前教育政策与法规

主编◎周小虎

| 第 3 版 |

华东师范大学出版社
·上海·

图书在版编目(CIP)数据

学前教育政策与法规 / 周小虎主编. —3 版.
上海:华东师范大学出版社,2025. —ISBN 978-7
-5760-4567-3

Ⅰ. G619.20;D922.16

中国国家版本馆 CIP 数据核字第 2025F9P553 号

学前教育政策与法规(第 3 版)

主　　编	周小虎
责任编辑	余思洋
责任校对	宋红广　时东明
装帧设计	庄玉侠

出版发行　华东师范大学出版社
社　　址　上海市中山北路 3663 号　邮编 200062
网　　址　www.ecnupress.com.cn
电　　话　021-60821666　行政传真 021-62572105
客服电话　021-62865537　门市(邮购)电话 021-62869887
地　　址　上海市中山北路 3663 号华东师范大学校内先锋路口
网　　店　http://hdsdcbs.tmall.com

印 刷 者　浙江临安曙光印务有限公司
开　　本　787 毫米×1092 毫米　1/16
印　　张　21
字　　数　427 千字
版　　次　2025 年 4 月第 3 版
印　　次　2025 年 4 月第 1 次
书　　号　ISBN 978-7-5760-4567-3
定　　价　46.00 元

出 版 人　王　焰

(如发现本版图书有印订质量问题,请寄回本社客服中心调换或电话 021-62865537 联系)

前言
QIAN YAN

人生百年,立于幼学。我国历来重视学前教育事业的发展,党的二十大报告提出,教育、科技、人才是全面建设社会主义现代化国家的基础性、战略性支撑。办好人民满意的教育,要"强化学前教育、特殊教育普惠发展",这为我国学前教育指明了前进和发展的方向。

千呼万唤始出来。2020年9月,教育部发布公告,就《中华人民共和国学前教育法草案(征求意见稿)》面向社会公开征求意见。2023年8月,《中华人民共和国学前教育法(草案)》首次提请十四届全国人大常委会第五次会议审议,并在会后面向社会公开征求意见。2024年6月,《中华人民共和国学前教育法(草案)(二次审议稿)》提请十四届全国人大常委会第十次会议审议,并在会后面向社会公开征求意见。2024年11月,《中华人民共和国学前教育法(草案)(三次审议稿)》提请十四届全国人大常委会第十二次会议审议,并于2024年11月8日表决通过。《中华人民共和国学前教育法》第八十五条规定:"本法自2025年6月1日起施行。"这个日子蕴含深意,让千千万万学前教育工作者为之激动。

法治,固根本、稳预期、利长远。我国的学前教育事业将在《中华人民共和国学前教育法》的促进下,加速迈向"有法可依"的新时代。《中华人民共和国学前教育法》主要从明确学前教育定位,补齐教育短板;健全规划举办机制,促进资源供给;规范学前教育实施,提高教育质量;加强教职工队伍建设,提升教师素质;完善投入机制,加强经费保障;健全监管体制,强化监督管理等方面作出了规定,为未来学前教育事业的健康发展、学前教育政策与法规的健全奠定了基础。

本书自出版发行以来,得到了广大师生和读者的好评,同时也获得了一些有益的建议。在此次修订中,本书并未调整整体结构,主要依据2025年6月1日起施行的《中华人民共和国学前教育法》对学前教育政策与法规领域的相关内容进行解读,同时增加了《幼儿园教师违反职业道德行为处理办法》《新时代幼儿园教师职业行为十项准则》等相关内容,进一步对有关我国幼儿园教师师德师风建设的政策法规进行了解读。另外,本书对第二版中表述不准确的地方进行了修改。

本书可以作为高等学校学前教育专业的专业课教材,也可作为通识课学习读本。本人谫陋之处,恳祈学人指正。

周小虎

2025 年 1 月

目录

导论 / 1

第一章 学前教育的政府职责 / 11

第一节 学前教育的性质和功能 / 13

第二节 政府的学前教育职责 / 17

第二章 学前教育的政府管理 / 27

第一节 学前教育的行政管理体制 / 29

第二节 学前教育行政管理的运行机制 / 34

第三章 幼儿园的法律地位 / 45

第一节 幼儿园法律地位的概述 / 48

第二节 幼儿园的权利 / 54

第三节 幼儿园的义务 / 63

第四章 幼儿园的设立与运行 / 73

第一节 幼儿园的开办资质与程序 / 75

第二节 幼儿园的运行机制 / 92

第三节 幼儿园的管理与监督 / 108

第五章　幼儿园的保育与教育 / 115

第一节　幼儿园的保育工作　/ 119
第二节　幼儿园的教育工作　/ 126

第六章　幼儿园教师的权利与义务 / 139

第一节　幼儿园教师的社会角色和法律地位　/ 141
第二节　幼儿园教师的社会关系　/ 153
第三节　幼儿园教师的道德规范　/ 158
第四节　幼儿园教师的法律风险及其预防　/ 165

第七章　幼儿园工作人员的资质和职责 / 171

第一节　幼儿园园长　/ 175
第二节　幼儿园其他工作人员　/ 185

第八章　儿童权利与保护 / 199

第一节　儿童最大利益原则　/ 201
第二节　儿童的教育利益　/ 204

第九章　幼儿与教育政策法规 / 209

第一节　学前教育中的幼儿　/ 211
第二节　幼儿伤害事故类型　/ 214
第三节　幼儿伤害事故发生的原因及其预防　/ 225

附录

附录1　《幼儿园工作规程》／237
附录2　《幼儿园教育指导纲要(试行)》／246
附录3　《幼儿园管理条例》／254
附录4　《中华人民共和国教师法》／258
附录5　《中华人民共和国民办教育促进法》／264

附录 6 《中华人民共和国学前教育法》 / 271

附录 7 《3—6 岁儿童学习与发展指南》 / 283

附录 8 《幼儿园保育教育质量评估指南》 / 312

附录 9 《中共中央国务院关于学前教育深化改革规范发展的若干意见》 / 315

附录 10 《国务院关于当前发展学前教育的若干意见》 / 323

导 论

学习目标

1. 掌握学前教育政策、法规的含义。
2. 了解学前教育政策、法规的特征。
3. 理解学前教育政策与学前教育法规的区别和联系。
4. 了解学习学前教育政策与学前教育法规的研究方法。

导入案例

"老师让我在厕所吃饭"——五龄童之母状告幼儿园

因五岁半的军军(化名)在幼儿园受到老师的格外"关照",军军妈妈以老师侵犯了军军的人格权为由,将幼儿园和老师告上法庭。某市金水区法院公开审理了此案。5岁半小孩状告幼儿园侵权,该庭审成了全市媒体关注的焦点。

与孩子的老师和幼儿园对簿公堂,以军军的法定代理人身份出庭的军军妈妈荣女士的内心也极不情愿,但孩子回家后向她诉说的三件事确实让她接受不了,她要为孩子讨个说法。

某天晚上,军军说了第一件事。"因为我上课说话,程老师让我搬椅子坐在一旁看全班小朋友吃饭。我当时很饿,很想吃,但不敢跟老师说。后来,其他小朋友吃完饭后,程老师把饭端到厕所里,让我在那儿吃,我感觉好恶心……"军军对妈妈说道。

第二天晚上,放学回家的军军又对妈妈说:"今天老师让全班小朋友举手表决,让我转班。妈妈,我不想去幼儿园了,我以后不上学了,好不好?"

一个星期后,军军又告诉妈妈,老师不让全班小朋友和他说话,也不让他们同他玩了。

听到军军的哭诉,荣女士非常生气,在向幼儿园反映和交涉但迟迟得不到满意答复后,荣女士以孩子法定代理人的身份向金水区法院递交了诉状,要求幼儿园和当事老师在全园师生员工大会上向孩子公开道歉,并赔偿精神损失费五百元。

庭审当天,到庭应诉的幼儿园副园长承认该园个别老师在教育方式上有不当之处。在听到荣女士的反映后,园方即刻进行了调查。尽管事实与军军所说存在一定的差异,但园方仍从严对此事进行了处理。当事老师已写了书面检查,同时被责令向家长诚恳地赔礼道歉,并被扣罚奖金。保教副园长和园长领导失责,也均被扣罚奖金。

此案例呈现的是幼儿园教师程某不遵守法律的相关规定,在教育过程中因伤害幼儿的身心健康而被幼儿的监护人告上法庭。遵纪守法是社会向公民提出的基本要求,作为幼儿园教师,其应遵守的职业道德规范之一就是贯彻党和国家的教育方针政策,遵守教育法律法规。

因此,学习和了解学前教育政策和法规,是每一个立志从事学前教育事业的人的基本素养。我国的《中华人民共和国教育法》《中华人民共和国教师法》《中华人民共和国未成年人保护法》(以下分别简称为《教育法》《教师法》《未成年人保护法》)等都对教师所要承担的法律责任作出了明确规定,教师一旦违反相关规定,就会受到相应的法律制裁。

广义的学前教育是对三周岁以上学龄前儿童所实施的一切保育和教育活动的总称。狭义的学前教育指的是由专门的教育机构组织的针对三周岁以上学龄前儿童进行的有目的、有计划的教育,即幼儿园的教育。在没有特别说明的情况下,本书主要采用狭义的学前教育概念。相应地,学前教育机构是指依法成立的旨在对学龄前儿童进行保育和教育的组织机构,主要是指招收三周岁以上学龄前儿童并对其进行保育和教育的幼儿园。

在学前教育的研究和实践领域,"学前教育""幼儿教育""早期教育""幼稚教育"等概念之间尽管还存在一定的区别,但是在不深究其内涵差异的前提下,它们常常交叉使用。因此,本书所引政策法规中仍有个别或冠有"幼儿教育"或内容涉及幼儿教育,在没有特殊说明的情况下,均指针对三周岁以上学龄前儿童保育及教育的政策和法规。

一、学前教育政策的含义和特征

(一) 学前教育政策的含义

学前教育政策指党和政府为完成一定历史时期的学前教育任务,实现学前教育培养目标而作出的兼具战略性、现实针对性和可操作性的规定,是党和政府为实施与发展学前教育事业而制定的行动准则。科学合理的政策能推动学前教育事业的发展,反之则会阻碍学前教育事业的发展。学前教育政策既影响宏观学前教育事业发展的方向、速度、规模、质量和效益,也影响微观学前教育活动的质量和效益,因此,学前教育政策的制定和实施关系到每个学前儿童受教育的机会和质量。从内容来看,学前教育政策既涵盖了学前教育发展的目标,又规定了学前教育发展的促进手段,因而比较充分地体现了国家发展学前教育的意志和行动。国家往往通过制定和实施各种学前教育政策来为学前教育的改革与发展服务。

(二) 学前教育政策的特征

一般而言,学前教育政策具有如下特征。

1. 明确的目的性

学前教育政策是根据发展学前教育的现实需要制定出来的,具有明确的目的性。同时,学前教育政策作为教育政策的有机组成部分,也充分体现着国家的价值倾向。国家制定学前教育政策,并就学前教育行动作出具体设计和规划,通过制度规范和行为规范,达到促进学前教育事业发展的目的。因此,明确的目的性是学前教育政策的基本特性之一。

2. 鲜明的系统性

学前教育政策是既是教育政策的一部分,其自身也是一个相对独立的体系。从横向来看,学前教育政策包括多方面的内容,体现在党和政府的规划、决定、意见中,它们之间互相配合,形成了一个结构严谨的政策体系。从纵向来看,学前教育政策的系统性表现在两个方面:一是中央与地方学前教育政策的相互联系性;二是学前教育政策的历史继承性,即连接着过去、现在和未来。

3. 相对的灵活性

学前教育政策的相对灵活性体现在两个方面:一方面,学前教育政策会随着社会的发展变化而及时作出调整;另一方面,根据学前教育政策的内容相对原则,各地区或单位在理解和贯彻学前教育政策时,可以而且应当根据本地区、本单位的实际情况作出灵活处理,提出实施意见。作为一种社会规范,学前教育政策一经公布,在一定时期内不能随意变动,而应保持一定的稳定性,以确保人们开展规范的、可预见的具体教育活动。但学前教育政策的稳定性是相对的,随着外部环境的变化以及学前教育自身因素的变化,学前教育政策需要作出相应的调整和改革,因而说它具有很强的时代感和应变性。

拓展阅读

浙江省以创建学前教育普及普惠县为支点,不断提高学前教育公共服务水平

浙江省认真学习贯彻习近平总书记关于教育的重要论述,始终坚持公益普惠基本方向,加快构建覆盖城乡、布局合理的学前教育公共服务体系,以国家学前教育普及普惠县创建为支点,不断推动学前教育普及普惠安全优质发展。

压实责任,健全工作体系。坚持把学前教育作为重要民生工程,切实落实政府主体责任,将学前教育普及普惠县创建纳入《浙江高质量发展建设共同富裕示范区实施方案(2021—2025年)》和《教育部浙江省人民政府关于共同推进浙江教育高质量发展助力共同富裕示范区建设备忘录》。出台《中共浙江省委浙江省人民政府关于学前教育深化改革规范发展的实施意见》,颁布施行《浙江省学前教育条例》《浙江省学前教育发展第四轮行动计划(2021—2025年)》《浙江省城镇住宅小区配套幼儿园建设管理办法(2022年修订)》等政策文件,全省学前三年入园率超过98%。浙江省政府连续五年将"学前教育补短提升"列入政府督查激励项目,将"优化普惠性学前教育服务供给体系"作为浙江高质量发展建设共同富裕示范区试点,以点带面引领全省学前教育公益普惠优质均衡发展。

扩大供给,夯实保障基础。优化乡村山区和城镇薄弱区域学前教育资源布局,通过扶持山区26县农村幼儿园改造提升工程等措施,不断缩小城乡学前教育发展差距,加大优质普惠资源供给。2021—2023年,通过实施省级教育民生实事,新建、改扩建幼儿园392所,新增学位12万余个,实现了乡镇中心幼儿园全覆盖。合理划分公办幼儿园和普惠性民办幼儿园招生服务区,积极推行幼儿园"长幼随园"人性化服务举措,允许幼儿跨服务区转入现服务区公办幼儿园(或政府购买服务的普惠性民办幼儿园)。保障全省所有县(市、区)级财政性学前教育经费占同级财政性教育经费的比例不低于5%,积极推进学前教育成本分担机制,在科学核定办园成本、优化成本分担项目结构基础上,确定公办幼儿园保教费占保教成本的比例不高于40%,因地制宜、分步指导28个市、县(市、区)出台实施办法,调整公办幼儿园保教费标准,努力保障"在家门口上好园"的需求。

凝练内涵,推动优质发展。对照高水平普及目标,以突出等级幼儿园创建规范与保教质量为导向,修订完善《浙江省幼儿园等级评定标准(2020年修订)》《浙江省幼儿园等级评定实施办法(2020年修订)》等,落实科学保育教育方法,不断提档升级幼儿园保教质量。截至2023年底,全省有幼儿园7 067所,在园幼儿177.6万人,优质幼儿园在园幼儿占比达83.5%。编制实施学前教育教师发展专项规划,建立农村幼儿园和劳动合同制教师岗位薪酬体系与薪酬稳步增长机制,保障学前教育教师地位和待遇。探索建立高校与市、县协同培养学前教育教师机制,构建城乡全覆盖教研指导网络,助力师资专业化成长。截至2023年底,全省幼儿园教师持证率达99.78%,具有本科学历教师占比65.6%。积极打造学前教育"金名片",以"安吉游戏"项目带动涌现杭州市"托幼一体化集成改革"、温州市"一个村就是一所园"未来农村幼儿新模式建设、绍兴市区域推进"学有优教"新样态等一批实践经验。

改革创新,拓展普惠路径。创新普惠性民办幼儿园扶持模式,核定普惠性民办幼儿园生均成本,提高财政扶持力度,优化扶持形式,逐步达到与公办幼儿园同级收费标准。探索"托幼一体化"普惠长效模式,激励幼儿园利用富余学位举办针对2—3岁儿童的托班,实施《浙江省幼儿园托班管理指南(试行)》,确保幼儿园托育服务规范化、标准化。截至2023年底,全省幼儿园共提供托位6.6万个,实际在托幼儿4.3万人。启动学前教育发展质量监测,建立学前教育质量监测大数据分析平台和"托幼+"数字地图,动态掌握全省学前教育质量发展状况,识别发展优势,诊断存在问题,服务各级党委政府科学决策,不断促进学前教育普及普惠发展。

二、学前教育法规的含义和特征

(一) 学前教育法规的含义

学前教育法规是有关国家机关制定的,旨在调整国家行政部门在行使学前教育行政权力、公民在享受受教育权利的教育活动中所发生的各种社会关系的法律规范。如果没有特别说明,本书采用广义的学前教育法规的概念,即包括一切有关学前教育的专门法律、行政法规、部门规章以及地方性法规与规章,同时还包括《中华人民共和国宪法》(以下简称《宪法》)和其他一些法律中有关学前教育的规定。因此,学前教育法规就其基本性质而言,是规范学前教育活动、调整学前教育行政关系的法律、法规的总称。它以国家教育行政机关所实施的教育活动,幼儿园及其他学前教育机构所进行的教育活动,幼儿的学习活动,以及社会组织和公民所从事的与学前教育有关的活动为主要的规范内容。

(二) 学前教育法规的特征

学前教育法规通常具有以下特征。

1. 规范性和权威性

学前教育法规是国家按照一定的法定程序,以法的形式和手段对学前教育相关部门、单位或个人的行为所作的规定,因而具备法律规范所具有的行为规范性特征。学前教育法规是保障学前教育进一步发展的基本要求,是对学前教育所涉及的具体行为的规范和指引。学前教育法规经由国家立法机关制定,具备相应的法律效力,因而具有法律的权威性和规范性。

2. 强制性

法律规范的强制性体现在它是由国家强制力保障实施的,具有普遍约束力。学前教育法规是调整学前教育活动过程中各种社会关系的法律规范,同样是通过国家强制力保障实施的,这种强制力具有普遍性,无论谁违反了学前教育法规的相关规定,都必须承担相应的法律责任,甚至受到法律的制裁。

3. 稳定性

秩序是法律的价值目标之一,而稳定性则是秩序的基本特征。学前教育法规是在总结贯彻党和国家的学前教育政策、学前教育实践经验的基础上,通过严格的制定和修改程序确定下来的,是相对成熟化、定型化的学前教育规范,不得随意变动。因此,学前教育法规具有法律规范所特有的稳定性。

4. 调整对象的特定性

学前教育法规是教育法规体系的有机组成部分,它侧重于调整学前教育活动中产生的法律关系,规范与学前教育相关的部门、单位或个人的行为,确认和维护有利于学前教育发展的关系与秩序,保障我国学前教育事业发展的科学化、规范化和法治化。

> **拓展阅读**
>
> **法的概念及特征**
>
> 法的概念:法是指由国家专门机关创制的、以权利义务为调整机制,并通过国家强制力保障实施的调整行为关系的规范;它是意志与规律的结合,是阶级统治进行社会管理的手段,是通过利益调整以实现某种社会目标的工具。
>
> 法的特征有:(1)法是调整行为关系的规范。首先,法调整的对象是行为关系,即通过对行为的作用来调整社会关系。其次,法具有规范性,它是抽象的、概括的,只要通过法的安排和指引,即规范性调整,就能对一切同类主体和同类行为起到作用,每个人只需根据法律而行动,不必事先经过任何人的批准。(2)法由国家专门机关制定、认可和解释。首先,法是由特定的国家机关依照职权制定或者认可的,即法是由国家机关依其职权范围并按一定程序制定出来的规范性文件。其创制方式包括国家机关通过立法活动产生新规范;通过对既存的行为规则予以承认,赋予法律效力;国家专门机关有权依照法定权限和程序,根据一定的标准和原则对法律法规进行解释。其次,法以国家的名义创制,适用范围以国家主权为界域,具有国家性。最后,法在一国之内具有普遍适用性。(3)法以权利义务双向规定为调整机制。第一,法以权利和义务为基本内容,这种权利和义务具有确定性与可预测性的特点,它明确告诉人们该怎样行动、不该怎样行动以及必须有怎样的行为。第二,法具有利导性,通过规定权利义务来分配利益,影响人们的动机和行为,进而影响社会关系。(4)法通过国家强制力保障实施。
>
> 法是阶级统治的工具,是以国家强制力保证其实施的一种社会规范,法具有不可抗拒性。法的这个特征是其与其他社会规范的主要区别之一,也是法的特殊性之所在。
>
> 资料来源:张文显.法理学(第三版)[M].北京:法律出版社,2007:102—110.

三、学前教育政策与学前教育法规的关系

（一）学前教育政策与学前教育法规的联系

学前教育政策与学前教育法规的联系，可以从两个方面去理解。第一，两者本质上一致。学前教育政策和学前教育法规有共同的指导思想，都是党和国家意志的体现，都是党和国家管理学前教育的重要手段。第二，政策指导法规的制定与实施，法规使政策定型和规范。一般而言，学前教育政策是制定学前教育法规的依据。学前教育法规则集中地反映党和国家关于发展学前教育的意志和主张，提出学前教育各项工作的行为准则，保障学前教育政策的顺利实施。成熟、稳定的学前教育政策在一定条件下可以转化为学前教育法规。

（二）学前教育政策与学前教育法规的区别

1. 制定者不同

学前教育政策是由党和政府部门制定的指导性文件，而学前教育法规则是国家机关按照一定的法定程序，以法的形式和手段固定下来的规范性文件。因而，学前教育法规具有国家意志的属性，具备较强的稳定性和法律效力。

2. 约束力不同

学前教育政策具有普遍的指导意义，但不具有国家意志和普遍的约束力。学前教育法规由国家机关制定或认可，依其层次级别的不同，在一定的范围内具有普遍约束力。

3. 表现形式不同

学前教育政策通常是以决议、决定、通知、意见和规划等文件的形式出现，且不一定公开颁布。而教育法律法规则是以法律、法规等规范性文件的形式出现的，必须公开颁布。学前教育政策的内容表述方式可以多样化，一般不采用法律法规的表述范式。学前教育法规则采用法、条例、规定、规范、办法等法规性文体，明确规定相关部门、单位或个人必须做什么、可以做什么、不得做什么，以及违反者必须承担的相应后果。

4. 执行方式不同

教育政策的执行主要是靠组织和宣传，启发人们自觉遵循，其强制力有一定限度。同时，学前教育政策的具体落实往往需要借助其他更为具体的制度和措施。学前教育法规的执行以国家强制力为后盾，要求社会成员必须遵照执行，它不是可做可不做的，而是必须做的行为；也不是可以这样做、可以那样做的，而是必须这样做的行为；否则，就必须承担相应的法律责任。

5. 稳定程度不同

学前教育政策的灵活性强,而学前教育法规的稳定程度高。学前教育政策随着社会发展、教育方式和任务的变化,可以适时作出调整,而且必须不断完善,具有较强的灵活性。学前教育法规是在总结贯彻党和国家的学前教育政策的基础上,通过集中人民群众的智慧,经过严格的制定和修改程序确定下来的,因而比较成熟和定型化,具有较强的稳定性。

6. 调整范围不同

学前教育政策的灵活性和及时性,决定了其调整的范围更广泛,可以及时渗透到教育领域的各个方面,发挥调节和导向作用。学前教育法规一般就教育活动的根本方面和教育的基本关系加以约束与规范,其调整的范围比学前教育政策更为具体、更具有针对性。

四、学前教育政策与学前教育法规的研究方法

学前教育政策与法规的研究方法多种多样,其目的在于通过科学、系统的手段揭示学前教育政策与法规的出台背景、制定过程、实施效果和评价手段等,主要有以下方法。

(一) 文献法

文献法是指通过收集、整理和分析与学前教育政策及法规相关的文献资料,了解其背景、理论和实践经验,有助于建立研究框架,提出研究假设,为研究提供理论支持。

(二) 实证研究法

实证研究法是指通过实地调查、走访等方式收集数据和信息,运用统计分析方法对数据进行处理和分析,揭示学前教育政策与法规的实际效果和影响。

(三) 案例分析法

案例分析法是指通过选择具有代表性的学前教育案例进行深入分析,了解特定学前教育政策与法规在实际运行中的效果和问题,能够提供具体的实例,有助于对学前教育政策与法规进行深入的剖析和反思。

(四) 比较法

比较法是指通过对不同国家和地区的学前教育政策与法规进行比较分析,归纳和总结异同点,为改进提供借鉴,有助于拓宽视野。

(五) 综合研究法

综合研究法是指将多种研究方法有机结合,综合运用文献法、实证研究法、案例研究法

和比较法等,对学前教育政策与法规进行全面、系统和深入的研究,可以弥补单一研究方法的不足,提高研究的全面性、准确性和稳定性。

思考与练习

材料分析题

某幼儿园开展教师法律知识竞赛,李老师、林老师积极参赛。在收集保护幼儿权利的法律、法规时,李老师和林老师有不同的意见。李老师认为《未成年人保护法》就是唯一的权威指引,一切以此为准,其他可以不考虑;林老师则认为还应包括其他法律、法规。两位老师谁也无法说服谁,争执不下。

请问李老师的说法正确吗?为什么?谈谈你认为与学前教育相关的法律法规有哪些。

第一章

学前教育的政府职责

 学习目标

1. 了解学前教育的性质和功能。
2. 掌握政府的学前教育职责的具体内容。

导入案例

幼有所育,根本之策在普惠[①]

网络上有一个笑话:孩子今年4岁了,掌握1 500个英语单词的词汇量够不够?——在美国肯定是够了,在北京海淀明显不够。

笑话虽短,却透露了当下一线城市儿童家长对于学前教育的焦虑。学前教育,是孩子表达自我、认知世界、健康成长的重要阶段,牵动着每一个家庭的心。2019年的《政府工作报告》指出,多渠道扩大学前教育供给,无论是公办还是民办幼儿园,只要符合安全标准、收费合理、家长放心,政府都要支持。

我国学前教育事业发展现状如何? 还存在哪些问题? 今后将如何发展? 2019年,时任教育部部长受国务院委托,向全国人大常委会作了关于学前教育事业改革和发展情况的报告,对这些问题一一作出了回答。

回答主要聚焦三个方面展开:重普惠,破解"入园难""入园贵";强师资,严格准入落实保障;禁"抢跑",推进幼儿园和小学科学衔接展开。解决上述三个方面的问题将有效促进我国学前教育事业的发展,体现我国政府的学前教育职责。

[①] 刘华东,陈凯君.幼有所育,根本之策在普惠——国务院关于学前教育事业改革和发展情况报告的解读[N].光明日报,2019-09-01(06).

第一节 学前教育的性质和功能

在我国的学制体系中,学前教育主要指的是对 3—6 岁的幼儿实施的保育和教育。对学前教育的性质和功能的规定体现了一个国家对学前教育的重视程度,体现了一个国家的教育发展水平,体现了社会的文明与进步程度。

一、学前教育的性质

我国有关学前教育的政策法规明确了学前教育的两个基本性质:第一,它是教育事业的组成部分;第二,它是社会公共事业。

(一) 学前教育是教育事业的组成部分,具有教育性

《宪法》在第一章第十九条规定:国家发展社会主义的教育事业,提高全国人民的科学文化水平。国家举办各种学校,普及初等义务教育,发展中等教育、职业教育和高等教育,并且发展学前教育。

1951 年,《关于改革学制的决定》规定了如下学制:幼儿教育、初等教育、中等教育、高等教育。在此之后,学前教育作为我国学制体系中的一环、基础教育的组成部分,始终没有改变。

1979 年,《城市幼儿园工作条例(试行草案)》明确规定:幼儿教育是社会主义教育事业的组成部分,是培养有社会主义觉悟的有文化的劳动者的基础。

1995 年,《全社会都要关心和支持基础教育》指出:基础教育,包括学前教育、小学教育和中学教育,在我国教育事业中占有十分重要的地位。

1997 年,《全国幼儿教育事业"九五"发展目标实施意见》进一步提出:幼儿教育是我国学制的第一阶段,是基础教育的有机组成部分。它既为幼儿入小学做准备,也为九年义务教育的实施奠定基础,发展幼儿教育事业是关系到人口素质的提高和民族未来兴衰的大问题。

2001 年,《幼儿园教育指导纲要(试行)》指出:幼儿园教育是基础教育的重要组成部分,是我国学校教育和终身教育的奠基阶段。

2003 年,《关于幼儿教育改革与发展的指导意见》指出:幼儿教育是基础教育的重要组成部分,发展幼儿教育对于促进儿童身心全面健康发展,普及义务教育,提高国民整体素质,实现全面建设小康社会的奋斗目标具有重要意义。

2010 年,《国家中长期教育改革和发展规划纲要(2010—2020 年)》提出基本普及学前教

育、明确政府职责、重点发展农村学前教育三个学前教育发展任务。

2018年,《中共中央国务院关于学前教育深化改革规范发展的若干意见》提出:进一步完善学前教育公共服务体系,切实办好新时代学前教育,更好实现幼有所育。

2018年,《新时代幼儿园教师职业行为十项准则》提出潜心培幼育人的要求。

2021年,第三次修正后的《教育法》规定:国家实行学前教育、初等教育、中等教育、高等教育的学校教育制度。

2021年,《中国儿童发展纲要(2021—2030年)》提出:适龄儿童普遍接受有质量的学前教育。

2022年,《幼儿园保育教育质量评估指南》提出:各地要高度重视幼儿园保育教育质量评估工作,将其作为促进学前教育高质量发展、办好人民满意教育的重要举措。

2024年,《中华人民共和国学前教育法》(以下简称《学前教育法》)第三条指出:学前教育是国民教育体系的组成部分。第四条指出:学前教育应当落实立德树人根本任务,培育社会主义核心价值观,继承和弘扬中华优秀传统文化、革命文化、社会主义先进文化,培育中华民族共同体意识,为培养德智体美劳全面发展的社会主义建设者和接班人奠定基础。

综上所述,从中华人民共和国成立以来的政策和法规分析,教育性是我国学前教育的基本特性之一。

(二) 学前教育是一项社会公共事业,具有福利性和公益性

中华人民共和国成立以来,为了更好更快地进行社会建设,国家各行各业都需要劳动力。为了支援国家建设,学前教育事业开始了迅猛的发展,经过了第一个和第二个五年计划的发展之后,1961年,幼儿园总数已达6.3万所左右。[①] 其中,教育部门和其他各部门举办的公立幼儿园约占87%,而且绝大部分幼儿园都具有单位福利的性质,主要是为了方便职工的工作,解除他们的后顾之忧。

1952年,《幼儿园暂行规程(草案)》规定,市、县所办幼儿园的经费,由市、县人民政府在地方教育事业费内统筹统支。其他公办和私立幼儿园的经费,由设立者或者董事会供给。

1979年,《全国托幼工作会议纪要》提出:各级教育、卫生部门举办的幼儿园、托儿所经费和培训各类园、所保教人员、医务人员以及开展托幼工作其他活动所需费用,分别由教育事业费和卫生事业费列支。各企业、事业、机关、部队举办的园所的经费,由各主办单位自行解决。另外,对于城镇民办园所,在经费来源中,一个重要的组成部分是"孩子家长所在单位,向送托园所交管理费"。这些规定都充分体现了学前教育的福利性质。

---

① 中国学前教育发展战略课题组. 中国学前教育发展战略研究[M]. 北京:教育科学出版社,2010:55.

1987年，国务院办公厅转发《关于明确幼儿教育事业领导管理职责分工的请示》时，明确提出：幼儿教育是社会主义教育事业的重要组成部分，是我国学校教育的预备阶段，同时又是一项社会公共福利事业。

1997年，《全国幼儿教育事业"九五"发展目标实施意见》提出：幼儿教育既是教育事业，又具有福利性和公益性的特点。

2003年，《关于幼儿教育改革与发展的指导意见》明确指出：国务院教育部门会同财政部门和价格主管部门，按照不以营利为目的的原则，制定幼儿园（班）收费管理办法。

2010年，《国务院关于当前发展学前教育的若干意见》提出：发展学前教育，必须坚持公益性和普惠性，努力构建覆盖城乡、布局合理的学前教育公共服务体系，保障适龄儿童接受基本的、有质量的学前教育；必须坚持政府主导，社会参与，公办民办并举，落实各级政府责任，充分调动各方面积极性。

2018年，《中共中央国务院关于学前教育深化改革规范发展的若干意见》指出：学前教育是终身学习的开端，是国民教育体系的重要组成部分，是重要的社会公益事业。

2021年，《"十四五"学前教育发展提升行动计划》在基本原则中指出：践行以人民为中心发展思想，坚持学前教育公益普惠基本方向，健全普惠性学前教育资源配置、师资队伍建设、经费投入与成本分担等方面保障机制，提升学前教育公共服务水平。

2024年，《学前教育法》第三条指出：学前教育是"重要的社会公益事业"。第六条指出：国家推进普及学前教育，构建覆盖城乡、布局合理、公益普惠、安全优质的学前教育公共服务体系。

从几十年来我国的学前教育政策与法规中，可以明确地了解到：公益性是我国学前教育的基本特性之一。尽管从1992年国有企业事业单位体制改革时起，绝大部分幼儿园逐渐从原有的企业事业单位中剥离出来，或者自负盈亏，或者改为民办，但学前教育的福利性和公益性、不以营利为目的的政策导向一直是国家所倡导的。

二、学前教育的功能

我国的学前教育经过了百余年的发展，尤其是自中华人民共和国成立以来，其在促进我国3—6岁儿童身心的全面和谐发展、解放劳动力以支持社会主义建设等方面都发挥了应有的作用。具体地说来，学前教育的功能主要体现在以下几个方面。

（一）实施幼儿全面发展的教育

实施幼儿全面发展的教育是学前教育的基本功能和首要任务。在政策法规方面，我国陆续颁布《幼儿园暂行规程（草案）》《城市幼儿园工作条例（试行草案）》《幼儿园教育指导纲要(试行)》《3—6岁儿童学习与发展指南》《幼儿园工作规程》《国务院关于当前发展学前教育的若干意见》《幼儿园保育教育质量评估指南》《学前教育法》等,其中都强调幼儿园的任务是:实行保育和教育相结合的原则,对幼儿实施全面发展的教育,促进其身心的和谐发展。

(二) 促进学前教育到小学教育的衔接

学前教育的第二个重要功能就是为幼儿进入小学阶段的学习做好准备,为幼儿的终身学习和发展打好基础。

1979年,《城市幼儿园工作条例(试行草案)》规定:幼儿园工作的任务包括对幼儿进行初步的全面发展的教育,使幼儿健康、活泼地成长,为入小学打好基础。

1997年,《全国幼儿教育事业"九五"发展目标实施意见》提出:幼儿教育是我国学制的第一阶段,是基础教育的有机组成部分。

2003年,《关于幼儿教育改革与发展的指导意见》明确指出:幼儿教育是基础教育的重要组成部分,发展幼儿教育对于促进儿童身心全面健康发展,普及义务教育,提高国民整体素质,实现全面建设小康社会的奋斗目标具有重要意义。

2016年,《幼儿园工作规程》规定:幼儿园是对3周岁以上学龄前幼儿实施保育和教育的机构。幼儿园教育是基础教育的重要组成部分,是学校教育制度的基础阶段。

2021年,《教育部关于大力推进幼儿园与小学科学衔接的指导意见》提出的主要目标是:全面推进幼儿园和小学实施入学准备和入学适应教育,减缓衔接坡度,帮助儿童顺利实现从幼儿园到小学的过渡。幼儿园和小学教师及家长的教育观念与教育行为明显转变,幼小协同的有效机制基本建立,科学衔接的教育生态基本形成。这是教育部首次颁布幼儿园与小学科学衔接的政策,在促进学前教育与小学教育的衔接上具有重要意义。

2021年,《"十四五"学前教育发展提升行动计划》在基本原则中指出:推动幼儿园和小学科学衔接,为幼儿后继学习和终身发展奠定基础。

2024年,《学前教育法》第五十九条指出:幼儿园与小学应当互相衔接配合,共同帮助儿童做好入学准备和入学适应。

(三) 解放劳动力,减轻家长教养孩子的负担

中华人民共和国成立以来,学前教育一直发挥着解放劳动力尤其是解放妇女劳动力的作用。

1952年,《幼儿园暂行规程(草案)》明确提出:幼儿园的任务之一是"减轻母亲对幼儿的负担,以便母亲有时间参加政治生活、生产劳动、文化教育活动等"。

1979年,《城市幼儿园工作条例(试行草案)》提出:幼儿园工作的任务之一是"减轻家长

在教育孩子方面的负担,使他们能够安心生产、工作和学习"。

2016年,《幼儿园工作规程》规定:幼儿园的任务是"贯彻国家的教育方针,按照保育与教育相结合的原则,遵循幼儿身心发展特点和规律,实施德、智、体、美等方面全面发展的教育,促进幼儿身心和谐发展。幼儿园同时面向幼儿家长提供科学育儿指导"。

(四) 对处境不利的儿童给予补偿教育

我国学前教育的补偿功能主要体现在党和政府在政策上关注处境不利的儿童。

1992年,《九十年代中国儿童发展规划纲要》提出:保护处于困难条件下的儿童。具体涉及残疾患儿、离异家庭的儿童、流浪儿、严重自然灾害发生地的儿童、经济不发达地区的儿童等。

2003年,《关于幼儿教育改革与发展的指导意见》明确指出:各地区要采取切实措施确保低收入家庭和流动人口的子女享有接受幼儿教育的机会。对社会福利机构、流浪儿童救助保护机构的适龄儿童,要给予照顾,有关费用予以减免。

2018年,《中共中央国务院关于学前教育深化改革规范发展的若干意见》指出:完善学前教育资助制度,要求"各地要认真落实幼儿资助政策,确保接受普惠性学前教育的家庭经济困难儿童(含建档立卡家庭儿童、低保家庭儿童、特困救助供养儿童等)、孤儿和残疾儿童得到资助"。

2021年,《中国儿童发展纲要(2021—2030年)》强调:孤儿、事实无人抚养儿童、残疾儿童、农业转移人口随迁子女、留守儿童、困境儿童等特殊群体受教育权利得到根本保障。残疾儿童义务教育巩固水平进一步提高。

第二节 政府的学前教育职责

学前教育是国民教育体系的重要组成部分,是基础教育的奠基阶段,是一项惠及亿万儿童的公益事业。明确和落实政府责任是学前教育事业健康发展的重要保证。针对各级政府对发展学前教育的职责认识不够明确、落实不力的现状,《国家中长期教育改革和发展规划纲要(2010—2020年)》提出"明确政府职责",这是改革当前学前教育的管理体制、解决学前教育事业发展中的突出问题、普及学前教育和提高学前教育质量、促进学前教育事业健康发展的关键所在。

一、明确政府具有发展学前教育的职责

发展学前教育是政府的职责,20世纪七八十年代,学前教育事业受到政府的高度重视,

国务院设立了托幼工作领导小组,各省市也设立了相应的机构来领导学前教育事业的发展。20世纪80年代末至90年代初以来,随着经济体制的改革和学前教育的社会化探索,政府在探索学前教育改革道路的过程中出现了不同程度的责任不明确、落实不到位的情况。因此,《国家中长期教育改革与发展规划纲要(2010—2020年)》再次明确提出政府负有发展学前教育的职责,具有重要的现实意义。

(一)发展学前教育是政府的职责

《教育法》明确规定,国家实行学前教育、初等教育、中等教育、高等教育的学校教育制度;同时规定,中等及中等以下教育在国务院领导下,由地方人民政府管理。《关于幼儿教育改革与发展的指导意见》提出进一步完善幼儿教育管理体制和机制,切实履行政府职责;详细规定了从国家到省级、地(市)级、县级、乡(镇)等各级人民政府,以及城市街道办事处和村民自治组织在规划、管理、经费筹措、举办幼儿园、家庭教育指导等方面应担负的职责;明确了教育部门是幼儿教育的主管部门,负责幼儿教育事业发展和质量提高的双重任务;明确了卫生部门、财政部门、建设部门、民政部门、劳动保障部门、编制部门以及妇女儿童工作委员会和妇联组织在学前教育事业发展中应该承担的责任。《学前教育法》第八条规定:国务院领导全国学前教育工作。省级人民政府和设区的市级人民政府统筹本行政区域内学前教育工作,健全投入机制,明确分担责任,制定政策并组织实施。县级人民政府对本行政区域内学前教育发展负主体责任,负责制定本地学前教育发展规划,统筹幼儿园建设、运行,加强公办幼儿园教师配备补充和工资待遇保障,对幼儿园进行监督管理。乡镇人民政府、街道办事处应当支持本辖区内学前教育发展。可见,发展学前教育是由国家法律规定的政府的义不容辞的责任。

(二)各级政府努力履行学前教育职责

我国政府一直以来非常重视学前教育事业,各级政府在学前教育事业的发展方面,一直努力履行相应的政策职责。

《学前教育法》第六条指出:国家推进普及学前教育,构建覆盖城乡、布局合理、公益普惠、安全优质的学前教育公共服务体系。各级人民政府应当依法履行职责,合理配置资源,缩小城乡之间、区域之间学前教育发展差距,为适龄儿童接受学前教育提供条件和支持。

从全国总体情况来看,各级政府在履行学前教育职责方面取得了一些成绩。首先,教育行政管理机构和人员配置的科学化程度得到了进一步的优化。随着"地方负责,分级管理"的工作思路和方针的确立,学前教育的管理重心下移,地方政府,尤其是区县政府,要对所辖范围内的学前教育行政机构的设置和规划,进行系统科学的安排,为学前教育事业良性发展提供制度支持。

以北京市为例,北京市教育委员会颁布了《北京市学前教育专职督查队伍建设与管理办法》,其中明确:学前教育专职督查人员是指受本市以及各区学前教育督查部门聘任,经培训上岗,针对本市学前教育管理特定事项履行督查职责的工作人员。北京市学前教育专职督查队伍坚持市区双管、以区属地管理为主的原则。市级学前教育专职督查人员具体履行全市学前教育专职督查队伍的统筹协调、监督指导、培训服务等职责;区级学前教育专职督查人员承担本区各类幼儿园(点)办园条件、安全卫生、保育教育、教职工队伍、内部管理等方面的督查工作,负责无证园排查、信息报告、举报情况核查等工作。

其次,通过举办一定数量的幼儿园,来引导学前教育的发展,是落实政府职责、保证学前教育公益性的重要措施。2010年,《国务院关于当前发展学前教育的若干意见》提出:多种形式扩大学前教育资源。在此之后,各级政府不断落实对公办幼儿园的举办规模、举办地点、举办形式的改革和创新,承担学前教育职责,举办普惠性公办幼儿园,并加强对民办幼儿园办园质量等的监管,保证学前教育的公益性。2018年,《中共中央国务院关于学前教育深化改革规范发展的若干意见》提出:各地要把发展普惠性学前教育作为重点任务,结合本地实际,着力构建以普惠性资源为主体的办园体系。

《学前教育法》第二十四条提出:各级人民政府应当利用财政性经费或者国有资产等举办或者支持举办公办幼儿园。各级人民政府依法积极扶持和规范社会力量举办普惠性民办幼儿园。

2023年,据教育部发展规划司介绍,全国共有幼儿园27.44万所。其中,普惠性幼儿园23.64万所,占全国幼儿园的86.16%,比2022年增长1.2个百分点。全国共有学前教育在园幼儿4 092.98万人。其中,普惠性幼儿园在园幼儿3 717.01万人,占全国在园幼儿的90.81%,比2022年增长1.26个百分点。

最后,各级政府加大了对学前教育的投入。长期以来,各级政府对学前教育的投入一直是促进学前教育事业发展的主要来源。未来学前教育的投入需要从结构上予以适当的政策倾斜。和其他学段相比,财政性学前教育经费在全国教育经费总投入中所占的比例较小。学前教育作为教育系统的一部分,四级学制中的第一级,从政府和社会获得的教育资源最少,即政府和社会对学前教育的经费投入水平不高,学前教育的经济基础最薄弱。据教育部发布的统计数据,2023年,我国各学段教育经费总投入情况为:学前教育5 382亿元,义务教育28 427亿元,高中阶段教育10 154亿元,高等教育17 640亿元,其他教育2 992亿元。其中,学前教育经费总投入较2022年增长4.7%。

就各级教育生均教育经费支出情况而言,据教育部发布的统计数据,2022年,全国幼儿园、普通小学、普通初中、普通高中、中等职业学校、普通高等学校生均教育经费总支出情况是:幼儿园 16 243 元,比 2022 年增长 8.8%;普通小学 15 895 元,比 2022 年增长 4.3%;普通初中 22 054 元,比 2022 年增长 2.7%;普通高中 25 811 元,比 2022 年增长 3.8%;中等职业学校 24 839 元,比 2022 年增长 0.7%;普通高等学校 40 721 元,比 2022 年增长 3.9%。

二、政府发展学前教育的主要职责

政府发展学前教育的主要职责包括制定学前教育事业发展规划,加大财政投入,扩大普惠性资源,加强教师队伍建设,建立科学的学前教育机构监管机制等方面。

(一) 制定学前教育事业发展规划

各级政府因地制宜地制定学前教育工作推进机制,依法明确普及普惠目标和进程。城镇和乡村的学前教育机构应有合理的布局与覆盖面,能够满足城乡适龄儿童对学前教育的基本需求。

2010 年,《国务院关于当前发展学前教育的若干意见》在多种形式扩大学前教育资源方面提出:鼓励优质公办幼儿园举办分园或合作办园。制定优惠政策,支持街道、农村集体举办幼儿园。《国家中长期教育改革和发展规划纲要(2010—2020 年)》提出:明确政府职责。把发展学前教育纳入城镇、社会主义新农村建设规划。建立健全公共教育服务体系。2018 年,《中共中央国务院关于学前教育深化改革规范发展的若干意见》在坚持政府主导方面指出:落实各级政府在学前教育规划、投入、教师队伍建设、监管等方面的责任,完善各有关部门分工负责、齐抓共管的工作机制。牢牢把握公益普惠基本方向,坚持公办民办并举,加大公共财政投入,着力扩大普惠性学前教育资源供给。2024 年,《学前教育法》第二十二条规定:县级以上地方人民政府应当统筹当前和长远,根据人口变化和城镇化发展趋势,科学规划和配置学前教育资源,有效满足需求,避免浪费资源。

以上是保障学前教育事业发展的政策和法律依据。

(二) 加大财政投入,扩大普惠性资源

政府对学前教育的投入是政府重视学前教育并承担发展学前教育责任的具体体现,也是确保学前教育公益性的基本前提。《国家中长期教育改革和发展规划纲要(2010—2020 年)》明确提出了政府对学前教育投入的责任主要包括以下几个方面。

一是建立政府主导、社会参与、公办民办并举的办园体制。科学合理的办园体制的建立必须由政府主导,以体现学前教育的公益性和普惠性。政府应通过大力发展公办幼儿园、支持企业事业单位和集体办园、积极扶持提供普惠性服务的民办幼儿园等具体措施,增加价格合理、有质量保证的幼儿园的数量,以满足人民群众尤其是中低收入家庭对学前教育的需

求。以上海为例,上海市不断完善学前教育公共服务体系,在城市发展和人口形势变化的大背景下,积极回应人民群众"上好园"需求,持续提升幼儿园保教质量和服务能力,大力推进学前教育普及普惠安全优质发展,努力办好家门口每一所幼儿园。截至2023年底,上海公办幼儿园在园幼儿占比80%,普惠性幼儿园覆盖率达93%,学前三年毛入园率达99%。

二是建立体现政府公共服务责任的学前教育投入体制和合理的成本分担机制。学前教育的发展在很大程度上取决于政府的投入。《国家中长期教育改革和发展规划纲要(2010—2020年)》明确提出:非义务教育实行以政府投入为主、受教育者合理分担、其他多种渠道筹措经费的投入机制。因此,各地应根据自己的实际情况,努力建立以政府投入为主的、多渠道筹资的学前教育投入机制。只有政府不断增加成本分担的份额,才能逐步减轻家长在学前教育上的负担。

三是加大财政投入,通过新建、改建、扩建幼儿园,办好小区配套幼儿园,利用中小学布局调整的富余资源办园等途径,增加城市和农村的公办学前教育资源,保障城乡中低收入家庭幼儿入园。同时,还应扶持企业事业单位、街道、乡村集体办园。

四是政府要设立专项经费,切实保障处境不利的幼儿入园。《国家中长期教育改革和发展规划纲要(2010—2020年)》提出:各地根据学前教育普及程度和发展情况,逐步对农村家庭经济困难和城镇低保家庭子女接受学前教育予以资助。根据这一政策要求,中央财政投入学前教育时,也要重点向中西部农村,边远、贫困地区倾斜,并重点加强农村公办幼儿园建设。

(三) 加强教师队伍建设

幼儿园教师队伍建设是学前教育事业发展中的重要问题之一。尽管《教师法》第四十条规定,"中小学教师,是指幼儿园、特殊教育机构、普通中小学、成人初等中等教育机构、职业中学以及其他教育机构的教师",然而在现实中,很多地方政府在制定教师编制和待遇的相关规定时,仅限定为实际上的"中小学教师",并未将幼儿园教师列入其中,造成幼儿园教师缺编、无编等严重问题。

各级政府应承担起幼儿园教师队伍建设的责任,严格执行幼儿园教师资格标准,切实加强幼儿园教师培养培训,提高幼儿园教师队伍整体素质,依法落实幼儿园教师地位和待遇;制定幼儿园教师配备标准;对农村幼儿园园长和骨干教师进行培训。各级政府要承担起提高幼儿园教师地位和待遇、制定幼儿园教师配备和编制标准、培养培训幼儿园园长和教师等具体责任的落实,这是保证幼儿园教师队伍整体稳定和专业素质不断提高的基础性工作。

政府要依法落实我国幼儿园教师应有的教师地位和待遇,使之享有和中小学教师同等的法律身份、地位和待遇,以增强幼儿园教师职业的吸引力和队伍的稳定性;同时要高度重视和加大对幼儿园教师的培养培训力度，建立健全幼儿园教师的在职培训制度和职称晋升制度，切实保障幼儿园教师的培训权利。

（四）建立科学的学前教育机构监管机制

建立科学的学前教育机构监管机制，保障学前教育事业的健康发展和质量的不断提高，是政府尤其是教育部门的重要责任。

一是制定办园标准，把好入口关。《国家中长期教育改革和发展规划纲要（2010—2020年）》明确提出政府要制定学前教育办园标准，建立幼儿园准入制度。因此，各地在提高幼儿入园率的同时，一定要确保新增幼儿园符合基本办园条件，特别是接收乡村留守和经济困难家庭幼儿、城镇低保家庭幼儿的普惠性公办幼儿园必须满足基本办园条件，保证保教质量，使学前教育为幼儿的终身发展奠定良好的基础。

二是规范学前教育收费，科学核定成本。《国家中长期教育改革和发展规划纲要（2010—2020年）》明确提出政府要完善幼儿园收费管理办法。各级政府应根据当地经济发展水平，科学地核定幼儿园办园成本，制定合理的幼儿园收费标准，并建立相应的监督机制。

三是健全学前教育质量评估和监管体系，提高各类幼儿园的保教质量。《国家中长期教育改革和发展规划纲要（2010—2020年）》明确提出要加强学前教育管理，规范办园行为，要求"教育行政部门加强对学前教育的宏观指导和管理，相关部门履行各自职责，充分调动各方面力量发展学前教育"。可见，以教育部门为主，协同有关部门建立起常规性的、全覆盖的督导评估制度，将民办幼儿园也纳入教育督导评估体系中，保证公办幼儿园和民办幼儿园质量的不断提高，杜绝违背幼儿身心特点和发展规律的教育内容与形式进入幼儿园，是发展学前教育、确保幼儿身心健康发展的必然要求。

此外，政府责任的明确和落实还要有相应的机构设置和人员配备保障。有条件的地方政府应以教育部门为主设置学前教育管理机构和专职管理人员，暂时不具备设置专门机构条件的地方政府也必须配备专职或兼职学前教育管理人员，以保证政府监督、管理职责的到位与落实。

思考与练习

一、问答题

1. 简述学前教育政策与法规的区别。
2. 请结合实际谈谈当前我国政府在发展学前教育方面的主要职责。
3. 如何理解教育活动必须符合国家和社会公共利益？

二、材料分析题

《浙江省学前教育发展第四轮行动计划(2021—2025年)》(部分选摘)

……

(一)高水平构建学前教育公共服务体系。

1. 优化学前教育布局。贯彻落实国家优化生育政策,充分考虑出生人口变化和城镇化发展趋势,科学预测入园需求和供需缺口,定期调整、修编幼儿园专项布局规划,原则上每三年调整一次。推进教育公平与优质教育资源供给,纳入国土空间规划"一张图"管理。各地从实际出发确定公办幼儿园在园幼儿占比,在不低于国家标准的基础上逐年提高。对人口流入趋势稳定、增长较快区域,提前谋划、合理布局,加大优质普惠性学前教育资源供给。

2. 健全城镇小区配套幼儿园建设。各县(市、区)要巩固城镇小区配套幼儿园治理成果,部署开展城镇小区配套幼儿园治理"回头看",防止反弹。严格落实《浙江省城镇小区配套幼儿园建设和管理办法(修订)》,在2022年底前修订出台符合当地实际的城镇小区配套幼儿园建设管理办法,进一步健全发展改革、自然资源、建设、教育等部门联动管理机制,确保小区配套幼儿园与首期建设的居民住宅小区做到同步规划、同步设计、同步建设、同步验收、同步交付使用。新建小区配套幼儿园要及时移交当地政府或教育行政部门办成公益普惠性幼儿园,不得办成营利性幼儿园。针对老城区补建困难,在旧城改造中要优先出台小区配套幼儿园政策,加快老城区幼儿园补建工作。

3. 完善学前教育公共服务体系。落实县(市、区)人民政府的主体责任、乡镇(街道)参与的管理体制,继续推进实施农村幼儿园补短提升工程,根据城镇与乡村的人口变化趋势,因地制宜,统筹制定农村幼儿园补短提升项目计划,避免出现"城镇拥挤""乡村闲置"的现象。各地要研究制定城乡学前教育公共服务发展规划,推进城乡学前教育共同体建设。鼓励有条件的幼儿园开设托班,招收2—3岁幼儿。进一步落实乡镇公办中心幼儿园辐射指导作用,实施乡(镇)村幼儿园一体化管理,不断提升农村幼儿园保教质量,缩小城乡学前教育发展差距,到2025年,农村学前教育整体质量达到当地城区的平均水平。

(二)有效建立学前教育经费保障机制。

1. 完善学前教育经费投入机制。落实政府投入为主、家庭合理分担、多渠道筹措经费的机制。各县(市、区)要完善幼儿园生均公用经费标准,制定并实施生均经费标准和公办幼儿园生均财政拨款标准。应当保障学前教育经费,新增教育经费向学前教育倾斜。逐步提高财政投入和支持水平,主要用于扩大普惠性资源、补充配备教师、提高教师待遇、改善办园条件、提升保教质量。县级财政性学前教育经费占同级财政性教育经费比例不低于5%(不举办高中的地区适当提高),并争取逐年提高。加大省、市学前教育资金投入,统筹用于各类学前教育改革发展项目和工程。

2. 有效推进学前教育成本分担机制。各地应当在科学核定办园成本,合理优化成本分担项目结构的基础上,从学前教育公益普惠定位出发,统筹考虑当地城乡经济发展水平和群众承受能力,合理确定公办幼儿园成本分担比例。公办幼儿园保教费占保教成本的比例不高于40%。各地可结合实际,按照质价结合、优质优价的原则,分步、稳妥调整公办幼儿园保教费标准,调整时限原则上不得超过5年,间隔前一次调整时间不少于2年。

3. 积极扶持普惠性民办幼儿园。各地在调整完善普惠性民办幼儿园认定和管理办法的基础上,制定并实施对普惠性民办幼儿园的财政经费补助政策。通过购买服务、综合奖补、减免租金、社会捐助、师资培训、教研指导等方式,大力支持普惠性民办幼儿园发展。逐步实现同级公办幼儿园、普惠性民办幼儿园等价收费。

(三)着力打造高素质学前教育师资队伍。

1. 编制实施学前教育教师发展专项规划。各地要从师德建设、队伍结构、管理制度、培训机制、城乡和区域均衡配置等方面出发,结合地方教育改革与发展实际,科学编制实施学前教育教师发展专项规划,依法依规配齐配足教职工,逐步落实每班"两教一保"的人员配备标准。

2. 依法保障学前教育教师地位和待遇。各地要严格落实国家和省有关规定,保障农村幼儿园和劳动合同制教师工资待遇,建立劳动合同制教师岗位薪酬体系和薪酬稳步增长机制,采取有力措施,切实保障公办幼儿园劳动合同制教师与在编教师逐步实现同工同酬,确保所有幼儿园教职工享受"五险一金"。并将劳动合同制教师收入保障水平作为等级幼儿园认定和复核的前置条件。

3. 提高学前教育教师学历和专业水平。进一步推进学前教育专业5年一体化人才培养改革,支持本科院校办好一批国家级和省级学前教育一流本科专业并逐步增加招生数量,鼓励中职学校开设保育专业,增加幼儿园高素质保育员的供给。各地立足实际,鼓励大专学历教师在职进修本科及以上学历,到2025年,本科及以上学历教师比例65%以上。

(四)多举措推动学前教育内涵式发展。

1. 提升幼儿园保教质量。对照高水平普及学前三年教育目标,以创建全国学前教育普及普惠县为契机,推动各地幼儿园上等级提水平,不断增加优质学前教育覆盖面,到2025年,各地优质幼儿园(一、二级幼儿园)在园幼儿占比75%以上。

2. 深入推进幼儿园教育改革。完善学前教育教研体系,建立覆盖城乡的教研指导网络,明确学前教育教研工作力量。鼓励各地幼儿园在学习借鉴"安吉游戏"理念等国内外先进幼儿教育经验的基础上,结合实际探索教育实践经验,促进幼儿园科学提高保教质量。

3. 推进幼儿园与小学科学衔接。深入贯彻落实《教育部关于大力推进幼儿园与小学科学衔接的指导意见》《浙江省教育厅关于大力推进幼儿园与小学科学衔接的实施意见》,在总结实验区和试点校(园)工作基础上,全面推行入学准备和入学适应教育,坚决纠正超前学习、拔苗助长等违反幼儿身心发展规律的行为。建立幼儿园与小学协同合作机制,加强在教育、管理和教研等方面的研究交流。

(五) 规范幼儿园办园行为。

1. 加强幼儿园规范管理。落实县级人民政府和有关部门的监督管理责任,提升跨部门协同治理能力。2017年以后建设的幼儿园均应当达到教育部《幼儿园建设标准》(建标175－2016)。进一步完善幼儿园信息备案及公示制度,各类幼儿园的基本信息(幼儿园全称、地址、开办时间、性质、等级、收费模式等)在2022年5月底前纳入市、县(市、区)政府信息系统。对乡镇公办中心幼儿园、企事业单位和集体资产举办的幼儿园,要依据法人登记相关规定做好法人登记管理工作,于2022年8月底前完成登记。

2. 强化幼儿园安全卫生保障。重点对存在危房、"三防"不达标等安全隐患及园长和教师不具备规定资格等不规范办园行为进行动态督查。加强幼儿园卫生保健和食堂食品安全工作,食品安全等级达到B级(含)以上。

3. 部署开展幼儿园名称规范清理行动。对冠以"中国""中华""全国""国际""世界""全球"等字样,包含外语词、外国国名、地名,使用"双语""艺术""国学""私塾"等片面强调课程特色以及带有宗教色彩的名称,民办幼儿园使用公办学校名称或简称等进行清理整治,2022年5月底前完成更名申请。

4. 加大校外培训机构执法检查力度。对面向学龄前儿童的线上培训和以学前班、幼小衔接班、思维训练班、托管班等名义的线下学科类(含外语)培训,以及其他违反儿童身心发展规律和接受能力的培训活动,一经发现,严肃查处,并追究相关人员的责任。

(六) 全面深化学前教育改革创新。

1. 改革创新公办幼儿园办园体制。落实《关于改革创新公办幼儿园办园体制完善公办幼儿园机构编制人员管理的指导意见》,打破传统公办幼儿园办园路径依赖,鼓励探索多主体、多渠道、多形式举办各类公办幼儿园,实施多元化公办幼儿园办园体制。规范公办幼儿园机构设置,创新公办幼儿园人员编制管理方式。

2. 探索幼儿园招生服务区运行机制。各地积极开展试点,逐步推行服务区制度,规范幼儿园招生工作。遵循"就近入园"原则,优化普惠性学前教育资源布局,合理划分公办幼儿园和普惠性民办幼儿园招生服务区,逐步制定完善幼儿园招生服务区制度。

3. 创新普惠性民办幼儿园扶持模式。根据地方实际进行体制机制创新,探索"公益园""公助园"等普惠性民办幼儿园新模式。科学核定普惠性民办幼儿园生均成本,合理确定对普惠性民办幼儿园的财政经费支助政策,提高财政扶持力度。

4. 建立学前教育质量监测体系。研制学前教育质量监测指标体系和评价工具,建立学前教育质量监测大数据平台,科学、准确、及时掌握全省学前教育质量状况,助力各地保教质量提升。与"浙有善育"智慧托育系统信息互通,推进婴幼儿健康、学籍档案智慧化管理和入托入园一件事改革,提高便民服务质量。

5. 推进学前特殊(融合)教育。切实保障特殊需求儿童享受美好教育的权利。逐步建立和完善学前特殊教育体系,支持特殊教育学校独立办园(班)。各地提供必要的资金、资源和师资支持,鼓励普通幼儿园开展学前融合教育。

······

请根据我国学前教育的政府职责,结合材料分析其职责内容。

第二章

学前教育的政府管理

 学习目标

1. 了解我国的学前教育行政管理体制。
2. 了解学前教育行政管理的主体及有关法律。
3. 熟悉行政管理主体权利作用的主要实现途径。
4. 理解学前教育行政管理是国家职能的表现形式。
5. 理解学前教育行政管理的各类方法及其优缺点。

导入案例

人口变迁与学前教育发展

奕阳教育研究院发布的《人口变迁与学前教育发展对策报告(2024)》(下称《报告》)指出，人口出生率急剧下降导致民办幼儿园和公办幼儿园于 2020 年之后相继迎来供求关系逆转的拐点。2022 年全国共有幼儿园 28.92 万所，比 2021 年减少 5600 所，这是自 2010 年以来全国幼儿园数量首次出现负增长；2023 年全国共有幼儿园 27.44 万所，比 2022 年减少 1.48 万所，下降 5.12%。

出生人口减少首先于 2020 年冲击了民办幼儿园，导致民办幼儿园数量及在园幼儿规模缩减，未来可能进一步引发关停潮；其次，生源萎缩也让公办幼儿园于 2023 年开始出现招生困难的情况。

全国民办幼儿园数量及民办幼儿园在园幼儿人数于 2019 年达到峰值——民办幼儿园数量 17.32 万所、民办幼儿园在园幼儿人数 2649.44 万人。后因公办学前教育资源扩张的影响，2020 年民办幼儿园数量和在园幼儿人数陡降，民办幼儿园数量相比 2019 年减少 5200 所，在园幼儿人数减少 270.89 万人。之后，民办幼儿园数量和在园幼儿人数持续下降。

2023 年，民办幼儿园在园幼儿人数为 1791.62 万人，比 2022 年减少 335.16 万人，相比 2019 年民办幼儿园在园幼儿人数高峰期(2649.44 万人)，减少了 857.82 万人。短短 5 年，民办幼儿园在园幼儿人数减幅达 32.38%。

公办幼儿园受到的影响也随之到来。自 2010 年大力推进公办幼儿园建设以来，公办幼儿园数量逐年增加，至 2022 年达到 12.87 万所的峰值，在园幼儿人数也达到 2500.77 万的高峰。2023 年公办幼儿园数量、在园幼儿人数出现负增长，相比 2022 年分别减少 3800 所、199.41 万人。

在生源减少、学位需求降低的情况下，一些人口流出地的公办幼儿园于 2023 年开始出现招生困难情况。同时，公办幼儿园尤其是大型公办幼儿园将面临低满园率的情况。

《报告》建议，面对出生人口减少的情况，幼儿园开办者须进行策略性调整以应对新挑战。比如，提高办园标准，实施"小园小班"模式，增加师幼比，提升教学质量，创新课程内容。再者，向 0—3 岁婴幼儿及其家庭延伸提供托育服务，利用现有资源满足更多需求。同时，教育部门须完善政策，支持民办幼儿园发展，优化资源配置，形成有弹性、高质量的学前教育体系。

第一节 学前教育的行政管理体制

学前教育的政府管理包含两个主要内容:一是学前教育的行政管理体制,二是学前教育行政管理的运行机制。其中,学前教育的行政管理体制是指各级政府部门在实施学前教育管理的过程中进行分工配合的制度,包括基本原则、教育行政部门的主管权限和有关行政部门的权限等。本节主要探讨我国学前教育行政管理体制的建立、改革与发展。

一、我国学前教育行政管理体制的建立

(一)学前教育行政管理及其体制确立

学前教育行政管理主要指国家及地方各级教育行政机构对学前教育事业的宏观管理,主要包括国家及地方教育行政部门通过制定规划、政策、法规等,对学前教育事业的发展进行组织、协调、引导、督导和评估,以及协调有关部门的关系等,以保证学前教育事业的健康发展。

我国学前教育的行政管理体制是国家教育行政管理体制的一个有机组成部分。中华人民共和国成立后,国家迅速建立起从中央到地方的完备的教育行政管理体制,对学前教育行政管理十分重视。1949 年 11 月,教育部初等教育司设幼儿教育处,主管幼儿教育;1952 年 11 月,幼儿教育处调整为教育部的一个直属单位,领导并管理全国的学前教育工作。国家同时决定,地方教育行政部门设幼儿教育科、组或由专人主管学前教育。

拓展阅读

教育部学前教育办公室的设立

2012 年,教育部办公厅发布《教育部办公厅关于成立综合改革司等机构及相关职能调整的通知》,提出为进一步加强对学前教育、特殊教育、继续教育的宏观指导,设立教育部学前教育办公室、教育部特殊教育办公室、教育部继续教育办公室。其中,教育部学前教育办公室的主要职责是:拟定学前教育的宏观政策和事业发展规划,组织制定幼儿园保育教育质量标准和工作基本要求,指导幼儿园保育教育工作,指导学前教育改革等。日常工作由教育部基础二司幼儿教育处承担。

(二) 中华人民共和国成立初期,我国学前教育行政管理的主要成绩

1. 确定了学前教育的性质和任务

1951年,《关于改革学制的决定》颁布,这是中华人民共和国成立以来正式颁布实施的第一个学制文件。学前教育被列入学制体系,确定了学前教育是社会主义教育事业的重要组成部分的地位。

1952年,《幼儿园暂行规程(草案)》规定幼儿园的任务是:根据新民主主义教育方针教养幼儿,使他们的身心在入小学前获得健全的发育;同时减轻母亲对幼儿的负担,以便母亲有时间参加政治生活、生产劳动、文化教育活动等。从此确立了我国学前教育兼有教育性和福利性的双重性质。

2. 确立了学前教育事业的发展方针

中华人民共和国成立初期,学前教育事业的发展单纯依靠国家投入是不可能的。为了调动社会各方面力量发展学前教育事业,1956年,《关于托儿所、幼儿园几个问题的联合通知》确定了公办和民办并举的发展方针,依靠群众,动员社会各方面的力量,采取多种形式兴办幼儿园,逐步满足人民群众的需要。可以看出,我国学前教育事业的发展从一开始就具有社会性、地方性、群众性等特点。

3. 明确了学前教育机构的领导职责

1956年,《关于托儿所、幼儿园几个问题的联合通知》明确了对托儿所、幼儿园的领导职责,以统一领导、分级管理为原则。《关于托儿所、幼儿园几个问题的联合通知》规定:关于各种类型托儿所、幼儿园的经费、人事、房屋设备和日常行政事宜,均由主办单位(包括教育行政部门、厂矿、机关、团体、部队、学校、群众和私人等主办单位)各自负责管理;有关方针、政策、规章、制度、法令、教育计划、教育内容、教育方法、儿童保健业务,在托儿所方面,则统一由卫生行政部门领导;幼儿园内的托儿班由卫生行政部门进行业务指导;幼儿园统一由教育行政部门领导;托儿所内的幼儿班由教育行政部门进行业务指导。这一精神及时地解决了学前教育保教事业发展在领导管理体系上的问题,托儿所、幼儿园的保教工作、管理工作水平自此都有明显的提升成效。

4. 促进了幼儿园管理的规范化

为了完成彻底改革旧有的学前教育,实现学前教育的任务目标,相关工作规程、教学纲要陆续颁布,幼儿园的规范化管理有所加强。《幼儿园暂行规程(草案)》中包括"总则""学制""设置、领导""教养原则、教养活动项目""入园、结业""组织、编制、会议制度""经费、设备""附则"等内容,这是当时发展学前教育的具体纲领。《幼儿园暂行教学纲要(草案)》的主

要内容为教养幼儿的原则,以及体育、语言、认识环境、图画与手工、音乐、计算等项目的纲要,为我国学前教育的正规化建设提供了依据。

5. 重视学前教育师资的培养与培训工作

中华人民共和国成立后,各级教育行政部门十分重视学前教育干部和师资的培养及培训工作,一方面建立专业人才培养培训体制,另一方面大力开展在职培训,既培养了一批学前教育新的主力军,又提高了原有学前教育干部和教师的专业水平,为学前教育的健康发展奠定了基础。

二、我国学前教育行政管理体制的改革与发展

教育行政管理体制的确立不仅与国家政权的性质、政体有着十分密切的关系,而且受国家经济、文化、传统等方面的影响。学前教育行政管理体制是教育行政管理体制的组成部分,前者受后者性质的制约。

我国对各级各类教育管理实行中央与地方两级管理体制。中华人民共和国成立至今,随着学前教育事业的发展,学前教育行政管理体制也在逐步建立和完善。1985年,《中共中央关于教育体制改革的决定》进一步明确指出,"实行基础教育由地方负责、分级管理的原则,是发展我国教育事业、改革我国教育体制的基础一环"。学前教育属于基础教育的一部分,1987年,《关于明确幼儿教育事业领导管理职责分工的请示》明确指出,幼儿教育事业必须在政府统一领导下,实行"地方负责、分级管理"和有关部门分工负责的原则。1989年,《幼儿园管理条例》将这一体制以法规的形式确立了下来。

(一) 政府负责,学前教育管理地方化

学前教育是基础教育的一部分,把发展学前教育的责任和权力交给地方的目的,是充分调动地方发展和管理学前教育的积极性,使之能够根据当地经济和社会发展的实际需要,统筹规划,合理布局,使学前教育更好地适应当地群众生产和生活的需要,有利于因地制宜地加强领导和管理。同时,这也有利于我国学前教育事业发展方针的贯彻落实,可直接促进学前教育事业发展在办园途径上的多渠道化以及办园形式上的灵活多样化。另外,学前教育管理与基础教育管理的协调一致,便于地方教育行政部门具体管理。

地方负责即地方政府负责,强调地方各级人民政府要把学前教育作为基础教育的重要一环来抓。一方面要贯彻国家有关学前教育的方针政策、法律法规,另一方面还应依据当地实际,制定地方具体政策、规章制度,对地方学前教育事业发展作出规划和布局,管理当地各类幼儿园。在《幼儿园管理条例》实施的实践中可以看到,由于把管理责任放权到地方,各级政府增强了责任感,加强了对学前教育工作的领导,也增强了参与管理的意识,各地把学前

教育工作纳入了本地区经济和社会发展规划,极大地推动了我国学前教育事业的发展,并且在发展过程中,各地逐步形成了自己的特色。

(二) 分级管理,教育部门发挥主管主导作用

教育部门是政府管理各级各类教育的职能部门,扮演着帮助当地政府对相关的学前教育问题作出决策及贯彻执行的角色。其职能主要是综合管理、社会协调和业务指导。《幼儿园管理条例》在确定地方负责、分级管理这一原则时,还规定"地方各级人民政府的教育行政部门,主管本行政辖区内的幼儿园管理工作"。"主管"管什么?关于其具体职责,《关于明确幼儿教育事业领导管理职责分工的请示》中已作出明确的规定,包括:贯彻有关幼儿教育工作的方针、政策、指示,拟订行政法规和重要的规章制度;研究拟订幼儿教育事业发展方针,综合编制事业发展规划;负责对各类幼儿园的业务领导,建立视导和评估制度;组织培养和训练各类幼儿园的园长、教师,建立园长、教师考核和资格审定制度;办好示范性幼儿园;指导幼儿教育科学研究工作。

(三) 分工负责,学前教育事业管理社会化

由于学前教育事业本身涉及卫生、福利、文化、经济等诸多领域,因而必须依靠和动员全社会的关心、支持和参与。例如,幼儿园在人事编制、房舍设备、卫生保健、教育和生活用品等方面均须得到各有关部门的支持。因此,除地方各级政府及其教育部门负责管理外,还须"有关部门分工负责"。

《关于明确幼儿教育事业领导管理职责分工的请示》对除教育行政部门外的有关部门的职责作出了规定。但是,教育部门作为政府的主管职能部门,应主动争取政府其他部门和社会力量的支持,做好社会协调工作。各级学前教育行政管理机构还应注意依靠各种群众组织,调动其积极性,特别应继续发挥妇联、工会等群众组织参与学前教育的领导、管理和协调工作,形成发展和做好学前教育事业的合力。

拓展阅读

"省级统筹、以县为主"——完善学前教育行政管理体制的提案

学前教育行政管理体制在我国学前教育事业发展中起着领导、组织、协调、保障、监督等重要作用,是保障政府切实履行发展学前教育职责,促进学前教育事业健康、有序发展的关键。我国实行"地方负责、分级管理"的学前教育行政管理体制,但近年来,我国在社会转型和教育体制改革过程中未能充分考虑学前教育的发展需要,学

前教育行政管理体制改革滞后于义务教育行政管理体制改革。

同时，由于缺乏对各级政府发展学前教育权责的明确、科学划分，各级政府间的职责关系和权责配置规定模糊，特别是多年来"地方负责、分级管理"更多地被误读为发展学前教育是"地方"责任，即是县及乡镇政府的责任，责任主体重心过低，统筹协调和财政保障能力严重不足，这些都制约了学前教育事业的发展。

为破解当前我国的学前教育行政管理体制面临的困境，有效促进学前教育事业健康、有序地发展，亟须改革完善我国的学前教育行政管理体制，明确各级政府发展学前教育的职责，提升管理责任主体重心，强化政府的领导、组织、统筹和保障能力。为此，特建议如下。

第一，在"地方负责、分级管理"的基础上，进一步明确"省级统筹、以县为主"。

"省级统筹、以县为主"的核心是加大省级政府对省域内学前教育的统筹领导责任和县级政府对县域内学前教育的管理指导责任。

在这一点上，首先应明确并加强省级政府对省域内学前教育的统筹领导责任。建议各省级政府加强对教育、财政、发展改革、人力资源和社会保障、国土资源等相关部门的统筹协调，保障全省学前教育事业的领导、组织、保障、督导和推动工作；根据相关法律法规、政策和宏观规划，制定全省学前教育发展规划并指导实施；明确本省学前教育财政投入、教师队伍建设规划并保障落实；加强对省域内学前教育的全面督查和指导，推动省域内学前教育均衡发展。

同时还应明确并进一步加大县级政府对县域内学前教育的管理指导责任。县级政府处于行政管理和政策落实的前沿，也最了解基层群众对学前教育发展的需求，"以县为主"推进学前教育行政管理体制改革已成大势所趋。县级政府要切实承担起管理指导县域内学前教育发展的主体责任，贯彻落实上级政府有关学前教育发展的方针政策、法律法规，制定县域内学前教育发展规划并统筹管理其辖区内学前教育；规范幼儿园教师人事聘任、考核制度，保证教师工资津贴与社会保障；保障县域内幼儿园的合理布局、规范运转。

第二，明确学前教育行政管理体制改革的重点，在于管理主体重心和财政保障重心的双上移。

当前我国学前教育行政管理体制改革的重点，应该是实现管理主体重心和财政保障重心的双上移：行政管理的重心从乡镇提升到县级政府；统筹管理的重心进一步提升到省级政府；财政保障的重心则以中央支持下的地方政府为主，并且要根据各地经济社会发展水平而有所区别,经济社会发展水平越落后的地区,财政保障的主体重心应该越高。

另外,学前教育行政管理体制改革进程需要适应国情和各地经济社会发展实际,稳步、循序推进。在经济社会发展水平较高、地方财力较强的地区,可将学前教育管理权限直接下放到县;而在经济社会发展水平较低的地区,则须大大加强省级统筹的力度,通过政策倾斜、转移支付等方法促进区域内学前教育均衡发展。

第三,学前教育行政管理体制改革的关键,在于抓住各级政府之间的权责利关系及其调整。

在学前教育行政管理体制改革中,应紧紧抓住各级政府之间的权责利关系及其调整,重点加强中央、省和县的职责,同时注意发挥地市和乡镇的职能。明确各级政府责任,特别是明确中央和地方的权责划分,做到统筹有力、权责明确;要进一步加大省级政府对省域内学前教育的统筹权和县级政府对县域内学前教育的管理权。

同时,在一些辖区较大或区县较多的省份,地级政府仍要充分发挥其承上启下的作用,减轻省级政府的管理压力,积极依据中央和省的相关政策法规等,制定本地市学前教育发展规划,组织所辖县市具体实施,并对其进行督导评估;在另一些省份,则可以试点逐步弱化地级市职能,减少管理层级,提高管理效率。

第二节 学前教育行政管理的运行机制

学前教育行政管理是国务院、地方各级人民政府及其学前教育行政部门,依据国家政策和法规对学前教育进行的领导和管理,即国家和政府对学前教育事业的领导和管理。本节主要探讨我国学前教育行政管理的具体运行。

一、学前教育行政管理的主体

学前教育行政管理的本质是运用国家权力管理学前教育,引导学前教育事业的发展。国务院和中央学前教育行政机构、地方政府及其学前教育行政机构是学前教育行政管理的主体,相关工作人员在执行学前教育管理工作的时候也构成了管理的主体。

《学前教育法》第五条指出:"国家建立健全学前教育保障机制。发展学前教育坚持政府主导,以政府举办为主,大力发展普惠性学前教育,鼓励、引导和规范社会力量参与。"这里的国家,我们可以理解为国务院。第六条指出:"国家推进普及学前教育,构建覆盖城乡、布局合理、公益普惠、安全优质的学前教育公共服务体系。"此处的国家也是指国务院。第六条同时规定:"各级人民政府应当依法履行职责,合理配置资源,缩小城乡之间、区域之间学前教育发展差距,为适龄儿童接受学前教育提供条件和支持。"这就是《学前教育法》对地方政府的要求。

学前教育行政管理主体实际上是相对于客体而言的。学前教育行政管理的客体指接受行政管理的对象,包括下级政府、下级学前教育行政机构、各类型的学前教育机构、幼儿园教师和幼儿等。中央以下各级学前教育行政机构兼有主体和客体的身份,学前教育行政管理的主体和客体不是绝对的,而是相对的,在一定条件下可以互相转化。由此,体现了学前教育行政管理系统的结构、层次,并形成了各有关部门之间的关系。

以某省的学前教育行政管理主体为例,省教育厅为省域的最高学前教育行政管理主体,按照行政管理的规定,该省所辖地级市的教育局则是教育厅学前教育行政管理客体,地级市教育局所属的区、县教育局则是地级市教育局的学前教育行政管理客体。

> **拓展阅读**
>
> ### 我国的行政组织简介
>
> 我国的行政组织是一个体系完整、职能齐全的行政系统。我国最高国家权力机关是全国人民代表大会,国务院是在其监督和领导下的最高国家行政机关。同时,各级人民政府都必须在各级人民代表大会的监督和领导下行使权力,开展政务管理活动。我国的行政组织从纵向层次来看,有中央政府、地方政府和基层政府三级。中央政府是指国务院,它管辖全国的政治、经济、文化、社会等事务,它所制定的方针、政策、法规、命令、指示、规定、条例,各级政府必须贯彻执行,其效力达及每个公民。各部委办都是国务院的职能部门,主管某一专业的行政事务,其效力涉及全国范围内与其业务有关的部门和公民。
>
> 地方政府是指省、自治区、直辖市、计划单列市、设区的市、县和县级市、自治州、盟、区政府等政府,其管辖在其行政区域内有效。同时,这些地方政府也有其职能部门,主管某一专业的行政事务,其管辖权对其政府行使权力的行政区划内的有关部门和公民有效。
>
> 基层政府指乡(镇)政府,其管辖权在一乡或一镇范围内行使,小的乡(镇)不设职能部门,但有主管各方面业务的办事人员,大的乡(镇)设置少量的办事机构。

> 地方政府必须执行中央政府的方针政策,但也有相对的自主权。在中央方针、政策的指导下,地方政府为了本地区的政治、经济、文化的发展,可自行制定一些政策、规定、法令、条例、办法等。民族地区的地方政府享有民族区域自治权。
>
> 我国的行政组织从横向分工上来看,就是以工作性质将许多活动归类到各个单位的过程。同一层级的各部门是平行关系,有明确的工作范围和适当的权责划分。我国中央政府下设的各部委、机构、直属机构和办事机构,省级人民政府下设的各厅局,县级人民政府下设的科局均是按业务性质划分的部门。

二、学前教育行政管理是国家职能的表现形式

学前教育行政管理是国家教育职能的表现形式,具有政治性和专业性。

一方面,学前教育行政管理与国家政权直接联系,因而具有鲜明的政治性。学前教育行政管理主体代表国家行使行政权力,体现国家的意志。通过教育、行政的管理和调控,保障学前教育的发展方向,保障3—6岁儿童的受教育权利,为培养未来社会所需要的人才奠定基础。

《学前教育法》第一条规定:"为了保障适龄儿童接受学前教育,规范学前教育实施,促进学前教育普及普惠安全优质发展,提高全民族素质,根据宪法,制定本法。"第四条规定:"学前教育应当坚持中国共产党的领导,坚持社会主义办学方向,贯彻国家的教育方针。学前教育应当落实立德树人根本任务,培育社会主义核心价值观,继承和弘扬中华优秀传统文化、革命文化、社会主义先进文化,培育中华民族共同体意识,为培养德智体美劳全面发展的社会主义建设者和接班人奠定基础。"

《中共中央国务院关于学前教育深化改革规范发展的若干意见》在坚持党的领导方面指出:"加强党对学前教育工作的领导,确保党的教育方针在学前教育领域深入贯彻,确保立德树人根本任务落实到位,确保学前教育始终沿着正确方向发展。"在坚持政府主导方面指出:"落实各级政府在学前教育规划、投入、教师队伍建设、监管等方面的责任,完善各有关部门分工负责、齐抓共管的工作机制。牢牢把握公益普惠基本方向,坚持公办民办并举,加大公共财政投入,着力扩大普惠性学前教育资源供给。"

另一方面,学前教育行政管理具有较强的专业性。学前教育行政管理要遵循儿童发展的基本规律,对学前教育事业进行专业化、行业化管理,使学前教育这一培养人的社会活动能够更好地符合儿童的身心发展规律,实现预期目标。

教育部在印发《3—6岁儿童学习与发展指南》的通知中提出要抓好幼小衔接,并具体指出:"地方各级教育行政部门要制定相关配套政策,采取有效措施,严禁幼儿园提前学习小学教育内容,严禁小学举办各种形式的入学选拔考试,严禁小学一年级以任何理由压缩课程或加快课程进度。积极探索幼儿园和小学的双向衔接,为《指南》的全面贯彻落实创造条件。"

《幼儿园保育教育质量评估指南》在坚持儿童为本方面指出:"尊重幼儿年龄特点和成长规律,注重幼儿发展的整体性和连续性,坚持保教结合,以游戏为基本活动,有效促进幼儿身心健康发展。"

《幼儿园教育指导纲要(试行)》在总则部分规定:"幼儿园应为幼儿提供健康、丰富的生活和活动环境,满足他们多方面发展的需要,使他们在快乐的童年生活中获得有益于身心发展的经验。""幼儿园教育应尊重幼儿的人格和权利,尊重幼儿身心发展的规律和学习特点,以游戏为基本活动,保教并重,关注个别差异,促进每个幼儿富有个性的发展。"

学前教育行政管理的政治性和专业性是相统一的,政治性寓于专业性之中,并通过专业性的活动来得到体现。如果忽视学前教育行政管理的政治性,只是一味地追求专业性,那么学前教育就会偏离政治,脱离社会,国家的政治和权力就会失去作用,学前教育的发展将失去正确的方向。反过来,如果只重视学前教育行政管理的政治性,不强调儿童教育和发展的规律性与专业性,那么学前教育将会成为政治的工具,学前教育事业发展的科学性和规律性将无从谈起。因此,学前教育行政管理的政治性和专业性是不可分割的,这也是学前教育行政管理的两重性特征的体现。

三、学前教育行政管理的职能

学前教育行政管理的职能是指学前教育行政管理系统或组织所具有的职责、功能和作用,实际上意味着学前教育行政管理主体对客体的作用。

(一)刚性权利要求

教育行政管理的主体根据法律的规定,对行政客体或者限制其行为,或者要求其承担一定义务。主客体之间是一种行政支配关系和领导控制作用,具有权威性和强制约束性。

行政管理主体的权利作用主要通过两种方式实现。

一是行政指令。教育行政部门凭借上下级的权力服从关系来对教育活动进行管理,包括制定教育发展战略规划,制定教育方针政策,重点部署教育的重要发展项目,直接任命教育行政机构部门的负责人,监督检查各政策及规划的执行情况,等等。《中共中央国务院关于学前教育深化改革规范发展的若干意见》在主要目标中提出:"到2020年,学前三年毛入园率达到85%,普惠性幼儿园覆盖率(公办园和普惠性民办园在园幼儿占比)达到80%。广覆盖、保基本、有质量的学前教育公共服务体系基本建成。""到2035年,全面普及学前三年教育,建成覆盖城乡、布局合理的学前教育公共服务体系,形成完善的学前教育管理体制、办园体制和政策保障体系,为幼儿提供更加充裕、更加普惠、更加优质的学前教育。"中共中央和国务院联合发出的行政指令,要求各级地方政府履行职责,完成学前教育事业发展的工作目标,这是刚性要求。

二是教育立法。这是指政府部门或者教育职能部门依据国家制定的法律法规,对教育行政客体进行管理规范。例如,《浙江省学前教育条例》是2017年5月26日浙江省第十二届人民代表大会常务委员会第四十一次会议通过,自2017年9月1日起施行,是浙江省政府根据辖区的具体实际制定的学前教育行政法规。

相对来说,教育立法的方法较行政指令的方法,具有更强的约束力、强制性。教育行政管理主体通过这两种手段来保证教育沿着正确的轨道发展。

(二) 柔性权利引导

教育行政管理主体对客体在教育工作上给予技术上、专业上的指导和帮助,或者给予经费补助等。具体来说,包括教育督导、教育经费的拨发和提供、师资培训、信息服务等,从而予以支援协作,促进柔性权利引导作用的发挥,还可以采用教育和激励的方法。比如,《3—6岁儿童学习与发展指南》即为深入贯彻相关政策文件精神,帮助广大幼儿园教师和家长了解幼儿学习与发展的基本规律和特点,全面提高科学保教水平而组织研究制定的。教育部从开展全员培训、建设实验区、抓好幼小衔接、加强社会宣传、加强组织领导等方面,就做好《3—6岁儿童学习与发展指南》的贯彻落实工作提出了要求。这是我国政策法规工作中常用的专业性引导或指导的方法。

柔性权利引导也可以通过思想政治工作、精神奖励和物质奖励等办法来实施对下一级教育部门、机构、人员的教育与管理。2016年,《国务院关于鼓励社会力量兴办教育促进民办教育健康发展的若干意见》中明确指出"落实税费优惠等激励政策"。具体办法是:"民办学校按照国家有关规定享受相关税收优惠政策。对企业办的各类学校、幼儿园自用的房产、土地,免征房产税、城镇土地使用税。对企业支持教育事业的公益性捐赠支出,按照税法有关规定,在年度利润总额12%以内的部分,准予在计算应纳税所得额时扣除;对个人支持教育事业的公益性捐赠支出,按照税收法律法规及政策的相关规定在个人所得税前予以扣除。非营利性民办学校与公办学校享有同等待遇,按照税法规定进行免税资格认定后,免征非营利性收入的企业所得税。捐资建设校舍及开展表彰资助等活动的冠名依法尊重捐赠人意愿。民办学校用电、用水、用气、用热,执行与公办学校相同的价格政策。"

总体来说,我国的学前教育行政管理的职能体现为各级政府及其学前教育行政机构对国家学前教育事业的管理发挥宏观调控职能,主要是从事学前教育政策制定和贯彻拟订法规规章,编制学前教育事业发展规划,任用培训考核教育人员,充实教育设备,进行学前教育督导、评价和学前教育统计等。实现组织计划协调等职能,学前教育行政管理在现代教育事业发展中具有不可替代的作用。当前,学前教育行政管理需要发挥领导职能、协调职能和服务职能,发展国家学前教育事业,为学前教育方针和目标的实现创造良好的环境和适宜的条件。

四、学前教育行政管理的方法

学前教育政策与法规发挥着确保组织目标顺利实现的中介作用,是学前教育活动主体作用于客体的桥梁。我国学前教育行政管理的一般方法包括行政方法、经济方法、法律方法、思想政治方法。

(一)行政方法

行政方法是政府凭借政权力量,依靠行政组织制定的政策指令、计划方法,实现国家对行政工作的领导和管理,具有强制性、权威性、非经济利益性、垂直性、具体性、封闭性等特点。行政方法的实质是通过行政组织中的职务和职位来进行管理,特别强调职责、职权、职位,而并非个人的能力或特权。任何单位、部门总要建立起若干行政机构来进行管理,上级指挥下级、下级服从上级的指挥都是由管理的权限决定的。

《国务院关于当前发展学前教育的若干意见》《中共中央国务院关于学前教育深化改革规范发展的若干意见》等管理和规范我国学前教育事业发展的政策是使用行政方法的典型案例。

行政方法的优点是简便、灵活,能有效处理问题,有利于贯彻上级的政策。局限性体现在不利于发挥下级的积极性、主动性,信息传递易失真,横向沟通困难等。

(二)经济方法

经济方法是行政管理主体根据经济规律,运用价格、信贷、财政利率等经济杠杆,通过调整利益关系而实施的管理方法,具有利益性、间接性、多样性等特点。

学前教育行政管理主体可利用经济方法管理本辖区学前教育事业。比如,2022年,武汉市教育局、武汉市财政局对《武汉市支持普惠性民办幼儿园发展奖补资金管理办法》进行修改:"奖补资金的补助标准为:对认定的普惠性民办幼儿园,按照一级及以上幼儿园(含省、市级示范幼儿园)3 000元/生·年、二级幼儿园2 400元/生·年、三级及未评定等级幼儿园2 000元/生·年的标准上限予以财政补助,下限补助标准不低于各标准的60%。"这个政策主要是利用财政奖补的形式给予辖区幼儿园办园主体补助。

《中华人民共和国民办教育促进法实施条例》(以下简称《民办教育促进法实施条例》)进

一步明确了对民办教育的扶持政策。在鼓励和支持社会力量参与办学方面：一是明确财政扶持、税收优惠、用地保障等方面的政策措施；二是鼓励金融、保险机构为民办学校融资、风险保障提供服务；三是发挥地方积极性。

经济方法使用的优点是以物质利益为基础，能够有效地调动积极性和主动性。局限性是作用领域主要限于经济领域，不能解决社会需求和精神领域问题。

> **拓展阅读**
>
> **《民办教育促进法实施条例》在鼓励和支持社会力量参与办学方面的规定**
>
> 为了鼓励和支持社会力量参与办学，《民办教育促进法实施条例》进一步明确了对民办教育的扶持政策。一是明确财政扶持、税收优惠、用地保障等方面的政策措施，如规定：县级以上地方人民政府可以参照同级同类公办学校生均经费等相关经费标准和支持政策，对非营利性民办学校给予适当补助。县级以上地方人民政府可以采取政府补贴、以奖代补等方式鼓励、支持非营利性民办学校保障教师待遇。民办学校享受国家规定的税收优惠政策；其中，非营利性民办学校享受与公办学校同等的税收优惠政策。地方人民政府出租、转让闲置的国有资产应当优先扶持非营利性民办学校。地方人民政府在制定闲置校园综合利用方案时，应当考虑当地民办教育发展需求。新建、扩建非营利性民办学校，地方人民政府应当按照与公办学校同等原则，以划拨等方式给予用地优惠。二是鼓励金融、保险机构为民办学校融资、风险保障提供服务，如规定：国家鼓励、支持保险机构设立适合民办学校的保险产品，探索建立行业互助保险等机制，为民办学校重大事故处理、终止善后、教职工权益保障等事项提供风险保障。金融机构可以在风险可控前提下开发适合民办学校特点的金融产品。民办学校可以以未来经营收入、知识产权等进行融资。三是发挥地方积极性，如规定：省、自治区、直辖市人民政府还可以根据实际情况，制定本地区促进民办教育发展的支持与奖励措施。各级人民政府及有关部门在对现有民办学校实施分类管理改革时，应当充分考虑有关历史和现实情况，保障受教育者、教职工和举办者的合法权益，确保民办学校分类管理改革平稳有序推进。

（三）法律方法

学前教育法律、法规是由国家权力机关按照各自的职权范围，通过一定的程序制定和颁布的，各级组织和个人都有义务依法办事。法律方法也就是人们常说的"法治"。教育法律、法规、法令等是把体现统治阶级意志的教育宗旨、方针政策法律化、规范化,以实现国家对教育的领导与控制。长期以来,我国教育立法和司法工作不断推进,逐渐积累了运用法律手段管理教育机构的经验。

尤其在近十几年以来,我国出台了一系列学前教育政策与法规。这些学前教育政策与法规主要有《国务院关于当前发展学前教育的若干意见》《3—6岁儿童学习与发展指南》《中共中央国务院关于学前教育深化改革规范发展的若干意见》《幼儿园教师专业标准(试行)》《幼儿园工作规程》《新时代幼儿园教师职业行为十项准则》《未成年人保护法》《幼儿园保育教育质量评估指南》《学前教育法》等,既有部门法规,也有国家层面的法律,构成了系统、完整的学前教育法律法规体系,实现了国家依法治理学前教育,为引导学前教育事业健康发展提供了政策法规依据。

法律方法的优点是权威性、强制性,有利于提高学前教育行政管理的效率。其局限性是缺乏处理特殊问题的弹性和灵活性。

(四)思想政治方法

思想政治方法即行政人员依靠宣传、说服、沟通、精神鼓励等方式实施行政管理,具体包括启发教育、说服、劝告、建议、协商、树立典范及舆论推广等。

2024年11月,教育部召开新闻发布会解读《学前教育法》,教育部有关工作人员提出,教育部将在防止和纠正学前教育"小学化"方面抓3个重点工作:一是加强专业指导,发挥专家和专业机构的作用,切实提高幼儿园入学准备和小学入学适应教育的有效性。二是加大社会宣传,要利用各种平台,面向家长、幼儿园和小学持续宣传科学的衔接理念和方法。三是强化规范监管,要深入治理幼儿园、小学超前超纲教学的不规范办学行为,针对这些行为要坚决地查、管,要坚决防止和纠正学前教育"小学化"的倾向,确保《学前教育法》的规定能落到实处。纠正学前教育小学化倾向,是一个会持续一定时期的任务,需要通过专业指导、社会宣传和法律兜底来逐步完善。

拓展阅读

《教育部办公厅关于开展2024年全国学前教育宣传月活动的通知》(节选)

各省、自治区、直辖市教育厅(教委),新疆生产建设兵团教育局:

为做好第十三个全国学前教育宣传月活动,现将有关事项通知如下。

一、活动主题

守护育幼底线　成就美好童年

二、活动时间

2024年5月20日至6月20日

三、宣传重点

为做好学前教育法出台前的宣传工作，抓住法律落实的有利时机，营造学前教育改革发展的良好氛围，今年宣传月围绕推进学前教育依法治教，重点宣传：

（一）重大法规政策。宣传近年来国家和地方推进实施的有关学前教育法规政策，展现党和政府为保障适龄幼儿接受公平教育机会，解决人民群众急难愁盼问题的重大成果，宣传推进学前教育普及普惠安全优质发展的重大意义。

（二）重要管理制度。宣传国家和地方在学前教育机构准入与管理、师资配备、幼儿园安全防护、卫生保健、保育教育等方面的规章制度，呈现完善学前教育治理体系、促进学前教育规范发展的崭新面貌。

（三）科学保教理念。针对社会公众对学前教育的认识误区、困扰问题，广泛传播科学育儿理念和知识，帮助家长充分认识违反幼儿身心发展规律活动的危害。

四、宣传形式

（一）短视频案例长线推送。请各省级教育行政部门围绕"家门口的幼儿园""我心目中的好老师""我的幼儿园生活""我眼中的学前教育""闪闪发光的童言童语"等不同视角，面向学前教育战线广泛征集视频案例素材，从幼儿、教师、家长、专家、教育行政人员等不同角度，挖掘身边的案例故事，呈现幼儿园一日生活、保育教育、家园互动等工作细节、感动瞬间，展现广大幼教工作者爱岗敬业、幼教战线依法治教的积极风貌。视频要求内容真实，语言接地气，传递正能量、传达真情实感，避免摆拍表演。每段视频案例均应配有标题，时长不超过5分钟，采用MP4格式。请各省级教育行政部门于3月底前(以后每季度末)统一报送不少于20则短视频案例(已在主流媒体发布过的请注明)，附推介文案，以"＊＊省第＊＊季度视频案例征集"为邮件主题发送至指定邮箱(若发送内容较大，建议以网盘链接形式发送)。教育部将择优在微言教育、中国教育电视台微博、抖音、微信公众号等平台，以及中国学前教育研究会微信公众号上全年持续推送。

（二）地方经验集中展播。请各省级教育行政部门全面总结当地推进学前教育改革发展、推进依法治教的重大成果，深入挖掘地方典型经验和优秀案例，会同当地新闻宣传部门以文字、表格、图片和视频等多种形式加大宣传报道力度，形成学前教育改革发展的强大传播度和影响力。同时，遴选确定不少于15个典型经验，文字材料和视频皆可,文字材料在 2 000 字左右,视频在 10 分钟左右,注明题目,并以省为单位于 3 月底前统一报教育部,我们将在教育部官网、中国教育电视台"地方经验展播"栏目中持续推送,同时从中选择宣传素材,组织媒体进行实地采访报道、制作公益宣传片。

(三)专题栏目讨论。在中国学前教育研究会官网开辟"大家说法"栏目,围绕学前教育法出台的重大意义、重点难点问题展开讨论,请各地组织幼儿园园长、教师、家长、学前教育专家、教育行政人员踊跃参与,结合亲身经历和工作思考,从资源建设、教师待遇保障、规范办园、科学保教等方面积极建言献策,有关意见建议于 4 月底前发送至指定邮箱。

五、工作要求

(一)精心组织部署。各地要充分认识学前教育法出台对推动学前教育普及普惠安全优质发展的重要意义,抓住有利机遇,研究制订切实可行的宣传方案,精心做好各项安排部署,开展形式多样的宣传活动,凝聚社会共识,营造良好发展氛围。

(二)创新宣传方法。各地要充分利用传播速度快、公众关注度高的新媒体平台,进一步转变宣传视角,更多关注个体在学前教育方面的收获和体会,以讲好学前教育故事、引发共情为出发点,将相关宣传内容以生动有趣、以小见大的方式传递给公众,避免求大求全、空洞说教。

(三)广泛动员参与。各省级教育行政部门要广泛发动行政、教研、高校、幼儿园等专业力量,做好宣传内容总结梳理工作,确保权威性、专业性。要采取"请进来"与"走出去"相结合方式,积极协调当地政府及财政、发展改革、人力资源社会保障、妇联等相关部门参与,形成齐发声共发力的宣传局面。要发挥幼儿园宣传主阵地作用,通过举办主题开放日、家长讲座、亲子游戏等多种活动,宣传规范办园、科学保教的成果经验。

(四)开展持久宣传。各地要将学前教育宣传月工作与关键时间节点工作结合,进一步延长宣传时限,在宣传月活动启动前开展预热活动,结束后开展延伸宣传,把握宣传节奏,做好学前教育宣传工作。要严把宣传方向,严防任何机构和个人借宣传月搭车开展商业宣传和活动。

教育部将举办宣传月启动仪式,组织制作主题公益宣传片、宣传海报、专家访谈节目,在教育部政府门户网站和微言教育微信公众平台同步推送。请各地及时将宣传月活动情况的有关文字材料、图片和视频等报送教育部(基础教育司),教育部将在官方平台展示宣传。

思想政治方法的特点是潜在性和长期性、内在稳定性、主动性、超前性。思想政治方法包括行为激励法、参与管理法、行政责任方法。该方法的优点是可从根本上调动积极性，但时间长，工作任务艰巨，结果具有不确定性。

💡 思考与练习

一、问答题

1. 简述我国学前教育的行政管理体制的发展。
2. 简述学前教育行政管理的主体及相关法律规定。
3. 简述学前教育行政管理作为国家职能的表现形式及其特点。
4. 简述学前教育行政管理的方法，分析各种方法的优点及局限性。

二、调查研究题

请你调查你所在省的学前教育行政管理机构组成，并绘制本省学前教育行政管理机构图。

第三章

幼儿园的法律地位

 学习目标

1. 理解法律地位的含义。
2. 了解幼儿园法律地位的内在实质与外在形式。
3. 掌握幼儿园法律地位的特点。
4. 了解幼儿园与其他民事主体的法律关系及其特征。
5. 掌握幼儿园与教育行政机关的法律关系及其特征。
6. 了解幼儿园的民事权利与义务。
7. 掌握幼儿园的教育权利与义务。
8. 理解权利与权力的区别。

导入案例

幼儿园不是在园幼儿的监护人[①]

高甲(6岁)是某幼儿园大班的孩子。某天,幼儿下课后由幼儿园教师带着上厕所,准备放学。高甲跑进厕所,见金乙(5岁,该园中班孩子)正在小便,便一把将金乙推开,不料金乙没站住,摔倒在厕所的墙角。幼儿园教师赶忙把金乙扶起,并对高甲进行了批评。金乙当时感到腿部(右腿)很痛,待其父母把他接回家后,他的腿部更痛了,并鼓起了一个大包。金乙的父亲赶紧将金乙送到医院检查,医院诊断为右腿大腿骨骨折。金乙住院治疗,共花去医疗费数千元。金乙的父母因照顾金乙而误工,减少收入数千元。金乙出院后,金乙的父亲以金乙法定代理人的身份,向人民法院提起诉讼,要求高甲的父母赔偿金乙的医疗费及金乙父母因照顾金乙而损失的误工收入。

对此案应如何处理,法院在合议时产生了巨大分歧,有三种截然不同的处理意见:第一,认为原告诉讼对象错误,应当将幼儿园作为被告;第二,认为原告诉讼对象无误,但应将幼儿园作为共同被告;第三,认为前两种观点错误,不应将幼儿园列为本案被告,此做法没有法律依据。之所以产生以上的争议,原因在于对幼儿园的法律地位认识不清,误以为幼儿园也是幼儿的监护人,因而需要承担监护责任。而事实上,未成年人的监护人制度基于亲权。幼儿与幼儿园是民事法律关系中具有平等地位的双方,不同于有地位差异的亲权关系。

首先,根据《中华人民共和国民法典》(以下简称《民法典》)第一千一百九十九条的规定,幼儿在幼儿园学习、生活期间受到人身损害的,幼儿园应当基于过错承担侵权责任;但是,能够证明尽到教育、管理职责的,不承担侵权责任。具体而言,若幼儿家长认为自己的孩子在幼儿园里遭到了人身损害,想基于侵权法律关系,让幼儿园承担赔偿责任,那么,家长必须用证据(向法院)证明以下三点:(1)幼儿园或者幼儿园教师实施了相关侵权损害行为;(2)孩子遭受了人身损害;(3)以上两者间存在法律上的因果关系。证明不了的,无法取得赔偿。而同时,幼儿园如果不认为自身应承担赔偿责任,则必须用证据(向法院)证明以下两点:(1)幼儿园已经充分尽到教育、管理职责,没有过错;(2)存在其他免责事由。本案例的问题在于,被侵权人(受害方)金乙因被其他班级的高甲推倒而摔伤,显而易见的侵权人(加害方)是高甲,而不是幼儿园。所以,要转而适用《民法典》第一千二百零一条的规定,由实际加害的第三人,也就是高甲承担侵权责任。这时候,幼儿园原则上不予赔偿,即使未尽到管理职责的,也仅仅承担与其过错相应的补充责任,也就是和高甲按照一定比例分摊赔偿金额。另外,《民法

[①] 褚宏启.幼儿园不是在园幼儿的监护人[J].学前教育,2000(09):32—33.有改动。

典》该条明确了幼儿园承担补充责任后,可以向第三人追偿。在本案例中,高甲6岁,根据《民法典》第二十条的规定,为无民事行为能力人,所以实际应由其父母承担赔偿责任。故而,依照《中华人民共和国民事诉讼法》(以下简称《民事诉讼法》)的规定,金乙父亲作为金乙的法定代理人以侵权损害为由,向人民法院提起诉讼,要求高甲父母承担侵权损害赔偿责任,是正确的,人民法院应当受理。至于是否要将幼儿园列为共同被告,人民法院应当视权利人主张而定,即金乙父亲没有要求的,则无须将幼儿园列为共同被告。

第二,对"幼儿园不是在园幼儿的监护人"的解读,本书认为,要从高甲着手分析才能更好地体现这一点。监护人的地位特殊,而父母的监护人地位尤其特殊。进一步表述:首先,父母对子女在现今《民法典》意义上的"监护",实质是一种"亲权"。亲权意为父母基于身份关系对未成年子女进行教养、保护等权利义务的总和。亲权实质上是血缘关系下的自然权利,法律对此进行了确认。而监护,其适用的前提是亲权的消灭或不能,一般指父母均死亡或者均丧失管理权。由此可见,监护不过亲权不能时的"替代"(有效补充和延伸)。我国现行《民法典》基于历史原因,将监护作广义解释,包含亲权和狭义的监护,以便利实务。由此,便可知将幼儿园当作在园幼儿的亲权人(即父母)是不准确的。其次,《民法典》第二十七条也规定了在未成年人父母已经死亡或者没有监护能力时,由下列有监护能力的人按顺序担任监护人:"(一)祖父母、外祖父母;(二)兄、姐;(三)其他愿意担任监护人的个人或者组织,但是须经未成年人住所地的居民委员会、村民委员会或者民政部门同意。"在这一穷尽式的有序列举中,明确排除了幼儿园,除非幼儿园"愿意担任其监护人",而这在现实中几乎不会发生。最后,抛开法律的具体规定,幼儿园对于幼儿成长的作用,不是万能的,其不过提供了针对幼儿的教育服务,其服务的内容是有限的,往往也是基础的。幼儿园无法替代幼儿的父母,帮助其负担过多的义务,也不应当成为父母在教养孩子方面不作为的替罪羊,更不能片面地被理解为幼儿获得全部安全感的"避风港"。孩子的父母终究是无可替代的,父母的一言一行都将投射在其孩子的未来上。

法院在合议时产生的争议启发我们,须明确幼儿园的法律地位,本章就将围绕这一内容展开。

第一节　幼儿园法律地位的概述

一、幼儿园法律地位的内涵与特点

（一）幼儿园法律地位的内在实质与外在形式

法律地位是特定之人在法律上的地位，是法律人格的一种属性，是用法律语言确立特定之人在法律文本上的合法地位，或合法身份。具体来说共有四种含义：(1)地位、状态、条件。(2)个体与团体中其他成员的法律关系。(3)决定个体的某种权利、责任、能力或无能力。(4)本质上是非临时性的，也非当事方单纯意志所能终止的个体之间的法律关系，这种关系与第三方和国家有关。①

幼儿园作为一种常见的主要学前教育机构，它的法律地位主要是指其作为实施保育教育活动的法律主体在各种法律关系中所处的位置，主要体现为法律上的权利和义务。② 由此，幼儿园法律地位的内在实质是其法律主体资格，等同于"法律人格"。根据我国现行各种法律的规定，可以成为法律主体的主要有两类：一是公民（自然人），一是机构和组织（法人）。③ 法人是法律上拟制的"人"。立法者通过法律规定的形式赋予符合一定标准的幼儿园独立人格，以使其像自然人一样可以自由发挥决策与执行能力，更好地在法律保护的范围内行使诸如教育管理、教学开展等权利，并承担侵权所可能带来的法律风险及责任，最终实现特定的社会功能。

幼儿园法律地位的外在形式基于法律条款。《民法典》第八十七条至第九十五条，相对详尽地对非营利法人作出规定，例如非营利法人的定义、非营利法人的主要法律分类等。

首先，《民法典》第八十七条将非营利法人的定义表述为"为公益目的或者其他非营利目的成立，不向出资人、设立人或者会员分配所取得利润的法人"。成立非营利法人有两个关键条件：成立目的的非营利性和不分配利润。成立目的的非营利性主要体现为公益目的，即从事的是社会公益事业，其中包括了教科文卫；不分配利润，表明出资人、设立人成立的目的本身不是赚钱，而是公益事业，但允许实际有营收，只要不用于利润分配即可（毕竟如幼儿园

---

① 申素平.教育法学：原理、规范与应用[M].北京：教育科学出版社，2009：138.
② 孙葆森，刘惠容，王悦群.幼儿教育法规与政策概论[M].北京：北京师范大学出版社，1998：68—69.
③ 在法理学的相关教材中，往往还包括"国家"这一特殊的法律主体。在特殊情况下，它以整体的形态，直接以自己的名义参与国内外的法律关系，既不同于自然人，亦不同于法人。

亦需存续下去,必要开支不可避免)。①

其次,《民法典》第八十七条列举了事业单位、社会团体、基金会、社会服务机构等四种现存主要类型。政府利用国有资产设立的幼儿园即为事业单位,属于非营利法人,而非行使公权力的机关法人,社会称其为"公立幼儿园";自然人、法人或者其他组织为了提供社会服务(如教育),利用非国有资产设立的幼儿园即为社会服务机构,社会称其为"民办幼儿园"。②

《教育法》也对幼儿园成为法人的条件作出了规定,"学校及其他教育机构具备法人条件的,自批准设立或者登记注册之日起取得法人资格。学校及其他教育机构在民事活动中依法享有民事权利,承担民事责任"。这就真正明确了公立幼儿园作为事业单位的法人地位。

随着经济的快速发展,国家鼓励社会力量办学,近年来民办幼儿园兴起并发展迅猛。在这一过程中,出于利益驱使,很多民办幼儿园并不具备取得法人资格的条件,从而无法在幼儿伤害事故中独立承担侵权责任,幼儿的权利也无法得到基本的保障。对此,《中华人民共和国民办教育促进法》(以下简称《民办教育促进法》)规定,民办幼儿园设立前,其举办者本身可以在营利性和非营利性两者间选择。所以,民办幼儿园实际上分营利性和非营利性两种,营利性的取得营利法人资格。非营利性幼儿园的举办者不得取得办学收益,其办学结余须全部用于办学。至此,基本上现存所有幼儿园,在理论上均可取得民法意义上的法人资格。

综上,法律所规定的幼儿园法人地位是一种应然状态,并非实然状态。在现实中还普遍存在着不具有独立法人资格的幼儿园,譬如农村地区存在的小学附属幼儿园、村委会办幼儿园和个人办幼儿园。何况,幼儿园还以"行政相对人"或"授权行政主体"的法律身份和上级教育主管部门发生行政法律关系,其在行政法律关系中的法律地位,由《宪法》和《教育法》等行政法律法规规定。除了民事、行政两种法律身份外,幼儿园还是经济法律关系的主体之一。幼儿园在日常运行中会和国家发生财政拨款、园办产业的税收优惠等经济法律关系,具有相关经济法律规定的权利和义务,处于与行政法律关系相类似的被管理与被监督的地位。③

(二) 幼儿园法律地位的特点

1. 公共性

传统观念一般认为,教育机构的公共性源于其公法人或类似公法人的性质。在计划经济时代,大量的幼儿园确实属于公办性质,往往由部队、国家企业事业单位、城市居民或农村村民基层自治组织等举办。教育主管部门不仅进行业务指导,更是直接参与幼儿园的日常

---

① 黄薇. 中华人民共和国民法典释义[M]. 北京:法律出版社,2020:165.
② 黄薇. 中华人民共和国民法典释义[M]. 北京:法律出版社,2020:166.
③ 郑佳珍. 幼儿园集团化管理的理念与实践[M]. 北京:高等教育出版社,2004:16.

管理,由此确定幼儿园为公法人并无不妥。但随着经济体制的改革与发展,国家鼓励一切社会力量办学,大量民办幼儿园的出现使得公法人的定性明显不恰当。①

我们认为,幼儿园法律地位上的公共性源于教育权归属国家,教育权行使的目的是促进社会的发展。具体而言,该特点体现在以下三方面:

(1) 教育机构法律地位是依具有行政法性质的《教育法》确立的,幼儿园的设立、变更、终止必须向教育行政部门注册登记。

(2) 教育机构以提高全民族素质、培养人才、促进物质文明和精神文明建设为目的。各种教育机构的活动都要符合国家和社会公共利益的需要,对国家、人民和社会负责,不得损害国家、人民的利益和社会的公共利益。同时,无论是国家举办的幼儿园,还是社会力量举办的幼儿园,都必须接受国家和社会依法进行的管理与监督。

(3) 教育机构行使的教育权,实质上属于国家教育权的一部分。进入现代社会,教育发展的大趋势之一是教育权的社会化和国家化。然而教育活动本身的特有规律决定了国家的教育权不应当也不可能全部由国家直接行使,而是必须把教育教学的实施权授予教育机构。对幼儿园来说,这种教育教学的实施权,既是国家授予的权利,又是国家交予的任务,只能正确行使,而不能放弃。

2. 公益性

据《民法典》,我国民法上的法人依法人创立的目的和活动内容的不同,可以分为营利法人、非营利法人、特别法人。以取得利润并分配给股东等出资人为目的成立的法人,为营利法人。营利法人包括有限责任公司、股份有限公司和其他企业法人等。

为公益目的或者其他非营利目的成立,不向出资人、设立人或者会员分配所取得利润的法人,为非营利法人。非营利法人包括事业单位、社会团体、基金会、社会服务机构等。机关法人、农村集体经济组织法人、城镇农村的合作经济组织法人、基层群众性自治组织法人,为特别法人。

把教育机构规定为公益性机构,保证其育人宗旨,限制其广泛参与各种民事活动,是世界各国的惯例。我国《教育法》规定"以财政性经费、捐赠资产举办或参与举办的学校及其他教育机构不得设立为营利性组织"。幼儿园不能用其资产进行抵押、担保,幼儿园资产和举办者、捐赠者财产相分离,幼儿园的某些民事行为要受到禁止和限制。同时,《教育法》在许多方面规定了对教育机构的优惠政策,如学校用地、教学仪器设备的生产和供应、图书资料等的进口等方面,体现了其公益性的法律地位。《学前教育法》开宗明义地提出:学前教育是

---

① 在行政法和民商法上,公私法(公私法人)之间的界限已变得愈加模糊,出现了政府与民间资本合作的"公私协力"或政府与社会资本合作模式,以及民事关系公法化和刑事关系民法化两个不同走向的发展倾向。

国民教育体系的重要组成部分,是重要的社会公益事业。

3. 多重性

我国教育机构在活动时,根据条件和性质的不同,可以有多重主体资格。当其参与教育行政法律关系,取得行政法上的权利和承担行政法上的义务时,它就是教育行政法律关系的主体;当其参与教育民事法律关系,取得民事权利和承担民事义务时,它就是教育民事法律关系的主体。这里所说的教育行政法律关系,是指教育机构在实施教育活动中与国家行政机关发生的关系;所谓教育民事法律关系,是指教育机构与不具有行政隶属关系的行政机关、企业事业组织、集体经济组织、社会团体、个人之间发生的社会关系,这类关系涉及面颇广,例如财产、人身、土地、园址环境乃至创收中所涉及的权益,都会产生民事所有和流转上的必然联系。

教育机构在这两类不同的法律关系中的法律地位是不同的。在教育行政法律关系中,教育机构主要作为行政管理相对人出现,处于被领导和被管理的地位,当然,这并不排除教育机构作为办学实体享有自己的权利和义务。在教育民事法律关系中,教育机构与其他主体处于平等地位。

二、幼儿园与其他民事主体的法律关系

(一) 幼儿园与其他民事主体的法律关系性质

幼儿园作为具有独立民事权利能力和民事行为能力的法人,常常积极地参与各种民事法律活动,例如幼儿园与另一方签订购买教学活动所需设备的买卖合同,幼儿园租赁另一方所拥有的房屋作为教学场地来开展教学活动,幼儿园为了抓住机遇扩大发展而与另一方或几方进行合作办园等。在进行上述所列举的民事法律活动时,幼儿园就会与这一个个的"另一方"发生民事法律关系。民事法律关系就是人与人之间的纳入民法调整范围的生活关系,也可以说,是人与人之间因民法调整而形成的民事权利义务关系。① 当然,民法上所讲的"人",如前所述,包括了自然人和法人。民事权利和义务就是一切民事法律关系的核心,幼儿园在民法上享受与其他法人基本相同的权利并承担对等的义务。

(二) 幼儿园与其他民事主体的法律关系特征

1. 主体的多样性与平等性

主体的多样性是指参与民事法律关系的其中一方是固定的,即幼儿园;而另一方则没有预先设定,可以自由加以选择。法律没有也不应当设定幼儿园进行商品交易或签订合同的

---

① 江平. 民法学[M]. 北京:中国政法大学出版社,2007:17.

对象是某个人，否则就不符合市场经济公平交易的基本原则，就有了垄断的嫌疑。另一方面，在民事法律关系中，幼儿园与另一方参与者的法律地位是平等的，不存在相互隶属关系。法律地位的平等性用法律术语表述为"权利能力一律平等"——取得权利的资格平等，当权利被侵害时法律给予的保护平等；也可以形象地表述为：亲兄弟明算账，抛开各自相互关联的身份，即不能利用一定的优势身份去命令处于劣势身份的一方进行明显不等价的交易，过分扩大自己的权利，让对方承担过重的义务。

2. 权利义务的对等性

民事法律主体双方在地位上的平等，具体表现为双方享有权利与履行义务的对等。在民法上，义务是权利的对应物，一方权利的实现是依靠另一方义务的履行。① 权利不能抛开义务而"独善其身"，它们是绑定在一起的。权利有多大，承担的义务就有多大。例如甲幼儿园向某玩具厂订购一套户外大型滑梯，那么甲幼儿园享有获得这套户外大型滑梯的权利，某玩具厂负有按时按要求交付这套户外大型滑梯的义务；同时，某玩具厂享有获得这套户外大型滑梯货款的权利，甲幼儿园负有按时按合同约定的价格交付货款的义务。② 在双方"一手交钱，一手交货"的同时，才由于对方履行了义务而获得了权利。

3. 相对意定性

相对意定性即意思自治原则。意思自治原则是民法的基本原则之一，也是最核心最重要的原则。意思自治是指民事主体可以按照自己的判断设定自己的权利义务，法律尊重这种选择。在一些法律传统中，这也被称作"契约自由"思想。举个简单的例子来说明：某民办幼儿园要租赁甲公司的大楼作为教学场所，在所签订的租赁合同中，不管是租赁的价格，还是租赁的期限都是依据双方的意思而确定的，体现了双方的真实意愿。当然，这里的意定性是相对的，如同自由永远都是一定范围内的自由一样。意定性将受到法律规定和公序良俗的制约。在上面的例子中，租赁的期限就受到最高 20 年的法律限制，租赁的价格也不可以"漫天要价"，而是要参考周边的平均市价和时价来确定价格的范围。

---

① 江平.民法学[M].北京：中国政法大学出版社，2007：35.
② 需要特别注意的是，事实上这是个典型的民事买卖合同关系。在这一法律关系中，主体为买卖双方，即甲幼儿园和某玩具厂，客体为交付行为（户外大型滑梯为"标的物"，客体指向的具体对象）。甲幼儿园和某玩具厂享有的都不是所有权，而是债权，即一种请求权，请求对方交付物或金钱以实现自己的债权并移转"占有"，完成物权变动。若某玩具厂到期不愿交付户外大型滑梯，则属于违约。甲幼儿园尚未支付货款的，可以行使抗辩权，拒绝履行其合同义务；已经支付价款的，可要求其继续履行合同并支付相应的违约金，或实在不能履行时要求解除合同，同时返还已经支付的货款（返还不当得利）并支付相应的违约金。但甲幼儿园只能通过自行发函或诉讼的形式请求某玩具厂实际交付户外大型滑梯或返还货款，不能直接去占有该户外大型滑梯（否则为非法占有），因为甲幼儿园不享有户外大型滑梯的所有权，只享有债权。

三、幼儿园与教育行政机关的法律关系

(一) 幼儿园与教育行政机关的法律关系性质

幼儿园与政府及教育行政机关的法律关系是行政管理关系。这是由教育的公共利益属性所决定的,教育是国家和地方公共团体的事业,是国家行政的一部分。因此,幼儿园与政府及教育主管部门之间实际上是一种领导与被领导、管理与被管理的行政管理关系。这在教育法律法规中体现得非常明显。

(二) 幼儿园与教育行政机关的法律关系特征

1. 主体的固定性与隶属性

幼儿园从开办到运行,都避免不了和教育行政机关或其他政府部门之间发生法律上的关系。而且,幼儿园往往没有权利也没有能力去选择参与这一法律关系的另一方。《教育法》严格规定了教育行政机关依法管理和监督各类学校及其他教育机构的权利。幼儿园不能像选择买家或卖家那样去选择到底听从谁的命令,服从谁的指挥。开办幼儿园需要在教育行政机关注册登记;幼儿园若对教育行政机关的某项规定、命令有异议,或不服其处罚决定,首先可以向教育行政机关提出复议;即使最后需要行政诉讼,幼儿园诉讼的对象还是教育行政机关。所以说,行政法律关系中的主体至少一方固定是国家教育行政机关或其授权单位。这是行政法律关系本质的特征。

幼儿园与教育行政机关之间还具有显而易见的隶属关系。所谓"显而易见"是指它们的地位有高低、强弱之异,特别是在行政管理中,教育行政机关既扮演了行政法律关系主体的一方,同时也扮演了一个居中裁判的角色,更是充当了最终的法律执行人。教育行政机关身兼三职,拥有强大权力。近几年,国家的法治建设开始重视限制公权力,在一定程度上找到了行政相对人的权利保护和行政管理机关行使行政执法的权力的平衡点,但隶属性的特点并不会随之改变。

2. 权利义务的不对等性

权利义务的不对等性,即权力与权利的冲突性,其来源于幼儿园与教育行政机关地位的不平等。作为行政法律关系一方的教育行政机关,代表国家并以国家的名义行使行政管理权,处在领导者和管理者的地位。因此,在这一关系中,教育行政机关几乎没有义务需要履行。管理与监督是它的职责,是一种以强制性作为后盾的权力,是一种对行政相对者的命令;反观幼儿园,它必须服从教育行政机关的命令,履行好义务,并往往应无条件地遵守教育行政机关制定的法律或一般性规则以及个别性的裁决处理。诚然,幼儿园有权利就对其不

利的裁决向教育行政机关提起行政复议,乃至向法院提起行政诉讼。但是,决定行政复议结果的主体还是教育行政机关,而行政诉讼的过程往往复杂、漫长。可见,在幼儿园与教育行政机关的关系中,后者占据主动权,前者则处于被动的地位。

3. 高度法定性

与民事法律关系不同,在行政法律关系中幼儿园和教育行政机关的权利与义务都由法律条文事先予以明确,双方只能按法律规定行事,不得私下相互商量以契约等形式排除法定权利及义务。例如,《幼儿园管理条例》《幼儿园工作规程》等明确要求幼儿园教师须具有相应的文凭和幼儿园教师资格方可上岗执业。法定性的第一层次要求在于幼儿园应当遵守以上规定,不得以任何理由来降低标准,录用教师;法定性的第二层次要求(更为重要)在于即使某一具体教育行政机关或行政人员,在《幼儿园管理条例》《幼儿园工作规程》等依然有效而未被更改的情况下,同意其管辖下的幼儿园可以降低教师录用标准,这一做法也不产生法律效力,依然属于违法违规行为。

第二节 幼儿园的权利

幼儿园的法律地位决定了幼儿园所拥有的权利,法律所规定的权利是幼儿园在维护自身合法权益时的依据及保障。幼儿园的权利有狭义与广义之别。狭义的幼儿园权利,即以往教科书中所说的幼儿园的基本权利,指幼儿园在教育活动中依法享有的权利,故又被称作"办学自主权"。广义的幼儿园权利,则是指幼儿园在多种法律关系中实际享有的一切权利,除去在教育活动中的权利,主要包含了作为独立的法人所具有的广泛的民事权利,是其一般权利与特别权利的总括。在教育学研究范围内的幼儿园权利,多指狭义。

一、民事权利

关于幼儿园的民事权利,请见案例3-1。

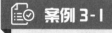

幼儿园名誉权不可侵犯

强强就读于某幼儿园中一班。某日中午午睡时,强强忽然抽搐、呕吐,值班教师及时采取了救助措施,并将他送医治疗,但强强不幸于就医途中死亡。经诊断,强强是旧病复发而猝死。强强父母认为强强之死是幼儿园所致,多次上门找幼儿园的麻烦,在幼儿园墙上及周边建筑上到处张贴诬蔑幼儿园的海报,严重影响了幼儿园的名誉。

资料来源:梁坤.幼儿园名誉权不可侵犯[J].早期教育(教师版),2008(10):39.

案例3-1说明了幼儿园作为"法人"这个独立的民事主体,其所享有的名誉权与自然人①相同,不容受到非法侵害。如果幼儿园依法享有的名誉权受到不法侵害,它作为与侵权案有直接利害关系的法人,可以作为原告向管辖法院提起民事诉讼,要求侵害人停止侵害、消除影响,并恢复名誉、赔礼道歉乃至赔偿损害。若侵权人拒不执行法院生效判决,反而变本加厉继续侵害幼儿园名誉,则人民法院可以采取公告、登报等方式,将判决的主要内容和有关情况公之于众,费用由被执行人(侵权人)负担;经济赔偿部分可通过强制执行的方式予以执行;人民法院还可依法对拒不执行者(侵权人)采取必要强制措施(如罚款、拘留),甚至可依情形追究其刑事责任。

名誉权属于法人的人格权之一,此外,法人另享有名称权(命名、使用、变更与转让)、荣誉权等。幼儿园不仅拥有法人的人格权,还拥有法人的财产权。有关幼儿园财产权的相关内容,请见案例3-2。

案例3-2

幼儿园的财产可以抵押吗

某幼儿园与甲公司一直保持着良好的协作关系,公司职工的孩子全部就读于该园,而公司每年赞助该园若干财物。某年,在一笔货物买卖合同中,乙公司要求甲公司提供担保。于是,甲公司老总向该园园长求助。园长看在双方多年合作的情分上,便以幼儿园的30台电脑和1辆汽车为甲公司作担保,担保方式为抵押,并办理了汽车抵押登记。此后,由于甲公司未能按时付清货款,乙公司要求幼儿园承担担保责任。

资料来源:童宪明.幼儿园的财产可以抵押吗?[J].早期教育(教师版),2009(09):35.

案例3-2的核心为担保物权。担保物权,用非法律语言来解读,即在一场"交易"中,对方并不信任"我"能按时按约定履行义务,"我"为消除对方的不信任感以使"交易"继续顺利进行,就拿自己的财产或某人的财产写下一个保证:如果"我"不履行,则对方可以获得经过

---

① 自然人的民事权利将在后面关于幼儿与教师权利的章节中作具体叙述。

折价、拍卖、变卖用于保证的财产而得来的钱款,优先弥补损失。对方所享有的优先受偿的权利就叫作担保物权。担保物权具体分为抵押权、质权和留置权。案例中的幼儿园就把自己的 30 台电脑和 1 辆汽车抵押给了乙公司。

幼儿园作为法人拥有财产权,财产权包括物权、债权与无形财产权(即知识产权)。物权在三者中尤为重要,又可分为所有权①、用益物权②和担保物权。幼儿园是特殊的民事主体,若是非营利法人,其财产权往往因受到法律的限制而与众不同。例如:就案例 3-2 中幼儿园的抵押行为而言,《民法典》第三百九十九条明确规定:学校、幼儿园、医疗机构等为公益目的成立的非营利法人的教育设施、医疗卫生设施和其他公益设施,不得用于抵押。据此,该幼儿园不得将属于教育教学设施的 30 台电脑用作抵押,不得将用作日常接送幼儿的校车③进行抵押。

最后,幼儿园的民事权利可概括如图 3-1 所示。

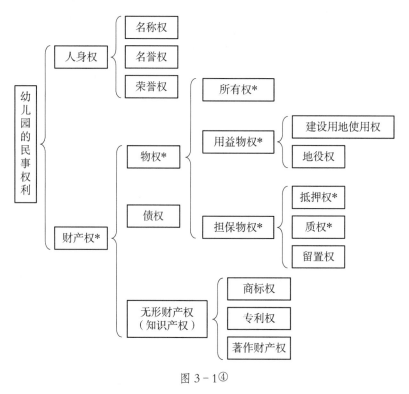

图 3-1④

注:带"*"号的表示此权利受到法律的必要限制,是不充分的。

---

① 幼儿园所享有的是不完整的所有权,即其可对园舍、户外场地、设施设备完全行使占有、使用的权利,但收益和处分的权利则受到一定限制。
② 幼儿园的用益物权主要包括建设用地使用权和地役权,本书并不要求了解两者的具体内容,可课后依兴趣自行了解。
③ 若案例 3-2 中的"1 辆汽车"被证实日常用于货物运输或专门接送专家等,则并非为教育教学设备,可以用于抵押。
④ 申素平. 教育法学:原理、规范与应用[M]. 北京:科学教育出版社,2009:164.

二、教育权利

在一些传统教材中,论及幼儿园的教育权利,必会说明它有以下几大特点:其一,为幼儿园特有权利,若没有这些权利,即意味着幼儿园在法律(行政法律)上就没有实施教育活动的资格和能力;其二,幼儿园所享有的此种权利不过是国家教育权的体现,本质上为一种公共权力,幼儿园不得根据自己的主观意志滥用此种权利,也不得自行放弃与转让。

这样的特点分析明显前后带有一定的"矛盾性"——一种本质上的权力为何会外在地表现为一种权利呢?按以上观点,此种权利是不得放弃和转让的,但依据传统法学理论,除去个别自然人的人身权利(生命权、健康权等)不得放弃与转让之外,并不存在一种不得自由放弃与转让的权利。

如要合理解释教育权利自身表现出的矛盾性,我们就要从分析一对在生活中常常被混淆和误用的概念——权利与权力开始。

权力来源于权利的让渡,权力为了维护权利而生,其存在的目的便是保障以及恢复权利。以教育为例,人的受教育权利定当在国家公立教育机构设立之前存在,私塾教育便是个很好例证,甚至在国家产生之前的原始社会,原始先民也有受教育的需求和受教育的经历,他们通过各自的办法来享有和保护自己的受教育权利;在现代文明社会,为了更好地实现和保障每个公民自身的受教育权利,个人便通过与社会和政府订立契约的方式,向社会和政府交出自己的受教育权利,让其来代为实现和保护。国家管理教育公共事业的教育权力便由此产生。① 而国家逐渐发现,自己不可能也毫无必要"事必躬亲",一味地亲自兴办教育。于是,它通过与某些个人和组织订立另一份契约,将教育权力委托赋予了合乎资格且依法成立的各类教育机构。

结合《教育法》第二十九条对教育机构权利的具体规定,就不难理解:《教育法》第二十九条赋予了幼儿园除法律、法规规定的一般权利外,还有共八项具体权利,概括起来即为办学自主权或教育独立自主权。也就是说,幼儿园实际上是被国家委托赋予了独立行使教育权力的权利。对外,这项权利将不受国家其他权力的侵害和他人行使权利时可能产生的侵害;对内,幼儿园在日常教育管理中行使的便是独立的行政教育管理权力,因为它是在代替国家行使教育权力,以实现和保障幼儿的受教育权利。下文中将介绍除"对受教育者颁发相应的学业证书"外的七项具体权利,以及"法律、法规规定的其他权利"。

---

① 这部分观点的论述实际采纳了《社会契约论》的思想,此种思想也具体体现于洛克的《政府论》,以及霍布斯的相关著述中。

(一)招收新生权

《教育法》第二十九条规定了幼儿园招收学生或其他受教育者的权利。

招生权是幼儿园的基本权利,是办学自主权的重要标志。其含义是幼儿园根据自己的办学宗旨、培养目标、任务及办学条件和能力,依据国家相关招生政策、法规、规章和直接主管部门的具体管理规定,自行制定详细的招生办法,并对外发布招生广告,进行招生宣传,确定招生范围与来源,最终决定招生总人数与具体人员。

在幼儿园的招生过程中,教育主管部门不得利用行政权力进行不必要的干涉(无端限制与取消幼儿园招生权、以权谋私等)。只有在幼儿园违法招生①时,教育主管部门才可依据《教育法》第七十六条对该幼儿园进行行政处罚,如案例3-3所述。

案例3-3

无证幼儿园乱招生现象

有市民以"一群幼儿园家长"的落款向某报社写信举报称:位于某市某区的乐乐幼儿园、爱心幼儿园以及大拇指幼儿园,因无证办学被区教育局下达取缔通知书或被告知筹备期内不允许开张招生,但三家幼儿园均不予理会,仍然对外张贴招生公告,并擅自组织开展教学活动。

经区教育局相关负责人确认,以上幼儿园均未获得办学许可证,不具备招生资格,尤其是大拇指幼儿园,根本没有向教育部门申报过。同时表示,教育主管部门不具备强制执法权,只能通过下发取缔通知书、张贴布告等方式提醒家长,莫将孩子送到未经审批的幼儿园就读。如果幼儿园无视处罚决定,只能寄希望于政府能够组织相关部门联合行动,对违法、违规招生的幼儿园进行综合治理。

资料来源:整理自新闻报道。

(二)组织实施保育教育活动权

《教育法》第二十九条规定了幼儿园组织实施教育教学活动的权利。

组织实施保育教育活动是幼儿园日常工作的核心。其含义是幼儿园可以根据国家教育主管部门颁布的旨在规范指导幼儿园各项教学工作的《幼儿园教育指导纲要(试行)》等

---

① 违法招生的情况主要有:因未经批准而无办学资格和相应办学权的主体乱招生;超额、超计划招生;弄虚作假,欺骗招生。

文件,结合自己的办园宗旨、任务和特色,自行制定和实施幼儿园的学年教学总体计划。在开设《幼儿园教育指导纲要(试行)》等文件规定的健康、社会、科学、语言、艺术五大领域课程外,可讨论决定增设园本特色课程,决定选用何种教材,决定具体课时和教学进度,组织保教活动评比,集体备课,检查评议,广泛开展公开课观摩、研讨活动,积极开展教学研究等。

需要注意的是,所有的自由都是在一定范围内的自由。幼儿园享有这一权利并不意味着其可以不加限定、十分随意地选择任何种类的教材,开展任何形式的保教活动。《学前教育法》第五十六条规定:"幼儿园应当以学前儿童的生活为基础,以游戏为基本活动,发展素质教育,最大限度支持学前儿童通过亲近自然、实际操作、亲身体验等方式探索学习,促进学前儿童养成良好的品德、行为习惯、安全和劳动意识,健全人格、强健体魄,在健康、语言、社会、科学、艺术等各方面协调发展。"《幼儿园管理条例》第十六条规定:"幼儿园应当以游戏为基本活动形式。幼儿园可以根据本园的实际,安排和选择教育内容与方法,但不得进行违背幼儿教育规律,有损于幼儿身心健康的活动。"具体来说,必须禁止使用小学教材和以小学教育模式开展识字、算术课程①,禁止布置书面家庭作业,避免增加幼儿学习负担,禁止针对幼儿进行任何形式的考试与排名。

《幼儿园工作规程》重申了以游戏为基本活动的原则,并具体地规定一日活动的组织应当动静交替,活动内容安排应当循序渐进,符合幼儿的身心发展规律,应当充分运用集体、小组和个别活动等形式,为每个幼儿提供充分参与的机会,体现了从关注集体的学习结果到关注每一个幼儿的学习互动过程的特点。《幼儿园工作规程》正确地注重了幼儿作为一个人应当具有的(天赋的)自由表达的权利,明确规定保教活动的创立、实施要以幼儿为中心,给予其恰当且充分的自主选择、探讨的权利,从而彻底否定并禁止了灌输填鸭式的传统教育方式,鼓励幼儿园从软硬件两方面创造条件,从集体统一的班级授课逐步转变为幼儿与教师共同设立、参与的个性化的游戏活动。② 最后,《幼儿园工作规程》第三十三条还进一步说明幼儿园保教活动组织实施要注重幼小衔接,但幼儿园不得提前教授小学教育内容。这一规定也是与《幼儿园管理条例》第十六条相对的更为具体与确切的规定。③《学前教育法》第五十六条规定:幼儿园应当以学前儿童的生活为基础,以游戏为基本活动。第五十九条规定:幼儿园不得采用小学化的教育方式,不得教授小学阶段的课程。

---

① 甚者如德国,幼儿园不被允许向幼儿教授专业知识。幼儿唯一应该做的就是参与纯粹的游戏。
② 具体参见《幼儿园工作规程》第五章相关条款,特别是第二十六条、第二十八条、第二十九条、第三十条。
③ 从反面来看,现实中很多机构仍会为迎合大多数家长"不让孩子输在起跑线上"的畸形心理而开设教授小学内容的课程,政府及相关部门应继续通过行政与法律手段来对此加以规范和遏制。

(三) 自主管理权

《教育法》第二十九条规定了幼儿园按照章程自主管理的权利。

自主管理权是幼儿园办学自主权的总括性授权,在教育权利中居于首要地位。它是指幼儿园根据章程确立办学宗旨、管理体制及各项重大原则,制定具体的管理规章和发展规划,自主地作出管理决策,并建立、完善自己的管理系统,组织实施管理活动,而不必事无巨细地向上级主管部门或举办者请示,让"上级"来做主决策。

政府在幼儿园依照章程自主管理后,其对幼儿园的直接行政管理便转变为宏观间接管理。需要注意的是,不要将政府的宏观间接管理简单理解为可以少管乃至完全放手不管,幼儿园可以摆脱政府的监管而完全按照自己的章程任意行事。政府实质上仅仅对本不应该由它亲力亲为的事项,不进行直接管理,而由此将更多精力放在如加强对幼儿园的监督,对幼儿园超越章程规定的违法行为予以行政处罚以及对其章程本身是否违背相关法律法规进行审查等方面。

(四) 学籍管理权

《教育法》第二十九条规定了幼儿园对受教育者进行学籍管理,实施奖励或者处分的权利。

编订学籍档案是每一个教育机构在完成招生工作后要开展的重要工作,是全面统一管理在校学生的基础,也是最有效的手段。幼儿园根据上级教育主管部门的学籍管理规定,有权制定具体的学籍管理办法;同时,可以根据国家有关学生奖励、处分的规定,结合本园的实际,制定具体的奖励和处分办法;并根据这些管理办法,对受教育者实施具体的管理活动。

幼儿园作为一种教育机构,自然享有学籍管理权,但基于其教育对象和教育工作的特殊性,它的这一权利具体指其有权确定关于幼儿报名注册的管理办法,并建立幼儿综合档案制度。现在幼儿园的幼儿档案形式多样,包含的信息丰富,且多与教育评价和幼儿成长相关联,一般包括幼儿花名册、幼儿各类登记表(健康与体检信息、家庭信息等)、幼儿身心发展状况记录册(如幼儿成长记录袋)等。

学籍管理权的含义中还包括了对受教育者奖励、处分的权利,对于幼儿园,通常认为其只有奖励幼儿的权利,而没有处分幼儿的权利。而奖励包括精神奖励(如每一学期末的各类荣誉评比)与物质奖励(如教师在游戏活动中的实物奖励)。

(五) 人事聘任权

《教育法》第二十九条规定了幼儿园聘任教师及其他职工,实施奖励或者处分的权利。

人事聘任权是幼儿园实施教育活动的保证,也是其作为法人被法律所确认的权利之一。

幼儿园用好这项权利,有利于调动教职员工的积极性,提高办园质量和效益。① 人事聘任权是指幼儿园依据国家有关教师和其他教职员工管理的法规、规章及主管部门的规定,从本园的办学条件、办学能力和实际编制情况出发,有权自主决定聘任或解聘有关教师和其他职工,制定本园的教师及其他职工的聘任方法,签订和解除聘任合同,并有权对教师及其他职工实施包括奖励、处分在内的具体管理活动。

《学前教育法》第四十七条规定:"幼儿园教师在职称评定、岗位聘任(聘用)等方面享有与中小学教师同等的待遇。"

考虑到幼儿园教师工作对象的特点,《学前教育法》第四十四条规定:"幼儿园聘任(聘用)园长、教师、保育员、卫生保健人员、安全保卫人员和其他工作人员时,应当向教育、公安等有关部门查询应聘者是否具有虐待、性侵害、性骚扰、拐卖、暴力伤害、吸毒、赌博等违法犯罪记录;发现其有前述行为记录,或者有酗酒、严重违反师德师风行为等其他可能危害儿童身心安全情形的,不得聘任(聘用)。幼儿园发现在岗人员有前款规定可能危害儿童身心安全情形的,应当立即停止其工作,依法与其解除聘用合同或者劳动合同,并向县级人民政府教育行政部门进行报告;县级人民政府教育行政部门可以将其纳入从业禁止人员名单。有本条第一款规定可能危害儿童身心安全情形的个人不得举办幼儿园;已经举办的,应当依法变更举办者。"

(六) 设施和经费的管理、使用权

《教育法》第二十九条规定了幼儿园管理、使用本单位的设施和经费的权利。这一权利是指幼儿园对其占有的场地、教室、宿舍、教学设备等设施、办学经费及其他有关财产,享有财产管理权和使用权,必要时可对其占有的财产进行处分或取得一定的收益。②

为了防止国有资产的严重流失,幼儿园在行使此项权利时,首先要分清楚幼儿园所拥有的财产中哪些部分属于国有资产。因为根据《教育法》第三十二条规定:学校及其他教育机构中的国有资产属于国家所有。这表明,对于这部分所有权属于国家的国有资产,幼儿园只享有占有、使用、收益的权利,而不能对其进行处分。因为只有所有权人才能完全支配所有物,享有所有权的全部权能,包括处分权。

在幼儿园拥有的财产中,以下几类财产的所有权归属国家:

(1) 以国家财政投入举办的幼儿园的资产。

(2) 以国家财政投入举办的幼儿园的属于以国家资产投资兴建的校办产业。③

---

① 张乐天. 学前教育政策与法规[M]. 北京:中央广播电视大学出版社,2011:65.
② 林雪卿. 幼儿教育法规[M]. 北京:科学出版社,2010:35.
③ 如属于教职工出资兴建的,则不属于国家所有。

(3) 国家与集体或个人联合举办的幼儿园中国家投入的资产部分。①

在学前教育设施方面,《学前教育法》第二十五条规定:"县级以上地方人民政府应当以县级行政区划为单位制定幼儿园布局规划,将普惠性幼儿园建设纳入城乡公共管理和公共服务设施统一规划,并按照非营利性教育用地性质依法以划拨等方式供地,不得擅自改变用途。"

在学前教育经费方面,《学前教育法》第七十条规定:"幼儿园应当依法建立健全财务、会计及资产管理制度,严格经费管理,合理使用经费,提高经费使用效益。幼儿园应当按照有关规定实行财务公开,接受社会监督。县级以上人民政府教育等有关部门应当加强对公办幼儿园的审计。民办幼儿园每年应当依法进行审计,并向县级人民政府教育行政部门提交经审计的财务会计报告。"

(七) 排除非法干涉权

《教育法》第二十九条规定了幼儿园拒绝任何组织和个人对教育教学活动进行非法干涉的权利。

排除非法干涉权是一种以自我保护为目的、带有防御性的被动权利,这里的"被动"意指须有非法干涉保教活动的侵权行为发生在先,才会产生要求对方排除或进行赔偿的请求权。所以它更多是一种私力救济的途径。其含义是指幼儿园对来自行政机关(包括教育行政机关)、企业事业组织、宗教团体、其他社会组织、个人等任何方面的非法干涉保教活动的行为,都有权加以拒绝和抵制。

在解读这一权利的具体含义时,特别要注意"非法"二字。幼儿园所能拒绝和抵制的是非法干涉,所谓"非法干涉",指行为人违背法律法规和有关规定做出的不利于保教活动正常开展的行为。例如:个人或社会组织强行占用幼儿活动用房和场地,随意抽调教职员工另作他用,随意要求幼儿园停课;商业营利机构以获利为目的在幼儿园内乱办兴趣班;社会对幼儿园的乱摊派,要求幼儿园代收各种与教学无关的费用;教育行政部门对幼儿园保教活动随意、过多、毫无必要地进行检查等。幼儿园排除非法干涉的权利与教育及其他相关行政部门通过合法途径对幼儿园保教工作进行监督、管理之间并无冲突。

案例 3-4

物业被指侵占小区幼儿园食堂

某业主在网上发帖,称物业占据第六幼儿园(以下简称六幼)的食堂,导致六幼无法扩招,业主孩子入难。该帖引发业主热议。

---

① 其中集体或个人投入的资产部分,则不属于国家所有。

记者在调查时从六幼大楼西侧门处看到,该玻璃门上写着"物业餐厅",门口的大红招牌上还写着"对外就餐",餐厅与大楼整体装饰风格一致。据一名工作人员介绍,该餐厅是物业食堂,从小区开始建设时就已在使用了。

六幼方面随后称已将此事汇报至上级部门。据知情人士透露,六幼多次就此事和物业交涉,物业不予理睬,也不腾地方。就此事,区教委一负责人称,六幼属于小区配套,且已移交教委接管,教委还投资数百万元对该园进行了整体装饰装修。六幼开园至今,因食堂的一部分被物业占用而无法扩招。但由于物业不属于教育部门主管,教育部门希望有关部门能介入解决。

资料来源:整理自新闻报道。

(八) 其他合法权利

《教育法》第二十九条规定了幼儿园享有法律、法规规定的其他权利。

此法律条文体现出立法技术上的一种在列举权利与义务时的常用手段,即在一一列明现行法律赋予幼儿园的所有权利之后,附上一条"兜底性"条款。① 具体而言,其表明幼儿园除享有以上所阐述的各项权利外,还享有现在法律法规以及将来出台的法律法规赋予的其他权利,包括开展教学或学术交流的权利、接受国内外捐助的权利、组织幼儿参与社会实践的权利、承办教育行政机关交办的其他活动的权利等。

第三节 幼儿园的义务

法律主体的义务和权利是对等的。幼儿园的义务分为民事义务(民事法律关系中的义务)和教育义务(行政法律关系中的义务)。② 幼儿园的基本义务是指幼儿园在保教活动中所

---

① 为何需要"兜底性"条款,其理由在于:任何法律不可能在制定时以列举的方式言明所有现在正发生和未来将要发生的社会现实情况,然而,社会总是不受人的意志左右而时刻变化着向前发展的。这里就会产生巨大的矛盾。解决这一矛盾很好的方法是法律解释,但法律解释需要有法律依据。"兜底性"条款为法律的具体适用敞开了巨大的空间,为法律自身发展留有余地,也为法律解释提供依据。

② 在民事法律关系中,主体一方所要履行的义务就是平等的另一方所有的权利,两者指向的是同一个内容,仅是从不同的主体角度看待而已。在民法学教材中,也以民事权利为核心,不曾将民事义务作为一章或一节单独论述。所以,这一节中只介绍幼儿园的教育义务。

必须履行的法定义务,即幼儿园在保教活动中必须有一定行为(作为,积极义务),或不得有一定行为(不作为,消极义务的约束)。①

依照《教育法》第三十条的规定,幼儿园必须履行以下六项义务。

(一) 遵守法律、法规

《教育法》第三十条规定了幼儿园有遵守法律、法规的义务。

守法义务是法律对公民和其他组织包括一般法人的要求,是《宪法》规定的一项基本义务(《宪法》第五条②)。幼儿园很显然是一种社会组织,进一步而言是一个法人,其在守法的主体范围之内。《教育法》规定的守法义务与《宪法》规定的守法义务不同,具有双重含义:第一,幼儿园普遍意义上的守法;第二,幼儿园对教育法律法规所设定的义务的履行,以及对自己制定的合法合理的章程与其他办园规章制度③的遵守。

理解此义务的重点和难点在于确定"法律法规"的范围。本书认为这个范围是较广的,包括了基本法律、行政法规、地方性法规、自治条例和单行条例、部门规章、地方政府规章,以及其他各类法律文件、政策文件,乃至幼儿园自行制定的各项内部规章制度④等。这在法理学上,被称作对于法律条款的扩大解释,即超出了"法律法规"字面上通常具有的文字含义。

(二) 保证保教质量

《教育法》第三十条规定了幼儿园贯彻国家教育方针,执行国家教育教学标准,保证教育教学质量的义务。

这一义务的具体内容为:第一,幼儿园在整个保教活动中要坚持社会主义的办学方向,贯彻《教育法》第五条规定的国家总体教育方针,按照国家规定的保教目标,面向全体幼儿,实施促进身心全面发展的教育;第二,执行国家关于幼儿园的保教标准,努力改善办园条件,加强育人环节,保证保教水平不断提高。

国家教育方针体现在《教育法》第五条:教育必须为社会主义现代化建设服务、为人民服务,必须与生产劳动和社会实践相结合,培养德智体美劳全面发展的社会主义建设者和接班

---

① 《教育法》中强调幼儿园义务的主要意义在于满足了两大需要:一是幼儿园保证实现其办学宗旨,实施保教活动的需要;二是保护幼儿这一受教育者的需要。其根本目的是保障后者受教育权的实现。

② "一切国家机关和武装力量、各政党和各社会团体、各企业事业组织都必须遵守宪法和法律。一切违反宪法和法律的行为,必须予以追究。任何组织或者个人都不得有超越宪法和法律的特权。"

③ 幼儿园自行制定的规章制度主要包括:领导制度、教职员工奖惩制度、工作制度、卫生保健制度、安保制度、教学制度、科研制度、财务制度和家园合作及社区联系制度等。

④ 幼儿园自行制定的大部分内部规章制度仅具有对内的效力,对于幼儿园(管理范围)之外的第三人没有任何法律效力。

人。如何理解这句话所要表达的基本精神内涵呢？可以从以下四方面入手：第一，"教育必须为社会主义现代化建设服务"，规定了我国教育工作的总方向。社会主义现代化建设是一个整体的体系建设，包括经济建设、政治建设、文化建设、社会建设和生态文明建设等。所以，片面地把教育必须为社会主义现代化建设服务理解成只为经济建设服务是不全面乃至错误的。第二，教育"必须与生产劳动和社会实践相结合"是培养全面发展的社会主义事业的建设者和接班人的根本途径。教育与劳动及实践相结合的理念和做法不仅符合马克思主义的思想，也符合中国的国情；不仅被当代中国赋予了新的内涵和生命力，也顺应了世界各国教育改革和发展的大趋势。第三，"德智体美劳全面发展"是教育工作的培养目标。我国教育方针的理论基础是马克思主义关于人的全面发展的学说。第四，"社会主义建设者和接班人"是我国各级各类学校教育总的培养目标。把受教育者培养成什么人是学校教育的根本性问题，也是党和国家所主要关心的问题。

《学前教育法》规定：学前教育应当坚持中国共产党的领导，坚持社会主义办学方向，贯彻国家的教育方针。学前教育应当落实立德树人根本任务，培育社会主义核心价值观，继承和弘扬中华优秀传统文化、革命文化、社会主义先进文化，培育中华民族共同体意识，为培养德智体美劳全面发展的社会主义建设者和接班人奠定基础。

《幼儿园工作规程》《幼儿园教育指导纲要（试行）》更为详细地规定了幼儿园保育和教育的主要目标、幼儿园的教育内容与要求。

为了保障幼儿园保教质量，2022年，教育部颁布了《幼儿园保育教育质量评估指南》，该文件在指导思想方面，提出遵循幼儿发展规律和教育规律，完善以促进幼儿身心健康发展为导向的学前教育质量评估体系，切实扭转不科学的评估导向，强化评估结果运用，推动树立科学保育教育理念，全面提高幼儿园保育教育水平，为培养德智体美劳全面发展的社会主义建设者和接班人奠定基础；在基本原则方面，提出了坚持正确方向、坚持儿童为本、坚持科学评估、坚持以评促建；在评估内容方面，在办园方向、保育与安全、教育过程、环境创设、教师队伍5个方面保障幼儿园的保教质量，包括15项关键指标和48个考查要点；在评估方式方面，提出注重过程评估、强化自我评估、聚焦班级观察。

需要深入体会的是，这一义务规定将教育思想和教学方法的争论，在一定范围内从学术探讨上升到法律意志，即一切争论在法律所允许的范围内许可，一旦超越限定范围，就不再是合理与否、对错与否的问题，而是确定的违法行为。

（三）维护相关人员合法权益

《教育法》第三十条规定了幼儿园维护受教育者、教师及其他职工的合法权益的义务。

这一义务的具体内容为：第一，幼儿园自身的行为不得侵犯幼儿、教师及其他职工的合法权益。如幼儿园对于其聘任的教师及其他职工,不得以任何理由克扣、拖欠工资,不得在与教师签订合同时收取保证金、押金等;对于其招收的幼儿,幼儿园应当保证他们的人身安全,确保他们的身心健康,不得体罚与变相体罚幼儿等。第二,当幼儿园以外的其他社会组织和个人侵犯了本园师生及其他职工的合法权益时,幼儿园应当以合法方式,积极协助有关单位查处有违法行为的当事人,维护幼儿、教师及其他职工的合法正当权益。如发生社会闲杂人员进入幼儿园拐骗或伤害幼儿的情况时,幼儿园有义务在发现后及时制止并报警,在事发后积极配合警方的调查取证工作,若自身有过失之处(未严格执行门禁制度、未配备必要的安保人员和设施等),还须承担一定的补充责任。

案例3-5

两名幼儿园教师走上法庭讨要保证金

小郭和小王今年刚从某幼儿师范学校毕业,他们在一场学校举办的招聘会上向A幼儿园投了简历。过了几天,A幼儿园通知小郭和小王面试。经过一般性的问答、个人才艺展示和专业说课考核后,两人成功被A幼儿园录用。在签订劳动合同时,A幼儿园要求小郭和小王同时签订一份培训协议,协议的主要内容是"每月扣除小郭和小王每人300元奖金作为他们的录用和培训保证金,并约定,培训人员在培训期间旷课、事假每月超过3天或考试不合格的,保证金不予退还"。

后来,在工作期间,A幼儿园以小郭多请了一天假为由将其解聘,而小王也因病假被解聘。两人随即要求A幼儿园退还保证金,共计每人2 100元整,但A幼儿园以事先签订的协议为由拒绝。后经相关部门调解,A幼儿园同意退还保证金。但没过多久,A幼儿园便反悔,仍然不向小郭和小王退还保证金。无奈,两名幼儿教师将A幼儿园告上法庭。

最终,经法院公开审理查明,幼儿园在招聘工作人员时,违反了"用人单位与劳动者订立劳动合同时,不得以任何形式向劳动者收取保证金"的相关规定,因而依法作出一审判决,被告分别退还给两原告2 100元保证金。

资料来源:整理自新闻报道。

(四)便利幼儿发展

《教育法》第三十条规定了幼儿园以适当方式为受教育者及其监护人了解受教育者的学业成绩及其他有关情况提供便利的义务。

这一义务的本质是保障作为幼儿法定监护人的家长的相关知情权。同时，学前教育大力提倡家园合作，这也是加强幼儿园教育与家庭教育相互联系的需要。具体而言，"以适当方式"指幼儿园要通过设立家长开放日、亲子活动、家长学校、教师家访、幼儿作品展览等合法的、正当的方式保障幼儿及其监护人的知情权；不得以诸如公布幼儿档案（侵害幼儿隐私权）等非法的方式保障这种知情权。

案例 3-6

豆豆被抱养，老师应保密

幼儿豆豆是其父母的养子，不过他的父母一直不想让外人知道豆豆的养子身份，以免给孩子带来不必要的心理负担，为此豆豆的妈妈还专门请幼儿园林老师对这件事予以保密。有一天，孩子们因为小事情发生了争吵，有个孩子突然说："豆豆，你爸妈的年纪这么大，你不是他们亲生的，是抱养的！"豆豆一听就大哭起来。下午，妈妈来幼儿园接他，豆豆说他听小朋友们说，他不是妈妈的孩子，不肯跟妈妈回家，豆豆的妈妈非常伤心。豆豆的父母经了解后才知道，原来是林老师在和其他保育员聊天时谈起此事，被在一旁玩耍的孩子听见了。豆豆的父母认为幼儿园答应为他们保密但却失信，使孩子受到伤害，他们决定找园长讨个说法。

案例3-6中豆豆的养子身份应当属于隐私。但他有没有隐私权呢？

隐私权一般是指自然人享有的对自己的个人秘密和个人私生活进行支配并排除他人干涉的权利，我国的《民法典》第一千零三十二条规定，自然人享有隐私权。任何组织或者个人不得以刺探、侵扰、泄露、公开等方式侵害他人的隐私权。隐私是自然人的私人生活安宁和不愿为他人知晓的私密空间、私密活动、私密信息。《民法典》第一千零三十四条规定，自然人的个人信息受法律保护。个人信息是以电子或者其他方式记录的能够单独或者与其他信息结合识别特定自然人的各种信息，包括自然人的姓名、出生日期、身份证件号码、生物识别信息、住址、电话号码、电子邮箱、健康信息、行踪信息等。

该案中豆豆的身份是豆豆的个人秘密，属于其家庭私人生活的范围。豆豆的父母已明确表示不愿向外人公开。林老师既然已经受豆豆父母之托，答应为豆豆的身份保密，就应当履行诺言。但林老师在与同事聊天的时候说出了这件事，她虽然没有主观故意，而是由于过失才导致秘密公开，但在客观上损害了豆豆的名誉，给豆豆及其家庭的正常生活带来了不良影响。鉴于情节轻微，后果并不严重，林老师应向豆豆及其父母赔礼道歉，幼儿园还应配合家长尽量把伤害程度降到最低。

随着通信技术的不断发展,人与人联系的途径愈加多样化,幼儿园教师可以使用方便快捷的即时网上通信平台(QQ、微信、微博和电子邮件等)和家长进行交流。而现今隔代抚养现象也对幼儿园教师采用合适的方式与各类家长交流提出了更高的要求。"提供便利"一方面指幼儿园不得拒绝幼儿家长了解幼儿在园情况的要求,另一方面指幼儿园应当提供便利条件,帮助幼儿家长行使他们的知情权。

《学前教育法》第十四条规定:"实施学前教育应当从学前儿童身心发展特点和利益出发,尊重学前儿童人格尊严,倾听、了解学前儿童的意见,平等对待每一个学前儿童,鼓励、引导学前儿童参与家庭、社会和文化生活,促进学前儿童获得全面发展。"

此外,《幼儿园工作规程》第十五条对幼儿园特别提出:"幼儿园应当结合幼儿年龄特点和接受能力开展反家庭暴力教育,发现幼儿遭受或者疑似遭受家庭暴力的,应当依法及时向公安机关报案。"《中华人民共和国反家庭暴力法》也对幼儿园提出了相关要求。也就是说,幼儿园保教人员及其他职工负有发现幼儿正在或将要遭受家暴后及时报案的义务。

(五)依法收费

《教育法》第三十条规定了幼儿园遵照国家有关规定收取费用并公开收费项目的义务。

这一义务的具体内容为:幼儿园按照省、自治区、直辖市或市级教育行政部门会同有关部门(主要为物价部门和财税部门)制定的收费项目和标准,从公益性质出发,按照成本分担①原则,公平、合理确定本园收费标准,并向家长、社会及时公布收费项目。

公办幼儿园收费标准一般由县级、市级教育主管部门、物价主管部门确定,民办幼儿园则一般自己制定,报有关部门备案并公示。

拓展阅读

北京市密云区幼儿园收费项目及标准

幼儿园可按市、区级收费文件要求向家长收取保育教育费、住宿费(仅限寄宿制幼儿园)和代办服务性收费。除以上三项费用外,幼儿园不得向幼儿家长收取其他任何费用。

---

① 成本分担原则来源于20世纪70年代美国经济学家约翰斯通所提出的高等教育成本分担理论。该理论研究高等教育经费由谁及如何支付的问题,即高等教育成本如何在政府、社会、企业团体、个人、家庭等社会各方之间合理分担并最终实现的问题。

1. 保育教育费收费标准

公办幼儿园和普惠性民办幼儿园应体现公益性和普惠性,按月收取,不得跨月预收。

公办幼儿园保育教育费按照《北京市幼儿园收费管理实施细则(试行)》《密云县幼儿园收费管理实施细则(试行)》中的"公办幼儿园保育教育费收费标准"执行,收费标准每学年须经密云区教委、区发改委、区财政局联合审核。

普惠性民办幼儿园按照《密云区普惠性幼儿园认定与管理实施细则(试行)》等文件的规定,保育教育费收费标准不得高于公办幼儿园最高收费标准,并按照签订的《密云区普惠性幼儿园办学承诺书》中约定的收费标准执行。收费标准每学年向密云区教委学前教育科、内审科备案。

非普惠性民办幼儿园保育教育费实行市场调节价,按照《民办教育促进法实施条例》及相关规定,根据办园成本、市场需求等因素确定,向社会公示,并接受有关部门的监督。保育教育费按月收取,不得跨学期预收。

2. 代办服务性收费标准

按照"确有必要,家长自愿;即时发生、即时收取;据实结算,定期公布"的原则确定,须由幼儿园书面征求家长同意后收取,严禁强制或变相强制服务并收费,或只收费不服务。各项代办服务性收费在自愿基础上,幼儿园应严格按成本收取,不得营利,及时办理结算,须在项目结束或学期末清零,不得将代办服务性收费与保育教育费合并统一收取,定期接受家长委员会、家长代表、区教委的监督。

伙食费:幼儿园提供的餐点所需费用。按天计算,按月收取,每月公示收支明细。

幼儿生活必需品费:幼儿个人使用的被褥、洗漱用品等,不包括园服费用。按次收取,每次公示收支明细。

延时服务费:幼儿园正常工作时间(7:30—17:30)以外的时间,应家长需求提供延时看护服务而收取的费用。

资料来源:整理自"密云教育"公众号。

(六)依法接受监督

《教育法》第三十条规定了幼儿园依法接受监督的义务。

《学前教育法》第三十三条规定:"幼儿园应当保障教职工依法参与民主管理和监督。幼儿园应当设立家长委员会,家长委员会可以对幼儿园重大事项决策和关系学前儿童切身利益的事项提出意见和建议,对幼儿园保育教育工作和日常管理进行监督。"

这是幼儿园作为行政相对人和独立法人双重身份须承担的法定义务。其具体含义为:幼儿园对来自行政机关依法进行的检查、监督,应当积极予以配合,不得拒绝,更不得妨碍检查、监督工作的正常进行。

我国存在着法律监督的体系,并可依监督主体不同分为国家监督和社会监督两大系统,国家监督细分为权力机关的监督、行政机关的监督和司法机关的监督,社会监督细分为政治或社会组织的监督、社会舆论的监督和公民的直接监督。① 就法律监督的概念来看,无论是狭义还是广义的概念解释,都意指对法的全部运行过程(立法、执法、司法、守法)的合法性所进行的监察、控制和督导。② 幼儿园对教育行政机关执法的监督属于社会组织的监督,而《教育法》第三十条规定的则是另一种监督,即教育行政机关对幼儿园守法的监督,属于行政机关的监督,在理解领会这两者的过程中注意不要产生偏差。

思考与练习

一、问答题

1. 幼儿园是幼儿的临时监护人吗?
2. 什么是法律地位?
3. 简述幼儿园法律地位的内在实质与外在形式。
4. 论述幼儿园法律地位的特点。
5. 什么是相对意定性?
6. 举例说明幼儿园享有的某种民事权利。
7. 试论述权力与权利的联系及区别。
8. 简论幼儿园的教育权利。
9. 简述幼儿园应尽的义务。

二、材料分析题

某房地产公司在贝贝幼儿园前面开发新楼盘。在开始修建之后,幼儿园一直就采光事宜和开发商、建设局交涉,二者均置之不理。现在楼已经建了一半,对幼儿园采光权的侵害已成事实。

---

① 张文显.法理学(第2版)[M].北京:高等教育出版社,2003:291—296.
② 张文显.法理学(第2版)[M].北京:高等教育出版社,2003:285.

幼儿园将建设局告上法庭，请求法庭依法撤销被告作出的行政许可，判令被告履行行政职责，责令拆除违法建筑。法院要求幼儿园提供相关证据。立案后的一天，幼儿园的一位教师发现建设局的几名工作人员在施工现场指指点点，还有名男子拿着相机在跟拍。后来，建设局将那天的录像作为证据提交给了法庭。该幼儿园提出被告提供的录像不能作为证据使用，因其系诉讼开始后收集的，但在播放时该录像上显示的时间却是诉讼开始之前。为此，开庭时幼儿园提供了幼儿园教师用自己的手机拍下的照片和视频作为证据，法院最终对被告的录像不予采信。

开庭当天，建设局没有出庭，而是在局里开会研究是否需要再补充一些证据。

请查阅资料，说出案例中幼儿园承担举证责任的范围，并说明行政诉讼中被告的举证规则是如何规定的。

第四章

幼儿园的设立与运行

 学习目标

1. 掌握法律对举办幼儿园的主体的资格限定。
2. 掌握举办幼儿园的四大实体要件,了解幼儿园的登记注册程序。
3. 了解幼儿园的准入制度及其与登记注册的关系。
4. 掌握教师聘任制的概念与内容,能运用相关法律条款分析相关案例。
5. 熟悉幼儿园经费的各种来源,了解有关经费管理的法规政策。
6. 理解幼儿园作为法人的变更、终止与清算。
7. 了解教育行政部门对幼儿园的外部管理、监督,以及幼儿园的内部管理和监督。

> **导入案例**

许某的办园梦[①]

几年前,许某在A镇开办了一家皮鞋厂。一开始,皮鞋厂因不错的质量和低廉的价格,生意十分红火。后来因经营不善,生意也日渐衰败,最后不得不停工。一次,镇中心幼儿园因为装修而借用他的闲置厂房作为教室。许某看到幼儿园教师似乎每天只是带着孩子玩玩,觉得办幼儿园很简单,心里就盘算着何不把厂房改造一下办成幼儿园呢?

开办一个幼儿园真的是那么简单的事情吗?是否任何人或组织都可以举办幼儿园?举办幼儿园需要符合哪些法律规定?要经过怎样繁杂的程序,才能举办一个幼儿园呢?

---

① 沈巧英.一位鞋厂老板办园梦的破裂[J].早期教育(教师版),2007(04):18.有修改。

第一节　幼儿园的开办资质与程序

一、开办幼儿园的主体资格

开办幼儿园的主体资格是指对组织和公民开办幼儿园的能力限定。① 法律认为,并非社会中的任何人或任何组织都有足够能力去开办幼儿园。我国的法律法规对开办幼儿园的主体分别作出了正向许可性的规定和反向禁止性的规定。

(一) 正向许可性的规定

我国《宪法》第十九条规定:"国家举办各种学校,普及初等义务教育,发展中等教育、职业教育和高等教育,并且发展学前教育。""国家鼓励集体经济组织、国家企业事业组织和其他社会力量依照法律规定举办各种教育事业。"由此可知,国家(包括各级地方政府)是开办幼儿园的一个重要的主体,国家还鼓励各种社会力量来开办幼儿园。

《教育法》第二十六条指出:"国家制定教育发展规划,并举办学校及其他教育机构。国家鼓励企业事业组织、社会团体、其他社会组织及公民个人依法举办学校及其他教育机构。……以财政性经费、捐赠资产举办或者参与举办的学校及其他教育机构不得设立为营利性组织。"这里需要重点注意:第一,企业事业单位、社会团体、其他社会组织及公民个人依法开办幼儿园时涉及财政性经费、捐赠资产的,不得以营利为目的。

总体而言,法律明确了国家及其各级地方政府、企业事业单位(组织)、社会组织(团体)和个人均可成为举办幼儿园的主体,确立了不同主体通过多种方式共同参与并促进我国学前教育事业发展的合法权利和地位。

(二) 反向禁止性的规定

《教育法》在规定社会力量可以依法开办幼儿园的同时,提出了若涉及财政性经费、捐赠资产的,不得以营利为目的的禁止性前提条件。从另一个角度来表述,即主管教育的行政部门可以依法剥夺违反前述禁止性规定的社会力量开办幼儿园的主体资格。

《民办教育促进法》第二条和第十条分别对开办民办幼儿园的主体,即社会组织及个人作了法律上的必要限定:举办民办学校的社会组织,应当具有法人资格;举办民办学校的个

---

① 孙葆森,刘惠容,王悦群.幼儿教育法规与政策概论[M].北京:北京师范大学出版社,1998:82.

人,应当具有政治权利和完全民事行为能力。

二、开办幼儿园的实体要件

 案例 4-1

开办幼儿园的实体要件

在本章导入案例中,许某具有政治权利和完全民事行为能力,他享有开办幼儿园的主体资格。可是,有了开办幼儿园的主体资格,就一定能办成幼儿园吗?其实,拥有举办幼儿园的主体资格就如同拥有民事权利能力却不一定拥有民事行为能力一样,仅仅代表着法律给予了你参与办园的机会,并不代表法律已确认你所开办的幼儿园是符合标准且有效的。要想取得办园的许可,首先必须具备一定的实体要件。

根据《教育法》第二十七条关于设立学校及其他教育机构所必须具备的基本条件的概括规定,开办幼儿园应具备以下四大实体要件。

(一) 有组织机构和章程

幼儿园的组织机构一般包括园长室、保教室、办公室、财会室、教职工代表大会等。《学前教育法》第二十九条规定设立幼儿园,应当"有组织机构和章程"。《幼儿园工作规程》特别强调幼儿园应当建立园务委员会。园务委员会的组成除园长、副园长外,还必须包括党组织负责人和保教、卫生保健、财会等方面工作人员的代表以及幼儿家长代表。园务委员会主要承担幼儿园日常运行中各类问题的审议和决定工作,主要包括规章制度的建立、修改、废除,全园工作计划的制定,工作总结,人员奖惩,财务预算和决算方面的审议等。园务委员会制度是幼儿园贯彻实行民主集中原则的重要体现,兼顾了党组织的政治核心作用、家长的知情权和参与权以及内部管理的高效要求。

幼儿园章程应载明的内容包括:幼儿园的名称、办园宗旨、保教工作的主要任务、幼儿园内部管理体制、教职工参与民主管理与监督的制度、财务管理制度、人事管理制度、开办者及其权利与职责、章程的修改,以及其他必要事项。

幼儿园章程即幼儿园一切活动的"准绳",它对于确立幼儿园的法律地位和办学自主权,对于幼儿园建立起自我发展、自我约束的良性运行机制,具有非常重大的意义。

由于幼儿园章程独有的重要性,我国现行《教育法》强制规定具有章程是申报设立幼儿园的基本条件之一。对于《教育法》出台实施前已合法设立但仍未制定章程的幼儿园,应逐步制定与完善章程,并报主管教育行政部门核准。基于这种情况,也有教育行政部门开展了促进幼儿园建立健全自身章程的活动,如杭州市教育局办公室和杭州市教育法学会按照体现现代学校制度要素的原则颁发了《公办幼儿园章程参考样本(2021版)》,适用于未建立理事会的公办幼儿园和实施集团化办园的单法人多园区公办幼儿园。

> **拓展阅读**
>
> **公办幼儿园章程参考样本(2021版)(部分选摘)**
>
> **第一章 总则**
>
> **第二条【幼儿园名称与地址】**
>
> 本园全称为_____,英文表述为_____;住所地址为_____,邮政编码为_____;官方网址为_____,注册域名为_____。
>
> (说明:幼儿园有简称应补充:简称为_____,英文简写为_____。住所地址照《中华人民共和国事业单位法人证书》上核准登记的内容填写,有多个园区,应逐个写明各园区地址与邮政编码。官方网址、注册域名为可选项。)
>
> **第五条【办园理念与办园目标】**
>
> (说明:幼儿园应将办园核心理念、价值追求在本条予以凝练概括,并适当展开阐释。本条内容也可进一步涉及学校的社会使命,强调公益性。在此基础上明确发展定位,分款将发展愿景、办园目标、中长期发展目标等在本条展开全面而精练的阐述。)
>
> **第六条【培养目标】**
>
> (说明:幼儿园应围绕办园核心理念分款列项提出幼儿培养目标与教师发展目标,并可具体展开,如:幼儿培养目标应凸显在教育部《3—6岁儿童学习与发展指南》指引下本园所要培养目标的具体化、特色化;教师发展目标中应参照《幼儿园教师专业标准(试行)》,体现现代教育理念、师德要求并作为引领。)
>
> **第二章 幼儿园、教职员工和幼儿**
>
> **第三章 组织机构和行政管理体制**
>
> **第二十五条【园内维权制度】**
>
> 本园建立健全园内权益救济制度,保障幼儿和教职工的合法权益。
>
> 建立健全园内申诉制度。分别成立园内幼儿家长申诉处理委员会和园内教师申诉处理委员会,明确受理幼儿家长和教师申诉的部门和程序。

建立健全争议调解机制。通过劳动(人事)争议调解委员会,就教职工与幼儿园的劳动(人事)争议进行调解;通过人民调解委员会,就幼儿家长、教职工、幼儿园间产生的纠纷进行调解。

(说明:申诉制度的建立依据是《教师法》第 39 条和《教育法》第 42 条。劳动(人事)争议调解委员会的建立依据是《中华人民共和国劳动争议调解仲裁法》第 10 条和《人事争议处理规定》第 3 条。人民调解委员会为可选项,其建立依据是《中华人民共和国人民调解法》第 8 条第 1 款。)

第二十六条【财务管理制度】

本园建立健全财务管理制度。本园依法向政府部门提出年度预算安排意见,经批准后执行,并接受上级教育行政部门和财政、审计等相关部门的监督。本园依法公开财务情况。

本园执行国家统一的会计制度,配备具有专业能力的财务人员,依法进行会计核算,建立健全内部会计监督制度,保证会计资料合法、真实、准确、完整。

(说明:各园财务管理制度依据当地实际表述,如"有关财务预决算、会计事务等事项,均由＿＿＿＿教育局财务(会计决算)中心办理,本园按照园务公开制度的规定公开财务情况"。其中"教育局"可依据实际具体写出主管部门。)

第四章　课程与保育教育

第三十一条【课程开设与组织形式】

本园遵循课程改革原则,认真执行国家和地方课程要求,以幼儿的全面发展为本,开展课程园本化研究,防止幼儿园课程小学化。

本园秉持一日生活皆课程的教育理念,将游戏作为幼儿学习的主要方式。

(说明:有条件的幼儿园可以增加表述:"利用本土资源开发个性化的园本课程"。)

第三十四条【幼儿发展评价】

本园遵循全面性、发展性、动态性、客观性的原则,开展幼儿发展评价工作,并建立幼儿成长档案。

第三十五条【教师专业发展】

本园建立并负责管理教师个人业务成长档案,建立健全教师评价激励制度,定期开展园本研修活动,提升教师专业素养。

第五章　卫生保健与安全管理

第三十七条【环境卫生】

本园严格管理园内环境卫生,营造卫生整洁的工作、学习和生活环境,确保园内无果壳、纸屑、痰迹,墙壁无污迹,公物无损坏。园内严禁吸烟、饮酒。

第四十条【体格锻炼】

本园制订与幼儿生理特点相适应的体格锻炼计划,保证幼儿每天户外活动不少于2小时,其中体育活动不少于1小时,通过健康活动、游戏活动或其他形式的活动增强幼儿体质,培养幼儿基本运动技能和锻炼习惯,增进幼儿身心健康。

第四十三条【平安校园制度】

本园建立健全平安校园制度。严格执行国家有关规定,制定安全应急预案,定期开展安全教育培训和检查,加强园舍、交通、消防、饮食卫生、健康、周边环境治安以及保育教育安全管理,严格执行接送制度,防范安全事故发生。

本园不组织幼儿参加商业性活动和无安全保障的活动。

第四十四条【校方责任险】

本园按照国家有关规定投保学生意外伤害校方责任险。鼓励幼儿家庭自愿参加人身意外伤害保险。发生校园意外伤害事故,立即启动相关应急预案,及时救助受伤害幼儿,并依法进行善后处理。

(说明:相关法律、法规、规章和政府规范性文件较多,如《学生伤害事故处理办法》《杭州市中小学校学生伤害事故处理条例》《浙江省中小学校学生人身安全事故预防与处理办法》《浙江省中小学幼儿园校园安全管理办法》,不必罗列。)

第六章　幼儿园与家庭、社区

第四十六条【家长委员会】

本园遵循民主、公开、自愿的原则,组织家长选举成立家长委员会。家长委员会在幼儿园园长指导下工作。

家长委员会的主要任务是:对幼儿园重要决策和事关幼儿切身利益的事项提出意见和建议;发挥家长的专业和资源优势,支持幼儿园保育教育工作;帮助家长了解幼儿园工作计划和要求,协助幼儿园开展家庭教育指导和交流。

(说明:本条依据《幼儿园工作规程》。)

第四十七条【家园联系机制】

本园通过家长学校、家长会议、家长开放日、亲子活动、家庭访问等形式,建立教师与家长的日常联系机制,加强对家庭教育的指导,形成家园教育合力。

本园发挥家长专业和职业优势,协助幼儿园组织实践活动,开展各类家长助教活动和家长志愿者活动。

第七章 幼儿园资产

第五十二条【资产保护】

本园资产受法律保护,任何单位、个人不得侵占、私分和挪用。

本园对侵占园舍、场地、设施等的行为和侵犯幼儿园名称权及无形资产的行为,应积极履行国有资产管理职责,依法追究侵权者的责任。

对幼儿园财物造成损坏的应当依法赔偿。

第五十四条【社会捐赠】

本园依法接受社会各界的捐赠,建立健全受赠财产的使用制度,加强对受赠财产的管理并接受社会监督。

(说明:本条依据《中华人民共和国公益事业捐赠法》第 19、22 条。)

第五十五条【资产安全】

本园如遇因政府规划调整等不可抗拒因素而需要迁址、合并、分立或终止时,应当及时制订保护幼儿园资产安全的方案,并依法进行资产清算。

第八章 终止程序和终止后资产的处理办法

第九章 党组织建设

第十章 附 则

第六十三条【制度体系建设】

本园建立健全本章程统领下的幼儿园规章制度体系。规章制度的立、改、废均依照民主程序进行。

第六十四条【章程生效程序】

本章程经本园教职工(代表)大会审议,园务委员会通过,并经杭州市_____教育局核准、杭州市_____事业单位登记管理局备案,自备案之日起生效。

第六十五条【法治统一原则】

本章程未尽事宜按照法律法规及上级规范性文件政策执行。如有抵触处,以法律法规及上级规范性文件为准。

第六十六条【章程修订程序】

幼儿园发生分立、合并,或名称、办学宗旨、发展目标、举办与管理体制变化等重大事项的,应当及时按程序进行修订。

本章程的修改需由园务委员会或 1/3 以上教职工(代表)大会代表提议方可进行,

修订程序和生效条件参照本章程第六十四条的规定。

第六十七条【章程解释】

本章程由园务委员会负责解释。

(二) 有合格的教师

幼儿园教师是代表国家利益,培养新生一代的职业;幼儿园教师是引领幼儿走出家庭,走向社会,进入正规学习生活的重要中介和桥梁。① "教师的职业是太阳底下最光辉的职业",捷克著名教育家夸美纽斯的赞誉是无比贴切的。幼儿园教师能影响幼儿一生的发展,幼儿园是否有合格的幼儿园教师是其办园的关键,因此应该通过法律明确教师的从业资格,并使之成为设立幼儿园的必要条件之一。《学前教育法》第二十九条规定了设立幼儿园的基本条件之一,即"有符合规定的幼儿园园长、教师、保育员、卫生保健人员、安全保卫人员和其他工作人员"。

《幼儿园管理条例》第九条对在幼儿园从事幼儿保教工作的各类人员的基本任职要求作了比较具体的规定:幼儿园园长、教师应当具有幼儿师范学校(包括职业学校幼儿教育专业)毕业程度,或者经教育行政部门考核合格。

成为教师的基本条件,简单地说就是通过合法途径取得教师资格证书。《教师法》第十条规定:"国家实行教师资格制度。中国公民凡遵守宪法和法律,热爱教育事业,具有良好的思想品德,具备本法规定的学历或者经国家教师资格考试合格,有教育教学能力,经认定合格的,可以取得教师资格。"第十一条规定:"取得幼儿园教师资格,应当具备幼儿师范学校毕业及其以上学历。"由此可以看出,无论是《教师法》还是《幼儿园管理条例》,对于幼儿园教师有学历要求,但并不高。而英美等发达国家对于幼儿园教师学历的要求则普遍较高,一般需要大学本科毕业并取得相应的学士学位。②

我国于1993年颁布《教师法》(2009年修正),1995年颁布《教师资格条例》,2000年颁布《〈教师资格条例〉实施办法》,初步形成教师资格制度框架。2010年,《国家中长期教育改革和发展规划纲要(2010—2020年)》颁布,明确提出:"完善并严格实施教师准入制度,严把教师入口关。国家制定教师资格标准,提高教师任职学历标准和品行要求。建立教师资格证

---

① 张燕.幼儿教师专业发展[M].北京:北京师范大学出版社,2006:3.
② 成丽媛、李佳、李海霞,等.美国幼儿教师资格及其认证方式简介[J].学前教育研究,2007(12):45—49.
　呙永会.国外学前教育师资的要求及培养[J].幼儿教育,2000(Z1):44.
　童宪明.法德幼儿教育的比较与借鉴[J].教育探索,2010(11):157—159.

书定期登记制度。"2011年,教育部印发《关于开展中小学和幼儿园教师资格考试改革试点的指导意见》。面对新形势、新任务、新要求,现行教师资格制度存在教师资格学历标准偏低、教师资格认定缺乏严格把关机制等不足。全面完善并严格实施教师资格制度,严把教师入口关,迫在眉睫。

2012年,教育部等四部门印发了《教育部中央编办财政部人力资源社会保障部关于加强幼儿园教师队伍建设的意见》[①],再次重申幼儿园教师上岗须持相应教师资格证书。2013年,教育部印发了《中小学教师资格考试暂行办法》和《中小学教师资格定期注册暂行办法》,确立幼儿园教师资格考试实行全国统考,且规定了教师资格定期(五年一周期)注册的制度,改变了以往取得教师资格后便可一劳永逸的状况,加强了国家对幼儿园教师任教资格的长期持续的考核监督,也确保了幼儿园教师的职后培训与终身发展。

2016年,《幼儿园工作规程》在第四十条和第四十二条分别对幼儿园园长和保育员的任职资格从法律法规上提出了更高的要求,特别是规定了园长必须取得幼儿园园长岗位培训合格证书,保育员应当具备高中毕业以上学历。

一个合格的幼儿园教师(包括保育员)不仅需要在学历上达标,具有必备的专业知识和技能,更需要有良好的职业道德。新时代对广大教师落实立德树人根本任务提出新的更高要求,为进一步增强教师的责任感、使命感、荣誉感,规范职业行为,明确师德底线,引导广大教师努力成为有理想信念、有道德情操、有扎实学识、有仁爱之心的好教师,着力培养德智体美劳全面发展的社会主义建设者和接班人,教育部制定了《新时代幼儿园教师职业行为十项准则》。该准则中包括"坚定政治方向""自觉爱国守法""传播优秀文化""潜心培幼育人""加强安全防范""关心爱护幼儿""遵循幼教规律""秉持公平诚信""坚守廉洁自律""规范保教行为"等具体要求。

然而在现实中,即使在一些优质的幼儿园中,也会存在一些幼儿园教师违反职业道德的现象。

《幼儿园教师违反职业道德行为处理办法》第四条规定了应予处理的教师违反职业道德的行为:"(一)在保教活动中及其他场合有损害党中央权威和违背党的路线方针政策的言行。(二)损害国家利益、社会公共利益,或违背社会公序良俗。(三)通过保教活动、论坛、讲座、信息网络及其他渠道发表、转发错误观点,或编造散布虚假信息、不良信息。(四)在工作期间玩忽职守、消极怠工,或空岗、未经批准找人替班,利用职务之便兼职兼薪。(五)在保教

---

① 该意见指出:"完善幼儿园教师资格制度,全面实施幼儿园教师资格考试制度,印发幼儿园教师资格考试标准,深化教师资格考试内容改革。幼儿园教师须取得相应教师资格证书。具有其他学段教师资格证书的教师到幼儿园工作,应在上岗前接受教育部门组织的学前教育专业培训。"

活动中遇突发事件、面临危险时，不顾幼儿安危，擅离职守，自行逃离。（六）体罚和变相体罚幼儿，歧视、侮辱幼儿，猥亵、虐待、伤害幼儿。（七）采用学校教育方式提前教授小学内容，组织有碍幼儿身心健康的活动。（八）在入园招生、绩效考核、岗位聘用、职称评聘、评优评奖等工作中徇私舞弊、弄虚作假。（九）索要、收受幼儿家长财物或参加由家长付费的宴请、旅游、娱乐休闲等活动，推销幼儿读物、社会保险或利用家长资源谋取私利。（十）组织幼儿参加以营利为目的的表演、竞赛活动，或泄露幼儿与家长的信息。（十一）其他违反职业道德的行为。"

开办幼儿园所需的教师不仅要在质量上过关，还需要在数量上达标。具体而言，根据2013年颁发的《幼儿园教职工配备标准（暂行）》的规定，全日制幼儿园的教职工配备须满足以下最低标准：全园教职工与幼儿比须在1∶5—1∶7之间，全园保教人员与幼儿比须在1∶7—1∶9之间；每班配备2名专任教师和1名保育员，或者配3名专任教师；幼儿园至少设立1名园长，6—9个班的幼儿园至多设立不超过2名园长，10个班以上的幼儿园可以设立3名园长；少于三餐一点的幼儿园在每40—45名幼儿配备1名专职炊事人员的基础上酌减。

（三）有符合规定标准的教学场所及设施、设备等

目前，我国学前教育活动的组织和开展以一日活动为主，以五大领域的游戏活动为具体内容，以游戏为基本形式。幼儿园教师在特定的时间将幼儿集中起来，有目的、有计划地引导他们主动地开展并参与某一室内或户外的游戏活动，因此势必需要一个相对封闭、固定、设施完善且安全的保教场所。我国《教育法》《民办教育促进法》《幼儿园管理条例》《幼儿园工作规程》《学前教育法》等法律法规都对房屋、场地、设备等办园最基础也是最必要的物质条件作了相应的规定。幼儿园应根据如下具体规定，积极地、因地制宜地创造条件。

1. 园舍方面的要求

我国相关法律法规对学前教育机构的园舍有具体规定。《学前教育法》第二十九条规定，设立幼儿园，应当"有符合规定的园舍、卫生室或者保健室、安全设施设备及户外场地"。幼儿园的园舍和设施必须符合国家的卫生标准和安全标准，《幼儿园管理条例》第八条规定：举办幼儿园必须具有与保育、教育的要求相适应的园舍和设施。幼儿园的园舍和设施必须符合国家的卫生标准和安全标准。这是底线性的规定。《幼儿园工作规程》第三十四条规定：幼儿园应当按照国家的相关规定设活动室、寝室、卫生间、保健室、综合活动室、厨房和办公用房等，并达到相应的建设标准。有条件的幼儿园应当优先扩大幼儿游戏与活动的空间。寄宿制幼儿园应增设隔离室、浴室和教职工值班室等。第三十五条规定：幼儿园应有与其规模相适应的户外活动场地，配备必要的游戏和体育活动设施，创造条件开辟沙地、水池、种植园地等，并根据幼儿活动的需要绿化、美化园地。第三十七条规定：幼儿园建筑规划面积、建

筑设计和功能要求,以及设施设备、玩教具配备,按照国家和地方的相关规定执行。

就幼儿园建筑规划面积问题,1998年国家教育委员会、建设部联合发布了《城市幼儿园建筑面积定额(试行)》。其中,幼儿园建筑总面积分为园舍建筑面积(见表4-1)和用地面积(见表4-2)两部分。前者由活动及辅助用房、办公及辅助用房以及生活用房三部分组成,后者包括建筑占地、室外活动场地、绿化用地及道路用地等。

表4-1 城市幼儿园园舍建筑面积定额

规模	园舍建筑面积(平方米)	建筑面积定额(平方米/生)
6班(180人)	1 773	9.9
9班(270人)	2 481	9.2
12班(360人)	3 182	8.8

表4-2 城市幼儿园用地面积定额

规模	用地面积(平方米)	用地面积定额(平方米/生)
6班	2 700	15
9班	3 780	14
12班	4 860	13

当然,由于《城市幼儿园建筑面积定额(试行)》发布的时间较早,当时的标准较低且较为笼统,之后各省市均在其基础上制定了各自详细的幼儿园建设标准,并规定了各类幼儿园的具体用地面积指标和建筑面积指标。以浙江省2007年发布的《普通幼儿园建设标准》(地方强制性标准,DB33/1040-2007)为例,6个班级规模的幼儿园用地面积基本指标不宜低于2 287平方米,生均用地面积基本指标不宜低于12.71平方米/生,园舍建筑面积基本指标不宜低于1 802平方米,生均建筑面积基本指标不宜低于10.01平方米/生,活动及辅助用房使用面积基本指标不宜低于864平方米,办公及辅助用房使用面积基本指标不宜低于209平方米,生活用房使用面积基本指标不宜低于98平方米。9个班级规模及12个班级规模的幼儿园的用地面积指标和建筑面积指标相应提高。2023年,浙江省住房和城乡建设厅完成了对该标准的修订,公示了《普通幼儿园建设标准(报批稿)》,其中的相应标准较2007年版本又有所提高。

就建筑设计要求问题,住房和城乡建设部发布了《托儿所、幼儿园建筑设计规范》(JGJ39-2016)。该设计规范主要对基地和总平面、建筑设计、室内环境、建筑设备等内容作出了规定。其中,幼儿园的生活用房应由幼儿生活单元、公共活动空间和多功能活动室组成,公共活动空间可根据需要设置；幼儿园中的生活用房不应设置在地下室或半地下室；幼儿生活单元应设置活动室、寝室、卫生间、衣帽储藏间等基本空间；幼儿园生活单元房间的最小使用面积不应小于 70 平方米；当活动室与寝室合用时，其房间最小使用面积不应小于 105 平方米；应设多功能活动室，位置宜临近生活单元，其使用面积宜每人 0.65 平方米，且不应小于 90 平方米。服务管理用房宜包括晨检室（厅）、保健观察室、教师值班室、警卫室、储藏室、园长室、所长室、财务室、教师办公室、会议室、教具制作室等房间。供应用房宜包括厨房、消毒室、洗衣间、开水间、车库等房间，厨房应自成一区，并与婴幼儿生活用房应有一定距离。于总体细节上而言，在诸如室内最低净高、事关采光的窗地面积比、幼儿卫生间内部设备标准与数量、建筑材料防火性、走廊最小净宽度、严寒与寒冷地区设置等方面都有详尽的规定以供参照执行。

2. 园址环境方面的要求

幼儿园除了要有一个符合标准的园舍外，其整体环境也对幼儿的健康成长和教学活动开展的效果起着举足轻重的作用。《幼儿园教育指导纲要（试行）》在总则部分，从环境创设对教育效果的作用角度，提出了对园址环境的要求："幼儿园应为幼儿提供健康、丰富的生活和活动环境，满足他们多方面发展的需要，使他们在快乐的童年生活中获得有益于身心发展的经验。"

《幼儿园管理条例》第七条从幼儿园设立条件的角度，规定"举办幼儿园必须将幼儿园设置在安全区域内，严禁在污染区和危险区内设置幼儿园"。《学前教育法》也规定幼儿园"设置在安全区域内"。所谓"安全区域"，一般指不会出危险、不会出事故、不会使幼儿身心受到威胁的区域；"污染区"，通常是指有粉尘污染、大气污染、水质污染、噪声污染的区域；"危险区"，通常是指危及人们健康与生命的区域。[①] 此外，《托儿所、幼儿园建筑设计规范》对幼儿园的基地有更加明确的要求：（1）应建设在日照充足、交通方便、场地平整、干燥、排水通畅、环境优美、基础设施完善的地段；（2）不应置于易发生自然地质灾害的地段；（3）与易发生危险的建筑物、仓库、储罐、可燃物品和材料堆场等之间的距离应符合国家现行有关标准的规定；（4）不应与大型公共娱乐场所、商场、批发市场等人流密集的场所相毗邻；（5）应远离各种污染源，并应符合国家现行有关卫生、防护标准的要求；（6）园内不应有高压输电线、燃气、输油管道主干道等穿过。

以上的种种要求不仅适用于新设立的幼儿园，对其在选址上有法律约束力，即使是已合法设立的幼儿园，在办园过程中，原有达标的环境变得不符合法律法规的标准要求了，其法人代表也应着手进行解决，排除相关的环境污染，而不能放任其威胁幼儿的健康。

---

① 张乐天.学前教育政策与法规[M].北京：中央广播电视大学出版社，2011：74.

3. 设备方面的要求

幼儿园教师开展各种教学活动需要传统教具和电子设备等，幼儿进行室内外游戏活动需要学具、玩具、运动器材和大型游乐设备等，幼儿午间休息需要床、枕头、被褥等。幼儿园运作需要很多的设备，对于这些设备，国家都有哪些规定呢？这些规定是建议性的，还是强制性的？

《幼儿园工作规程》第三十六条规定："幼儿园应当配备适合幼儿特点的桌椅、玩具架、盥洗卫生用具，以及必要的玩教具、图书和乐器等。玩教具应当具有教育意义并符合安全、卫生要求。幼儿园应当因地制宜，就地取材，自制玩教具。"这是一种强制性的规定。

对于幼儿园具体如何按照以上要求进行实际操作，可参照《幼儿园教育指导纲要（试行）》的指导性意见。亦可参考各省市制定的指导性文件，如上海市教育委员会教育技术装备中心编写的《上海市幼儿园装备指南（试行）》。这些均为建议性的规定。

《民办教育促进法》第十一条规定：民办学校的设置标准参照同级同类公办学校的设置标准执行。

目前，各地都在广泛实施幼儿园的"标准化建设"。以上海市为例，出台了《普通幼儿园建设标准》(DG/TJ08-45-2005)等文件，并采取"撤、转、连、改、换、建"①的方法，结合新时代信息化建设，有效改变了幼儿园园所的面貌，提高了教学效率和质量。

（四）有必备的办学资金和稳定的经费来源

幼儿园正常开展保教工作的最基本也是最重要的保障便是有必备的办学资金与稳定的经费来源，特别是拥有独立的资金乃是真正实现幼儿园法人主体资格地位、积极承担法律责任的物质前提，也是提高幼儿园自我保护能力、抵御社会风险的最好方式。

1. 我国教育经费的主要来源

我国教育经费的来源主要有"财、税、费、产、集、捐、金"七个渠道。"财"指财政拨款；"税"指各种教育费附加；"费"特指学费及其他费用；"产"指校办产业；"集"指农村教育的社会集资；"捐"指各种社会主体的捐资助学（主要为慈善基金）；"金"指运用金融信贷手段支持教育，即具有优惠性质的教育贷款等。

---

① "撤"即对规模小、条件差、生源少、不具备办园条件的园所采取"撤销"措施；"转"即对一些有条件的幼儿园进行"转制"，扩大资金渠道，改善办园条件；"连"即对地域上接近，只有一墙之隔的托幼园所，打通阻隔，使之连成一体，成为托幼一体化的幼儿园；"改"即对一些生源少、条件差、不适合办小学的学校实行改造，让其成为达标的幼儿园；"换"即指将所处地段不适宜的幼儿园调换到适宜地段；"建"即指新建的公建配套托幼园所，必须达到标准。

2. 我国幼儿园教育经费的主要来源

《学前教育法》第六十条规定：学前教育实行政府投入为主、家庭合理负担保育教育成本、多渠道筹措经费的投入机制。

根据《幼儿园管理条例》第十条"举办幼儿园的单位或者个人必须具有进行保育、教育以及维修或扩建、改建幼儿园的园舍与设施的经费来源"和《幼儿园工作规程》第四十六条"幼儿园的经费由举办者依法筹措，保障有必备的办园资金和稳定的经费来源"等具体规定，在前述七大教育经费来源中，"产""集""金"明确被法律所禁止，"财"与"税"被归入一类，即举办者资金，和"费"与"捐"成为幼儿园经费的三大主要来源。

（1）举办者资金投入。对应不同性质的办学机构，公立幼儿园的举办者往往是政府教育行政部门，其经费来源主要是财政拨款；民办、私立、附属幼儿园的举办者一般是企业事业单位、各类社会团体与个人，其经费则须自行筹集。

（2）家长缴纳保教费用。学前教育尚不是免费教育，家庭需要分担一定份额的保教费用。《幼儿园管理条例》第二十四条明确规定：幼儿园可以依据本省、自治区、直辖市人民政府制定的收费标准，向幼儿家长收取保育费、教育费。2011年，《幼儿园收费管理暂行办法》颁发，第三条明确：学前教育属于非义务教育，幼儿园可向入园幼儿收取保育教育费。《幼儿园工作规程》第四十七条至第五十一条对幼儿园的收费作出了限制性规范，例如：幼儿园收费按照国家和地方的有关规定执行，不得以任何名义收取与新生入园相挂钩的赞助费；幼儿园不得以培养幼儿某种专项技能、组织或参与竞赛等为由，另收取费用。但在这一方面，2024年的《政府工作报告》首次提出"逐步推行免费学前教育"。

（3）接受社会捐助。幼儿园接受社会的捐资助学首先要坚持捐赠者主动自愿的原则，否则将导致这一具有慈善性质的行为变味为法律所禁止的面向社会公众的集资行为，即俗称的"拉赞助"和"民间借贷"；其次，要贯彻捐助的量力而为性和无偿性；最后，在使用相关经费时要保证"取之于民，用之于民"，真正发挥教育利民强国的本质作用。

三、开办幼儿园的程序要件

开办幼儿园的程序要件

在本章导入案例中，许某办园的决心已定，经过咨询，他也了解到设立幼儿园所需的种种条件。于是，他将旧厂房进行了彻底的改造以符合办园标准，购置了合格的户外

> 大型游戏设施以及室内必备的教学用具,又从当地一所小有名气的民办幼儿园挖来了老教师做园长,从幼儿师范学校招聘了几位取得幼儿园教师资格证书的毕业生作为首批老师,从人才市场和劳务市场聘用了保健医生、保育员和厨师。在此基础上,他与园长讨论制定了幼儿园的简易章程,将幼儿园定名为"雪绒花幼儿园",并与园长另行投入 15 万元作为幼儿园日常运作的资金。
>
> 就这样,一所新的幼儿园风风火火地办了起来。因为硬件设备好,老师较负责,关键是收费比其他民办幼儿园低,吸引了很多家长将自己的孩子送到雪绒花幼儿园就读。
>
> 可好景不长,一年后的某天,当地教育部门接到幼儿园周围群众举报,称有人在非法办学。于是,雪绒花幼儿园被勒令停止办学,作为举办者的许某还受到了行政罚款……
>
> 事后,许某很是纳闷:明明都按相关政策规定办的园,怎么就成了非法的呢?

现实生活中,与许某有同样困惑的民办幼儿园设立者不在少数。他们在办园初期,只关注了办园的实体条件,认为"万事俱备"便可"开张"。但法律却告诉我们,就算"万事俱备",可欠了"东风"依旧不成。这"东风"就是法律要求的程序条件。

根据有关法律规定,首先,程序内容与实体内容同等重要;其次,程序规则在某些情况下比实体规则更具有决定性意义。例如,在刑事诉讼过程中,法官定罪量刑的依据是"大前提"(法律规则)和"小前提"(案件事实),而案件事实必须靠证据来予以证明。证据的真实性、客观性、有效性和关联性固然非常重要,但都以使用合理合法手段搜集为前提。因为一旦被证明证据是用诸如"刑讯逼供或诱供"等暴力、威胁手段所获取的,那么都将被法院依据"非法证据排除"原则不予采信。

设立幼儿园的法律行为也同样如此,既要符合前述的四大实体要件,又要符合唯一的程序要件——经过教育主管部门的"登记注册"。

(一) 登记注册制度

《教育法》第二十八条规定:学校及其他教育机构的设立、变更和终止,应当按照国家有关规定办理审核、批准、注册或者备案手续。这表明,我国各类学校和教育机构的设立分别有审批与登记注册两种制度。具体到幼儿园的设立,《幼儿园管理条例》第十一条规定:国家实行幼儿园登记注册制度,未经登记注册,任何单位和个人不得举办幼儿园。

"登记"和"注册"这两个词语在法律中有丰富的含义,因使用的语境不同而使具体意思各异。比如,在物权变动中,登记是不动产物权变动的公示方法;在成立公司时,公司设立人必须按法定程序向登记机关(工商管理部门)申请登记在册。又比如,商标注册、专利注册和律师资格注册以及公司注册资本也完全是不同的概念。但总体看来,登记注册大致是一种将某些法律认为重要的信息记录在案并加以公示以备查阅与管理的手段和过程。

在教育法领域,通常认为,登记注册制度是指主管部门对申请者提交的申请设立教育机构的报告进行审核,如未发现有违背法律、法规的情形,只要拟办的教育机构符合设置标准,都必须予以登记注册,使其取得合法地位;对不符合设置标准的,予以拒绝,并以书面形式通知申请者。其实质是确认申请者所办教育机构的法律地位或事实。

(二) 登记注册程序

幼儿园作为一类社会法人,有规范的登记注册程序。

《学前教育法》第三十条规定:"设立幼儿园经县级人民政府教育行政部门依法审批、取得办学许可证后,依照有关法律、行政法规的规定进行相应法人登记。"

《幼儿园管理条例》第十一条规定:"国家实行幼儿园登记注册制度,未经登记注册,任何单位和个人不得举办幼儿园。"第十二条规定:"城市幼儿园的举办、停办,由所在区、不设区的市的人民政府教育行政部门登记注册。农村幼儿园的举办、停办,由所在乡、镇人民政府登记注册,并报县人民政府教育行政部门备案。"此外,《民办教育促进法》第十九条规定:"民办学校取得办学许可证后,进行法人登记,登记机关应当依法予以办理。"

此处以江苏省和山东省为例,根据两省近年来出台的最新的学前教育机构登记注册相关办法,简要介绍地方性的普通幼儿园登记注册程序,作为参考。

1. 民办幼儿园登记注册的普通程序

依照《民办教育促进法》第二章"设立"的相关规定,民办幼儿园的设立需要经过两个步骤。

(1) 举办者向审批机关提交材料,申请筹设。筹设的具体流程如图4-1。

《民办教育促进法》第十四条的规定:审批机关应当自受理筹设民办学校的申请之日起三十日内以书面形式作出是否同意的决定。同意筹设的,发给筹设批准书。不同意筹设的,应当说明理由。筹设期不得超过三年。超过三年的,举办者应当重新申报。

《民办教育促进法》第十六条规定:具备办学条件,达到设置标准的,可以直接申请正式设立,并应当提交

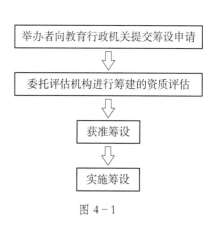

图 4-1

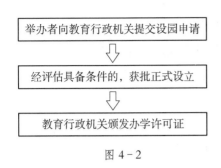

图 4-2

必要的材料。第十七条规定:申请正式设立民办学校的,审批机关应当自受理之日起三个月内以书面形式作出是否批准的决定,并送达申请人;其中申请正式设立民办高等学校的,审批机关也可以自受理之日起六个月内以书面形式作出是否批准的决定,并送达申请人。

(2) 当办学条件已成熟,进而申请正式设立。正式设立的具体流程如图 4-2 所示。

2. 民办幼儿园设立所需提交的材料

《民办教育促进法》第十三条与第十五条分别对民办幼儿园在申请筹设和申请设立的两个阶段所需提交的材料作了明确规定,现将其归纳如表 4-3 所示。

表 4-3 民办幼儿园设立所需提交的材料

	申请筹设	申请正式设立
所需提交的材料	① 申办报告①	① 筹设批准书
	② 举办者姓名、住址或名称、地址	② 筹设情况报告
	③ 资产来源、资金数额及有效证明文件(载明产权)	③ 学校章程,首届学校理事会、董事会或者其他决策机构组成人员名单
		④ 学校资产的有效证明文件
	④ 捐赠协议②	⑤ 校长、教师、财会人员的资格证明文件

3. 地方普通幼儿园的登记注册程序

江苏省教育厅于 2004 年颁布并实施了《江苏省学前教育机构登记注册办法》,该办法明确了在江苏省内招收 0—6 岁婴幼儿的各类学前教育机构(当然包括各类幼儿园)均应进行登记注册,没有登记注册并取得《江苏省学前教育机构登记注册证书》的不得开办。如果是该办法实施之前已经举办的学前教育机构,应重新办理登记注册手续。对不符合条件的,应暂缓登记并停止招生,限期整改,限期整改仍不通过的,责令其停办;如果是该办法实施之后新开办的幼儿园,必须按照该办法登记注册。凡不符合规定条件、未经登记注册擅自举办的,

---

① 内容应当主要包括:举办者、培养目标、办学规模、办学层次、办学形式、办学条件、内部管理体制、经费筹措与管理使用等。

② 只有属于捐赠性质的校产才需提交。载明捐赠人的姓名、所捐资产的数额、用途和管理方法及相关有效证明文件。

视情节轻重给予停止招生、停办等行政处罚。更为严格的是,登记注册实行年审制。如果年审不合格的,限期整改;连续两年不合格的,取消登记并发布公告。

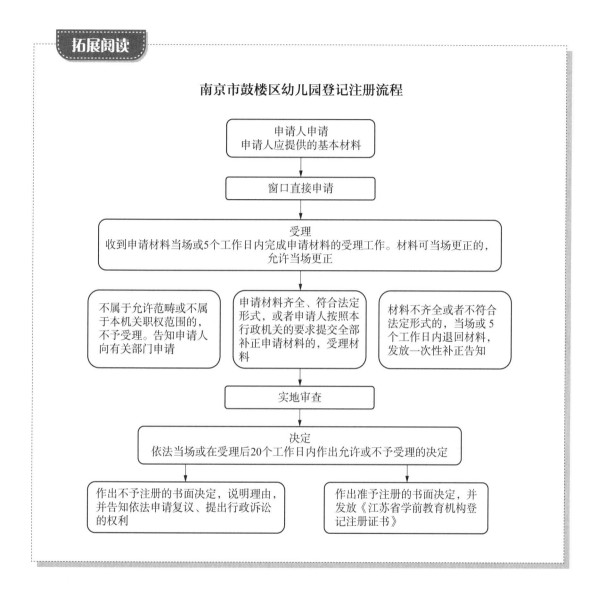

江苏省幼儿园登记注册的程序共有三个步骤:第一,由举办单位或个人向县(市、区)登记注册机关提出书面申请;第二,填写《江苏省学前教育机构登记注册表》;第三,教育行政部门在接到申请的20个工作日内对申请者的办学资质进行审查,对符合规定条件的准予登记注册,发放《江苏省学前教育机构登记注册证书》,并报市级教育行政部门备案。

登记注册过程中需要提交大量的材料,大多数为能够证明该幼儿园有能力运作的材料,包括:申请报告,举办者的资格证明材料(正本),拟任园、所长或主要行政负责人及拟聘教师、工作人员的资格证明、健康证明、福利待遇材料、聘任合同等,拟办园、所的资产及经费来源的证明材料(正本),拟办园、所的场地证明,卫生行政部门提供的卫生保健合格证明、公安消防部门提供的消防安全证明、建筑部门提供的房屋安全合格意见书,符合法规的拟办园、所的章程和发展规划,审批部门按法律法规要求提供的其他材料。

山东省教育厅于 2015 年印发了《山东省学前教育机构登记注册管理办法》,该办法于 2016 年 2 月 1 日起施行。与江苏省的登记注册办法不同,该登记注册管理办法所称的学前教育机构仅指招收 3—6 周岁幼儿,并对其实施保育和教育的幼儿园。该办法相对更为严格的一点是,对于幼儿园的名称作了限制规范,原则上要求幼儿园的名称不能使用可能对公众造成误导的词语。而其较为新颖的是在对幼儿园实行年检公示制度的同时,实行统一标识制度,让公众一目了然地知晓该幼儿园是否登记注册,是否年检合格,是否受到行政处罚,十分便于社会和家长监督。

山东省幼儿园登记注册的程序分为筹集设立幼儿园和正式设立幼儿园。规定幼儿园提交筹设申请及相关材料之后,登记机关应在受理之日起 20 个工作日内以书面形式作出是否同意的决定。同意筹设的,发给筹设批准书。不同意筹设的,应当说明理由。规定幼儿园提交正式设立申请及相关材料之后,登记机关应在受理之日起在规定时限内以书面形式决定是否同意批准。对不予批准设立的,登记机关应当以书面形式说明理由。对批准设立的,由登记机关核发《登记注册合格证》。

这两个省出台的幼儿园登记注册相关办法规定了幼儿园的登记注册程序,可作为全国其他省份幼儿园登记注册办法的参考。

第二节　幼儿园的运行机制

幼儿园的依法设立只是办园之路上迈出的第一步。俗话说,良好的开端是成功的一半。对于本章导入案例中的主人公许某而言,假设他已经顺利拿到了幼儿园办学许可证,之后的难题便是如何将雪绒花幼儿园正常并良好地持久运作下去。"运行机制"作为一个学术词汇,意指在人类社会有规律的运动中,影响这种运动的各因素的结构、功能及其相互关系,以及这些因素产生影响、发挥功能的作用过程和作用原理及其运行方式。[1] 结合幼儿园这个特定对象,运行机制就是幼儿园开展日常保教活动时,其内部各部门之间、与外部机构之间,主要在人事、财务等方面相互作用,以及作为整体本身发展、变更的过程和方式。

---

[1] 张乐天.学前教育政策与法规[M].北京:中央广播电视大学出版社,2011:78.

一、准入制度

"准入",顾名思义,就是准许进入(某些领域)的实体和程序要求。此处所提及的"准入制度",其基本含义等同于上一节"开办幼儿园的程序要件"部分叙述的"登记注册制度",但细究之下还是略有不同。在一些政策指导性文件中,既使用了含义较为宽泛的"准入制度",同时又出现了"登记注册制度"。如 2010 年,国务院颁发《国务院关于当前发展学前教育的若干意见》,其中规定:加强幼儿园准入管理。完善法律法规,规范学前教育管理。严格执行幼儿园准入制度。各地根据国家基本标准和社会对幼儿保教的不同需求,制定各种类型幼儿园的办园标准,实行分类管理、分类指导。县级教育行政部门负责审批各类幼儿园,建立幼儿园信息管理系统,对幼儿园实行动态监管。完善和落实幼儿园年检制度。未取得办园许可证和未办理登记注册手续,任何单位和个人不得举办幼儿园。对社会各类幼儿培训机构和早期教育指导机构,审批主管部门要加强监督管理。

很明显,准入制度不再仅仅是某种"门槛",而是作为教育行政部门对幼儿园动态管理的一种手段,具体包括了登记注册制度和年检制度。严格意义上,年检制度是登记注册制度向后的延伸,因为相隔固定时间一次的年检就相当于登记注册手续的重复,好比学生每学期或每学年开学所要进行的报到注册。年检制度进一步加强了相关部门对幼儿园教育质量的监管,形成了具有主动清退不合格者功能的较为完全的准入机制。

对近年来民办幼儿园暴露出的种种乱象,《国务院关于当前发展学前教育的若干意见》就无证幼儿园问题作出了排查、指导与整改的解决意见,要求"各地要对目前存在的无证办园进行全面排查,加强指导,督促整改。整改期间,要保证幼儿正常接受学前教育。经整改达到相应标准的,颁发办园许可证。整改后仍未达到保障幼儿安全、健康等基本要求的,当地政府要依法予以取缔,妥善分流和安置幼儿"。

二、人事制度

人事制度是关于用人以治事的行动准则、办事规程和管理体制的总和。广义的人事制度包括工作人员的选拔、录用、培训、工资、福利、监督、退休与抚恤等各项具体制度。狭义的人事制度指国家公务人员的任用、管理制度。我们这里所说的幼儿园的人事制度指的是广义上的人事制度,主要是教师的聘任制度。

(一) 教师人事制度的改革

受计划经济时代人事制度的影响,我国曾长期将教师作为一类干部(公务员)来对待,实行的人事制度是名为"计划调配"的任命制,也就是"毕业后分配"这一有时代特色的用语。计划调配制度在当时的历史时代,对国家教育事业的发展曾起到了一定的积极作用。最明显的一点,它能切实保障教师的工资待遇,有效稳定教师队伍。

但随着经济体制改革的开始和不断发展,老百姓对优质学前教育的需求量逐渐提升,我国政府加大对学前教育资源的供给。《民办教育促进法》第四十九条规定:"国家鼓励金融机构运用信贷手段,支持民办教育事业的发展。"

《国务院关于当前发展学前教育的若干意见》中指出:鼓励社会力量以多种形式举办幼儿园。积极扶持民办幼儿园特别是面向大众、收费较低的普惠性民办幼儿园发展。民办幼儿园是我国学前教育事业发展中的重要一环。在这种形势下,教师人事制度就要从更复杂的角度进行理解。

(二) 教师聘任制的政策法规规定

1. 教师聘任的相关规定

《国务院关于当前发展学前教育的若干意见》中指出:公开招聘具备条件的毕业生充实幼儿教师队伍。《教师法》第十七条规定:学校和其他教育机构应当逐步实行教师聘任制。教师的聘任应当遵循双方地位平等的原则,由学校和教师签订聘任合同,明确规定双方的权利、义务和责任。

可以这样理解教师聘任制:聘任方和受聘者双方处于完全平等的地位,并本着完全自愿的原则,任何一方都无权强迫另一方同意某些条款;以合同形式约定下来的有关责、权、利等方面的内容具有法律效力并受法律保护。

2. 教师聘任的形式

依据聘任主体实施行为的不同,教师聘任制有以下形式:招聘、续聘、解聘、辞聘和待聘[1],这也是一名新任职的幼儿园教师所必须经历的全部或部分环节。

(1) 招聘。招聘是指用人单位(幼儿园)向社会公开、择优选拔具有教师资格的所需人员。其具有公开、直接、自愿和透明度高等优点。在招聘环节中,必须高度重视的是双方一定要签订书面的、规范的聘用合同[2]。

(2) 续聘。续聘是指招聘时订立的合同所确定的聘用期满后,用人单位(幼儿园)与教师

---

[1] 张乐天.学前教育政策与法规[M].北京:中央广播电视大学出版社,2011:80.

[2] 聘用合同包括了两类,即劳动合同和雇佣合同。劳动合同针对的是未退休人员,退休人员由于在法律上不具备劳动资格和能力,所以同时也不具有和用人单位签订劳动合同的主体资格。用人单位若要返聘退休人员,双方签订的合同即为雇佣合同。当然,值得注意的是,《工伤保险条例》并不调整雇佣关系。

继续签订聘任合同。在续聘时,教师可就工资待遇等一系列问题与幼儿园进行协商更改,并写入续聘合同之中。

(3) 解聘。解聘是最容易导致劳动合同纠纷的一个环节,指的是用人单位(幼儿园)因某种原因不继续聘任教师,双方解除合同关系。解聘广义上分为到期自动解除聘任和用人单位提前解除合同两类,在此是狭义的解聘,仅指后者。解聘的理由可能是幼儿园教师的过错,也可能是幼儿园出现了某些"危机",如民办幼儿园因经营不佳而作出人员精减等。无论是哪一方的原因导致解聘,幼儿园都需要有充分合理并合法的理由,否则要因过错承担违约责任。

案例 4-3

遭到解聘的王莉和冯静

王莉和冯静在大学是同班同学,毕业后在机缘巧合下均到一所幼儿园担任教师。两个人都同该园签订了为期 5 年的劳动合同,试用期为 3 个月。同时合同约定,除非发生不可抗力或意外事件,合同期满前任何一方不得解除合同,否则将承担违约责任。

在工作的第二年,王莉怀孕了。学期末,相关部门下发通知将对全市幼儿园进行全方位的评估。为应对教育主管部门的评估和检查,该幼儿园组织全园教师加班加点准备迎接评估。王莉因为怀有身孕身体不适,一些工作无法完成。幼儿园最终便以她不能胜任工作为由将其辞退。

无独有偶,冯静在参加工作的第四年,也由于工作压力过大,患上了严重的抑郁症。其虽多次去医院治疗,但病情仍没有好转。于是,幼儿园以其因病不能胜任工作为由与其解聘。

试问:幼儿园能否以不能胜任工作为由将王莉辞退?冯静所患的抑郁症是否属于"职业病"[①]?幼儿园又能否以此为理由将其辞退?

资料来源:武祥海,李小红.以案释法——幼儿园涉法事务全解析[M].南京:南京师范大学出版社,2011:61—62.有修改。

对于案例 4-3 中的王莉来说,如果幼儿园方面确实认为其不能胜任原工作,可以将其调

---

① 职业病是指用人单位的劳动者在职业活动中,因接触粉尘、其他放射性物质和有毒有害物质等引起的疾病。

换至适合她现有状况、较为轻松的岗位①,而不是将其"无情"辞退。

对于案例4-3中的冯静来说,她在幼儿园已工作了4年,按照《企业职工患病或非因工负伤医疗期规定》,她享有3个月的医疗期。幼儿园不得在医疗期内提出解除合同的要求。但是值得注意,按照职业病的定义,冯静所得之病虽可能与工作压力有关联,但并不属于法律所规定的职业病范围。

(4)辞聘。辞聘正好与解聘相反,指的是教师主动请求与幼儿园解除聘任合同的行为。辞聘的理由因人而异,教师可以随时终止聘任合同的继续履行,但若由于自己的过错而导致合同无法履行,就要承担相应的违约责任。教师能证明是对方先行违反合同内容的,则无须承担法律责任。若双方均有过错,就按过错大小分担责任。需要指出的是,以合理理由辞聘的,应该提早1个月向幼儿园负责人提交书面辞职报告。

拓展阅读

幼儿园不能解除劳动合同的情形

根据《中华人民共和国妇女权益保障法》和《中华人民共和国劳动合同法》(以下简称《劳动合同法》)等法律的规定,任何单位不得因结婚、怀孕、产假、哺乳等情形,降低女职工的工资,辞退女职工,单方解除劳动(聘用)合同或者服务协议;但是,女职工要求终止劳动(聘用)合同或者服务协议的除外。所谓孕期,是指妇女怀孕期间;产期,是指妇女生育期间;产假为98天。

《女职工劳动保护特别规定》第七条:"女职工生育享受98天产假,其中产前可以休假15天;难产的,应增加产假15天;生育多胞胎的,每多生育1个婴儿,可增加产假15天。女职工怀孕未满4个月流产的,享受15天产假;怀孕满4个月流产的,享受42天产假。"哺乳期,是指从婴儿出生到其1周岁期间。

资料来源:武祥海,李小红.以案释法——幼儿园涉法事务全解析[M].南京:南京师范大学出版社,2011:62.

---

① 参见《女职工劳动保护特别规定》第五条:"用人单位不得因女职工怀孕、生育、哺乳降低其工资、予以辞退、与其解除劳动或者聘用合同。"第六条:"女职工在孕期不能适应原劳动的,用人单位应当根据医疗机构的证明,予以减轻劳动量或者安排其他能够适应的劳动。对怀孕7个月以上的女职工,用人单位不得延长劳动时间或者安排夜班劳动,并应当在劳动时间内安排一定的休息时间。"

> **拓展阅读**
>
> ### 《企业职工患病或非因工负伤医疗期规定》（部分选摘）
>
> 企业职工因患病或非因工负伤，需要停止工作医疗时，根据本人实际参加工作年限和在本单位工作年限，给予三个月到二十四个月的医疗期：（一）实际工作年限十年以下的，在本单位工作年限五年以下的为三个月；五年以上的为六个月。（二）实际工作年限十年以上的，在本单位工作年限五年以下的为六个月；五年以上十年以下的为九个月；十年以上十五年以下的为十二个月；十五年以上二十年以下的为十八个月；二十年以上的为二十四个月。

案例 4-4

辞职的赵小雪

22岁的赵小雪与某幼儿园达成聘用意向书。意向书约定：幼儿园将与赵小雪签订为期2年的聘用合同，其基础工资、职务工资、工龄补助等每月合计约1600元。同日，双方签订培训协议书，约定由幼儿园出资2500元让赵小雪去北京接受专业培训，回来后赵小雪须在幼儿园工作2年，2年内不得提出调离。若调离，要赔偿幼儿园培训费2500元。

在培训结束后，赵小雪与幼儿园签订聘用合同。聘用合同载明聘用期为3年，工资支付标准"按不低于现行法律法规规定的最低工资标准支付"，改变了聘用意向书中"为期2年的聘用合同、工资标准按1600元支付"的内容。双方同时约定：幼儿园按国家规定为赵小雪缴纳养老、失业、医疗等社会保险费用。赵小雪未对聘用合同提出异议，双方均在聘用合同上签了字。自此以后，聘用合同得到实际履行。幼儿园支付赵小雪的工资是每月1500元左右，赵小雪一直未提出异议。

在某一学期开学的第一天，赵小雪没有上班。经多次催问，赵小雪表示要辞职。由于幼儿园一时招不到合适的教师，致使许多幼儿家长要求为幼儿办理退学。幼儿园多次要求赵小雪继续履行聘用合同，但被赵小雪拒绝。幼儿园遂向所在地的区人事争议仲裁委员会申请仲裁，要求依法裁决赵小雪赔偿幼儿园培训费2500元，以及因其擅自离职造成的经济损失3000元。

> 区人事争议仲裁委员会查清事实后,依法作出裁决:(1)赵小雪赔偿幼儿园各种损失共计7080元,其中培训费2500元、直接经济损失3080元、单方违法解除劳动合同赔偿金1500元。(2)幼儿园依法为赵小雪办理社会保险手续,缴纳双方存在劳动(聘用)关系存续期间的社会保险费用(养老、失业、医疗等)。

(5)待聘。即因岗位调整等原因,暂时无具体工作岗位的,可安排校内待聘。这种情况在绝大多数的公立幼儿园里并不多见,但此环节是教师聘任制的一个必要的组成部分。

三、经费投入与使用

学前教育事业的发展需要有必要的经费投入,以及规范化、精细化的管理和使用。我国的政策法规在经费投入和使用方面作了规定。

(一)幼儿园收费行为的规范

学前教育事业发展既要有国家宏观制度设计与安排,也要有具体微观实践上的规定。

《学前教育法》第六十条规定:各级人民政府应当优化教育财政投入支出结构,加大学前教育财政投入,确保财政性学前教育经费在同级财政性教育经费中占合理比例,保障学前教育事业发展。

在多种渠道加大学前教育投入方面,《国务院关于当前发展学前教育的若干意见》有如下要求:各级政府要将学前教育经费列入财政预算。新增教育经费要向学前教育倾斜。财政性学前教育经费在同级财政性教育经费中要占合理比例。各地根据实际研究制定公办幼儿园生均经费标准和生均财政拨款标准。制定优惠政策,鼓励社会力量办园和捐资助园。家庭合理分担学前教育成本。建立学前教育资助制度,资助家庭经济困难儿童、孤儿和残疾儿童接受普惠性学前教育。发展残疾儿童学前康复教育。中央财政设立专项经费,支持中西部农村地区、少数民族地区和边疆地区发展学前教育和学前双语教育。地方政府要加大投入,重点支持边远贫困地区和少数民族地区发展学前教育。规范学前教育经费的使用和管理。

在拓宽途径扩大资源供给方面,《中共中央国务院关于学前教育深化改革规范发展的若干意见》提出:实施学前教育专项;积极挖潜扩大增量;规范小区配套幼儿园建设使用;鼓励社会力量办园。同时,在健全经费投入长效机制方面,又指出:优化经费投入结构;健全学前教育成本分担机制;完善学前教育资助制度等。上述两项意见在我国学前教育事业发展历史上具有里程碑式的意义,为我国学前教育发展奠定了政策基础,后续的学前教育事业也正是在上述两项政策的基础上不断发展的。

依照法律,权利与义务是对等的,幼儿园拥有收费权利的同时也必须尽到相关的法律义务,即《教育法》所规定的"遵守国家有关规定收费并公开收费项目"。为了规范幼儿园收费,杜绝乱收费现象,特别是回应近些年社会对"入园难、入园贵"问题的议论,国家先后出台了多项全国性的政策法规,归纳如表4-4。

表4-4 幼儿园收费规范

政策法规	条文	具体内容
《教育法》	第三十条	遵照国家有关规定收取费用并公开收费项目
	第七十八条	学校及其他教育机构违反国家有关规定向受教育者收取费用的,由教育行政部门或其他有关行政部门责令退还所收费用;对直接负责的主管人员和其他直接责任人员,依法给予行政处分
《民办教育促进法》[1]	第三十八条	民办学校收取费用的项目和标准根据办学成本、市场需求等因素确定,向社会公示,并接受有关主管部门的监督;非营利性民办学校[2]收费的具体办法,由省、自治区、直辖市人民政府制定;营利性民办学校的收费标准,实行市场调节,由学校自主决定;民办学校收取的费用应当主要用于教育教学活动、改善办学条件和保障教职工待遇
《民办教育促进法实施条例》	第三十五条	民办学校对接受学历教育的受教育者收取费用的项目和标准,应当报价格主管部门批准并公示;对其他受教育者收取费用的项目和标准,应当报价格主管部门备案并公示。具体办法由国务院价格主管部门会同教育行政部门、劳动和社会保障行政部门制定

---

[1] 在有些教材中,民办幼儿园的经费管理被称作"资产与财务管理"而单独叙述。这有一定的道理,因为民办幼儿园在经费管理上确实与公办幼儿园有差异。但考虑到逻辑的连贯一致性和内容的整体性,本书并未将其分列为两部分,以方便上下对照。学习时应注意区分。

[2] 民办幼儿园可以参照公办幼儿园的收费标准执行,也可根据办学成本自主确定收费项目和收费标准,且只需向相关部门备案,而不需要其批准。这与公办幼儿园有所差异,公办幼儿园的收费项目和标准由相关教育行政部门会同价格等部门联合制定。

（续表）

政策法规	条文	具体内容
《幼儿园管理条例》	第二十四条	幼儿园可以依据本省、自治区、直辖市人民政府制定的收费标准,向幼儿家长收取保育费、教育费
《幼儿园工作规程》	第四十七条	幼儿园收费按照国家和地方的有关规定执行。幼儿园实行收费公示制度,收费项目和标准向家长公示,接受社会监督,不得以任何名义收取与新生入园相挂钩的赞助费。幼儿园不得以培养幼儿某种专项技能、组织或参与竞赛等为由,另外收取费用;不得以营利为目的组织幼儿表演、竞赛等活动
《关于幼儿教育改革与发展的指导意见》	第四条	民办幼儿园(班)要按照国家有关规定,根据办学成本合理确定收费标准,报有关部门备案并公示
	第九条	价格主管部门和财政部门负责向已取得办园许可证并办理登记手续的幼儿园颁发收费许可证、提供行政事业性收费专用票据①
	第十条	幼儿园不得以开办实验班、特色班和兴趣班等为由,另外收取费用,不得收取与幼儿入园挂钩的赞助费、支教费等
《幼儿园收费管理暂行办法》	第三条	学前教育属于非义务教育,幼儿园可向入园幼儿收取保育教育费(以下简称"保教费"),对在幼儿园住宿的幼儿可以收取住宿费
	第四条	公办幼儿园的保教费、住宿费收入纳入行政事业性收费管理,民办幼儿园的保教费、住宿费收入纳入经营服务性收费管理
	第八条	公办幼儿园住宿费标准按照实际成本确定,不得以营利为目的

---

① 在《幼儿园收费管理暂行办法》颁布实施之前,可以将此条款中的幼儿园理解为指所有幼儿园,包括民办幼儿园。基于此,有学者认为民办幼儿园收费必须使用财政部门统一印刷的行政事业性收费专用票据向缴费的家长开具收据,而不得随意使用市面上购买的收据或自印的收据。但《幼儿园收费管理暂行办法》颁布实施之后出现了重大变化,民办幼儿园收取费用不得再开具收据,而应按规定开具税务机关统一印制的税务发票。对于此点,家长也需着重注意。

(续表)

政策法规	条文	具体内容
	第九条	民办幼儿园保教费、住宿费标准,由幼儿园按照《民办教育促进法》及其实施条例规定,根据保育教育和住宿成本合理确定,报当地价格主管部门、教育行政部门备案后执行。享受政府财政补助(包括政府购买服务、减免租金和税收、以奖代补、派驻公办教师、安排专项奖补资金、优惠划拨土地等)的民办幼儿园,可由当地人民政府有关部门以合同约定等方式确定最高收费标准,由民办幼儿园在最高标准范围内制定具体收费标准,报当地价格、教育、财政部门备案后执行
	第十一条	幼儿园为在园幼儿教育、生活提供方便而代收代管的费用,应遵循"家长自愿,据实收取,及时结算,定期公布"的原则,不得与保教费一并统一收取
	第十一条	幼儿园不得收取书本费
	第十二条	幼儿园除收取保教费、住宿费及省级人民政府批准的服务性收费、代收费外,不得再向幼儿家长收取其他费用。幼儿园不得在保教费外以开办实验班、特色班、兴趣班、课后培训班和亲子班等特色教育为名向幼儿家长另行收取费用,不得以任何名义向幼儿家长收取与入园挂钩的赞助费、捐资助学费、建校费、教育成本补偿费等费用
	第十四条	幼儿园对入园幼儿按月或按学期收取保教费,不得跨学期预收
	第十七条第一款	幼儿园应通过设立公示栏、公示牌、公示墙等形式,向社会公示收费项目、收费标准等相关内容
	第十八条	公办幼儿园收取保教费、住宿费,应到价格主管部门办理收费许可证,按规定进行收费许可证年审,并按照财务隶属关系使用财政部或省级财政部门印(监)制的财政票据。民办幼儿园收取保教费、住宿费,要按规定使用税务机关统一印制的税务发票

（二）幼儿园经费的使用管理

幼儿园经费的使用需要依法依规，按照国家相关规定规范使用。《学前教育法》第七十条规定：幼儿园应当依法建立健全财务、会计及资产管理制度，严格经费管理，合理使用经费，提高经费使用效益。幼儿园应当按照有关规定实行财务公开，接受社会监督。县级以上人民政府教育等有关部门应当加强对公办幼儿园的审计。民办幼儿园每年应当依法进行审计，并向县级人民政府教育行政部门提交经审计的财务会计报告。

对于缴纳了保教费、住宿费和其他服务性费用的家长而言，他们关心幼儿园在收取各种费用后是否很好地将之用在自己孩子身上。而对于幼儿园园长来说，首先要回应家长可能存在的质疑，其次要保障幼儿园的良性运转，这就需要对经费的使用进行管理。理论上来说，每个幼儿园都是按照财务规范进行财务管理的。但实际上，每个园都有各自管理经费的方式，具体操作各异。有关幼儿园经费管理的政策法规见表4-5。

表4-5 幼儿园经费管理的有关法规与政策

		政策法规	内　容
原则:合理开支、专款专用		《幼儿园管理条例》第二十四条第二款	幼儿园应当加强财务管理，合理使用各项经费，任何单位和个人不得克扣、挪用幼儿园经费
		《幼儿园工作规程》第四十八条	幼儿园的经费应当按照规定的使用范围合理开支，坚持专款专用，不得挪作他用
具体管理规范	所有幼儿园	《幼儿园工作规程》第四十九条、第五十条、第五十一条	幼儿园举办者筹措的经费，应当保证保育和教育的需要，有一定比例用于改善办园条件和开展教职工培训
			幼儿膳食费应当实行民主管理制度，保证全部用于幼儿膳食，每月向家长公布账目
			幼儿园应当建立经费预算和决算审核制度，经费预算和决算应当提交园务委员会审议，并接受财务和审计部门的监督检查。幼儿园应当依法建立资产配置、使用、处置、产权登记、信息管理等管理制度，严格执行有关财务制度

（续表）

	政策法规	内　容
民办幼儿园①	《民办教育促进法》第三十五条、第三十九条中的财务管理	民办学校应当依法建立财务、会计制度和资产管理制度,并按照国家有关规定设置会计账簿②
		民办学校资产的使用和财务管理受审批机关和其他有关部门的监督。民办学校应当在每个会计年度结束时制作财务会计报告,委托会计师事务所依法进行审计,并公布审计结果
	《民办教育促进法》第三十六条、第三十七条中的资产权③	民办学校对举办者投入民办学校的资产、国有资产、受赠的财产以及办学积累,享有法人财产权
		民办学校存续期间,所有资产由民办学校依法管理和使用,任何组织和个人不得侵占。任何组织和个人都不得违反法律、法规向民办教育机构收取任何费用

四、幼儿园的变更与终止

幼儿园④是法人,法人如同自然人,会经历从出生到死亡的过程,也就是法人的设立与成立、变更、终止的过程。公办幼儿园的变更主要由教育行政部门主导进行,下文简要介绍民办幼儿园的变更与终止。

---

① 指民办幼儿园适用的特殊规定。
② 民办园必须配备专职财会人员。在管理好资金的同时,更要管理好资产,包括无形资产。要划清固定资产和低值易耗品的界限,设置固定资产账卡。防止因财物管理不善造成浪费、破损、丢失,努力克服管理中重财轻物的倾向。另外,要依照《中华人民共和国会计法》的规定,规范设置会计账簿,做好日常会计核算和监督工作。要分清幼儿园中国有财产、创办者投入教育机构的财产和教育机构通过办学积累的财产,并分别登记建账;及时记账、结账、对账及编报各种财会报表,做到账证相符、账账相符、账表相符、账物（钱）相符;及时清理往来款项,库存现金不得超过银行核定的限额。（张乐天.学前教育政策与法规[M].北京:中央广播电视大学出版社,2011:92—93.）
③ 民办幼儿园作为法人,其享有独立的财产,即民办园的举办者和资金投入者一旦对幼儿园出资,那么出资的资金便不再属于前者所有,而是归民办幼儿园这个法人整体独立支配。至于幼儿园如何具体行使独立财产权,可交由成立时所设立的董事会或理事会等决策机构决定。
④ 此处指各类幼儿园。

(一) 民办幼儿园的变更——分立与合并

学前教育事业在蓬勃发展的同时也出现了各种各样的问题,如重复办学、重复建设。这必然导致各类民办幼儿园之间的分立与合并。分立与合并是法人变更的两种相反的形式。

关于幼儿园的变更,不少人第一反应是认为其要么改了名称、换了地址,要么变更了管理者。确实,这些也属于幼儿园变更的范畴,但却属于不能导致法人组织形态变化,进而使涉及其根本法律地位的其他重要事项发生变更。民办幼儿园的分立与合并是较为复杂、涉及法律问题颇多的变更行为。

法人的分立,是指一个法人分成两个或两个以上的法人。分立的方式有两种:一种是创设式分立,即一个法人分成两个及以上法人,原法人消灭;另一种是存续式分立,即原法人存续,但分出某一部分财产和人员设立新法人。① 前者是原有的幼儿园一分为二,拆解成完全不相干、彼此独立的两家新幼儿园,打个不恰当的比喻,好比连体婴儿的分离;后者指原有的幼儿教育集团为拓展业务,成立新的分园,再打个不恰当的比喻,好比母亲产下她的孩子。

法人的合并,是指两个及以上的法人合并为一个法人。合并的方式同样有两种:一是新设合并,即两个及以上的法人合并为一个新法人,原来的法人消灭,新的法人产生;二是吸收合并,即一个或多个法人归并到一个现存的法人中去,被合并法人的主体资格消灭,存续法人的主体资格仍然存在。② 前者是 A 幼儿园、B 幼儿园、C 幼儿园合并成 D 幼儿园,后者是 A 幼儿园、B 幼儿园、C 幼儿园与 D 幼儿园合并成 D 幼儿园。

《民办教育促进法》第五十三条就幼儿园分立、合并的程序作了明确规定:民办学校的分立、合并,在进行财务清算后,由学校理事会或者董事会报审批机关批准。申请分立、合并民办学校的,审批机关应当自受理之日起三个月内以书面形式答复。当然,《民办教育促进法》并未对民办学校分立、合并的实质条件、种类作相关规定。

在民办幼儿园分立与合并的过程中,必须妥善安排好原幼儿园幼儿的继续学习,不能在此过程中,损害幼儿及家长的利益。

(二) 民办幼儿园举办者的变更

幼儿园作为事业单位法人③,不同于企业法人。为保证交易的安全,我国《民法典》第六

---

① 马俊驹,余延满. 民法原论(第四版)[M]. 北京:法律出版社,2010:138.
② 马俊驹,余延满. 民法原论(第四版)[M]. 北京:法律出版社,2010:139.
③ 在实际的工商登记注册中,民办幼儿园被登记为"民办非企业单位",成为民法上四类法人(企业法人、机关法人、事业单位法人、社会团体法人)之外的"第五类"法人。

十四条规定：法人存续期间登记事项发生变化的，应当依法向登记机关申请变更登记。而《民办教育促进法》第五十四条规定：民办学校举办者的变更，须由举办者提出，在进行财务清算后，经学校理事会或者董事会同意，报审批机关核准。在这里，并不要求登记与公告，而是明确应当履行报批的程序，以防止擅自变更行为的发生，以更好地维护幼儿园的合法权益。

（三）民办幼儿园名称、层次和类别的变更

《民办教育促进法》第五十五条进一步规定：民办学校名称、层次、类别的变更，由学校理事会或者董事会报审批机关批准。申请变更为其他民办学校，审批机关应当自受理之日起三个月内以书面形式答复。幼儿园的举办者在申请筹设和正式设立幼儿园时，都应当提交有关幼儿园的名称、办学层次和学校类别等方面的材料。经有关审批机关批准后，幼儿园的名称、层次和类别就成了该园作为独立法人的标志。幼儿园发布招生简章和广告、从事保教活动等，都必须在批准登记的范围内进行。

（四）民办幼儿园的终止

如前所述，法人也会像自然人一样死亡，这种"死亡"被称作法人的终止，即法人主体资格的完全消灭。法人一旦终止，则它的民事权利能力和民事行为能力随之丧失。近年来，由于各种原因，一些民办幼儿园被迫终止办学。《民办教育促进法》第五十六条规定民办学校有下列情形之一的，应当终止："（一）根据学校章程规定要求终止，并经审批机关批准的；（二）被吊销办学许可证的；（三）因资不抵债无法继续办学的。"为了最大限度地保护幼儿的合法权益，《民办教育促进法》第五十七条规定，"民办学校终止时，应当妥善安置在校学生"。

在民法理论上，"终止"和"解散"不像在日常生活语境中般混同使用。法人的终止不同于法人的解散。法人的终止是指法人在实体意义上已消灭，而法人的解散是指法人将要终止，在清算完结并向登记机关办理注销登记与公告后，法人才为消灭。[①] 所以，《民办教育促进法》第五十六条规定的民办学校应当终止的情形，实为应当解散的情形。

（五）民办幼儿园的清算

民办幼儿园的终止，无论是自行终止，还是被强制终止，均须依法进行清算。幼儿园终止时的财务清算是清理已解散幼儿园的财产（收回债权、偿还债务、依法分配剩余财产）、了结其民事法律关系，从而使其归于消灭的程序，也是幼儿园终止的最终法律后果。

---

① 马俊驹，余延满.民法原论(第四版)[M].北京：法律出版社，2010：139.

法人的清算分破产清算与非破产清算,前者依照《中华人民共和国企业破产法》规定的程序执行,后者不依照。《民办教育促进法》第五十八条对不同的终止情况规定了不同的清算方式:民办学校自己要求终止的,由民办学校组织清算;被审批机关依法撤销的,由审批机关组织清算;因资不抵债无法继续办学而被终止的,由人民法院组织清算。

民办幼儿园决定清算或法院决定依法清算后,任何人未经清算组织的批准,不得处分学校财产。《民办教育促进法》第五十九条规定对民办学校的财产按照下列顺序清偿:"(一)应退受教育者学费、杂费和其他费用;(二)应发教职工的工资及应缴纳的社会保险费用;(三)偿还其他债务。"民办幼儿园清偿上述债务后的剩余财产,按照有关法律、行政法规的规定处理。若学校财产不足以清偿同一顺序债务或费用时,则按比例清算。

《民办教育促进法》第六十条规定:终止的民办学校,由审批机关收回办学许可证和销毁印章,并注销登记。即作为一所行将终止的民办幼儿园,在清算程序结束后,还要进行的一个程序就是由审批机关收回办学许可证,并注销登记。等以上程序均完成后,则表明这个幼儿园彻底不再具备办学的民事主体资格,便不得再以该幼儿园的名义从事任何教育教学活动。

五、幼儿园与家庭和社区教育

教育,从来不是一个单一维度的社会活动,它与我们生活的各个方面有着千丝万缕的联系;幼儿,从来不可能脱离整个社会而单独存在,他们的良好成长需要一个大环境的共同和谐作用。这便是当前学前教育注重家园合作与社区教育的理念根源所在。

《幼儿园教育指导纲要(试行)》指出,家庭是幼儿园重要的合作伙伴。应本着尊重、平等、合作的原则,争取家长的理解、支持和主动参与,并积极支持、帮助家长提高教育能力。社区也是幼儿园的伙伴,《幼儿园教育指导纲要(试行)》指出,幼儿园应与家庭、社区密切合作。幼儿园、家庭、社区构成了一个相互依赖、相互弥补、相互支撑的三角。幼儿园应该积极主动地在自己、家庭和社区之间架设沟通的桥梁。

学前教育不仅在学术理论上重视家园合作和社区教育,相关政策法规也特别强调三者间的关系,详见表4-6所列的政策法规。

表4-6 重视学前教育家园合作和社区教育的政策法规

政策法规	条文	具体内容
《幼儿园工作规程》	第五十二条	幼儿园应当主动与幼儿家庭沟通合作,为家长提供科学育儿宣传指导,帮助家长创设良好的家庭教育环境,共同担负教育幼儿的任务

(续表)

政策法规	条文	具体内容
	第五十三条	幼儿园应当建立幼儿园与家长联系的制度。幼儿园可采取多种形式,指导家长正确了解幼儿园保育和教育的内容、方法,定期召开家长会议,并接待家长的来访和咨询。幼儿园应当认真分析、吸收家长对幼儿园教育与管理工作的意见与建议。幼儿园应当建立家长开放日制度
	第五十四条	幼儿园应当成立家长委员会。家长委员会的主要任务是:对幼儿园重要决策和事关幼儿切身利益的事项提出意见和建议;发挥家长的专业和资源优势,支持幼儿园保育教育工作①;帮助家长了解幼儿园工作计划和要求,协助幼儿园开展家庭教育指导和交流。家长委员会在幼儿园园长指导下工作
	第五十五条	幼儿园应当加强与社区的联系与合作,面向社区宣传科学育儿知识,开展灵活多样的公益性早期教育服务,争取社区对幼儿园的多方面支持
《关于幼儿教育改革与发展的指导意见》	第十三条	要充分利用幼儿园和社区的资源优势,面向家长开展多种形式的早期教育宣传、指导等服务,促进幼儿家庭教育质量的不断提高

家园合作的形式是多种多样的,幼儿园可以定期开展亲子活动,如六一儿童节的欢庆活动、亲子游园会或运动会等;定期召开家长会,有条件的还可另外开设家长学校,推广正确的育儿理论与方法,设立家长开放日,邀请家长观摩幼儿园的一日生活,让更多家长了解幼儿园教师的工作与教学方法,从而认可、理解并尊重幼儿园教师;组织幼儿园教师每学期进行家庭访问,亲自走进孩子背后的家庭,真正用心认识幼儿的全部;利用快速便捷的互联网即时与家长就孩子的成长进行沟通,开放多种渠道接受家长的建议与批评;最核心的是成立家长委员会,使其成为家长与幼儿园教师及幼儿园之间起相互协调作用的中间人。

---

① 幼儿园成立家长委员会,不仅仅要对家长传授相关的家庭教育等知识,还要让家长来发挥他们的优势和积极性,帮助幼儿园开展保教工作和园区的创设。如通过家长委员会,让有兴趣并符合一定要求的家长定期为幼儿组织某些游戏活动。

> **案例 4-5**
>
> **幼儿园的教育内容是什么**①
>
> 　　某幼儿园的部分家长提出：幼儿在幼儿园应多学点知识，至少每天要学 1 小时的语文和数学。当时，为了幼儿园的招生，园长便答应了，并让大班老师借小学一年级的课本给大班幼儿上课。幼儿入园后，园长又觉得幼儿学这些知识是不对的，便向家长宣传幼儿园应按幼儿的年龄特点对孩子进行教育，幼儿园应以游戏为基本活动，否则不利于孩子的身心健康。但有些家长表示不能理解。
>
> 　　请分别站在家长和园长的角度，分析此案例最终出现这样尴尬的局面的原因。

对于教育部门来说，也要推进学前教育机构与家庭和社区的联系，初步形成家庭、幼儿园和社区相结合的教育网络。教育部门要主动与卫生部门、社区、基层自治组织密切合作，充分利用社区资源，建立托儿所、幼儿园、游戏小组、社区玩具图书馆、家庭教育咨询服务等正规与非正规形式相结合的社区教育服务网络；依托社区，面向 0—6 岁儿童家长开展多种形式的早期教育宣传、指导等服务，促进学前教育与家庭教育质量的不断提高。②

第三节　幼儿园的管理与监督

一、教育行政部门的外部管理与监督

根据举办者主体资格的不同，我国幼儿园中最为主要的是公办幼儿园和民办幼儿园，其他类型的幼儿园在逐年减少。为了保证学前教育事业的健康发展，《学前教育法》《民办教育促进法》《关于幼儿教育改革与发展的指导意见》《国务院关于当前发展学前教育的若干意见》等政策法规对不同类型的幼儿园，明确提出了不同的管理侧重点，此处主要介绍公办幼儿园和民办幼儿园的管理。

（一）公办幼儿园

公办幼儿园的举办主体包括地方各级人民政府，利用财政性经费或者国有资产进行举

---

① 李志宇，谢志东.幼儿园法律问题案例评析[M].北京：知识出版社，2001：60.
② 张乐天.学前教育政策与法规[M].北京：中央广播电视大学出版社，2011：97.

办的国家机关、国有企业事业单位、人民团体、军队、街道、村集体等。

《学前教育法》第二十四条规定:"各级人民政府应当利用财政性经费或者国有资产等举办或者支持举办公办幼儿园。"

《关于幼儿教育改革与发展的指导意见》指出:地方各级人民政府要加强公办幼儿园建设,保证学前教育经费投入,全面提高保育、教育质量。要以公办幼儿园为骨干,发挥其示范、培训、管理等多种功能,同时发挥其在贯彻党和国家教育方针、落实各项政策法规、实施和宣传先进的教育理念、开展教育科研、指导家庭教育等方面的独特作用,发挥公办幼儿园对其他类型幼儿园的示范和辐射作用,以扩大优质教育资源,提高学前教育的整体质量。为达到这一目的,政府要致力于提高公办幼儿园的保教质量。

第一,保证经费投入。《关于幼儿教育改革与发展的指导意见》明确提出地方各级政府不得借转制之名,停止或减少对公办幼儿园的投入。

第二,制止"卖园风"。《关于幼儿教育改革与发展的指导意见》明确提出地方各级政府不得出售或变相出售公办幼儿园和乡(镇)中心幼儿园,已经出售的要限期收回。

第三,加强对公办幼儿园转制的审核。《关于幼儿教育改革与发展的指导意见》明确提出公办幼儿园转制必须报经省级教育主管部门审批,这是省级教育管理部门规范幼儿园的管理、防止私自转制损害幼儿权益的举措。

第四,加强农村公办幼儿园的建设。《国务院关于当前发展学前教育的若干意见》指出:地方各级政府要安排专门资金,重点建设农村幼儿园。在农村学前教育资源缺乏的现状下,为加强公办幼儿园的建设,明确城乡中小学布局调整后,空余的校舍要优先用于举办幼儿园(班),以促进农村幼儿教育的不断发展。

基于公办学前教育资源严重不足的状况,《国务院关于当前发展学前教育的若干意见》把大力发展公办幼儿园,提供"广覆盖、保基本"的学前教育公共服务作为多种形式扩大学前教育资源的重要举措。《国务院关于当前发展学前教育的若干意见》还提出要加大政府投入,通过新建、改建、扩建等方式扩大公办资源,具体包括:

(1) 新建一批公办幼儿园;

(2) 利用中小学布局调整的富余教育资源和其他富余公共资源,优先改建成幼儿园;

(3) 鼓励优质公办幼儿园举办分园或合作办园;

(4) 制定优惠政策,支持街道、农村集体举办幼儿园。

(二) 民办幼儿园

发展学前教育必须充分调动各方面的积极性。国家积极鼓励社会力量通过捐资或投资来参与办园。《国务院关于当前发展学前教育的若干意见》指出,地方各级政府要在大力发展公办幼儿园的同时,采取多种措施鼓励和扶持社会力量举办幼儿园,为社会提供多层次、多样化的教育选择空间。《关于幼儿教育改革与发展的指导意见》也指出,要"积极鼓励和提倡社会各方面力量采取多种形式举办幼儿园"。应推进以公办为示范、民办为主体的多元化办园体制,形成公办与民办幼儿园共同发展的格局。地方各级政府要认真贯彻《民办教育促进法》,把民办学前教育纳入当地学前教育事业发展的总体规划,广泛吸纳社会人才和资金,大力支持社会组织和个人投资办园。

《国务院关于当前发展学前教育的若干意见》突出强调了鼓励和扶持民办幼儿园的几点措施。

第一,通过保证合理用地、减免税费等方式,支持社会力量办园。

第二,积极扶持民办幼儿园特别是面向大众、收费较低的普惠性民办幼儿园发展。采取政府购买服务、减免租金、以奖代补、派驻公办教师等方式,引导和支持民办幼儿园提供普惠性服务。

第三,民办幼儿园在审批登记、分类定级、评估指导、教师培训、职称评定、资格认定、表彰奖励等方面与公办幼儿园具有同等地位。

民办幼儿园虽发展迅猛,但教育质量参差不齐,容易走向两个极端,这就要求教育主管部门加强指引和监督,积极将民办幼儿园导向良性发展的路途。《关于幼儿教育改革与发展的指导意见》提出:各级教育部门要加强对社会力量举办幼儿园保育、教育工作的指导和监督,规范办园行为,保证办园的正确方向。要在城乡各类社会力量举办的幼儿园中扶持一批办园方向端正、管理严格、教育质量好并具有良好社会信誉的幼儿园作为示范性幼儿园。

《学前教育法》第二十四条规定:各级人民政府依法积极扶持和规范社会力量举办普惠性民办幼儿园。普惠性民办幼儿园接受政府扶持,收费实行政府指导价管理。非营利性民办幼儿园可以向县级人民政府教育行政部门申请认定为普惠性民办幼儿园,认定标准由省级人民政府或者其授权的设区的市级人民政府制定。

《民办教育促进法》第六章规定了政府主管部门对民办学校的管理与监督问题,目的是建立一种对民办学校的外部约束机制。《民办教育促进法》中的相关规定同样适用于民办幼儿园。根据《民办教育促进法》规定,国家教育行政部门及有关部门对民办幼儿园的管理与监督的范围和方式主要如下。

第一,指导民办幼儿园的教育教学和开展教师培训工作。《民办教育促进法》第四十条规定:教育行政部门及有关部门应当对民办学校的教育教学工作、教师培训工作进行指导。政府主管部门对幼儿园教育教学工作的指导是其重要工作内容和职责。民办幼儿园的教育教学工作绝不仅仅是民办幼儿园自己的事,而是关系到贯彻国家学前教育方针、政策,培养社会需要的合格人才之大事,所以民办幼儿园有义务接受政府主管部门对其教育教学工作的指导。教师的素质高低,关系着学前教育的质量,关系着幼儿园的生存和发展。为此,政府主管部门对教师培训工作的指导,历来是教育教学管理的重要内容。

第二,开展民办幼儿园的督导和评估。《民办教育促进法》第四十一条规定:教育行政部门及有关部门依法对民办学校实行督导,建立民办学校信息公示和信用档案制度,促进提高办学质量;组织或者委托社会中介组织评估办学水平和教育质量,并将评估结果向社会公布。学前教育督导是指教育行政部门根据党和国家的教育方针、政策,遵循教育规律,采用科学方法,对幼儿园工作进行有目的、有计划的考察与分析,并作出实事求是的科学评定,提出积极可行的建议,给出明确中肯的指导。学前教育评估是指政府主管部门按照国家的法律、法规、方针、政策,对幼儿园的办学水平和教育质量进行估量与评价。评估民办幼儿园,可以由政府主管部门组织人员成立评估委员会进行,也可以委托社会中介组织进行。政府主管部门可以结合督导和评估,对民办幼儿园实行定期检查制度。

第三,审批民办幼儿园招生简章与广告。《民办教育促进法》第四十二条规定:民办学校的招生简章和广告,应当报审批机关备案。民办幼儿园的招生简章和广告,是民办幼儿园面向社会公开招生的重要宣传手段。招生简章和广告中的重要内容,如收费项目与标准,需要教育和物价部门批准的,还应注明批准文号。民办幼儿园招生简章和广告的发布应符合《中华人民共和国广告法》的规定。民办幼儿园招生简章和广告的宣传是直接面对幼儿及其家长的,因此,首要的是内容真实可信。

第四,及时处理受教育者及其亲属的申诉。《民办教育促进法》第四十三条规定:民办学校侵犯受教育者的合法权益,受教育者及其亲属有权向教育行政部门和其他有关部门申诉,有关部门应当及时予以处理。由于民办幼儿园的特殊性质,其在对幼儿的收费和退费、招生简章、实际管理、保教质量、幼儿的人身伤害事故等问题上极易引起幼儿家长的不满。为此,有关部门对于幼儿家长的申诉,应当及时予以妥善处理,不得以任何理由拖沓或拒绝,应保障幼儿的合法权益。

二、幼儿园的内部管理与监督

幼儿园的运行不仅要靠外部的管理与监督,自我管理与监督同样十分重要。这部分内容主要包括了园长负责制,以及园长负责制下的幼儿园教职工民主参与管理制。

幼儿园教职工民主参与管理制的核心是教职工大会。《民办教育促进法》第二十七条规定:民办学校依法通过以教师为主体的教职工代表大会等形式,保障教职工参与民主管理和监督。教职工大会是以教师为主的代表大会,它是幼儿园教师实现民主参与幼儿园行政管理,保护自身政治与民事权益的平台,与园长负责制不可分割。

《幼儿园工作规程》第四十七条规定:"幼儿园收费按照国家和地方的有关规定执行。幼儿园实行收费公示制度,收费项目和标准向家长公示,接受社会监督,不得以任何名义收取与新生入园相挂钩的赞助费。幼儿园不得以培养幼儿某种专项技能、组织或参与竞赛等为由,另外收取费用;不得以营利为目的组织幼儿表演、竞赛等活动。"第五十一条规定:"幼儿园应当建立经费预算和决算审核制度,经费预算和决算应当提交园务委员会审议,并接受财务和审计部门的监督检查。"

民办幼儿园在管理上相较于公办幼儿园,一个最突出的特点就是有理事会或董事会这样一个全权决策机构。那么,如何在民办幼儿园中实施民主管理与监督呢?

具体而言,教职工大会应建立定期的会议制度,不设常设机构,幼儿园工会承担教职工大会的任务,充当常设机构的角色。工会是维护教师与职工合法权益,保障教师和职工参与民主管理的组织。《民办教育促进法》第二十七条规定:民办学校的教师和其他工作人员,有权依照工会法,建立工会组织,维护其合法权益。

除教职工大会外,幼儿园的园务委员会是幼儿园日常管理民主化的另一重要形式,它由保教、医务、财会等人员的代表以及家长代表组成,其主任为园长。园长作为园务委员会主任,定期召开会议,对全园工作计划,工作总结,人员奖惩,财务预决算方案,规章制度的建立、修改、废除,以及其他涉及全园工作的重要问题进行审议。不设园务委员会的幼儿园,上述重大事项由园长召开教职工大会商议。

思考与练习

一、问答题

1. 现行法律对开办幼儿园的主体资格的禁止性规定有哪些?
2. 简述开办幼儿园的实体要件。
3. 简述当前幼儿园教育经费的主要来源。
4. 请解释什么是幼儿园登记注册制度,什么是法人的分立与合并。
5. 试分析登记注册制度与准入制度的异同。
6. 教师聘任制的概念涵盖了哪些要素?
7. 简述教师聘任制的主要内容。
8. 请分析法人的终止是否等同于法人的解散。
9. 简述教育行政部门及有关部门对民办幼儿园管理与监督的范围和方式。

二、材料分析题

1. 请阅读以下有关幼儿园办园利润支配的材料。

王某投资并开办了一所民办幼儿园。在学期将要结束时,幼儿园进行了财务核算,结果是还结余了5万元。于是,王某便打算用结余的5万元开一家杂货店。可他亲自聘任的幼儿园园长却竭力反对他这样做,说他违反了幼儿园管理的相关规定。

请问王某可不可以这样做?为什么?幼儿园的经费管理到底有哪些规定呢?其办园利润是否可以随意支配?

2. 请阅读以下有关幼儿园设立程序的材料。

闻莺幼儿园有16个教学班,教职员工70余人,但依然不能满足幼儿的入园需求。幼儿园董事会就扩大幼儿园规模的问题讨论了多次,但始终未能敲定具体方案。

为了满足幼儿的入园需求,幼儿园在园外租用了所在社区的部分办公用房,并将托班幼儿和小班幼儿全部安排在此就读。有家长对此表示不满,向教育局举报该幼儿园擅设分园。此外,某小区的开发商提出要与闻莺幼儿园合作,称只要闻莺幼儿园在小区内的配套场地上开设分园,就可以免费使用该场地30年。闻莺幼儿园的董事会决定利用这一机会,重新规划幼儿园,并根据就读幼儿的分布情况,将幼儿园分立为"闻莺一幼""闻莺二幼""闻莺三幼"。

由于闻莺幼儿园将要分解成3个独立的幼儿园,所以需对财务进行清算。然而,负责财务清算的2名财会人员根本不知道从何入手。在做好基本的准备工作之后,新园于当年9月开始招生。但不久后,这3所幼儿园都收到了区教育局的《教育行政处罚告知书》,称这3所幼儿园未经注册登记就擅自对外招生,违反了相关规定,故拟对幼儿园处以停止招生、停止办园的行政处罚。

结合案例,分析幼儿园分立的一般程序,说明应当如何依法设立分园。

第五章

幼儿园的保育与教育

 学习目标

1. 了解学前教育机构保育与教育相结合的必要性及其措施。
2. 熟悉学前教育机构保育工作的意义及其基本要求。
3. 熟悉学前教育机构教育工作的特点、原则和基本要求。
4. 熟悉《幼儿园工作规程》的基本内容。
5. 掌握《幼儿园教育指导纲要(试行)》的基本内容。
6. 掌握《3—6岁儿童学习与发展指南》的基本内容。

导入案例

"诚实"主题沙龙

10月份,我园老师们汇聚一堂,针对大家普遍反映的困惑——如何对孩子进行诚实教育,如何在保教结合的工作中培养孩子良好的品质,开展了一次有意义的主题沙龙活动。

1. 谈谈心目中的诚实

庞老师主持了活动,她引导大家思考"诚实教育存在的主要问题是什么",大家反映了很多问题,于是她让大家思考这些问题的实质是什么,接着又问大家,怎么理解"诚实"一词?

一石激起千层浪,老师们争先恐后地回答。有的说:"诚实就是不说谎。"有的说:"诚实就是踏踏实实做事。"有的说:"如果人生是一座花园,诚实就是阳光。"还有的说:"诚实是人生的桥梁,没有这座桥,就不能到达人生的彼岸。"

2. 通过故事解读诚实、解决问题

心理阅读组的老师们将他们搜集到的《手捧空花盆的孩子》《皇帝的新装》等故事通过PPT的形式在沙龙中和大家分享。

通过老师们的讨论,大家认识到"人以诚为本,以信为天",诚实表现的是对自己和别人的尊重。

王老师:学龄前期是孩子形成良好思想品德的关键期。在这一时期,当孩子们有意或无意撒谎时,千万不能一味地去批评、指责他们。作为他们的老师,应该正确分析他们行为背后的原因,以各种形式去引导他们做一个诚实的孩子,养成良好的行为习惯。

庞老师:在我们班曾出现这样的情况,红红突然跑来对我说:"老师,我的书不见了。"希希说:"老师,我看见洁洁把书放到她的柜子里了。"我走到洁洁的柜子处证实,果然,她的柜子里有一本书。但是,当我问她的时候,她却不承认,这个时候该怎么办?

吴老师:我觉得我们应该分析一下,造成孩子不诚实的原因有很多,有的是孩子会把看到的与联想的、真实的与希望的、做过的与计划的相混淆;有的是成人的言行引起孩子说谎;还有的是为达到某种目的而说谎。先要搞清楚孩子说谎是出于哪一种原因。

讨论后,老师们建议,先向孩子介绍诚实的品德观念,有针对性地找一些有关诚实的故事讲给孩子们听,然后观察孩子的言行,若改正了错误,就及时表扬他们,如果还没有效果,则可以采用其他教育方式。

吴老师:我们班也发生过孩子不诚实的现象。午餐时,贝贝突然对我说:"老师,我肚子不舒服,吃不完菜了。"我说:"是不是想上厕所,还是早上吃太多了消化不良,不舒服就少吃些。"后来,我发现她不是不舒服,而是挑食。针对这种情况,我分析了她说谎的原因,及时了解了她的情况。在集体活动中,通过讨论"挑食好不好"以及"健康的食物人人爱"等话题,让孩子们了解到各种菜能给予人体不同的营养。对贝贝不喜欢吃的菜,每次我鼓励她先少吃点,再慢慢增多。渐渐地,她开始尝试一些不喜欢吃的食物。对于她的改变,我总是及时地在小朋友们面前表扬她。

庞老师小结:老师们要及时纠正孩子的不诚实行为,也要身体力行。对于每一位老师来说,任何欺骗和不诚实的举动,都有可能让自己在成长的道路上"搁浅"。

3. 帮助孩子养成良好的诚实品质

庞老师说:诚实就是实在,不虚假。诚实是一个人的美德,有了诚实二字,一个人就会表露出坦荡从容的气度,诚实既是一种品格,也是一种素质和能力,那么,如何培养孩子的诚实品质?希望大家踊跃提出宝贵意见。

王老师:可以满足孩子合理的要求和愿望。

沈老师:可以创造一个宽松、愉快、民主、和谐的氛围。只有保持诚实真挚的态度,使孩子感到成人的爱护和关心,他才能够信赖成人,有了过失才敢于承认。

马老师:让"诚实教育"主动化。可利用故事,把诚实做人的道理寓于故事之中,使孩子明白什么是诚实,什么是虚假和欺骗,应该怎样做,不该怎样做。

陆老师:要有正确的教育方法。当发现孩子有不诚实的言行时,要采取细致、耐心的方法,冷静地听听孩子的想法,分析原因,对症下药。切不可急躁、粗暴,甚至施加暴力,对孩子进行打骂、体罚等,这样只会适得其反,使孩子为了躲避责罚或打骂而说谎。

蔡老师:和孩子建立真诚和相互信任的关系。对孩子必须言而有信,以诚相待,这样,孩子才会信任你,有什么事、有什么想法都愿意告诉你。

周老师:要制定一些规则并严格要求。例如,不是自己的东西不能带回家;没有得到别人的同意,不可随便拿别人的东西。

4. 家园合作让诚实之花绽放

王老师:诚实教育不仅要在幼儿园进行,家庭教育也很重要。我们要和家长沟通交流,争取家长的配合,一定能事半功倍。

曹老师:对,当孩子说谎时,让家长不要发火,要心平气和地与孩子进行交流,才能了解清楚孩子说谎的动机或目的是什么。

周老师:家长要教育孩子讲信用,答应别人的事要做到,自己更要给孩子树立良好的榜样,对孩子讲信用。

郭老师:及时鼓励也很重要,告诉家长当孩子守时守信时,不管事情多么微小,都要及时鼓励、褒奖。

庞老师：作为老师，让我们携手并肩为孩子架起诚实的心灵彩虹，开辟出诚实教育的一片蔚蓝的天空，让我们的孩子养成诚实的习惯，成就美好未来，诚实做人、诚挚待人、诚恳学习、诚信做事，让诚实伴随他们的美丽人生！

本次沙龙主要围绕"诚实教育"进行研讨，旨在培养孩子的良好品质。沙龙以"头脑风暴"的形式开展，鼓励老师们人人发言，毫无保留地诉说自己的困惑，并利用集体力量寻找原因。老师们群策群力，结合自己的教学经验以及阅读的相关书籍，对诚实教育问题提出了各自的意见和看法。

以上内容展现了幼儿园保育与教育的一部分内容，实际上，政策法规中也有对幼儿园保育与教育内容的说明及规定。

《幼儿园管理条例》：幼儿园应当保障幼儿的身体健康，培养幼儿的良好生活、卫生习惯；促进幼儿的智力发展；培养幼儿热爱祖国的情感以及良好的品德行为。

《幼儿园工作规程》：幼儿园的品德教育应当以情感教育和培养良好行为习惯为主，注重潜移默化的影响，并贯穿于幼儿生活以及各项活动之中。

《幼儿园教育指导纲要（试行）》：在体育活动中，培养幼儿坚强、勇敢、不怕困难的意志品质和主动、乐观、合作的态度。在共同的生活和活动中，以多种方式引导幼儿认识、体验并理解基本的社会行为规则，学习自律和尊重他人。与家庭、社区合作，引导幼儿了解自己的亲人以及与自己生活有关的各行各业人们的劳动，培养其对劳动者的热爱和对劳动成果的尊重。充分利用社会资源，引导幼儿实际感受祖国文化的丰富与优秀，感受家乡的变化和发展，激发幼儿爱家乡、爱祖国的情感。适当向幼儿介绍我国各民族和世界其他国家、民族的文化，使其感知人类文化的多样性和差异性，培养理解、尊重、平等的态度。在幼儿生活经验的基础上，帮助幼儿了解自然、环境与人类生活的关系。从身边的小事入手，培养初步的环保意识和行为。

《未成年人保护法》：幼儿园应当做好保育、教育工作，遵循幼儿身心发展规律，促进幼儿在体质、智力、品德等方面和谐发展。

《中小学教师职业道德规范》：培养学生良好品行，激发学生创新精神，促进学生全面发展。

《3—6岁儿童学习与发展指南》：重视幼儿的学习品质。幼儿在活动过程中表现出的积极态度和良好行为倾向是终身学习与发展所必需的宝贵品质。要充分尊重和保护幼儿的好奇心和学习兴趣，帮助幼儿逐步养成积极主动、认真专注、不怕困难、敢于探究和尝试、乐于想象和创造等良好学习品质。忽视幼儿学习品质培养，单纯追求知识技能学习的做法是短视而有害的。

第一节　幼儿园的保育工作

幼儿园的保育工作,是指成人为幼儿提供生存、发展所必需的环境和物质条件,同时给予精心的照顾和保护,以促进他们健康成长,逐步增进他们生活自理的能力。狭义地理解,保育就是对幼儿身体的保护和养育。广义地理解,保育是对幼儿身体的保护,对幼儿各种心理发展的促进和培养。

一、保育工作的意义

(一) 良好的保育工作,能促进幼儿生理、心理健康发展

幼儿是正在成长发展的个体,身体健康是幼儿成长发展的物质基础,也是他们心理发展的必要条件。《学前教育法》第五十三条规定:幼儿园应当建立科学合理的一日生活制度,保证户外活动时间,做好儿童营养膳食、体格锻炼、全日健康观察、食品安全、卫生与消毒、传染病预防与控制、常见病预防等卫生保健管理工作,加强健康教育。

《幼儿园管理条例》第十三条特别提出:幼儿园应当保障幼儿的身体健康,培养幼儿的良好生活、卫生习惯。

《幼儿园工作规程》第十七条也规定:幼儿园必须切实做好幼儿生理和心理卫生保健工作。在确定保育和教育的主要目标时,《幼儿园工作规程》还把"促进幼儿身体正常发育和机能的协调发展,增强体质,促进心理健康,培养良好的生活习惯、卫生习惯和参加体育活动的兴趣"置于首位。这些都表明,由于幼儿尚在发育之中,各种器官都很娇嫩,加上天性好动,但又缺乏生活经验,体力不足,自制能力、生活自理能力都较差。因此,学前教育机构的全体工作人员,在保育工作中,必须掌握幼儿的生理、心理特点,在生活上要特别给予小心照看,注意保护,并且要创设条件,为幼儿提供良好的卫生教育环境,保护他们的生命安全,开展必要的锻炼,增强他们的体质,帮助他们养成健康、安全生活所必需的行为习惯和正确的态度,促进幼儿生理的健康发展。

(二) 良好的保育工作,能促进家长了解、重视幼儿园的保育工作,并与之协调一致

保育工作的目的,是做好幼儿生理、心理的保健工作,促进幼儿的健康成长,为幼儿的全面发展奠定基础,这是和广大幼儿家长的愿望相一致的。但是家长对如何保育、教育孩子并不一定具备专业的知识和经验。因此,幼儿园的工作人员,特别是教师、保健工作者、保育员,除了身体力行地为家长树立保育工作的榜样外,还要向家长介绍幼儿在园的一日生活安

排,介绍保育工作的内容和对幼儿的要求,这对取得家庭在幼儿保育工作上的协调一致,起着极为重要的作用。

《学前教育法》第五十八条规定:幼儿园应当主动与父母或者其他监护人交流学前儿童身心发展状况,指导家庭科学育儿。父母或者其他监护人应当积极配合、支持幼儿园开展保育和教育活动。

幼儿的成长发展既具有连续性,又具有阶段性。因此,每一阶段的保育要求不尽相同,但却是循序渐进、因时制宜的,总体呈螺旋式升高。比如生活、卫生习惯的养成,疾病的防治,体育锻炼的开展,乃至独立生活能力的培养,健康心理和活泼性格的形成,都与幼儿的身心发展规律密切相关。因此,幼儿园有责任在做好保育工作的同时,向家长传授幼儿保育的基本知识。

幼儿园除传授理论知识外,还应该传授实用方法,帮助家长掌握和实施理论知识,使得幼儿在园、在家都能在统一的保教要求下得到发展。幼儿园还可以通过和家长接触,了解和研究家长在家庭保育方面的好做法、好经验,这不仅可以丰富教师的知识、技能,还可通过家长会等家园联系途径向其他家长进行推广。这样协调一致地开展工作,有利于促进幼儿的健康成长。

二、保育工作的基本要求

(一) 合理安排幼儿一日生活

合理的生活作息制度和有序的生活节奏,是保证幼儿身心健康发展的重要因素。《幼儿园工作规程》第十八条规定:幼儿园应当制定合理的幼儿一日生活作息制度。

《托儿所、幼儿园卫生保健制度》在"生活制度"部分,对幼儿一日生活活动时间进行了分配,还专门列表供幼儿园参考。各类幼儿园(班)都应该因地制宜,因时制宜,按照法规要求,为幼儿酌情安排好一日生活。

幼儿一日生活的组织应注意以下四点。

(1) 时间分配的结构,应包括有利于幼儿身心发展的全部活动,动静交替,室内外活动时间应尽量均衡。

(2) 有指导、有组织的集体活动与自选活动,安静活动与运动性活动,集体活动与个人活动、小组活动应相互搭配进行安排,不能仅安排某一类活动。一定要给幼儿一定的自由活动时间,以便幼儿独立性的发展。

(3) 活动作息安排应富有规律性和重复性,同时又有一贯性和灵活性,不要使幼儿产生生理、心理疲劳。

（4）注意改正目前的一日生活安排存在的问题。如有些幼儿园，存在幼儿睡眠时间不足、户外体育活动时间不足等现象，这些现象都易引发幼儿发展方面的问题，应该引起重视，及时进行调整。

（二）做好疾病防治工作，培养幼儿良好的生活卫生习惯

贯彻"预防为主"的方针，是保证身体健康、减少疾病发生的重要措施。特别是幼儿，器官柔嫩，抵抗力差，机体正在发展，刚由家庭转到幼儿园集体中，与外界接触多了，更应做好疾病防治工作。因此，根据国家法律法规要求，在防治疾病方面，幼儿园要做好以下工作。

1. 定期进行健康检查

建立健康检查制度，是了解幼儿生长发育状况，及时防病治病，保障幼儿健康的重要措施。

我国出台的一些政策法规都明确规定了幼儿园要建立幼儿入园的健康检查制度，防止疾病的发生与传播。

《幼儿园工作规程》第十九条、《幼儿园管理条例》第十八条明确提出了幼儿园应当"建立幼儿健康检查制度和幼儿健康卡或档案"，"建立卫生保健制度，防止发生食物中毒和传染病的流行"。

《幼儿园工作规程》第十九条规定：幼儿园应当建立幼儿健康检查制度和幼儿健康卡或档案。每年体检一次，每半年测身高、视力一次，每季度量体重一次；注意幼儿口腔卫生，保护幼儿视力。

《托儿所、幼儿园卫生保健制度》在"健康检查制度"部分，特别要求幼儿在入园（所）前必须进行全身体格检查，有传染病接触史的幼儿，必须经过检疫期，无症状方可入园（所）。

此外，应注意幼儿入园健康检查包括两个方面：一是幼儿新生的入园体检；二是每日的幼儿入园健康检查，也称晨午检。对于每日的入园健康检查来说，其需要本班教师和有经验的卫生保健人员认真执行。其主要目的是防止幼儿将传染病及危险品带到园内。检查一般在日托幼儿每天入园时、整托幼儿早晨起床后进行。《托儿所幼儿园卫生保健工作规范》对此有详细规定：(1)做好每日晨间或午间入园（所）检查。检查内容包括询问儿童在家有无异常情况，观察精神状况、有无发热和皮肤异常，检查有无携带不安全物品等，发现问题及时处理。(2)应当对儿童进行全日健康观察，内容包括饮食、睡眠、大小便、精神状况、情绪、行为等，并作好观察及处理记录。(3)卫生保健人员每日深入班级巡视2次，发现患病、疑似传染病儿童应当尽快隔离并与家长联系，及时到医院诊治，并追访诊治结果。(4)患病儿童应当离园（所）休息治疗。如果接受家长委托喂药时，应当做好药品交接和登记，并请家长签字确认。

> **案例 5-1**
>
> **4 岁幼儿与小朋友"分享"鼠药**
>
> 4 岁的小明(化名)在家中发现一些绿色小颗粒,以为是好吃的东西,便带到幼儿园分给小朋友们吃,殊不知,这种绿色小颗粒是用来杀死老鼠的,学名叫"溴鼠灵"。当日晨检时,老师并未发现。
>
> 后来,老师在一些孩子的衣兜里发现了一些绿色小颗粒,很像鼠药。一问才知,是小明从家里带来的,给一些平时关系比较好的小朋友分了。老师赶紧将可疑物品收了上来,经与小明的家长沟通证实,可疑物品确实是鼠药!
>
> "孩子可能误食了鼠药……"马上,其他家长就接到了老师打来的电话。"我一听吓坏了,赶紧到幼儿园去了。"萌萌(化名)的妈妈说。
>
> 经统计排查,共有 13 个孩子入院治疗,最大的 5 岁,最小的 2 岁。因为孩子太小,一会儿说吃了,一会儿又说没吃,说不清到底吃了没有,家长只好把孩子送到医院洗胃。"孩子才几岁,哪遭过这样的罪啊!"家长心疼不已。
>
> 医生介绍,现在主要是排毒治疗,并请上级医院专家会诊。事情发生后,市领导高度重视,来到现场指示相关部门采取一切措施全力救治,确保每个孩子得到及时有效的治疗。
>
> 资料来源:整理自新闻报道。

由案例 5-1 可知,幼儿入园健康检查制度是疾病预防的有力措施。若在晨检时及时发现鼠药,也不至于使幼儿的健康遭到损害。建立并执行合理适宜的入园检查制度,能及时有效地防止传染病及危险事故的发生。

2. 建立并严格执行有关的卫生保健制度

《幼儿园工作规程》第二十条指出:幼儿园应当建立卫生消毒、晨检、午检制度和病儿隔离制度,配合卫生部门做好计划免疫工作。幼儿园应当建立传染病预防和管理制度,制定突发传染病应急预案,认真做好疾病防控工作。幼儿园应当建立患病幼儿用药的委托交接制度,未经监护人委托或者同意,幼儿园不得给幼儿用药。幼儿园应当妥善管理药品,保证幼儿用药安全。

《幼儿园管理条例》第十八条要求:幼儿园应当建立卫生保健制度,防止发生食物中毒和传染病的流行。第二十条要求:幼儿园发生食物中毒、传染病流行时,举办幼儿园的单位或者个人应当立即采取紧急救护措施,并及时报告当地教育行政部门或卫生行政部门。

《托儿所幼儿园卫生保健工作规范》对卫生与消毒、传染病预防与控制等也提出了相应要求。预防疾病,关键是要提高幼儿的身体素质,加强体育锻炼,增强幼儿体质,提高幼儿对疾病的抵抗能力。

幼儿园要按上述要求,采取一定的防护措施。比如做好环境卫生、个人卫生,做好消毒工作。幼儿园应该建立室内外环境清扫制度,建立责任制,分工包干;应确立要求,定时清扫、定时消毒、定期检查。对幼儿卫生也应该勤加照料,日常生活用品、专人用品要定时清洗消毒,特别要指导幼儿讲卫生,使其养成良好的生活、卫生习惯,逐步培养其生活自立、自理的能力,增强其对疾病的抵抗能力。

特别是在传染病流行期间,对于幼儿园发生情况后如何进行隔离消毒,《托儿所、幼儿园卫生保健制度》中规定得细致又明确。为了全体幼儿的健康,消除家长的思想负担,幼儿园全体工作人员都应严格执行卫生保健制度,尽心尽责地做好幼儿的疾病防治工作。

(三) 建立安全防护和检查制度,增强幼儿自我保护意识

幼儿年龄幼小,缺乏安全知识和自我防护能力,因此重视幼儿安全,加强安全保护教育,制定安全保护和检查制度,是幼儿园保育工作的重要组成部分,是国家对幼儿园的基本要求。

《未成年人保护法》第三十五条规定:学校、幼儿园安排未成年人参加文化娱乐、社会实践等集体活动,应当保护未成年人的身心健康,防止发生人身安全事故。第五十五条又规定:生产、销售用于未成年人的食品、药品、玩具、用具和游戏游艺设备、游乐设施等,应当符合国家或者行业标准,不得危害未成年人的人身安全和身心健康。

《幼儿园管理条例》明确规定:举办幼儿园必须将幼儿园设置在安全区域内。严禁在污染区和危险区内设置幼儿园。幼儿园应当建立安全防护制度,严禁在幼儿园内设置威胁幼儿安全的危险建筑物和设施,严禁使用有毒、有害物质制作教具、玩具。还规定,凡"园舍、设施不符合国家卫生标准、安全标准,妨害幼儿身体健康或者威胁幼儿生命安全的",由教育行政部门视情节轻重,给予限期整顿、停止招生、停止办园的行政处罚;凡"使用有毒、有害物质制作教具、玩具的"或"在幼儿园周围设置有危险、有污染或者影响幼儿园采光的建筑和设施的",将由教育行政部门或者由教育行政部门建议有关部门对直接责任人员给予警告、罚款的行政处罚。以上情形,情节严重、构成犯罪的,由司法机关依法追究刑事责任。

《幼儿园工作规程》对安全防护工作作出了具体规定,第十二条要求:幼儿园应当严格执行国家和地方幼儿园安全管理的相关规定,建立健全门卫、房屋、设备、消防、交通、食品、药物、幼儿接送交接、活动组织和幼儿就寝值守等安全防护和检查制度,建立安全责任制和应

急预案。

《托儿所幼儿园卫生保健工作规范》在安全制度方面,也提出了具体要求。加强园(所)的伤害预防控制工作,建立因伤害缺勤登记报告制度,及时发现安全隐患,做好园(所)内伤害干预和评估工作。保证儿童室内外运动场地和运动器械的清洁、卫生、安全,做好场地布置和运动器械的准备。定期进行室内外安全隐患排查。托幼机构的各项活动应当以儿童安全为前提,建立定期全园(所)安全排查制度,落实预防儿童伤害的各项措施。应当加强对工作人员、儿童及监护人的安全教育和突发事件应急处理能力的培训,定期进行安全演练,普及安全知识,提高自我保护和自救的能力。保教人员应当定期接受预防儿童伤害相关知识和急救技能的培训,做好儿童安全工作,消除安全隐患,预防跌落、溺水、交通事故、烧(烫)伤、中毒、动物致伤等伤害的发生。

(四) 提供合理的饮食,养成良好的进餐习惯

科学地安排饮食、养成幼儿良好的进食习惯是保证幼儿营养,提高幼儿身体素质,增强幼儿机体抵抗力,降低幼儿疾病发生率的重要途径。

《幼儿园工作规程》规定:供给膳食的幼儿园应当为幼儿提供安全卫生的食品,编制营养平衡的幼儿食谱,定期计算和分析幼儿的进食量和营养素摄取量,保证幼儿合理膳食。幼儿园应当严格执行国家有关食品药品安全的法律法规,保障饮食饮水卫生安全。幼儿园应当每周向家长公示幼儿食谱,并按照相关规定进行食品留样。这里要特别提出的是,幼儿园的任务就是促进幼儿健康成长。进食、饮水,包括大小便,是人类生活、生存的基本需求,任何幼儿园都应该在这些方面为幼儿提供方便。

《托儿所幼儿园卫生保健工作规范》对幼儿饮食也提出了三方面的要求。

在膳食管理方面,应当按照有关法律法规和规章的要求,取得《餐饮服务许可证》,建立健全各项食品安全管理制度。应当为儿童提供符合国家《生活饮用水卫生标准》的生活饮用水。保证儿童按需饮水。儿童膳食应当专人负责,建立有家长代表参加的膳食委员会并定期召开会议,进行民主管理。工作人员与儿童膳食要严格分开,儿童膳食费专款专用,账目每月公布,每学期膳食收支盈亏不超过2%。儿童食品应当在具有《食品生产许可证》或《食品流通许可证》的单位采购。食品进货前必须采购查验及索票索证,托幼机构应建立食品采购和验收记录。儿童食堂应当每日清扫、消毒,保持内外环境整洁。食品加工用具必须生熟标识明确、分开使用、定位存放。餐饮具、熟食盛器应在食堂或清洗消毒间集中清洗消毒,消毒后保洁存放。库存食品应当分类、注有标识、注明保质日期、定位储藏。禁止加工变质、有毒、不洁、超过保质期的食物,不得制作和提供冷荤凉菜。留样食品应当按品种分别盛放于清洗消毒后的密闭专用容器内。进餐环境应当卫生、整洁、舒适。餐前做好充分准备,按时

进餐,保证儿童情绪愉快,培养儿童良好的饮食行为和卫生习惯。

在膳食营养方面,应当根据儿童生理需求,以居民膳食指南为指导,参考"中国居民膳食营养素参考摄入量(DRIs)"和各类食物每日参考摄入量,制订儿童膳食计划。根据膳食计划制订带量食谱。在主副食的选料、洗涤、切配、烹调的过程中,方法应当科学合理,减少营养素的损失,符合儿童清淡口味,达到营养膳食的要求。烹调食物注意色、香、味、形,提高儿童的进食兴趣。至少每季度进行1次膳食调查和营养评估。有条件的可为贫血、营养不良、食物过敏等儿童提供特殊膳食。

要特别提出的是,幼儿园在为幼儿科学安排饮食的同时,要养成幼儿良好的进食习惯。比如定时定量,使机体有规律地进行消化活动;不挑食、不偏食、少吃零食,使身体得到应有的营养;要细嚼慢咽,以利消化吸收;要养成进餐的文明习惯,正确摆放和使用餐具,不随便抛撒饭菜,不大声说话,不随便离开饭桌,饭后漱口等。从小养成好习惯,能使人终身受益。

(五)积极开展体育锻炼,增强幼儿体质

开展体育锻炼,促进幼儿身体的正常发展和机能发展是保证幼儿各方面健康发展的前提。

《幼儿园管理条例》第十三条强调"幼儿园应当保障幼儿的身体健康"。

《幼儿园工作规程》第五条,提出幼儿园保育和教育的主要目标之一有,"促进幼儿身体正常发育和机能的协调发展,增强体质,促进心理健康,培养良好的生活习惯、卫生习惯和参加体育活动的兴趣"。在第十八条中,具体规定幼儿园"正餐间隔时间为3.5—4小时。在正常情况下,幼儿户外活动时间(包括户外体育活动时间)每天不得少于2小时,寄宿制幼儿园不得少于3小时;高寒、高温地区可酌情增减"。

《托儿所幼儿园卫生保健工作规范》在"体格锻炼"部分,对幼儿园开展各种形式的体格锻炼提出了要求。

《全民健身计划纲要(2021—2025年)》提出,在配备公共体育设施的社区、公园、绿地等公共场所,配备适合学龄前儿童大动作发展和身体锻炼的设备设施。

值得注意的是,在当前许多幼儿园的幼儿一日生活中,户外体育活动时间不足,少于《幼儿园工作规程》的规定。幼儿正处在成长发展阶段,对自然环境的适应能力比较差。开展户外体育活动,利用阳光、空气等自然条件适当地开展锻炼,能增强幼儿对气候的应变力、对疾病的抵抗力,增强幼儿体质。幼儿园应该组织好幼儿的户外体育活动,促进幼儿身体的健康发展。

第二节 幼儿园的教育工作

一、根据幼儿身心发展特点和规律,促进幼儿全面发展

党的二十大报告提出:教育是国之大计、党之大计。培养什么人、怎样培养人、为谁培养人是教育的根本问题。育人的根本在于立德。全面贯彻党的教育方针,落实立德树人根本任务,培养德智体美劳全面发展的社会主义建设者和接班人。

学前教育是奠基性教育,是让儿童更好地适应未来的教育,是在尊重儿童年龄特点的基础上进行的教育。学前教育不是早点让孩子学习知识,也不等同于早期智力开发,而是旨在促进儿童身心全面和谐发展。学前教育要遵循儿童发展的规律,要尊重儿童的年龄特点,要让他们在适宜的阶段做适宜的事情。学龄前的孩子的思维处于直觉形象阶段,感知与体验活动更加符合其特点,故学前教育应基于孩子的生活经验,而不是书本中的概念和知识。只要与孩子生活有关的,是他们感兴趣、急于想知道或解决的,有助于拓展其经验和视野的内容,都是学前教育的内容,与孩子有关的社会生活及游戏都是幼儿园重要的教学资源。

案例 5-2

活动设计与空间营造

1. 设计适合不同年龄段孩子的活动

准确把握幼儿发展的阶段性特征,是科学、有效地实施教育的前提。丁老师是幼儿园体育教研组组长,她把本学年教研组的研究目标定位在"了解不同年龄段幼儿动作发展特点,探寻有效促进方式"上。为了达到这个目标,她和教研组的老师一起查找相关资料,对幼儿"走、跑、跳"等基本动作的发展规律进行了理论学习,再通过对自己所在园小中大班幼儿的观察,初步归纳出不同年龄段幼儿基本动作的发展特点。如以平衡为例,小班幼儿能沿地面直线或在较窄的低矮物体上走一段距离;中班幼儿能在较窄的低矮物体上平稳地走一段距离;大班幼儿能在斜坡、荡桥和有一定间隔的物体上较平稳地行走。接下来,教研组的老师根据不同年龄段孩子的平衡能力,设计了与之相匹配的教学活动。

如小班上学期的体育活动"水果丰收",老师以摘水果的游戏贯穿整个教学过程,

设计了包含三个闯关游戏的活动内容,让小班的孩子在有趣的游戏中不知不觉地锻炼了平衡能力。第一关是让孩子穿过宽度为 15 厘米的"田间小路",去采摘树上的水果;第二关难度加大,老师将宽度为 5 厘米的平衡木粘贴在塑胶地面上,孩子要在这条更窄的"小路"上平稳地走过;第三关挑战难度更高,出现了一条高 5 厘米、宽 20 厘米的"独木桥",孩子一边伸展手臂保持平衡,一边小心翼翼地走过"独木桥"。顺利完成这三关水果采摘任务后,孩子将得到一枚勤劳奖章。

中班老师设计的教学活动是"花样走平衡",老师准备了几条高度和宽度各不相同的平衡木,摆放成 U 字形,每条平衡木的旁边还提供了不同的材料包,如双臂夹球的示意图表示在通过平衡木时必须双臂同时夹住两个球,而侧身拍手的示意图表示的是必须一边像螃蟹那样横着走过平衡木,一边拍手。这样的设计既符合中班孩子的动作发展特点,又让孩子兴趣大增,他们沿着 U 字形的场地活动,一次又一次地尝试花样走平衡木,乐此不疲,既达到了锻炼的目的,又让孩子体验了克服困难、挑战自我的成就感。

大班老师展示的是一组晨间锻炼的平衡组合,老师用饮料罐制作出了梅花桩,让孩子在有一定间隔的梅花桩上行走,体验了当"武林高手"的感觉;老师给平衡木的中央垫上了海绵垫,让平衡木摇身变成了"跷跷板",孩子走到中间时必须侧身且两脚分开,让"跷跷板"的另一头着地后再快速通过;老师将轮胎摆成 S 形,中间位置插上小红旗,一声令下,两个大班的孩子分别从两端向中间出发,谁最先到达中间,拔起小红旗,谁就获胜。这些活动既锻炼了孩子的平衡能力,又满足了这个年龄段孩子好胜的心理特点,受到了他们的欢迎。

2. 给孩子自主阅读营造适合的空间

李老师对在班级开展幼儿自主阅读活动一直颇有兴趣。

从小班起,她就努力为孩子营造一个宽松、舒适的阅读空间。她在阅读区里摆放了温馨的小沙发和小方桌,摆放了几个松软的靠垫,在书架上摆放了大量的单页单幅图画书。这些图画书情节简单,故事短小,主要角色突出,易于理解。为了培养小班孩子的阅读兴趣,李老师坚持每天餐前请孩子轮流选择一本图画书,然后自己读给孩子们听,孩子通过老师绘声绘色的讲述,对图画书产生了浓厚的兴趣,在自由活动时会主动到阅读区寻找喜欢的图画书,自己安静地翻看。久而久之,很多孩子都养成了爱看书的好习惯。

到了中班,随着孩子生活经验的不断积累和语言能力的飞速发展,阅读区里出现了单页多幅的图画书,为了鼓励孩子根据自己的理解,说出故事的情节,李老师还投放了录音设备,引导孩子尝试把自己讲述的故事用录音设备记录下来,在餐前准备活动环节播放给大家听。这极大地激起了孩子阅读的热情,也为老师准确了解孩子的语言发展水平提供了帮助。

　　大班阶段,考虑到孩子已经能根据故事的部分情节或图画书画面的线索,猜想故事情节的发展,而且孩子的绘画技能也有了很大的提高,李老师在阅读区又增加了各种画笔和纸张,鼓励孩子把自己续编或者创编的故事画出来。阅读区里孩子自己创作的图画书越来越多,一到自由活动时间,阅读架前就挤满了挑选图画书的小朋友。大班下学期,孩子对文字符号的兴趣越来越浓厚,老师开始引导孩子学做读书笔记,鼓励他们把自己喜欢的书名写下来,把书里的主要角色用简笔画画下来,最后用图画或者文字(请老师或父母帮忙)表达自己的想法。随着一本本稚嫩的读书笔记的出现,阅读区不但成了小朋友们分享阅读感悟的乐园,也成为老师和家长走近儿童、了解儿童内心世界的桥梁。

　　资料来源:尹坚勤,管旅华.《幼儿园教师专业标准(试行)》案例式解读[M].上海:华东师范大学出版社,2013:31—32.

　　《学前教育法》第五十六条规定:幼儿园应当以学前儿童的生活为基础,以游戏为基本活动,发展素质教育,最大限度支持学前儿童通过亲近自然、实际操作、亲身体验等方式探索学习,促进学前儿童养成良好的品德、行为习惯、安全和劳动意识,健全人格、强健体魄,在健康、语言、社会、科学、艺术等各方面协调发展。

　　《幼儿园管理条例》要求:幼儿园可以根据本园的实际,安排和选择教育内容与方法,但不得进行违背幼儿教育规律,有损于幼儿身心健康的活动。

　　《幼儿园工作规程》要求幼儿园:遵循幼儿身心发展规律,符合幼儿年龄特点,注重个体差异,因人施教,引导幼儿个性健康发展。

　　《幼儿园教育指导纲要(试行)》要求幼儿园必须把保护幼儿生命和促进幼儿的健康放在工作的首位。要树立正确的教育观念,在重视幼儿身体健康的同时,高度重视幼儿的心理健康。

　　《国家中长期教育改革和发展规划纲要(2010—2020年)》要求:树立科学的质量观,把促进人的全面发展、适应社会需要作为衡量教育质量的根本标准。坚持全面发展。全国加强和改进德育、智育、体育、美育。坚持文化知识学习与思想品德修养的统一、理论学习与社会实践的统一、全面发展与个性发展的统一。

　　《国务院关于当前发展学前教育的若干意见》要求:必须坚持科学育儿,遵循幼儿身心发展规律,促进幼儿健康快乐成长。

《中小学和幼儿园教师资格考试标准(试行)》要求教师:了解婴幼儿生理与心理发展的基本规律,熟悉幼儿身体发育、动作发展和认知、情绪情感、个性、社会性发展的特点。

《教师教育课程标准(试行)》要求教师"理解'保教结合'的重要性,学会按幼儿的成长特点进行科学的保育和教育"。并要求教师"了解儿童身心发展的一般规律和影响因素,熟悉幼儿年龄阶段特征和个体发展的差异性",还应"了解幼儿认知发展、学习方式的特点及影响因素,熟悉幼儿建构知识、获得技能的过程"。

《3—6岁儿童学习与发展指南》提出:儿童的发展是一个整体,要注重领域之间、目标之间的相互渗透和整合,促进幼儿身心全面协调发展,而不应片面追求某一方面或几方面的发展。

《幼儿园保育教育评估指南》聚焦幼儿园保育教育过程及影响保育教育质量的关键要素,围绕办园方向、保育与安全、教育过程、环境创设、教师队伍五个方面提出了15项关键指标和48个考查要点,旨在引导幼儿园全面贯彻党的教育方针,落实立德树人根本任务,尊重幼儿年龄特点和发展规律,坚持保育教育结合,以游戏为基本活动,不断提高幼儿园办园水平和保教质量。

二、尊重个体差异,满足幼儿发展的不同需求

在日常教育中,幼儿园教师应该尊重幼儿在发展水平、能力、经验、学习方式等方面的个体差异,因人施教,主动了解和满足幼儿身心发展的特点,努力使每一个幼儿都能获得满足和成功。

案例 5-3

信任"合约"

墙角下,一个小小的身影正注视着那一株悄悄开放的淡紫色雏菊,眼神中有一些无奈,一丝期待……

女孩曼曼亦如这雏菊,性格内向,不爱说话,做事慢条斯理,优柔寡断,总是少股子冲劲。午餐时,其他小朋友们早已用餐完毕,只有曼曼一个人还在慢条斯理地吃着慢慢变冷的饭菜;午睡起床,其他小朋友们都已穿好衣裤、叠好被子,享用着美味的午点,曼曼却还坐在小床边犹豫着是先叠被子还是先穿衣服……渐渐地,小朋友们都叫她"小慢慢"。在一节数学活动课上,我要求孩子们以小组比赛的形式完成活动内容,其他组的小朋友很快地完成了,只剩下Y小组。"你快点呀,都是你,害我们组又是最后

一名!""是啊,和曼曼一组真倒霉,每次都拿不到第一名!"Y小组的成员们不停地埋怨。此时的曼曼显得特别委屈,小脸涨得通红,她紧紧地咬着嘴唇,时而托着腮帮子苦思冥想,时而动手画一下,反反复复。我悄悄走到曼曼身边,看了看曼曼画在纸上的内容,俯下身子对曼曼说:"曼曼,这很好啊,你为什么要擦掉呢?"曼曼抬头望着我,疑惑地说:"真的吗?老师,我有点不相信自己……""是的,曼曼,你完成得很好!"在我的鼓励下,曼曼很快地完成了,并郑重其事地将纸放到我手中。我摸着曼曼的头说:"曼曼加油啊,老师相信你是一个非常聪明的孩子,只不过有时候做事情的速度慢了些,如果你做事的速度再加快一点,小朋友们会越来越喜欢你的!"曼曼点了点头,擦了擦眼角即将掉落的眼泪,默默地走到了教室的窗前,若有所思……

看着曼曼失落的神情,我不断地问自己:怎样帮助曼曼调整现状,让她尽快树立信心,并得到同伴的信任与喜欢呢?

在一次自主性游戏中,小舞台的电脑上不经意间播放了一段儿童戏曲视频《天上掉下个林妹妹》,孩子们都被小演员的表演深深吸引,我突然发现在角落里玩耍的曼曼居然会唱这段戏曲,而且还有模有样地学着小演员做起了动作,陶醉在戏曲和舞蹈中的曼曼自信开朗,与平时判若两人。原来曼曼喜欢戏曲表演,我心里一喜……我主动找曼曼妈妈沟通,了解到曼曼在家常常跟着外公外婆学唱戏,登台表演过许多次,还获得过奖项。曼曼也很想在小朋友面前表演,可是一直没有机会。曼曼妈妈说了解孩子在幼儿园的情况,曼曼的慢性子和不自信让她失去了小伙伴们的认可,这个问题也一直困扰着曼曼的家庭。针对孩子的这一情况,我和曼曼妈妈悄悄签订了一份信任"合约",决定共同帮助曼曼寻回自信,赢得小伙伴们的支持!

为了让小朋友们更加喜爱戏曲,我在班级里开展了一个"我是中华小戏迷"的主题活动,和小朋友们一起了解戏曲的种类,欣赏戏曲的服装、道具,学唱几段经典戏曲,班级里刮起了一阵戏曲风,连家长们也参与进来了。在整个主题活动中,曼曼的表现都非常积极,她会主动和小朋友们讲一些戏曲的知识,也会手把手地教小朋友们走台步、甩袖子,曼曼还主动邀请了她的外公外婆为小朋友们现场演唱。

主题活动进入尾声,我决定在班级开展少儿戏曲表演大赛,报名活动火热进行中,可我迟迟未等到曼曼。一次放学后,我悄悄留下了曼曼和她的妈妈:"曼曼,马上就要开始戏曲表演大赛了,你为什么不报名呀?""老师,我还没想好……"曼曼低着头使劲揉搓着衣角,"曼曼,你肯定行,听说你演的林妹妹特别棒,老师好想看看,小朋友们也都非常期待你的表演呢!""对啊,曼曼,咱们就演林妹妹,妈妈帮你准备服装和道具,还可以邀请外婆的好朋友帮你一起排练,你绝对没问题!"在我们的共同鼓励下,曼曼终于露出了笑容,坚定地说:"好,老师,我就演林妹妹!"

隐约中,我仿佛看到了舞台上那个自信、优美、舒展着自己的小小表演者——曼曼……

比赛如期举行,小选手们一个个铆足了劲,生怕自己落后了。终于轮到曼曼上场了,只见曼曼身着一身藕粉色戏服,长长的水袖,飘动的裙摆,一双缀满小花的绣花鞋,梳着林妹妹样子的古装头,化着精致的戏曲妆,一亮相就得到了观众热烈的掌声。在随后的表演中,曼曼一转身、一迈步、一颦一笑,都十分像林妹妹,全班孩子都被曼曼的表演折服了!表演结束后,孩子们都拉着爸爸妈妈要求和曼曼一起合影,此时曼曼的脸上终于露出了自信的笑容!

让我意想不到的事还在继续着,曼曼真的变了,连做事的速度都快了不少,那双眼睛似乎更坚定更有神了……

墙角下,那一株雏菊终于等来了一群小朋友,他们有的给它浇水,有的称赞它漂亮,有的还用简笔画给它作画,雏菊把腰杆挺得直直的,在秋日的阳光下尽情绽放!

资料来源:尹坚勤,管旅华.《幼儿园教师专业标准(试行)》案例式解读[M].上海:华东师范大学出版社,2013:39—41.

《学前教育法》第五十条规定:"幼儿园应当坚持保育和教育相结合的原则,面向全体学前儿童,关注个体差异,注重良好习惯养成,创造适宜的生活和活动环境,有益于学前儿童身心健康发展。"

《教师法》提出教师应"关心、爱护全体学生,尊重学生人格,促进学生在品德、智力、体质等方面全面发展"。

《幼儿园工作规程》规定幼儿园教育应当贯彻以下原则和要求:"德、智、体、美等方面的教育应当互相渗透,有机结合。""遵循幼儿身心发展规律,符合幼儿年龄特点,注重个体差异,因人施教,引导幼儿个性健康发展。""面向全体幼儿,热爱幼儿,坚持积极鼓励、启发引导的正面教育。""综合组织健康、语言、社会、科学、艺术各领域的教育内容,渗透于幼儿一日生活的各项活动中,充分发挥各种教育手段的交互作用。""以游戏为基本活动,寓教育于各项活动之中。""创设与教育相适应的良好环境,为幼儿提供活动和表现能力的机会与条件。"

《幼儿园教育指导纲要(试行)》要求:"幼儿园教育应尊重幼儿的人格和权利,尊重幼儿身心发展的规律和学习特点,以游戏为基本活动,保教并重,关注个别差异,促进每个幼儿富有个性的发展。""尊重幼儿在发展水平、能力、经验、学习方式等方面的个体差异,因人施教,努力使每一个幼儿都能获得满足和成功。"

《未成年人保护法》要求："学校应当保障未成年学生受教育的权利,不得违反国家规定开除、变相开除未成年学生。"

《国务院关于当前发展学前教育的若干意见》要求："遵循幼儿身心发展规律,面向全体幼儿,关注个体差异,坚持以游戏为基本活动,保教结合,寓教于乐,促进幼儿健康成长。"

《教师教育课程标准(试行)》提出教师应"尊重幼儿的个体差异,相信幼儿具有发展的潜力,乐于为幼儿创造发展的条件和机会"。

在案例5-3中,教师通过观察、了解,主动与家庭沟通,努力挖掘孩子身上的亮点,发现了孩子喜爱戏曲并在戏曲表演上有一定天赋,也非常想在同伴面前展现。于是,教师根据孩子的需求与家庭合作。最终,孩子在教师、家庭的共同配合下,逐渐摆脱困扰,寻回自信,并赢得了小伙伴们的支持。在整个活动中,教师充分认识到了孩子的个性特点,并从中寻找突破口,尊重孩子、信任孩子,确定了"以优势带领弱势,满足孩子需求"这一教育途径,努力为孩子营造一个充满爱与信任的环境,与孩子进行心灵的沟通,聆听孩子的心声,帮助孩子处理难题,最终成为孩子信赖的朋友。

三、安排一日生活,对幼儿进行相关指导

一日生活是幼儿园教育区别于小学教育的一个重要特征。幼儿园应科学合理地组织一日生活,给予幼儿良好的生活照料,充分体现保教结合的幼儿园教育特点。

案例 5-4

幼儿园一日生活过渡环节中存在的问题

目前,关于一日生活组织的过渡环节,大多数幼儿园都存在以下状况。

(1) 教师的认识较片面。在教师的心目中,对过渡环节的认识比较狭窄,处理方法也比较单一。有的教师认为过渡环节就是休息环节,于是放任自流,让幼儿自由活动,认为不出安全事故就行;有的认为过渡环节就是生活环节,仅限于集体活动结束后去小便、洗手、喝水等;还有的则认为过渡环节也要按照教师的意愿进行集体活动,无形中占去了幼儿许多游戏和自主学习的时间,幼儿没有一丁点自由放松的机会。

(2) 过渡环节过于紧凑,转换过于频繁。幼儿园的一日生活作息时间安排都有明确的规定,相对来说安排得比较紧凑。在过渡环节中,教师一般也都比较急躁,对幼儿的行为实施了过多的控制和干预,不断地催促幼儿尽快喝水、及时进入教室、抓紧时间

收拾图画书和玩具,在嘈杂声中声嘶力竭地呐喊:"小朋友们坐好了,我们该进行下一个活动项目了!"

资料来源:孟中芳.有效利用一日生活中的过渡环节[C]//河北省教师教育学会.2012年幼儿教师专业与发展论坛论文集.河北:[出版者不详],2013:16.

《幼儿园教师专业标准(试行)》对于教师所应具有的"一日生活的组织与保育"的专业能力提出了具体要求:合理安排和组织一日生活中的各个环节,将教育灵活地渗透到一日生活中;科学照料幼儿日常生活,指导和协助保育员做好班级常规保育和卫生工作;充分利用各种教育契机,对幼儿进行随机教育;有效保护幼儿,及时处理幼儿的常见事故,危险情况优先救护幼儿。

《幼儿园教育指导纲要(试行)》第三部分指出:幼儿园教师要"科学、合理地安排和组织一日生活";在时间安排上"应有相对的稳定性与灵活性,既有利于形成秩序,又能满足幼儿的合理需要,照顾到个体差异";在各活动的衔接上做到"教师直接指导的活动和间接指导的活动相结合,保证幼儿每天有适当的自主选择和自由活动时间",在教师直接指导的集体活动中,"要能保证幼儿的积极参与,避免时间的隐性浪费";在一日安排上"尽量减少不必要的集体行动和过渡环节,减少和消除消极等待现象";一日生活的管理要"建立良好的常规,避免不必要的管理行为,逐步引导幼儿学习自我管理"。

《幼儿园工作规程》第二十六条规定:幼儿一日活动的组织应当动静交替,注重幼儿的直接感知、实际操作和亲身体验,保证幼儿愉快的、有益的自由活动。

《教育部关于规范幼儿园保育教育工作防止和纠正"小学化"现象的通知》指出:幼儿园(含学前班)要遵循幼儿的年龄特点和身心发展规律,科学制定保教工作计划,合理安排和组织幼儿一日生活。

案例5-4指出的是幼儿园教师处理一日生活过渡环节时在认识上、操作上存在的一些问题。过渡环节是幼儿园游戏、学习、运动等活动之间的间隙,教师在组织一日生活的过程中,应使各环节转换自然、有序、安全,尽量减少不必要的过渡环节,减少和消除消极等待现象。过渡环节作为一种独特的教育资源和教育契机,教师在实践中应充分利用,使过渡环节的价值得以合理、充分发挥。

首先,幼儿园教师应认真对待过渡环节的保教价值。如案例5-4中呈现的,很多教师认为过渡环节是教师的"休息时间",或者认为其是单纯的生活环节,或者认为其需要完全由教师掌控,这些都是对过渡环节的不正确定位。过渡环节不仅起着各环节间直接的过渡作用,还可以独立发挥积极的教育价值,同幼儿园一日生活中的其他组织形式建立起积极的联络互动,共同发挥教育影响。

其次,实践中的过渡环节是可以节奏缓慢,而又与其他环节有机连接的。从案例5-4中可以看到,很多教师将过渡环节的时间尽可能地压缩了,并加强控制以"赶环节",这可能是出于某种工作安排需要,但是这忽视了幼儿的主体性和发展需要。幼儿的一日生活,包括过渡环节,都应从幼儿的身心发展需要出发,既然过渡环节存在独特的教育价值,教师在工作中就应适当放缓节奏,给予幼儿自主权,保证活动间的过渡自然合理而又衔接紧凑,切实做到有效利用一日生活中的过渡环节。

四、鼓励幼儿自主游戏,体验游戏的快乐和满足

游戏是幼儿园里进行的基本活动,是幼儿根据自己的兴趣、需要,自由选择游戏内容、材料、玩伴和方法,自主开展游戏情节,自发交流游戏经验的动态过程,它是幼儿根据自己的兴趣与愿望自发自愿主动进行的活动。

案例 5-5

游戏区里真热闹

1. 佳佳不高兴

游戏活动开始,娃娃家人数已满,可佳佳很想进去,不愿意到别的游戏区去玩。老师走过来说:"你看,这儿的人已经满了,看看哪个游戏区还有空,这个区下次再来玩。"佳佳还是不肯走,老师连哄带劝地将她带到旁边的建筑区,边走边许诺下次游戏活动时一定让佳佳到娃娃家去玩。佳佳坐在建筑区中,一脸不感兴趣的样子,虽手中拿着积木,但眼睛却不时地瞟向娃娃家。

2. "地震了"

吃完上午的加餐,洋洋、恒恒、乐乐、明睿就来到教室东游戏区,挑选自己喜欢的动物玩具。乐乐拿拿小白兔,又摸摸小狗,最后抱起了小熊找食物去了;恒恒把小猫、小羊、小狗都排在地上,小心翼翼地在它们身上盖上了一块小毯子;洋洋把小猴子藏在一个牛奶盒子里……

玩了一会儿后,他们纷纷跑到其他游戏区,而动物玩具被七零八落地堆在了地上,周围还有许多盒子。忽然,明睿面朝上躺在堆满宠物玩具和盒子的地上,把三个空牛奶盒子"压"在自己的身上,喊道:"快……快来人哪!快来救我啊!"洋洋听到叫声后急忙跑过来问:"你怎么了?""地震了,我被压在房子下面了。"明睿继续叫道:"疼死了,

快来救我啊。"洋洋抓住他的手臂说:"你……你别着急,坚持一下,我马上来救你。"说完跑到教室里拿来玩沙用的铲子,铲了起来。

我在一旁建议:"上面压的东西太重了,光用铲子铲恐怕不行。"这时,许多孩子听到声音,都围了过来,有的说:"要用吊车。"有的说:"要用车来运废墟。"乐乐则从教室里找来了簸箕,潇潇开来了救护车,翟阳开来了玩沙用的吊车、挖土机……大家开始忙碌起来。

"哇,我看见他的腿了!"潇潇惊呼道。

"脸也出来了!"洋洋高兴地跳了起来,"快,快拿毛巾来!"

乐乐赶紧递上一个用餐巾纸折成的长方形说:"毛巾在这,快把眼睛捂起来!"

明睿边接毛巾边断断续续地说:"叔——叔,我——要水,要——冰镇的。"

思思急忙到"超市"买来一瓶"水",递过去说:"水,给你。"

"我们快把他送到医院去吧。"瑶瑶建议说。"嗨嘞!""嗨嘞!"大家一起把他抬上了救护车。

3. 洗衣服

娃娃家里,瑞瑞和小羽正忙得热火朝天。只见小羽拿起奶茶杯,用勺子在杯子里舀着"喝"了两口,便把杯子放在桌子上,转身拿起一个罐子摆弄起来,捣鼓了一会儿后,又扔在一边。两人就像小搬运工一样,一会儿就把娃娃家的东西搬得"面目全非",娃娃家里一片狼藉。

"爸爸妈妈们,一会儿有客人要来,快把家里打扫一下吧!"一直在一边观察的我好心提醒道。但是忘我游戏的两个孩子头都没抬。突然,瑞瑞站起身,扭过头看了看娃娃家的小床,跑过去抓起"被子"一下扔到"锅"里,然后用两只手在里面揉搓起来。"呀,爸爸你怎么把被子放到锅里去了?"一旁的我顿时着急起来,因为娃娃的锅是用废旧的泡沫盒做的,不太结实,经不起他这样捣鼓。"我在帮娃娃洗被子呢!"瑞瑞抬起头看了我一眼说道,然后继续卖力地"洗"着。我恍然大悟,于是转身走到游戏柜边,拿起一只圆形的塑料盆走过去,递给他说:"爸爸,这有洗衣服的盆,就用它来洗吧。""好的。"瑞瑞接过去,把"被子"放到盆里,高兴地继续"洗"着。

资料来源:尹坚勤,管旅华.《幼儿园教师专业标准(试行)》案例式解读[M].上海:华东师范大学出版社,2013:18—21.

《幼儿园工作规程》第二十九条规定:"幼儿园应当将游戏作为对幼儿进行全面发展教育的重要形式。幼儿园应当因地制宜创设游戏条件,提供丰富、适宜的游戏材料,保证充足的游戏时间,开展多种游戏。幼儿园应当根据幼儿的年龄特点指导游戏,鼓励和支持幼儿根据自身兴趣、需要和经验水平,自主选择游戏内容、游戏材料和伙伴,使幼儿在游戏过程中获得积极的情绪情感,促进幼儿能力和个性的全面发展。"

在佳佳的案例中,我们发现,在原本应愉快的游戏活动中,佳佳并不快乐,由于娃娃家人数的限制,她的选择落空了。很多教师对此展开讨论,最后一致认为兴趣是孩子最好的老师,佳佳想到娃娃家去,就让她去,为什么要硬生生地扼杀她的愿望呢?既然幼儿有兴趣,而这个娃娃家人数已满,我们就再多开两个娃娃家,限制区域人数是为了保证活动质量,但我们不能因此剥夺孩子自主选择游戏内容的权利。

在"地震了"这个游戏中,孩子们由地上零散的动物玩具、盒子以及社会大环境的焦点话题,自发生成了新的游戏内容——"地震了",游戏情节基本模仿电视新闻报道的内容。案例中,教师及时观察到孩子们对原有的游戏内容已经厌倦,并捕捉到了有价值的、孩子感兴趣的信息,及时给予了积极的支持与引导,推动了游戏的深入发展。在整个游戏过程中,孩子们主动、积极、快乐、充满爱心,这一游戏不仅培养了孩子们的同情心,还发展了他们的创造力和想象力。

在"洗衣服"这个游戏中,由于小班幼儿的思维水平处于直觉行动思维阶段,因此在"娃娃家"中,有些孩子总是玩得有模有样,会抱娃娃、给娃娃做饭、哄娃娃睡觉;但也有些孩子经常让人看不懂他们想干什么,行为似乎没有什么明显的情节,有时看起来,他们纯粹是对摆弄、搬运娃娃家的物品乐此不疲。然而,他们看似是在随意摆弄游戏物品和材料,其实是在边摆弄边思考。案例中的瑞瑞就是这样,在教师的"启发"下,他突然生成了"洗被子"的情节,可能是锅的形状跟洗衣盆很相似,从而引发了孩子的联想。但是教师一开始误以为孩子仍是在无意义地摆弄游戏材料,好在最后及时理解了他的行为并为他找到了替代品,从而让孩子的游戏得以顺利进行下去。

思考与练习

一、简答题

1. 简述《幼儿园教育指导纲要(试行)》中健康教育的指导要点。
2. 简述《幼儿园教育指导纲要(试行)》中语言教育的指导要点。
3. 简述《幼儿园教育指导纲要(试行)》中社会教育的指导要点。
4. 简述《幼儿园教育指导纲要(试行)》中科学教育的指导要点。
5. 简述《幼儿园教育指导纲要(试行)》中艺术教育的指导要点。
6. 简述《幼儿园工作规程》中幼儿园保育和教育的主要目标。
7. 简述《幼儿园工作规程》中幼儿园教育应当贯彻的原则和要求。

二、材料分析题

规则的制定[①]

班里新开了一个活动区,里边放了一些以前没有的玩具。孩子们被吸引了过来,一下子挤进了十几个人。不一会儿,争吵声、告状声就传了出来。

"老师,您看看吧!里边人太多了!都没法玩了!"

"那么怎么办?"老师问。

"不能一下子进来这么多人!这里边最多只能进5个人!"

"先来的先玩,后来的人得有人出去才能进来!"

"我们做几个挂牌放在活动区门口,谁先来就拿一个挂在脖子上,没有牌子的就不能再进来了!"

……

孩子们体验到没有规则的不方便,从而理解了规则的必要性。于是,在老师的启发下自己商议了规则并自觉地遵守。

结合《3—6岁儿童学习与发展指南》,分析和评价案例中教师的教育行为。

[①] 李季湄,冯晓霞.《3—6岁儿童学习与发展指南》解读[M].北京:人民教育出版社,2013:175.

第六章

幼儿园教师的权利与义务

 学习目标

1. 了解幼儿园教师的社会角色和法律地位。
2. 熟悉幼儿园教师的权利义务和道德规范。
3. 学习劳动争议和人事争议的解决方式。

> **导入案例**

取得幼儿园教师资格须依法[①]

刘某想做幼儿园的教师,但是,由于没有幼儿师范学校的学历证书和相应的普通话证书,不能申请报考教师资格考试。

为了帮女儿找到一份工作,刘某的父母托人给女儿办理了假的普通话二级乙等证书和幼儿园教师资格证书。刘某拿着假的证书到县城某幼儿园应聘。幼儿园工作人员在审核刘某证书时,发现证书上的编号有问题,于是就到相关机关核实真伪,并就此发现了其证书造假的行为。

刘某应聘使用假证书一事,事实清楚,该区教育局对刘某作出了处罚,规定她在5年内不得申请认定教师资格,并没收了她的假证书。

刘某因为不具有相关证书,不能申请参加幼儿园教师资格考试。她通过非法手段办理了假的证书,违反了取得教师资格证书的规定,根据我国的相关法律,刘某受了相应处罚。

《〈教师资格条例〉实施办法》第二十七条规定:对使用假资格证书的,一经查实,按弄虚作假、骗取教师资格处理,5年内不得申请认定教师资格,由教育行政部门没收假证书。《教师资格条例》第十九条规定:有弄虚作假、骗取教师资格的或品行不良、侮辱学生,影响恶劣的情形之一的,由县级以上人民政府教育行政部门撤销其教师资格。被撤销教师资格的,自撤销之日起5年内不得重新申请认定教师资格,其教师资格证书由县级以上人民政府教育行政部门收缴。

《学前教育法》第三十七条规定:担任幼儿园教师应当取得幼儿园教师资格;已取得其他教师资格并经县级以上地方人民政府教育行政部门组织的学前教育专业培训合格的,可以在幼儿园任教。

[①] 洪秀敏.幼儿园教师必知的60条教育政策与法规[M].北京:中国轻工业出版社,2014:198.有删减。

第一节 幼儿园教师的社会角色和法律地位

一般而言,从事某一职业的人都会扮演两种社会角色,即职业外的公民角色和职业角色,前者是每一个人都会扮演的角色,也是人的基本角色。作为公民,每个人与其他公民的角色基本相同。后者是特定行业的角色,因行业的不同,而有很大的差异,即便是相同行业,也可能因具体的分工或是层级不同,而具有不同的角色。如虽都是从事学前教育工作,幼儿园园长与幼儿园教师、幼儿园教师与保育员之间的职业角色就稍有差异;虽同为教师,幼儿园教师与高校教师之间的职业角色也有很大差异。幼儿园教师是一种职业角色,但作为自然人,幼儿园教师首先扮演的是公民角色。

一、作为公民的幼儿园教师

作为公民的幼儿园教师,享有《宪法》规定的基本权利,并且要履行《宪法》规定的基本义务。

(一) 公民的基本权利

中国公民享有人身自由权、住宅不受侵犯权、人格尊严权、通信自由和通信秘密权;在政治上享有选举权和被选举权,并且具有言论、出版、集会、结社、游行、示威自由;在社会经济方面享有财产权、劳动权、劳动者休息权、退休人员生活保障权、获得物质帮助权、受教育权等;在基本权利受到侵犯时,有获得救济的权利,包括申诉权、控告权、取得国家赔偿权、取得国家补偿权等;此外,在社会生活方面,具有宗教信仰自由,进行科研、文艺创作和其他文化活动的自由等。我国《宪法》还确立了平等权,即所有公民,在法律面前一律平等。

> **案例 6-1**
>
> **10岁儿童摔婴案**
>
> 某市长寿区曾发生一起"摔婴案",一名10岁女童李某殴打一名1岁男婴并将其从25楼摔下,致其受伤害,昏迷数日。该男婴家人向长寿区法院提起民事诉讼,区法院受理此案。
>
> 资料来源:整理自新闻报道。

这是一起严重侵犯公民人身权的案件,但由于案例6-1中的李某在侵犯该男婴人身权时只有 10 岁,故而不能追究其刑事责任。但作为该男婴的监护人,其父母可以通过民事诉讼的途径,向李某及其父母要求赔偿。

对权利的救济还需要结合《民法典》《民事诉讼法》等法律的具体规定才能实现。

(二) 公民的基本义务

根据《宪法》的规定,我国公民有维护国家统一和全国各民族团结的义务,遵守《宪法》和法律的义务,维护祖国的安全、荣誉和利益的义务,依法服兵役的义务以及依法纳税的义务等。此外,《宪法》第四十九条规定了父母有抚养教育未成年子女的义务,成年子女有赡养扶助父母的义务。

街头产子遗弃案

某年冬天雪后,某市气温−3℃至8℃。一名年轻女子在三轮车上产下了孩子后,悄然离去。孩子在雪后的寒风中裸露了40分钟,后虽经群众和医护人员的全力抢救,最终依然未能存活下来。

资料来源:整理自新闻报道。

近年来,此类产子后将婴儿遗弃的案件屡见报端。这种遗弃子女的行为,不仅没有尽到《宪法》第四十九条规定的抚养未成年子女的义务,也构成了《中华人民共和国刑法》(以下简称《刑法》)第二百六十一条中所述的遗弃罪,可能面临被处 5 年以下有期徒刑、拘役或管制的刑事处罚。

除了上述《宪法》规定的基本权利和义务之外,其他法律也分别对公民的权利和义务进行了规定,如《民法典》中规定的债权、物权、继承权,《民事诉讼法》中规定的各项程序权利,《中华人民共和国义务教育法》(以下简称《义务教育法》)中的适龄儿童受教育权等。《教师法》第八条规定教师应当履行"遵守宪法、法律和职业道德,为人师表"的义务。这些权利是对基本权利的阐述或具体化,基本权利需要在具体的各项权利中才能实现。

二、作为职业的幼儿园教师

幼儿园教师作为一种职业,法律对其提出了特殊的要求。这不仅体现在幼儿园教师的资格认证方面,在幼儿园教师行业规范以及幼儿园教师的职业道德方面也有所体现。《教师法》对幼儿园教师的资格认定、权利义务等内容进行了规定。

(一) 国家教师制度

国家教师制度是国家以法律设定和推行的教师制度的总称,通常由资格制度、职务制度、聘任制度,以及考核、奖励、培养和培训制度组成。

1. 幼儿园教师资格制度

(1) 幼儿园教师的资格要求。

我国实行教师资格制度。根据《教师法》第十条规定,取得教师资格须符合以下条件:中国公民;遵守《宪法》和法律,热爱教育事业,具有良好的思想品德;具备《教师法》规定的学历或者经国家教师资格考试合格;具有教育教学能力。《教师法》第十一条规定,取得幼儿园教师资格,应当具备幼儿师范学校毕业及其以上学历。当然,具备上述条件的公民,须经过法律授权的行政机关或其委托的行政机构的认定,方能取得幼儿园教师资格。

在禁止从事方面,《教师法》第十四条规定了不能取得教师资格的情形,即被剥夺政治权利或者故意犯罪受到有期徒刑及以上刑事处罚的,不能取得教师资格;已经取得教师资格的,丧失教师资格。

《学前教育法》第四十四条增列以下情形不得被幼儿园聘任(聘用),即:"具有虐待、性侵害、性骚扰、拐卖、暴力伤害、吸毒、赌博等违法犯罪记录;发现其有前述行为记录,或者有酗酒、严重违反师德师风行为等其他可能危害儿童身心安全情形的。"

《教师资格条例》第七条规定,取得教师资格应当具备《教师法》规定的相应学历。《〈教师资格条例〉实施办法》第八条规定了申请认定教师资格者的教育教学能力应当符合下列要求:具备承担教育教学工作所必须的基本素质和能力。具体测试办法和标准由省级教育行政部门制定。普通话水平应当达到国家语言文字工作委员会颁布的《普通话水平测试等级标准》二级乙等以上标准。具有良好的身体素质和心理素质,无传染性疾病,无精神病史,适应教育教学工作的需要,在教师资格认定机构指定的县级以上医院体检合格。

2012年,教育部发布《幼儿园教师专业标准(试行)》,对幼儿园教师的从业标准也作了规定。

(2) 取得幼儿园教师资格。

《学前教育法》第三十七条规定:"担任幼儿园教师应当取得幼儿园教师资格;已取得其他教师资格并经县级以上地方人民政府教育行政部门组织的学前教育专业培训合格的,可以在幼儿园任教。"

2011年,教育部印发《关于开展中小学和幼儿园教师资格考试改革试点的指导意见》,对教师资格考试标准、考试大纲、资格认定等都作了要求。2013年,教育部印发了《中小学教师资格考试暂行办法》和《中小学教师资格定期注册暂行办法》,确定幼儿园教师在内的教师资格考试报考条件、注册条件、考试内容等,并规定教师资格考试实行全国统考。

《中小学和幼儿园教师资格考试标准(试行)》中所包含的内容是幼儿园教师职业准入的国家标准,是从事这一职业的最基本要求,是进行教师资格考试的基本依据。考试分为笔试和面试两部分。笔试主要考查申请人从事教师职业所应具备的教育理念、职业道德和教育法律法规知识;科学文化素养以及阅读理解、语言表达、逻辑推理和信息处理等基本能力;教育教学、学生指导和班级管理的基本知识等。面试所考查的是申请人的职业认知、心理素质、仪表仪态、语言表达、思维品质等教师基本素养,教学设计、教学实施、教学评价等教学基本技能。

此外,《幼儿园教师专业标准(试行)》是引领幼儿园教师专业发展的基本准则,是幼儿园教师培养、准入、培训、考核等工作的重要依据。

2. 幼儿园教师职务制度

《学前教育法》第四十条规定:幼儿园教师职务(职称)分为初级、中级和高级。幼儿园教师职务(职称)评审标准应当符合学前教育的专业特点和要求。幼儿园卫生保健人员中的医师、护士纳入卫生专业技术人员职称系列,由人力资源社会保障、卫生健康行政部门组织评审。

3. 幼儿园教师聘任制度

我国实行幼儿园教师聘任制度。

《教师法》第十七条规定:学校和其他教育机构应当逐步实行教师聘任制。《学前教育法》第四十三条规定:幼儿园应当与教职工依法签订聘用合同或者劳动合同,并将合同信息报县级人民政府教育行政部门备案。《幼儿园工作规程》第四十一条规定幼儿园教师实行聘任制。《幼儿园管理条例》第二十三条规定:幼儿园教师可以由幼儿园园长聘任,也可由举办幼儿园的单位或个人聘任。聘任制度是幼儿园教师的入职要求,也是幼儿园任用教师的基本制度。

4. 幼儿园教师考核、奖励、培养和培训制度

我国《教育法》第三十五条规定:通过考核、奖励、培养和培训,提高教师素质,加强教师队伍建设。

(1) 幼儿园教师的考核。

教师考核结果是教师受聘任教、晋升加薪、实施奖惩的依据。幼儿园教师考核工作具有导向作用,是对幼儿园教师工作的监督;通过考核得出的结论,决定着幼儿园教师的职务升迁和工资水平,因此也具有鼓励先进、鞭策后进的作用。

根据《教师法》的规定,幼儿园教师的考核内容包括政治思想、业务水平、工作态度和工

作成绩,也就是所谓的"德、能、勤、绩"。其中主要的考核内容应当是幼儿园教师的业务水平和工作成绩。业务水平解决的是其是否适合幼儿园教师这一职业,其工作能力如何的问题,决定着幼儿园教师的去留;工作成绩解决的是幼儿园教师工作成果、贡献的问题,决定着是否提高幼儿园教师职务、是否提高其工资待遇、是否给予其奖励。

案例6-3

幼儿园教师的解聘

某幼儿园通过幼儿及其家长和社会各界人士对该园教师进行了一次综合考评。考评发现,幼儿园教师肖某常常无故缺课、迟到、早退,且其在园内组织的其他业务考核中成绩多次不合格。在多次劝导无效后,该幼儿园决定与其解聘。试析幼儿园的做法是否合理。

资料来源:武祥海,李小红.以案释法——幼儿园涉法事务全解析[M].南京:南京师范大学出版社,2011:77.

案例6-3中,肖某由于经常无故缺课、迟到、早退,违反了幼儿园的管理规范,其行为已经构成教育事故;且其在业务考核中多次不合格,表明其业务水平不足。当肖某在师德、工作态度和业务水平方面都没有达到相应的要求时,与其解聘是合理的。

对幼儿园教师的考核,应当坚持客观、公正、准确的原则,并需要充分听取教师本人、其他教师以及学生的意见。由于学前教育对"家园共育"提出了较高的要求,因此,对幼儿园教师的考核,可以听取幼儿家长的意见。

(2)幼儿园教师的奖励。

幼儿园教师凡在教育教学、培养人才、科学研究、教学改革、学校建设、社会服务、勤工俭学等方面有突出贡献的,根据《教师法》第三十三条的规定,可以获得国务院和地方各级人民政府及有关部门的表彰、奖励。对有重大贡献的幼儿园教师,依照国家有关规定授予其荣誉称号。《学前教育法》第十二条规定:"对在学前教育工作中做出突出贡献的单位和个人,按照国家有关规定给予表彰、奖励。"奖励包括物质奖励和精神奖励。《教师法》第三十四条规定,国家支持和鼓励社会组织或者个人向依法成立的奖励教师的基金组织捐助资金,对教师进行奖励。精神奖励是一种荣誉,能激励幼儿园教师努力向上。通过为幼儿园教师设立"优秀教师奖""园丁奖"等也能起到激励教师的作用。如《教育部关于授予张桂梅同志"全国优秀教师"荣誉称号的决定》,即为大力表彰和学习宣传张桂梅同志的先进事迹,决定授予张桂梅同志"全国优秀教师"荣誉称号。该决定指出:全国广大教师和教育工作者要以张桂梅同志为榜样,学习她爱党爱教、至诚报国的崇高信念,学习她教育扶贫、攻坚克难的坚定意志,学习她以德施教、敬业爱生的师德风范,学习她执着奋斗、无私奉献的高尚情操。

(3) 幼儿园教师的培养和培训。

对于学前教育师资的培养,《学前教育法》第四十八条指出:国务院教育行政部门应当制定高等学校学前教育专业设置标准、质量保证标准和课程教学标准体系,组织实施学前教育专业质量认证,建立培养质量保障机制。省级人民政府应当根据普及学前教育的需要,制定学前教育师资培养规划,支持高等学校设立学前教育专业,合理确定培养规模,提高培养层次和培养质量。制定公费师范生培养计划,应当根据学前教育发展需要专项安排学前教育专业培养计划。

对于在职教师的培训,《学前教育法》第四十九条指出:县级以上人民政府教育、卫生健康等有关部门应当按照职责分工制定幼儿园园长、教师、保育员、卫生保健人员等工作人员培训规划,建立培训支持服务体系,开展多种形式的专业培训。

《教师法》第四章专门对教师的培养和培训作了明确的规定。根据《教师法》的规定,各级人民政府和有关部门应当办好师范教育,并采取措施,鼓励优秀青年进入各级师范学校学习。各级教师进修学校承担培训中小学教师的任务。

《教师法》第十八条规定,各级师范学校学生享受专业奖学金。

《教师法》第十八条规定非师范学校应当承担培养和培训中小学教师的任务。当前情况下,我们应当将实施办法的适用对象扩大到幼儿园教师的培养上。而对于少数民族地区和边远地区,更需要国家的重视,国家应在政策上与财政上予以支持,为这些地区培养更多的幼儿园教师。同时,为了解决师资短缺的问题,需要从吸纳人才上下功夫。内蒙古民族幼儿师范高等专科学校面向往届普高、中职毕业生以及具有高中毕业证或同等学力的农民工、企业事业单位人员等扩招。录取后,将接受学前教育专业教育,属于全日制大专学历层次。贵阳幼儿师范高等专科学校先后分两批次扩招,吸引社会人士进行全日制学前教育学习,毕业后由学校发放专科毕业证书。2019年,中职院校开始应教育部要求,增设幼儿保育专业,并逐步将学前教育专业转设成幼儿保育专业,重点培养幼儿园保育员。我国重视在民族地区和边远地区的师资培养工作,在政策法律与财政上予以支持,为这些地区培养更多的幼儿园教师。

《中共中央国务院关于全面深化新时代教师队伍建设改革的意见》指出:全面提高幼儿园教师质量,建设一支高素质善保教的教师队伍。办好一批幼儿师范专科学校和若干所幼儿师范学院,支持师范院校设立学前教育专业,培养热爱学前教育事业,幼儿为本、才艺兼备、擅长保教的高水平幼儿园教师。创新幼儿园教师培养模式,前移培养起点,大力培养初中毕业起点的五年制专科层次幼儿园教师。优化幼儿园教师培养课程体系,突出保教融合,科学开设儿童发展、保育活动、教育活动类课程,强化实践性课程,培养学前教育师范生综合能力。

> **拓展阅读**
>
> **如何填补这片"洼地"**
>
> 对于农村及偏远地区来说,职业院校扩招并不足够。由于经济条件、发展水平相对落后,幼儿园教师匮乏现象也比城市更加严重。
>
> 各地政府摸索出一条公费培养乡村幼儿园教师的路径:2015年,湖南省将学前教育专业纳入乡村教师公费定向师范生的培养计划;2018年,山东省启动乡村幼儿园教师免费师范生培养计划。
>
> 免学费培养、毕业后定向分配至乡村,逐渐地,这些地区的师资获得有效补充。
>
> 2020年,四川省凉山彝族自治州美姑县400名彝区困难家庭初中毕业生,迎来了人生的"春天":乐山市实施中职教育"同心春蕾班"专项人才培养计划安排他们到峨眉山市旅游学校接受3年制幼儿保育专业培养。学成后,这些毕业生将回到美姑县,反哺家乡学前教育事业。从人数来看,400人的规模不够大,但这一举措释放出四川省努力缓解师资紧缺局面的积极信号。
>
> 资料来源:整理自新闻报道。

> **案例6-4**
>
> **教师参与培训的权利**
>
> 某市幼儿园教师杨某经当地教育委员会和幼儿园批准后到某师范大学进修。进修一年结束后她才发现,幼儿园将她进修期间的工资扣了一半,还扣发了节假日教师本应享有的福利。请分析幼儿园的做法是否合法。
>
> 资料来源:武祥海,李小红.以案释法——幼儿园涉法事务全解析[M].南京:南京师范大学出版社,2011:66.

在职幼儿园教师的培训问题是学前教育事业发展中的一个重要问题。《学前教育法》第四十七条规定:幼儿园教师在职称评定、岗位聘任(聘用)等方面享有与中小学教师同等的待遇。符合条件的幼儿园教师按照有关规定享受艰苦边远地区津贴、乡镇工作补贴等津贴、补贴。承担特殊教育任务的幼儿园教师按照有关规定享受特殊教育津贴。《中共中央国务院关于全面深化新时代教师队伍建设改革的意见》指出：建立幼儿园教师全员培训制度，切实提升幼儿园教师科学保教能力。加大幼儿园园长、乡村幼儿园教师、普惠性民办幼儿园教师的培训力度。创新幼儿园教师培训模式，依托高等学校和优质幼儿园，重点采取集中培训与跟岗实践相结合的方式培训幼儿园教师。鼓励师范院校与幼儿园协同建立幼儿园教师培养培训基地。幼儿园教师要提升职业技能、理论水平，需要不断地学习，也就是进修；幼儿园教师需要终身学习，以应对不断变化发展的社会生活。一般而言，培养幼儿园教师的院校，也是对在职幼儿园教师进行培训的场所。进修相对灵活，短则三五日，长则三五周或更长，每年可组织多次。幼儿园教师的进修，一方面是幼儿园教师自我提升的需要，另一方面，幼儿园教师作为劳动者，其享有的劳动权利包括职业培训。进修期间，幼儿园教师享有国家规定的工资福利待遇。幼儿园教师进修院校应当充分发挥培训幼儿园教师的作用，有计划、有步骤地开设课程，帮助各类幼儿园在职教师更新知识，提高业务素质。在案例6-4中，幼儿园扣发幼儿园教师工资和节假日福利的做法，是违反法律规定的。

（二）幼儿园教师的职业定位和特征

《学前教育法》第四十条规定："幼儿园教师职务（职称）评审标准应当符合学前教育的专业特点和要求。"

《教师法》对教师的社会地位和作用进行了确认，其第三条规定，"教师是履行教育教学职责的专业人员，承担教书育人，培养社会主义事业建设者和接班人、提高民族素质的使命"。根据《幼儿园工作规程》第二条的规定，"幼儿园是对3周岁以上学龄前幼儿实施保育和教育的机构。幼儿园教育是基础教育的重要组成部分，是学校教育制度的基础阶段"。根据《幼儿园教师专业标准（试行）》的规定，幼儿园教师是"履行幼儿园教育工作职责的专业人员"。

虽然就广义而言，幼儿园教师与其他教师的职业定位具有相似性，即教书育人，培养社会主义事业建设者和接班人、提高民族素质，但是，由于其他教师承担的主要是"教育教学职责"，而幼儿园教师主要从事的是"保育与教育"工作，且幼儿园的教育与中小学的教育有所差异，因而幼儿园教师的职业特征又有其独特性，这一点与幼儿园教师的职业特点是有密切联系的。

三、幼儿园教师职业的权利和责任

（一）幼儿园教师的法律身份

除了具有公民身份外，幼儿园教师还是一种职业，幼儿园教师作为劳动者，其与幼儿园是劳动合同关系或者行政上的人事关系；同时，幼儿园教师是劳动者，也是教育者，作为教育者的幼儿园教师，基于《教师法》等法律的规定，具有某些特殊的权利义务。

（二）作为劳动者的幼儿园教师

由聘任制而产生的幼儿园教师，与幼儿园之间属于劳动合同关系，双方地位平等，分别是劳动者和用人单位的身份。《学前教育法》第三十六条规定："幼儿园教师应当爱护儿童，具备优良品德和专业能力，为人师表，忠诚于人民的教育事业。"基于《民法典》和《劳动合同法》，幼儿园教师享有平等就业和选择职业的权利、取得劳动报酬的权利、休息休假的权利、获得劳动安全卫生保护的权利、接受职业技能培训的权利、享受社会保险和福利的权利、提请劳动争议处理的权利以及法律规定的其他劳动权利。

> **案例 6-5**
>
> **幼儿园教师作为劳动者的权利**
>
> 教师李某为 H 市 X 区某幼儿园聘任教师，劳动合同期限从 2011 年 9 月至 2014 年 9 月。2012 年 7 月李某因怀孕开始休假，同年 11 月 19 日，李某女儿出生。自 2012 年 7 月起，幼儿园未给李某发工资。李某休完产假后找园长要求上班，园长让她等通知。至 2013 年 8 月下旬，幼儿园通知李某回校参加招生工作，但该月底，又以招生情况不佳为由将李某辞退。李某就此向 X 区劳动人事争议仲裁委员会申请仲裁，要求该幼儿园补发工资。
>
> 资料来源：雷思明，刘静.教育律师的忠告：例说中小幼教师必知的 75 条法规[M].北京：中国轻工业出版社，2013：284. 有改动。

这是一则幼儿园侵犯幼儿园教师权利的案件，《劳动合同法》第四十二条规定，女职工在孕期、产期、哺乳期的，用人单位不得根据该法第四十条、第四十一条的规定解除劳动合同。该幼儿园自 2012 年 7 月起即不发李某工资，在李某哺乳婴儿期间将其辞退，违反了《劳动合同法》的规定。

《中华人民共和国社会保险法》规定，国家建立基本养老保险、基本医疗保险、工伤保险、失业保险、生育保险等社会保险制度。因此，幼儿园教师在年老、疾病、工伤、失业、生育等情况下可以依法从国家和社会处获得相应的物质帮助。如张某系某幼儿园教师，他在上班途中被一辆闯红灯的电动车撞伤，造成腰椎粉碎性骨折。根据《工伤保险条例》第十四条第六款可知，职工在上下班途中，受到非本人主要责任的交通事故伤害的，应当认定为工伤。故张某应当被认定为工伤，享受工伤保险待遇。

同样，作为劳动者的幼儿园教师，应当完成劳动任务，提高职业技能，执行劳动安全卫生规程,遵守劳动纪律和职业道德。与用人单位签订聘用合同的幼儿园教师,除了上述法定权利义务外,还享有合同约定的其他权利,并且应当履行合同约定的义务。

享有事业单位编制的幼儿园教师与由聘任制而产生的教师的待遇有所不同,直接受《教师法》的相关规定约束。根据《教师法》第六章的规定,幼儿园教师作为教师的一员,其平均工资水平应当不低于或者高于国家公务员的平均工资水平,并逐步提高;有正常的晋级增薪措施。幼儿园教师享受教龄津贴和其他津贴;到少数民族地区和边远贫困地区从事教育教学工作的幼儿园教师,应当享受另外的补贴。

幼儿园教师在住房的建设、租赁、出售方面享有优先、优惠权,县、乡两级人民政府应当为农村幼儿教师住房提供方便。幼儿园教师的医疗,享受与当地国家公务员同等的待遇;应当定期对教师进行身体健康检查,并因地制宜地安排教师进行休养;医疗机构应当为当地教师的医疗提供方便。幼儿园教师退休或者退职后,享受国家规定的退休或者退职待遇。县级以上地方人民政府可以适当提高长期从事教育教学工作的幼儿园退休教师的退休金比例。对于国家补助、集体支付工资的幼儿园教师,各级人民政府应当采取措施,改善其待遇,逐步做到在工资收入上与国家支付工资的教师同工同酬。

(三) 作为教育者的幼儿园教师

作为教育者的幼儿园教师,具有特定的权利和义务。其权利和义务是在教育教学活动中产生并由教育法律规范所设定的,与教师职务和职责密切相关。

1. 幼儿园教师的权利

根据《教师法》第二章的规定,幼儿园教师享有以下权利。

(1) 教育权,即进行保育教育活动,开展保育教育改革和实验的权利。幼儿园教师可以根据课程计划、工作量,结合自身的保育教育特点,自主地组织教育活动;针对不同的教育对象,可以开展个别化、差异化的教育方式,并进行教育方式的改革和实验。比如幼儿园教师根据教学大纲的要求,对小班幼儿进行关于爬的健康教育活动,就是其行使教育权的行为。

(2) 科学研究权,即从事科学研究、学术交流、参加专业的学术团体并在学术活动中发表意见的权利。《学前教育法》第十条规定:"国家鼓励和支持学前教育、儿童发展、特殊教育方面的科学研究,推广研究成果,宣传、普及科学的教育理念和方法。"但是,幼儿园教师从事科学研究,应当注意相应的伦理规范,不得侵害幼儿的生命健康权利和有关教育权利,要注重保护幼儿的隐私和其他相关权利。如某幼儿园教师参加在某市举办的"全国幼儿美术教育学术研讨会",并将自己在美术教育方面的研究写成论文,在学术研讨会上发言讲解,即为行使科学研究权的行为。

(3) 管理幼儿权,即指导幼儿的学习和发展、评定幼儿成长发展的权利。管理幼儿虽是幼儿园教师的权利,但也是幼儿园教师的职责所在。幼儿园教师在保教过程中居于主导地位,因此,其可以按照幼儿园或其他机构的课程内容,指导幼儿主动地学习,通过观察、分析,对幼儿的学习适时进行评价;并可以在客观、公正的基础上,对幼儿的品德、学习、劳动等方面给予恰如其分的评价。幼儿园教师还可以运用其所掌握的科学方法,使幼儿的个性和能力得到充分的发展。比如,在自由活动时,一名幼儿发现一只毛毛虫,其他几名幼儿围观。针对这一行为,幼儿园教师可以引导幼儿对毛毛虫进行观察,并告知其不要用手去摸毛毛虫。这就是对幼儿行为的管理。

调皮的豆豆

豆豆是某幼儿园大班幼儿,平时非常顽皮,爱跟别人打架,不喜欢参与集体活动。一天集体活动时,其他幼儿都在积极与老师互动,只有豆豆在故意学动物叫,声音怪里怪气,扰乱活动秩序。老师想办法吸引他的兴趣,又尝试让他集中注意,但他都以乱跑乱跳回应。无奈之下,配班老师先将豆豆带到一旁,询问他是否想做一些自己感兴趣的事情。豆豆家长知道此事后,认为老师不应当将其带离集体活动,说老师这样做是违法的,侵犯了孩子的受教育权,要求幼儿园对此道歉。老师是否有权这样做?

案例6-6中的老师所做的是正当行使管理幼儿权的行为。豆豆享有受教育权,但是,其享有该权利的同时,不得妨碍其他幼儿行使该权利。从其行为来看,已经明显影响了正常的教学活动,如果任由其行为继续,会对其他幼儿的受教育权造成侵害。老师将其带离集体活动是为了维持正常的教学秩序,同时也是为了找到豆豆感兴趣的事物,是合理合法的。豆豆家长的要求是没有法律依据的。

(4) 获取报酬待遇权,即按时获取工资报酬,享受国家规定的福利待遇以及寒暑假期带薪休假的权利。虽然获取报酬和休息休假是劳动者均享有的权利,但由于教师职业的特殊要求,教育者享有的劳动报酬和休息休假方面的权利与其他劳动者稍有差异。幼儿园教师工资包括基础工资、职务工资、课时报酬、奖金、教龄津贴以及其他津贴,并且《教师法》规定,教师的平均工资水平应当不低于或者高于国家公务员的平均工资水平,且应逐步提高。《学前教育法》第四十六条规定:"幼儿园及其举办者应当按照国家规定保障教师和其他工作人员的工资福利,依法缴纳社会保险费,改善工作和生活条件,实行同工同酬。县级以上地方人民政府应当将公办幼儿园教师工资纳入财政保障范围,统筹工资收入政策和经费支出渠道,确保教师工资及时足额发放。民办幼儿园可以参考当地公办幼儿园同类教师工资收入水平合理确定教师薪酬标准,依法保障教师工资待遇。"另外,幼儿园教师除了像所有劳动者享有正常的法定节假日之外,还享有带薪寒暑假。案例6-5中的幼儿园教师李某在休产假时,幼儿园扣发其工资的行为,是对其获得报酬权的侵犯。

(5) 民主管理权,即对幼儿园的保教工作、管理工作和教育行政部门的工作提出意见与建议,通过教职工代表大会或者其他形式,参与学校的民主管理的权利。此权利可以进一步发挥幼儿园教师的主动性、积极性,以保障其民主权利和切身利益,推进园内民主建设,提高幼儿园管理效率和水平。比如,幼儿园教师出于对幼儿入园、离园安全问题的考虑,向园长建议在幼儿入园、离园时,由两名幼儿园教师在门口负责照看,就是幼儿园教师参与幼儿园民主管理的行为。

(6) 进修培训权,即根据《教师法》的规定,幼儿园教师有参加进修或者其他方式的培训的权利。一方面,幼儿园教师进修可以更新知识,调整知识结构,提高业务素质;另一方面,幼儿园教师要保障保教质量,也需要不断地提高职业技能和业务水平。《学前教育法》第四十九条规定:"县级以上人民政府教育、卫生健康等有关部门应当按照职责分工制定幼儿园园长、教师、保育员、卫生保健人员等工作人员培训规划,建立培训支持服务体系,开展多种形式的专业培训。"教育行政部门和幼儿园以及其他幼儿教育机构应当采取各种形式,开辟多种渠道,保证幼儿园教师进修培训权的行使。如浙江省通过全省幼儿园教师培训工作的相关通知,指出须以提高教师保教能力为重点,统筹规划幼儿园骨干教师和园长培训、幼儿园教师任职资格培训和幼儿园教师培训者培训工作,整合培训资源,优化培训内容,创新培训模式,增强培训实效,提高培训质量,建立和完善幼儿园教师培训长效机制。

2. 幼儿园教师的义务

《教师法》第八条规定了教师应当履行的义务,结合幼儿园教师的实际工作,幼儿园教师应当履行下列义务。

遵守《宪法》、法律和职业道德,为人师表,严禁虐待、歧视、体罚和变相体罚、侮辱幼儿人格等损害幼儿身心健康的行为;贯彻国家的教育方针,遵守规章制度,执行幼儿园的保教计划,履行教师聘约,完成保教任务;对幼儿开展符合幼儿身心特点并且有利于幼儿身心健康发展的保教活动;关心、爱护全体幼儿,尊重幼儿人格,促进幼儿在健康、语言、社会、科学、艺术等方面全面发展;保护幼儿,制止有害于幼儿的行为或者其他侵犯幼儿合法权益的行为,指导幼儿家长的家庭教育活动,批评和抵制有害于幼儿健康成长的现象;不断提高思想政治觉悟和保教业务水平。

案例 6-7

教师多次侮辱、体罚幼儿

幼儿潘潘因集体活动时离开座位而被周老师罚站 2 小时。后因顽皮、与同伴打闹又多次被周老师罚站。其间,周老师多次不让潘潘参加集体户外活动,并对其他幼儿说谁表现最差、最坏,就让谁和潘潘在一起,不准参加户外活动。潘潘因此不愿再来幼儿园。半年后,潘潘开始出现精神异常,总是长时间吸气,神情委屈,后来发展到语言混乱,直到最后在家中打父母、砸东西,说及要送他到幼儿园,他就表现出极大的抗拒。家长了解情况后,将周老师告上法庭。请对周老师的行为进行评析。

资料来源:武祥海,李小红.以案释法——幼儿园涉法事务全解析[M].南京:南京师范大学出版社,2011:138.有改动。

周老师长时间、多次对潘潘进行罚站的行为,构成对潘潘的变相体罚;不让潘潘参加集体活动的行为,构成对潘潘的孤立;对其他幼儿说谁表现最差、最坏,就让谁和潘潘在一起,是对幼儿的侮辱,构成对潘潘人格尊严的伤害。可见,周老师的行为违反了幼儿园教师的义务。

《幼儿园工作规程》在第三十九条中首先对幼儿园教师的义务作出了总体性规定:幼儿园教职工应当贯彻国家教育方针,具有良好品德,热爱教育事业,尊重和爱护幼儿,具有专业知识和技能以及相应的文化和专业素养,为人师表,忠于职责,身心健康。

其次,《幼儿园工作规程》在第四十一条中规定了幼儿园教师的主要职责:观察了解幼儿,依据国家有关规定,结合本班幼儿的发展水平和兴趣需要,制订和执行教育工作计划,合理安排幼儿一日生活;创设良好的教育环境,合理组织教育内容,提供丰富的玩具和游戏材料,开展适宜的教育活动;严格执行幼儿园安全、卫生保健制度,指导并配合保育员管理本班幼儿生活,做好卫生保健工作;与家长保持经常联系,了解幼儿家庭的教育环境,商讨符合幼儿特点的教育措施,相互配合共同完成教育任务;参加业务学习和保育教育研究活动;定期总结评估保教工作实效,接受园长的指导和检查。

《学前教育法》第三十六条规定:幼儿园教师应当爱护儿童,具备优良品德和专业能力,为人师表,忠诚于人民的教育事业。

第二节 幼儿园教师的社会关系

幼儿园教师作为社会职业之一,会与其工作的机构、工作的对象等发生种种关系。同样,幼儿园教师也是社会中的公民,基于公民行使权利和履行义务的行为,也会与其他公民或机构发生关系。

一、幼儿园教师与幼儿园

幼儿园教师与幼儿园之间的法律关系

某幼儿园招聘3名幼儿园教师,小王通过了笔试、面试,被该园录用。幼儿园与小王签订为期2年的劳动合同,约定试用期2个月,月薪3 000元,社会保险费用根据法律的有关规定执行。试析小王与幼儿园之间是什么法律关系。

资料来源:武祥海,李小红.以案释法——幼儿园涉法事务全解析[M].南京:南京师范大学出版社,2011:58.

基于聘任制而形成的幼儿园教师与幼儿园的关系,属于劳动关系,受《中华人民共和国劳动法》(以下简称《劳动法》)和《劳动合同法》有关规定的调整。《学前教育法》第四十三条规定:"幼儿园应当与教职工依法签订聘用合同或者劳动合同,并将合同信息报县级人民政府教育行政部门备案。"一般认为,聘任是用人单位和劳动者双方的法律行为,基于相互同意而形成劳动关系,双方法律地位平等。幼儿园教师作为劳动者,提供劳动,获得相应的报酬;幼儿园接受幼儿园教师的劳动,并对其支付报酬。聘任始于幼儿园面向社会公开招聘,在幼儿园方面是择优录用;聘任一般具有一定的期限,期限届满时,可以选择续聘或解聘;双方协商一致,可以解除劳动合同关系;聘任制涉及的幼儿园教师和幼儿园均可以在一定条件下单方面解除劳动合同,但基于社会诚信、基于对教育事业的负责以及基于对劳动者权利的保障,幼儿园教师不能随意离职,幼儿园更不能无故辞退幼儿园教师。

享有人事编制的幼儿园教师,与幼儿园是一种行政法律关系。一般认为,幼儿园和幼儿园教师的法律地位有一个共同点,即代表国家和社会的利益,带有公共性质。《教师法》和《幼儿园管理条例》规定教育行政部门及有关部门对教师工作进行指导、服务和监督,并对教师的资格、职务、职责等作了具体规定,除此之外,还规定幼儿园根据国家规定,自主进行教师管理工作。对于享有人事编制的幼儿园教师,在其出现违纪或是违反职业道德的行为时,幼儿园、教育行政部门可以对其进行行政处分。情节严重、构成犯罪的,由司法机关依法追究刑事责任。比如,某在编幼儿园教师因向幼儿家长推销图书,影响较为恶劣,该园园长在全园教职工会议上对其点名批评,进行口头告诫,是对该教师的行政处分。幼儿园执行《教师法》的规定,因处理失职行为而与在编幼儿园教师发生的关系,属于教育行政法律关系,双方的地位是不平等的,不适用《劳动合同法》的规定。

二、幼儿园教师与幼儿

幼儿是受教育者,幼儿园教师是施教者。《学前教育法》第三十六条规定:"幼儿园教师应当爱护儿童,具备优良品德和专业能力,为人师表,忠诚于人民的教育事业。"幼儿园教师应成为幼儿学习活动的支持者、合作者、引导者。考虑到幼儿教育活动的特殊性,幼儿是保教对象,而幼儿园教师是保教活动的提供者,因此在与幼儿发生关系时,幼儿园教师扮演着更多的角色,他们既是幼儿生活的照料者,也是幼儿学习的支持者;是幼儿学习社会行为规范和人际交往、体验社会角色和彼此的情感并且初步学习适应社会生活的引路人;是幼儿学习的示范者和模仿对象,是幼儿游戏的伙伴。

根据《幼儿园教师专业标准(试行)》的基本精神,学前教育以幼儿为本。具体体现在尊重幼儿权益,以幼儿为主体,充分调动和发挥幼儿的主动性;遵循幼儿身心发展特点和保教活动规律,提供适合的教育,保障幼儿快乐健康成长等方面。

幼儿园教师与幼儿之间,既是师生关系,也含有"亲子关系"的应有之义;既有伙伴关系的成分,也存在指导者与被指导者、保护者与被保护者的关系。比如,某幼儿园的何园长和幼儿园孩子的关系比较亲近,拉近了以园长为代表的教师群体和幼儿的关系。每天早晨晨检时,何园长早早来到大门外迎接孩子们,有的孩子亲切地喊:"何妈妈!"有的家长说:"孩子看见何园长比看见自己的妈妈还要亲呢!"何园长听后笑了,忙把孩子从车子上抱下来,亲亲孩子的小脸,捋捋小辫,看到哪个孩子的手脸脏,赶紧给他们擦干净。

三、幼儿园教师与幼儿家长

在对幼儿进行教育的过程中,幼儿园教师与幼儿家长应当是合作关系。

《幼儿园工作规程》规定,幼儿园应当主动与幼儿家庭沟通合作,为家长提供科学育儿宣传指导,帮助家长创设良好的家庭教育环境,共同担负教育幼儿的任务。

幼儿园应当建立幼儿园与家长联系的制度。幼儿园可采取多种形式,指导家长正确了解幼儿园保育和教育的内容、方法,定期召开家长会议,并接待家长的来访和咨询。

幼儿园应当认真分析、吸收家长对幼儿园教育与管理工作的意见和建议。

幼儿园应当建立家长开放日制度并成立家长委员会。

根据《幼儿园教育指导纲要(试行)》,家庭是幼儿园重要的合作伙伴。幼儿园应本着尊重、平等、合作的原则,争取家长的理解、支持和主动参与,并积极支持、帮助家长提高教育能力。

幼儿园教师基于一定的专业水平,对幼儿家长的家庭教育活动进行指导,帮助家长了解幼儿在园情况,科学指导幼儿在家的生活习惯的养成和社会性的发展等。

比如,幼儿的早期阅读可以促进幼儿心智的发展,增强幼儿的语言表达能力,让幼儿对阅读产生兴趣,进而激发幼儿的求知欲望。幼儿家长由于精力和专业能力所限,可能不知道应该让幼儿阅读哪些作品,也不了解怎样对幼儿的阅读进行指导。此时,幼儿园教师就可以发挥专业所长,指导幼儿家长如何选择阅读作品及怎样对幼儿的早期阅读进行引导等。

对于学前教育来说,在幼儿园中,幼儿园教师是教育的主要承担者。但幼儿的成长和发展离不开家庭,因此家长在幼儿园教师的指导下,在家也实施着对幼儿的教育。只有两者形成合力,才能共同促进幼儿发展。

例如,幼儿有时会习得一些不良习惯,如打人、挑食、不懂礼貌等,在幼儿园中,教育的一个重要内容就是要纠正幼儿的这些不良习惯。但幼儿在幼儿园习得了良好的行为习惯,可能因周末或是假期在家庭生活中,又被家长不正确的教养方式所改变,继而需要幼儿园再次帮幼儿改变不良的习惯。现实生活中类似的情况并不少见。比如,某幼儿园大班一名幼儿在幼儿园午餐时,几乎不自己吃饭,每次都是教师在其他幼儿都吃完后,给其喂饭。教师从该幼儿的奶奶那里得知,该幼儿在家仍然要由其喂食。对此,教师也专门对该幼儿进行了自己吃饭的训练,一段时间后,该幼儿可以自己吃饭。但由于他经常请假,每当请假结束再次进入幼儿园时,又变得不会自己吃饭了。

四、幼儿园教师与教育行政部门

国务院教育行政部门主管全国的教师工作,地方教育行政部门是幼儿园教师的主管机关。根据《教师法》的相关规定,国务院教育行政部门制定幼儿园教师各方面工作的具体办法和措施,如幼儿园教师享受教龄津贴和其他津贴的具体办法等。地方教育行政部门负责具体的实施工作,县级以上人民政府教育行政部门对幼儿园教师资格进行认定,对违法违规的幼儿园教师,有权予以处分,并且应对幼儿园教师的考核工作进行指导、监督。

教师虐童遭曝光

网上曝光了幼儿园教师颜某某虐待幼儿的照片。照片显示,其强行揪住一名幼童,拉住其双耳将其向上提起,幼儿表情痛苦。通过搜索,网友发现了该老师网络空间的众多照片里,与幼儿园有关的照片多达700多张,其中包括多张虐童照片:有将孩子扔进垃圾桶的,有用宽胶带封住孩子嘴巴的,还有罚站、悬空爬桌子、头顶簸箕等照片。该市教育局很快介入调查,并对当事教师颜某某作出开除处理。

资料来源:整理自新闻报道。

《学前教育法》第四十四条规定:"幼儿园聘任(聘用)园长、教师、保育员、卫生保健人员、安全保卫人员和其他工作人员时,应当向教育、公安等有关部门查询应聘者是否具有虐待、性侵害、性骚扰、拐卖、暴力伤害、吸毒、赌博等违法犯罪记录;发现其有前述行为记录,或者有酗酒、严重违反师德师风行为等其他可能危害儿童身心安全情形的,不得聘任(聘用)。幼儿园发现在岗人员有前款规定可能危害儿童身心安全情形的,应当立即停止其工作,依法与其解除聘用合同或者劳动合同,并向县级人民政府教育行政部门进行报告;县级人民政府教育行政部门可以将其纳入从业禁止人员名单。有本条第一款规定可能危害儿童身心安全情形的个人不得举办幼儿园;已经举办的,应当依法变更举办者。"

市教育局对虐童幼儿园教师颜某某进行开除处理就是一种行政处分(行政处罚是与行政处分不同的处理方式,拘留是公安机关作出的行政处罚,此处意在讲明主管部门对涉事教师的纪律处分)。另外,教育行政部门应当履行相应的职责,为幼儿园教师完成保教任务提供必要的保障,也应当根据法律的规定,制定幼儿园教师培训规划,对幼儿园教师进行多种形式的思想政治培训和业务培训。

幼儿园教师可以对教育行政部门的工作提出意见和建议;幼儿园或其他教育机构侵犯其合法权益的,或者对幼儿园或者其他教育机构作出的处理不服的,可以向教育行政部门提出申诉;幼儿园教师认为教育行政部门侵犯其根据《教师法》规定享有的权利的,可以向同级人民政府或者上一级人民政府有关部门提出申诉。比如,教师李某要求园长黄某停止借故克扣教职员工工资、奖金的行为,但黄某不仅拒绝这一要求,还以李某工作表现不佳为由将其辞退。李某将此事向区教育局进行申诉,区教育局应受理李某的申诉请求。[①]

教育行政部门既是幼儿园教师的行政主管机关,对幼儿园教师有监督管理之责;同时,它也负责保障幼儿园教师行使各项权利。

幼儿园教师除上述关系之外,根据幼儿园的保教活动的特点,其与幼儿园的保育员也关系密切;除了与作为主体的"幼儿园"发生关系之外,幼儿园教师与幼儿园的行政管理人员也会发生关系。当出现第三人对幼儿的侵权时,幼儿园教师也可能参与相关的争议解决活动甚至是诉讼活动。

[①] 武祥海,李小红. 以案释法——幼儿园涉法事务全解析[M]. 南京:南京师范大学出版社,2011:67.

第三节 幼儿园教师的道德规范

教师一直以来都是受人尊重的职业之一,主要原因是教师不仅传道受业解惑,同时也是道德行为的楷模。社会和历史传统赋予教师崇高的地位与声望,同时在法治化社会中,教师也受到法律法规的约束,其中,《教师法》明确规定教师应当遵守《宪法》、法律和职业道德。

一、道德规范与法律规范

(一) 道德规范与法律规范的区别和联系

教师职业道德对规范教师行为具有重要作用,但其并不等同于法律义务。教师的法律义务是由国家通过立法确定的教师的基本行为准则,而教师伦理或道德标准一般不由国家制定,而是由教师专业组织或教师集体制定,反映出教师作为专业人员的基本特征。

道德和法律都是调整、维护社会关系和秩序的手段,二者具有互补性。一般而言,法律是最低标准的道德,凡法律所禁止的,必为道德所否定。但二者的基础和价值取向并不相同,因此,即便是道德上认为是善的,法律未必会予以保护;道德所认为恶的,法律也未必会禁止。随着法治化社会建设的推进,法律和道德在不同的领域分别发挥各自的作用。这也就意味着,在学前教育领域,虽然对幼儿园教师的职业道德要求较高,但职业道德与法律并不是一回事;违反法律的行为可能受到法律的制裁,但违反职业道德的行为,并不意味着要受法律制裁。

《学前教育法》第四十四条规定了有严重违反师德师风行为的不得聘任(聘用)。2018年,我国制定和颁布实施了《幼儿园教师违反职业道德行为处理办法》《新时代幼儿园教师职业行为十项准则》,进一步明确了我国幼儿园教师师德师风建设的内容及必要性。《幼儿园教师违反职业道德行为处理办法》第四条规定,应予处理的教师违反职业道德的行为如下:"(一)在保教活动中及其他场合有损害党中央权威和违背党的路线方针政策的言行。(二)损害国家利益、社会公共利益,或违背社会公序良俗。(三)通过保教活动、论坛、讲座、信息网络及其他渠道发表、转发错误观点,或编造散布虚假信息、不良信息。(四)在工作期间玩忽职守、消极怠工,或空岗、未经批准找人替班,利用职务之便兼职兼薪。(五)在保教活动中遇突发事件、面临危险时,不顾幼儿安危,擅离职守,自行逃离。(六)体罚和变相体罚幼儿,歧视、侮辱幼儿,猥亵、虐待、伤害幼儿。(七)采用学校教育方式提前教授小学内容,组织有碍幼儿身心健康的活动。(八)在入园招生、绩效考核、岗位聘用、职称评聘、评优评奖等工作中徇私舞弊、弄虚作假。(九)索要、收受幼儿家长财物或参加由家长付费的宴请、旅游、娱乐休闲等活动,推销幼儿读物、社会保险或利用家长资源谋取私利。(十)组织幼儿参加以营利为目的的表演、竞赛活动,或泄露幼儿与家长的信息。(十一)其他违反职业道德的行为。"《新时代幼儿园教师职业行为十项准则》第六条规定:"关心爱护幼儿。呵护幼儿健康,保障快乐成长。"第十条规定:"规范保教行为。尊重幼儿权益,抵制不良风气;不得组织幼儿参加以营利为目的的表演、竞赛等活动,或泄露幼儿与家长的信息。"上述政策是幼儿园教师师德师风建设的依据。

案例 6-10

教师侮辱幼儿人格

一个幼儿园中班的小朋友,一次回家跟妈妈学舌,问妈妈:"什么是弱智?什么是弱智学校?"妈妈奇怪女儿为什么会问这个问题。女儿说:"今天我们老师对我们班的小鸣说'你就该去弱智学校'。"请对该幼儿口中的老师的行为进行评价。

资料来源:整理自新闻报道。

该幼儿的老师对班上的幼儿说其应该去"弱智学校",显然是不恰当的,没有尊重幼儿的人格尊严,是师德有问题的表现。

(二) 幼儿园教师道德规范的重要性

幼儿园教师道德规范亦称幼儿园教师专业伦理规范。学前教育活动本质上是一种价值创造活动,幼儿园教师专业伦理规范的建设是学前教育伦理价值实现的依托,也是学前教育伦理秩序形成的必经之路。

幼儿园教师专业伦理规范至少可以使幼儿园教师在实践中保持起码的伦理警觉,对影响幼儿利益的行为有主动的选择与评判意识,并寻求可能的解决路径。具体来讲,幼儿园教师专业伦理规范的重要性主要体现在:幼儿园教师专业伦理规范能指引幼儿园教师解决在实践中遇到的伦理问题,能够维护幼儿园教师团体的凝聚力,能够推进幼儿园教师的专业化进程,能够保护弱小幼儿不受伤害,幼儿园教师的专业伦理水平对幼儿伦理品质的形成有潜移默化的影响作用。[1]

---

[1] 王小溪,姚伟. 幼儿教师专业伦理规范的历史追寻与现实价值[J]. 现代教育管理,2013(05):73—78.

二、道德规范对幼儿园教师的要求

 案例6-11

钱某保教行为的变化

钱某与某幼儿园是劳动合同关系,首次约定合同期限为一年。此时,钱某在工作中比较积极努力,业务水平高,且在幼儿园保教工作中取得了很好的成绩。后来,幼儿园与钱某签订无固定期限劳动合同。自此之后,钱某在工作上日益懈怠,不按时上下班,经常骂班上的幼儿笨,在幼儿家长接送幼儿时数落幼儿的行为问题,责怪幼儿欠缺家教。试从幼儿园教师道德规范的角度分析钱某的行为。

资料来源:武祥海,李小红.以案释法——幼儿园涉法事务全解析[M].南京:南京师范大学出版社,2011:57.

我国历来重视教师的道德规范的建设。从与专业相结合的职业道德规范方面,我国制定了《幼儿园教师专业标准(试行)》。《幼儿园教师专业标准(试行)》的基本理念是:师德为先、幼儿为本、能力为重和终身学习。这里把师德置于专业之前。那么,在《幼儿园教师专业标准(试行)》中,师德又是如何规定的呢?在《幼儿园教师专业标准(试行)》里,提出"师德为先",具体要求幼儿园教师:"热爱学前教育事业,具有职业理想,践行社会主义核心价值体系,履行教师职业道德规范,依法执教。关爱幼儿,尊重幼儿人格,富有爱心、责任心、耐心和细心;为人师表,教书育人,自尊自律,做幼儿健康成长的启蒙者和引路人。"从教师队伍整体师德师风建设方面,教育部制定并实施了《新时代幼儿园教师职业行为十项准则》。《新时代幼儿园教师职业行为十项准则》提出:准则是教师职业行为的基本规范。师德师风是评价教师队伍素质的第一标准。具体聚焦教师道德规范方面,《新时代幼儿园教师职业行为十项准则》要求幼师教师坚定政治方向、自觉爱国守法、传播优秀文化、潜心培幼育人、加强安全防范、关心爱护幼儿、遵循幼教规律、秉持公平诚信、坚守廉洁自律、规范保教行为。《新时代幼儿园教师职业行为十项准则》全面、系统地构建了幼儿园教师的职业道德规范体系。

由于幼儿的稚嫩,幼儿园教师的职业道德规范就十分关键,不能有半点马虎。因此,从这个角度看,制定一个违反道德行为的处理规范十分必要。由此,2018年,教育部颁布了《幼儿园教师违反职业道德行为处理办法》。其中规定了应予处理的教师违反职业道德的行为,以及相应的处理办法。

在《幼儿园教师违反职业道德行为处理办法》中，处理包括处分和其他处理。处分包括警告、记过、降低岗位等级或撤职、开除。警告期限为 6 个月，记过期限为 12 个月，降低岗位等级或撤职期限为 24 个月。是中共党员的，同时给予党纪处分。其他处理包括给予批评教育、诫勉谈话、责令检查、通报批评，以及取消在评奖评优、职务晋升、职称评定、岗位聘用、工资晋级、申报人才计划等方面的资格。取消相关资格的处理执行期限不得少于 24 个月。教师涉嫌违法犯罪的，及时移送司法机关依法处理。此外，我国台湾地区的《幼儿教育专业伦理守则》要求幼儿园教师明确：幼儿期是人类生命周期中独特且重要的阶段；幼儿教育工作以幼儿发展知识为基础；应尊重及支持幼儿与家庭之间的亲密关系；了解幼儿的最佳方法是从其家庭、文化和社会脉络着手；尊重每个个体的尊严、价值和独特性；在信任、尊重和关心的关系中，最能帮助幼儿和成人发挥其最大的潜能。该守则在幼儿园教师对幼儿、家庭、同事、社会四个方面分别设置理念与实际执行上的指引原则，所包含的内容非常全面。

《学前教育法》第八十条也规定了幼儿园教师或者其他工作人员有下列情形之一的，由所在幼儿园或者县级人民政府教育等有关部门根据情节轻重，依法给予当事人、幼儿园负责人处分，解除聘用合同或者劳动合同；由县级人民政府教育行政部门禁止其一定期限内直至终身从事学前教育工作或者举办幼儿园；情节严重的，吊销其资格证书：体罚或者变相体罚儿童；歧视、侮辱、虐待、性侵害儿童；违反职业道德规范或者危害儿童身心安全，造成不良后果。

拓展阅读

全美幼儿教育协会《伦理操守准则与承诺声明》（节选）

核心价值观：

幼儿保育伦理行为标准是在历史的进程中就逐步深植于此领域的核心价值，是我们认同和遵从的观念。我们承诺：

儿童时期是人类整个生活中的一个独特的而有价值的阶段；

一切工作都是建立在儿童是怎样发展和学习的认识基础之上的；

重视并且协助促进儿童和他们家庭之间的联系；

在儿童的家庭、文化、社区和社会环境的背景之下，尽最大可能地理解和支持儿童；

尊重每个个体（包括儿童、家庭成员和团体成员）的尊严、价值和独特性；

尊重儿童、家庭和团体的差异性；

在信任和尊重的关系环境中，才可以让儿童和成人充分发掘他们的全部潜能。

第一部分对儿童的伦理责任：

童年是整个人类生活中的一个独特的和有价值的阶段。我们最重要的责任是通过为每一个儿童提供一个安全、健康、促进成长的环境来对其进行保育。我们承诺支持儿童的发展和学习，尊重个体差异并帮助儿童学会生活、游戏和合作。我们还应承诺促进儿童的自我意识的培养、能力的提高、自我价值的实现、适应性的增强和身体健康的发展。

理想目标：

（1）熟悉幼儿保育的相关基础知识，并通过接受再教育和训练，保持知识的更新。

（2）基于当前幼儿教育、儿童发展领域的知识和研究以及相关的原理指导教育实践活动，教育活动要考虑每个儿童的具体情况。

（3）认识和尊重每个儿童独特的品质、能力和潜能。

（4）意识到儿童的弱点和他们对成人的依赖。

（5）创造和保持安全健康的环境以培养孩子的社会、情感、认知、身体发展，并尊重他们的尊严和贡献。

（6）使用适合儿童的评估工具和策略来评估儿童，保持着评价设置的初衷来评价儿童，本着有利于儿童的目的来评价儿童。

（7）使用评价信息来理解和支持儿童的发展与学习，指导教师识别哪些儿童需要额外的服务。

（8）支持每个儿童在一个融合环境中游戏和学习的权利，满足正常或是残障儿童的需要。

（9）提倡和确保每个，包括那些有特殊需要的儿童有机会接触那些他们所需要的支持服务。

（10）确保每个儿童的文化、语言、民族和家庭结构得到承认与接纳。

（11）提供给所有儿童他们使用所理解的语言的机会，除了英语，还要让儿童能够继续使用他们家庭的语言。

（12）当儿童和家庭需要从一个学习环境转换至下一个环境时，要同家庭合作，以提供一个安全、平缓的过渡。

原则:

(1) 无论如何,我们不能伤害儿童。我们不应该参与那些在情感上、身体上伤害儿童的,以及不尊重儿童的、不体面的、危险的、剥削的、吓人的活动。这条原则优先于其他所有原则。

(2) 我们应该以积极的情感、充满认知刺激和支持儿童文化、语言、民族及家庭结构的社会环境来关心与教育儿童。

(3) 我们不应通过否定效益、给予特殊优待或是凭借性别、种族、国籍、移民地位、首选的家庭语言、治疗状态、残障程度、婚姻地位/家庭结构、性别定位、宗教信仰和家庭的其他联盟而将儿童排除在活动之外。

(4) 我们应该使用两种交流方式对待所有有关方面(包括家庭和工作人员),参与关于孩子的决策,同时,确保敏感信息的保密。

(5) 我们应该使用合适的评价体系,这套评价体系应该包括多样信息来源,提供有关儿童学习和发展的信息。

(6) 事关儿童的决策,尤其是入学、留级或对儿童进行特殊的教育安排,绝不能只依据某一项单一评价,比如说仅凭成绩分数,或是某一次的观察,而是要依据来自多种渠道的综合信息。

(7) 我们应该努力建立同每个儿童的个体关系,提供适宜个体的教学策略、学习环境和课程设置。同家庭合作,让每个儿童都从教育活动中受益,如果用尽各种努力,当前的定位都不适合某个孩子的需求,或者这个孩子严重妨碍了其他儿童从教育活动中受益,我们应该同家庭、合适的专家合作来协商决定是否需要给予其额外的特殊服务或特殊的安排。

(8) 我们应该熟悉危险因素、虐待和忽视儿童的症状,包括身体的、性的、言语和情感的虐待,以及身体、情感、教育和医疗上的忽视。我们应该了解并遵守保护儿童免受虐待和忽视的国家法律与社区处理方式。

(9) 当我们有充足的理由怀疑儿童受到虐待和忽视时,我们应该向有关社区机构报告,并且持续关注,确保已经采取了合适的行动。必要情况下,家长、监护人应该被告知相关准备。

(10) 当其他人告诉我们,他或她怀疑儿童正在被虐待或是忽视时,我们应该协助这个人采取合适的行为来保护儿童。

(11) 当我们意识到实践或是情境威胁到儿童的健康、安全或是幸福时,我们有伦理责任来保护儿童,通知家长或其他可以保护儿童的人。

拓展阅读

《新时代幼儿园教师职业行为十项准则》

教师是人类灵魂的工程师,是人类文明的传承者。长期以来,广大教师贯彻党的教育方针,教书育人,呕心沥血,默默奉献,为国家发展和民族振兴作出了重大贡献。新时代对广大教师落实立德树人根本任务提出新的更高要求,为进一步增强教师的责任感、使命感、荣誉感,规范职业行为,明确师德底线,引导广大教师努力成为有理想信念、有道德情操、有扎实学识、有仁爱之心的好老师,着力培养德智体美劳全面发展的社会主义建设者和接班人,特制定以下准则。

一、坚定政治方向。坚持以习近平新时代中国特色社会主义思想为指导,拥护中国共产党的领导,贯彻党的教育方针;不得在保教活动中及其他场合有损害党中央权威和违背党的路线方针政策的言行。

二、自觉爱国守法。忠于祖国,忠于人民,恪守宪法原则,遵守法律法规,依法履行教师职责;不得损害国家利益、社会公共利益,或违背社会公序良俗。

三、传播优秀文化。带头践行社会主义核心价值观,弘扬真善美,传递正能量;不得通过保教活动、论坛、讲座、信息网络及其他渠道发表、转发错误观点,或编造散布虚假信息、不良信息。

四、潜心培幼育人。落实立德树人根本任务,爱岗敬业,细致耐心;不得在工作期间玩忽职守、消极怠工,或空岗、未经批准找人替班,不得利用职务之便兼职兼薪。

五、加强安全防范。增强安全意识,加强安全教育,保护幼儿安全,防范事故风险;不得在保教活动中遇突发事件、面临危险时,不顾幼儿安危,擅离职守,自行逃离。

六、关心爱护幼儿。呵护幼儿健康,保障快乐成长;不得体罚和变相体罚幼儿,不得歧视、侮辱幼儿,严禁猥亵、虐待、伤害幼儿。

七、遵循幼教规律。循序渐进,寓教于乐;不得采用学校教育方式提前教授小学内容,不得组织有碍幼儿身心健康的活动。

八、秉持公平诚信。坚持原则,处事公道,光明磊落,为人正直;不得在入园招生、绩效考核、岗位聘用、职称评聘、评优评奖等工作中徇私舞弊、弄虚作假。

九、坚守廉洁自律。严于律己,清廉从教;不得索要、收受幼儿家长财物或参加由家长付费的宴请、旅游、娱乐休闲等活动,不得推销幼儿读物、社会保险或利用家长资源谋取私利。

十、规范保教行为。尊重幼儿权益,抵制不良风气;不得组织幼儿参加以营利为目的的表演、竞赛等活动,或泄露幼儿与家长的信息。

第四节　幼儿园教师的法律风险及其预防

幼儿园教师法律风险呈现

王某大学毕业后到一所幼儿园担任幼儿园教师,与幼儿园签订了为期五年的劳动合同,月工资3 500元,试用期为四个月。双方还约定,除非发生不可抗力或意外事件,合同期满前任何一方不得解除合同,否则要承担违约责任。

情景一:王某在幼儿园工作一年后,感觉没有任何发展前景,于是提出辞职。幼儿园以缺少老师为由,拒绝了王某的辞职请求。

情景二:王某工作一年半后,一天,在组织幼儿进行游戏时,发现两名幼儿起争执但没有及时制止,后来一名幼儿被另一名幼儿推倒,摔到一块石头上,手臂出血,送到医院后,缝了几针。

情景三:王某工作三年后,在一次组织户外活动时,从幼儿园外飞来一个小石块,刚好砸中班上的一个幼儿,致其脸部流了不少血。王某赶紧出去看是谁扔的小石块,但没有发现人。该幼儿被送到医院后,花费医药费800元。该幼儿家长认为幼儿园对该幼儿受伤事件应当负责,幼儿园认为是王某的责任,要王某赔偿该幼儿家长的医药费。

情景四:王某班上有名幼儿叫点点,在一次在跑步时不小心摔伤,点点爸爸认为王某没有照顾好点点,便与点点的妈妈一起冲入幼儿园对王某挥拳殴打,致王某眼底出血,鼻骨骨折,身上多处软组织受损。

试分别根据上述情形分析幼儿园教师王某面临的法律风险。

资料来源:武祥海,李小红.以案释法——幼儿园涉法事务全解析[M].南京:南京师范大学出版社,2011:61—83.

一、幼儿园教师的劳动、人事关系纠纷

幼儿园教师作为劳动者,与幼儿园之间为劳动合同关系,或者人事关系。在履行劳动合同的过程中,难免会出现合同的履行、解除等方面的争议。

根据《劳动合同法》的规定,幼儿园作为用人单位与作为劳动者的幼儿园教师建立劳动关系,订立、履行、变更、解除或者终止劳动合同,依照《劳动合同法》执行。

聘任制幼儿园教师与幼儿园或其他教育机构的关于订立、履行、变更、解除或者终止劳动合同的纠纷,根据《劳动合同法》的规定,本应为劳动纠纷,但是根据《劳动人事争议仲裁组织规则》以及各地方人事争议解决办法的相关规定,幼儿园教师与公办幼儿园之间的纠纷,不适用劳动仲裁程序解决,而被视为人事纠纷,按照人事仲裁程序解决,因为公办幼儿园属于事业单位。至于私人办园或私营企业办园,或是其他非公立早期教育机构,则不是事业单位,此时幼儿园教师与这些单位的争议属于劳动纠纷,适用劳动仲裁程序解决。

劳动纠纷的解决方式,包括幼儿园教师与幼儿园的协商、劳动监察部门组织下的调解、劳动仲裁以及诉讼;《教育法》还赋予幼儿园教师向教育行政部门申诉的权利。人事纠纷的解决程序与此大致相当,幼儿园教师可以与幼儿园协商,可以请求主管部门进行调解,也可以申请人事仲裁,对人事仲裁结果不服的,可以起诉解决;同样,幼儿园教师也可以向教育行政部门申诉。发生在幼儿园教师身上的劳动纠纷或人事纠纷,包括幼儿园与幼儿园教师之间因确认劳动关系,订立、履行、变更、解除和终止劳动合同,工作时间、休息休假、社会保险、福利待遇、培训以及劳动保护、工伤医疗费、经济补偿或者赔偿金等发生的争议;公办幼儿园与在编教师之间因除名、辞退、辞职、离职等解除人事关系以及履行聘用合同发生的争议等。比如,幼儿园教师因怀孕而被幼儿园解聘,幼儿园教师与园方领导商量无果而申请劳动仲裁;某公立幼儿园教师因体罚幼儿被幼儿园辞退,幼儿园教师不服,申请人事仲裁;幼儿园教师因幼儿园发展前景不好而辞职,但幼儿园以合同期未满为由而不予允许,幼儿园教师申请劳动仲裁等,均属于这一类型的纠纷。

聘任制幼儿园教师与幼儿园协商一致,可以解除劳动合同,此时,幼儿园应当根据幼儿园教师工作的时间长短,对其予以相应的补偿。幼儿园教师提前三十天通知幼儿园,可以解除劳动合同;试用期间,幼儿园教师和幼儿园可以随时解除劳动合同。幼儿园单方面解除劳动合同的,应当承担相应的赔偿或补偿责任。《劳动合同法》对劳动合同的解除进行了详细的规定。在案例 6-12 的情景一中,王某可以根据《劳动合同法》第七十七条的规定,申请劳动仲裁。对仲裁结果不服的,可以向法院起诉;但仲裁程序是提起诉讼的前置程序。

在公立幼儿园中,幼儿园教师认为幼儿园没有履行劳动合同或是解除劳动合同的行为侵害了其合法权益的,可以向人事仲裁机构申请仲裁。

此外，认为合法权益受到幼儿园非法侵害的幼儿园教师，可以向幼儿园所在地教育行政部门申诉。根据《教师法》第七条的规定，教师的合法权益包括教师在教育教学、科学研究、管理学生、民主管理、进修培训、获得报酬待遇等方面的内容。《教师法》第三十九条规定，教师对学校侵犯其合法权益的，可以向教育行政部门提出申诉。教育行政部门应当在接到申诉的三十日内，作出处理。如果教育行政部门在三十日内没有作出决定，幼儿园教师可以向同级政府或者上一级人民政府提出申诉。另外，即便教育行政部门在三十日内作出决定，但幼儿园教师对其所作的决定不服的，也可以向同级政府或者上一级人民政府提出申诉。

二、幼儿园教师个人的法律风险

幼儿园教师个人法律风险呈现

某幼儿园教师杨某集十几年教学经验，总结出一套如何培养幼儿动手能力的方法。幼儿园园方指派另一青年教师李某将其方法总结成书面材料以便推广，李某在向杨某请教并跟班听课的基础上，根据自己的构思编写了介绍杨某教学方法的材料交给园方，园方对此材料很满意。该市某出版社拟以《幼儿动手能力的培养》为名，将该材料出版发行，作者署名为杨某。李某看到书稿后提出异议，认为该书的作者是自己而非杨某。而幼儿园则认为，该书的著作权应归幼儿园所有。

应当怎样解决上述著作权归属的问题？

资料来源：武祥海，李小红. 以案释法——幼儿园涉法事务全解析[M]. 南京：南京师范大学出版社，2011：69.

幼儿园教师为完成幼儿园工作任务所创作的作品是职务作品。案例6-13中的幼儿园教师李某所写的《幼儿动手能力的培养》便属于这类作品。但由于幼儿园并没有参与具体的整理事宜，也没有提供专门的款项和设备，更未与杨某、李某就著作权的归属达成协议，因此不能享有该书的著作权。杨某只是该方法的发明人，其方法是李某编写书面材料的素材，杨某本人并未参与创作活动，也未与李某达成合著该作品的协议，杨某亦不享有该书的著作权。该书的著作权应由李某单独享有。但幼儿园可在业务范围内对该书享有优先使用权。

幼儿园教师在幼儿园中，也可能面临人身健康或其他权利被侵犯的现象，因幼儿园教师与幼儿之间的问题而引发的幼儿家长侵犯幼儿园教师人身健康权利的事件时见报端。针对上述可能出现的法律风险或问题,幼儿园教师一方面需要能够预见,并对之进行预防;另一方面,当相应的问题出现时,应当有适当的处理方式,以防止损失的扩大或伤害的加重。比如幼儿家长殴打幼儿园教师的侵权事件,幼儿园教师可在日常的保教活动中关爱幼儿、加强与家长的交流,尽量避免这类问题的发生。

对于已经造成伤害结果的,幼儿园教师可以起诉侵权人,要求民事赔偿,甚至可以到公安机关报案,要求追究侵权人的刑事责任。比如,某县教委拟在全县教师中评选县级教学能手,刘老师符合参评条件,并向学校报名申请。学校召开有关人员会议,传达了县级教学能手和市级教学能手报评条件,成立了考评领导小组。在此之前,县委、县政府号召全县事业单位工作人员为县里的某项事业募集资金,并限期各有关单位完成任务。因此学校在这次推荐报评教学能手活动中规定,凡未完成募集任务的,一律不予推荐。由于刘老师未按要求缴纳资金,学校拒绝推荐其为县级教学能手。刘老师得知自己未被推荐后,来到学校校长办公室,在质问李校长有关情况时,两人发生争吵并厮打,在厮打过程中,刘老师受伤。正在会议室开会的部分教师听到刘老师呼救后,急忙跑去劝解。此时,刘老师已躺在地上,处于昏迷状态,众人立即将刘老师送到医院治疗。经鉴定,刘老师身体损伤为钝器伤,鉴定结论为轻微伤(偏重)。后刘老师向法院提起诉讼。① 这一事件虽非发生在幼儿园,但这是一起校内人员侵犯教师人身权利的事件。可见,教师有受到校内外人员侵权的可能。

一般而言,幼儿园教师按照基本的社会规范生活,在工作中尽到幼儿园教师应尽的义务,按照有关法律和职业道德的规定开展保教活动,可以避免大多数的法律风险。至于难以避免的意外伤害事件,其出现后也会有相应的处置措施,并不需要幼儿园教师因为过分担忧这些而影响自己的生活和工作。

💡 思考与练习

一、问答题

1. 根据《教师法》的规定,取得幼儿园教师资格需要具备什么条件?
2. 简述幼儿园教师的权利。
3. 简述幼儿园教师的义务。
4. 简述幼儿园教师的职业道德规范。

---

① 解立军.谁侵犯了教师的人身权[J].黑龙江教育:小学文选版,2005(03):43—44.

二、材料分析题

5岁男童阳阳比较好动,常常不按照老师的要求活动,因此班主任李老师一直都不喜欢他。某天,班里的小朋友都在一起玩玩具,阳阳与汪汪因为一部小汽车而争抢起来,阳阳将汪汪推倒在地,并将小汽车扔出了窗外。事后,李老师将阳阳的小手绑住,将他放在教室里高高的柜子上,随即关上门离开教室。阳阳为了挣脱绳索,在扭动身体时不慎从柜子上掉下来,摔伤并被诊断为脑震荡,额头缝了3针。事后,阳阳的家长要求李老师承担全部责任,但李老师认为,根据《教师法》和《教育法》的规定,她享有管理学生的权利,对阳阳所造成的伤害仅仅是一场意外事故,她只承担部分责任。

请结合上述案例回答:你是否同意李老师的解释?有什么法律依据?

第七章

幼儿园工作人员的资质和职责

 学习目标

1. 了解园长的任职资格。
2. 掌握园长的主要职责。
3. 理解园长负责制的含义及教职工民主参与管理的重要性。
4. 了解幼儿园园长的各种角色。
5. 掌握保育员的两大任职条件。
6. 了解保育员的职业道德。
7. 理解造成保育员职业现状的内外原因及改善途径。
8. 了解幼儿园其他工作人员的任职条件与主要职责。

导入案例

培养幼儿园教师的法律意识

一、审视幼儿园虐童案例

各类法治节目、电视新闻、网络案例中都有虐童、伤童案例的曝光,引起媒体的一片哗然,全社会都在用最严厉的词语谴责着这些职业道德沦丧、教育规范意识缺失的教师。同时,被曝光的幼儿园教师的任职资格与岗位资质情况也遭到公众的质疑。一些教师没有经过专业的幼儿教育理念与基础知识的学习,没有通过专业的入职考试,更没有受到规范的岗位培训和继续教育。幼儿园作为教育机构,若能对国家的教育方针政策进行有效传达和落实,也就能帮助从事学前教育的教师从思想上建立完善的职业道德认识,达成教育法律法规的内化。

二、拟定幼儿园规章制度

党和国家的教育方针政策以及各项教育法律法规的出台与革新,是对幼儿园教师这一职业的监督和保障,同时也是幼儿园制定岗位职责的标准。在幼儿园中,每项制度或规定的出台都要经历发起提议、年级组讨论、园长室制定发布、全园公示的程序。出台的制度或规定有的针对园长职责、副园长职责、教师岗位职责、考勤制度;有的针对园舍设备的财产保管制度、资料管理细则;有的针对音乐室管理办法、电脑室工作制度、亲子阅读室读书守则等;有的针对教学活动的常规开展、教学研讨制度、家园联系制度等;有的针对安全方面的家长接送制度、疾病预防制度、幼儿中途离园制度等。

幼儿园应深刻理解和领会国家政策及地方性法规,细化幼儿园的各项制度。依法治教、从严管理,能有效保障一所幼儿园的运行,同时也能提高教师的自律性。这些制度和规定的出台并不是对教师的约束,反而大大提高了教师的工作效率,健全的工作制度是教师身份、社会地位和专业成长的坚实保障。

三、强化幼儿园教师法律意识

与儿童、学前教育、学前教育资源等相关的法律条文很多,但相关研究、图书却较少。换言之,幼儿园教师在工作中的法律意识比较淡薄,这就导致很多教师在一些不可避免的事故或纠纷中处于弱势地位。法律是保护教师、儿童的最公正和最有效的手段。可请富有经验的法律人士定期来园为教师做讲座,让教师在第一时间掌握最新的政策和法规。在此基础上,幼儿园组织教师开展各类讨论和学习活动,如对《学前教育法》《幼儿园工作规程》《幼儿园教育指导纲要(试行)》《3—6岁儿童学习与发展指南》等的解读、幼儿园安全问题沙龙。教师应根据自身工作实际,积极认真地学习、理解,并进行深入探讨。

教师是专业性比较单一而且突出的群体,面对高标准的行业要求,幼儿园教师的法律意识已经成为专业知识中不可或缺的组成部分。为了让每条法规深入人心,成为日常工作的基本保障,幼儿园要利用各种手段和方法组织教师进行政策法规学习,这样的学习应成为幼儿园的常规性活动之一。

幼儿园教师应知晓的政策法规如下。

《宪法》中与学前教育相关的内容。

《学前教育法》规定了国家实行学前教育制度;学前教育应当坚持中国共产党的领导,坚持社会主义办学方向,贯彻国家的教育方针;国家建立健全学前教育保障机制;国家推进普及学前教育,构建覆盖城乡、布局合理、公益普惠、安全优质的学前教育公共服务体系等。

《幼儿园管理条例》为加强幼儿园的管理,促进幼儿教育事业的发展而制定。

《教师法》为保障教师的合法权益,建设具有良好思想品德修养和业务素质的教师队伍,促进社会主义教育事业的发展而制定。

《教师资格条例》为提高教师素质,加强教师队伍建设而制定。

《幼儿园工作规程》为加强幼儿园的科学管理,规范办园行为,提高保育和教育质量,促进幼儿身心健康而制定。

《幼儿园教育指导纲要(试行)》为贯彻《教育法》《幼儿园管理条例》《幼儿园工作规程》,指导幼儿园深入实施素质教育而制定。

《民办教育促进法》为实施科教兴国战略,促进民办教育事业的健康发展,维护民办学校和受教育者的合法权益,根据《宪法》和《教育法》而制定。

《关于幼儿教育改革与发展指导意见》为进一步推动幼儿教育的改革与发展,根据相关文件而制定。

《中小学幼儿园安全管理办法》为加强中小学、幼儿园安全管理,保障学校及其学生和教职员工的人身、财产安全,维护中小学、幼儿园正常的教育教学秩序,根据《教育法》等法律法规而制定。

《未成年人保护法》为保护未成年人的身心健康,保障未成年人合法权益,促进未成年人德智体美劳全面发展,培养有理想、有道德、有文化、有纪律的社会主义建设者和接班人,培养担当民族复兴大任的时代新人,根据《宪法》而制定。

《国家中长期教育改革和发展规划纲要(2010—2020年)》是根据"优先发展教育,建设人力资源强国"的战略部署,为促进教育事业科学发展,全面提高国民素质,加快社会主义现代化进程而制定的。

《国务院关于当前发展学前教育的若干意见》为积极发展学前教育,着力解决存在的"入园难"问题,满足适龄儿童的入园需求,促进幼儿教育事业科学发展而提出。

《托儿所幼儿园卫生保健管理办法》为提高托儿所、幼儿园卫生保健工作水平,预防和减少疾病发生,保障儿童身心健康而制定。

《中小学和幼儿园教师资格考试标准(试行)》为加强中小学和幼儿园教师队伍,提高教师队伍整体素质,完善教师资格制度,严格教师入口关,促进教师专业化而制定。

《教师教育课程标准(试行)》为落实《国家中长期教育改革和发展规划纲要(2010—2020年)》,深化教师教育改革,规范和引导教师教育课程与教学,培养造就高素质专业化教师队伍而制定。

《幼儿园收费管理暂行办法》为加强幼儿园收费管理工作,规范幼儿园收费行为,保障受教育者和幼儿园的合法权益,根据相关法律法规的有关要求而制定。

《幼儿园教师专业标准(试行)》为促进幼儿园教师专业发展,建设高素质幼儿园教师队伍,根据《教师法》而制定。

《3—6岁儿童学习与发展指南》为深入贯彻《国家中长期教育改革和发展规划纲要(2010—2020年)》和《国务院关于当前发展学前教育的若干意见》,帮助幼儿园和家庭实施科学的保育和教育,促进幼儿身心全面和谐发展而制定。

《中共中央国务院关于学前教育深化改革规范发展》为进一步完善学前教育公共服务体系,切实办好新时代学前教育,更好实现幼有所育而提出。

《新时代幼儿园教师职业行为十项准则》《幼儿园教师违反职业道德行为处理办法》为进一步增强教师的责任感、使命感、荣誉感,规范职业行为,明确师德底线,引导广大教师努力成为有理想信念、有道德情操、有扎实学识、有仁爱之心的好老师,着力培养德智体美劳全面发展的社会主义建设者和接班人而制定。

《幼儿园保育教育质量评估指南》为深入贯彻全国教育大会精神,加快建立健全教育评价制度,促进学前教育高质量发展,根据相关精神而制定。

《幼儿园督导评估办法》为深入贯彻党的二十大精神,加快推进学前教育高质量发展,按照相关文件精神,依据《教育督导条例》以及《幼儿园保育教育质量评估指南》等而制定。

第一节　幼儿园园长

一、园长的聘任

违法的园长

唐某某从某学前教育专业毕业后,取得了幼儿园教师资格证。后在其于某工厂打工期间,为了解决打工者子女入园难的问题,并让自己所学的学前教育专业知识和技能派上用场,她开始创办专门接收打工子弟的幼儿园。

她所创办的幼儿园收费低廉,很受打工者家庭的欢迎。但第二年,她用所有积蓄创办的第一所幼儿园因手续不齐全,被相关部门勒令停办整改。接着,唐某某因同样的原因多次办学失败,可谓屡办屡败,屡败而屡办。最后,经过几番大的折腾,她又在一居住区办起了幼儿园,但由于招生人数下滑而难以为继。其丈夫以离婚相威胁,劝其放弃举办幼儿园,但唐某某依然不为所动。在离婚协议关于财产分割的内容上,她只要求将该幼儿园分给自己。

凭着一股韧劲,唐某某一度把幼儿园经营得像模像样,还租用了相对固定的园址。但某年,该幼儿园在有关部门的审查中,还是因为办园条件不达标而被彻底取缔。但唐某某不甘心,于是将幼儿园迁址,转为"地下"办学。其间,有家长(刘某某)打电话询问其幼儿园可否接收他家1岁零8个月大的儿子(刘小某),在犹豫中,唐某某出于办学信誉的考虑,还是决定接收。

某日中午,由于刘小某的家长曾反映其孩子在幼儿园好像没有吃饱,唐某某叮嘱老师多给刘小某喂点饭。饭后1小时左右,唐某某按惯例让老师将刘小某带至自己的房间午睡。下午3时40分,唐某某叫刘小某起床,发现刘小某躺在婴儿床上,嘴唇发紫,呼吸已经十分微弱,中午吃的饭菜从其嘴角流了出来。其后,唐某某和幼儿园的一名厨师(郭某)慌忙将刘小某送往医院抢救。可是,刘小某最终经抢救无效死亡。

在抢救过程中,为了不让医院通知刘小某的家长,唐某某谎称自己是刘小某的亲生母亲,除了她以外,孩子没有其他亲属,并在死亡确认书上签下了自己的名字,在尸检同意书上私自签了不同意。最后,唐某某伙同郭某将刘小某的尸体带离医院,并在某处荒地挖坑掩埋。

面对刘小某父亲刘某某的一次次来电询问幼儿园为何迟迟未将孩子像往常一样送回家,唐某某又谎称下午带刘小某一起逛街,路过一西瓜摊时,刘小某吵着要吃西瓜,可等她挑好西瓜后,孩子却不见了。为了将戏演得更像,唐某某还向当地公安局报案,声称园内一儿童走失。

可纸是永远包不住火的,最终事情真相大白。尸检报告判定,刘小某因为中午吃得过饱,午睡时引起呕吐,后呕吐物吸入气管,导致异物阻塞气管,最终窒息性死亡。悲伤而愤怒的刘某某将唐某某等人告上法庭,法院一审判决:被告唐某某赔偿原告刘某某丧葬费、死亡赔偿金96 205元;由被告唐某某、郭某连带赔偿原告刘某某实际支出费用和精神抚慰金82 740元。

资料来源:李鸿波.一龄童猝死幼儿园　园长埋尸被判赔偿[J].法庭内外,2011(11):23—27.因编写需要,已作删改。

这是一个让整个社会震惊的案例,由此可引申出本节的核心话题:如何从多视角出发,全方位地正确认识与定位被称作"一园之魂"的幼儿园园长。

在案例7-1中,幼儿园的创办人是唐某某,而其园长也是唐某某。这就让人产生了第一个误解:园长就是幼儿园的创办人,或幼儿园创办人理所当然就是园长。其实,园长是一个独立的职位,园长需要经过一个聘任的程序方可担任。

《教师法》和《教育法》都在宏观层面提及了学校及其他教育机构管理人员的规范性问题。例如,《教育法》第三十六条规定"学校及其他教育机构中的管理人员,实行教育职员制度"。教育职员制度实际上主要针对的是高等教育,其被《中华人民共和国高等教育法》确立为高等学校管理人员的人事制度。

《学前教育法》第三十八条规定:幼儿园园长由其举办者或者决策机构依法任命或者聘任,并报县级人民政府教育行政部门备案。幼儿园园长应当具有《学前教育法》第三十七条规定的教师资格、大学专科以上学历、五年以上幼儿园教师或者幼儿园管理工作经历。国家推行幼儿园园长职级制。幼儿园园长应当参加县级以上地方人民政府教育行政部门组织的园长岗位培训。

《幼儿园管理条例》第二十三条明确规定"幼儿园园长由举办幼儿园的单位或个人聘任,并向幼儿园的登记注册机关备案";第九条明确规定"幼儿园园长、教师应当具有幼儿师范学校(包括职业学校幼儿教育专业)毕业程度,或者经教育行政部门考核合格"。

《幼儿园工作规程》第三十九条规定:幼儿园教职工应当贯彻国家教育方针,具有良好品德,热爱教育事业,尊重和爱护幼儿,具有专业知识和技能以及相应的文化和专业素养,为人师表,忠于职责,身心健康。幼儿园教职工患传染病期间暂停在幼儿园的工作,有犯罪、吸毒记录和精神病史者不得在幼儿园工作。《幼儿园工作规程》有以下特征:第一,不仅规定幼儿园教职工要爱护幼儿,而且首先要尊重幼儿,所有保教工作的开展要真正站在幼儿的视角,以幼儿独有的思维方式去看待幼儿的行为和发展。第二,规定幼儿园教职工必须具有相关的专业知识和技能以及一定程度的文化和专业水平,才能上岗。第三,明确了两类禁止在幼儿园工作的人员和一种须暂停教职工工作的情况,整个规定非常细致全面。

在园长的任职资格方面,《幼儿园工作规程》第四十条重申了《幼儿园管理条例》第二十三条的相关内容,并规定园长不仅可由幼儿园举办者聘任,亦可由其"任命"[①]。在任职资格上,《幼儿园工作规程》第四十条明确将担任幼儿园园长的学历要求提高为"应当具有《教师资格条例》规定的教师资格、具备大专以上学历、有三年以上幼儿园工作经历和一定的组织管理能力",并明确幼儿园园长必须取得幼儿园园长岗位培训合格证书。这表明了国家高度重视幼儿园园长的上岗培训工作。

《民办教育促进法》第二十四条规定:民办学校参照同级同类公办学校校长任职的条件聘任校长,年龄可以适当放宽。并在附则第六十五条中解释:"本法所称的民办学校包括依法举办的其他民办教育机构;本法所称的校长包括其他民办教育机构的主要行政负责人。"结合第二十四条的规定和第六十五条的司法解释,推理分析可知,民办幼儿园园长的聘任条件参照公办幼儿园园长的聘任条件执行,且可在任职者年龄上适当放宽条件。事实上,幼儿园园长在任职年龄上并没有法定限制[②]。

上述条文的列举与分析已将幼儿园园长聘任这一环节展现得非常清晰明了,从中我们也可以明白,唐某某作为一名幼儿园的创办者,自己聘任了自己为其创办的幼儿园的园长。诚然,法律法规没有禁止这种行为,但对照以上相关的法律法规,唐某某有资格来担任园长吗?这个问题留给读者自己来思考和回答。

二、园长的职责

做园长到底可以干些什么、必须干些什么和不能干些什么?即园长的法定权利和职责

[①] "任命"意为"下命令任用",特用于教育行政机关决定某一在编幼儿园教师担任公立幼儿园园长的情形;而"聘任"则意为"聘请某人担任某一职务",一般以签订劳动合同的方式进行。

[②] 幼儿园园长的任职年龄没有"法定限制",即法律上的限定,但一般幼儿园,特别是民办幼儿园在聘任园长时往往是有年龄限制的,比如要求50岁以下,等等。

有哪些？"职责"是职务与责任的统一，是基于特定职务而产生的责任。一般而言，园长的权利往往也就是一种必须承担的责任。

（一）法律法规中园长的主要职责

《教育法》由于是有关教育的基本法律，并没有细致地规定园长职责；而《教师法》所规定的主要内容如同其名，是各类学校和其他教育机构教师的权利与义务，这里指称的教师应理解为不包括幼儿园园长，尽管事实上确有部分园长既从事着具体的教学工作，也进行着园内的行政管理工作。

《幼儿园管理条例》第二十三条规定了幼儿园内部管理的总原则，"幼儿园园长负责幼儿园的工作"，这在学理上被称为"园长负责制"[1]。《幼儿园工作规程》相较于《幼儿园管理条例》而言，更为具体地展开说明了园长负责幼儿园的哪些工作——幼儿园园长负责幼儿园的全面工作，其主要职责如下：①贯彻执行国家的有关法律、法规、方针、政策和地方的相关规定。②负责保育教育、卫生保健、安全保卫工作。③负责按照有关规定聘任、调配教职工，指导、检查和评估教师以及其他工作人员的工作，并给予奖惩。④负责教职工的思想工作，组织业务学习，并为他们的学习、进修、教育研究创造必要的条件。⑤关心教职工的身心健康，维护他们的合法权益，改善他们的工作条件。⑥组织管理园舍、设备和经费。⑦组织和指导家长工作。⑧负责与社区的联系和合作。

《全国幼儿园园长任职资格职责和岗位要求（试行）》也阐述了园长的职责。

根据相关规定，将园长的主要职责归纳如下。

（1）贯彻执行国家的有关法律、法规、方针、政策和地方的相关规定。负责建立并组织执行各种规章制度，依法进行内部管理。

（2）负责教职工的思想政治工作、职业道德教育，组织文化、业务学习，并为他们的政治、文化和业务进修创造必要条件；维护教职工的正当权益，关心并逐步改善教职工的生活和工作条件；发挥教职工（或教职工代表）代表大会在幼儿园民主管理中的作用，调动和发挥教职工的主动性、积极性和创造性。

（3）主持幼儿园的保教工作、领导和组织安全保卫、卫生保健工作，贯彻有关的法律和规章，确保幼儿在园安全、卫生和健康；领导和组织教育工作，贯彻执行国家幼儿园课程标准，促进幼儿身心和谐发展。

（4）领导和组织行政工作，包括教师和其他工作人员的聘任、调配、考核（检查和评估）、任免和奖惩及园舍、设备和经费管理等。

---

[1] 明确幼儿园内部实行"园长负责制"的是《幼儿园工作规程》第五十六条：幼儿园实行园长负责制。

（5）密切与家长和社区的联系。向家长和社区宣传正确的教育思想及科学育儿知识，争取家长和社区支持幼儿园工作。

案例 7-2

疏忽的园长

被告王荣花在朝阳区东坝乡租用了一处有四间平房的农家小院，开办了阳光乐园幼儿园，并担任幼儿园园长。某天上午，共有 10 个孩子留在园内，而照看他们的仅有王荣花哥哥的女友李彦巧一人（统管幼儿园的教学、卫生、饮食等）。午餐过后，其中一个孩子要求晚上包饺子吃，而幼儿园厨房里只有白菜，恰恰有多个孩子不喜欢吃白菜饺子。于是，李彦巧自己提着菜篮子，去菜场买芹菜和肉。

临出门时，李彦巧忘了将放置在教室里的电热取暖器的插头拔掉，而正是这一疏忽直接导致了悲剧的发生。午休期间，一些孩子在教室隔壁的房间里睡觉，而另一些处于无人照看状态下的孩子开始在教室里玩电热取暖器。玩着玩着，电热取暖器倒地后起火，火势迅速蔓延至教室隔壁的房间，点燃了那里的棉被，大多数孩子跑到院子里呼救。

消防队员接到报警后立刻赶到现场，并很快将大火扑灭。不幸的是，年仅 2 岁的女童玲玲在这次火灾中失去了宝贵的生命。事发后，警方将王荣花和李彦巧带走调查。检察院以消防责任事故罪对王荣花提起公诉，以过失致人死亡罪对李彦巧提起公诉。

经过调查，阳光乐园幼儿园并没有办学资质，不是合法办学机构，且曾多次被教育、消防部门警告存在安全隐患，要求王荣花予以消除。但王荣花仅进行了一些表面上的掩饰而未有实质上的整改。事发当天，王荣花自己因声带水肿，在家中休养，而原本仅有的两名幼儿园教师早已辞职。

资料来源：整理自消防案例。

园长是履行幼儿园领导与管理工作职责的专业人员。《幼儿园园长专业标准》从办学理念和专业要求两个方面规范了园长的任职资质。其中，在专业要求方面，《幼儿园园长专业标准》规定了园长在规划幼儿园发展、营造育人文化、领导保育教育、引领教师成长、优化内部管理和调适外部环境等方面的职责。

> **拓展阅读**
>
> 《幼儿园园长专业标准》中对办学理念的要求
>
> （一）以德为先
>
> 坚持社会主义办园方向和党对教育的领导,贯彻党和国家的教育方针政策,将社会主义核心价值观融入幼儿园工作,履行法律赋予园长的权利和义务,主动维护儿童合法权益;热爱学前教育事业和幼儿园管理工作,具有服务国家、服务人民的社会责任感和使命感;践行职业道德规范,立德树人,关爱幼儿,尊重教职工,为人师表,勤勉敬业,公正廉洁。
>
> （二）幼儿为本
>
> 坚持幼儿为本的办园理念,把促进幼儿快乐健康成长作为幼儿园工作的出发点和落脚点,让幼儿度过快乐而有意义的童年;面向全体幼儿,平等对待不同民族、种族、性别、身体状况及家庭状况的幼儿;尊重个体差异,提供适宜教育,促进幼儿富有个性地全面发展;树立科学的儿童观与教育观,使每个幼儿都能接受有质量的教育。
>
> （三）引领发展
>
> 园长作为幼儿园改革与发展的带头人,担负引领幼儿园和教师发展的重任。把握正确办园方向,坚持依法办园,建立健全幼儿园各项规章制度,实施科学管理、民主管理,推动幼儿园可持续发展;尊重教师专业发展规律,激发教师自主成长的内在动力。
>
> （四）能力为重
>
> 秉承先进教育理念和管理理念,突出园长的领导力和执行力。不断提高规划幼儿园发展、营造育人文化、领导保育教育、引领教师成长、优化内部管理和调适外部环境等方面的能力;坚持在不断的实践与反思过程中,提升自身的专业能力。
>
> （五）终身学习
>
> 牢固树立终身学习的观念,将学习作为园长专业发展、改进工作的重要途径;优化专业知识结构,提高科学文化艺术素养;与时俱进,及时了解国内外学前教育改革与发展的趋势;注重学习型组织建设,使幼儿园成为园长、教师、家长与幼儿共同成长的家园。

（二）园长负责制

园长负责制属于幼儿园的领导体制,具体是指幼儿园园长在举办者和教育行政部门的领导下,在有关部门的保证监督、教职员工的民主参与管理下,全面负责幼儿园保育教育和行政管理工作,共同实现幼儿园工作目标的一种基本管理制度。①

 案例 7-3

遵守规章制度的园长

某单位附属幼儿园的陈老师,在日常工作中不能很好地遵守劳动纪律,时有迟到、早退、串班聊天等情况的发生,违反了幼儿园制定的工作制度。在年底奖金发放时,园长根据奖罚制度,从其年终奖金中扣发 150 元作为处罚,并将这 150 元奖给了出满勤、工作积极认真负责的李老师,以期起到奖优罚劣、奖勤罚懒、调动教职员工积极性的作用。陈老师感到心里很不平衡,认为幼儿园工作量大,放松一下没什么了不起,况且也没出现什么意外情况,要求园长退还扣发的奖金。

园长认为,既然制定了规章制度,就该认真贯彻执行,否则会挫伤本园教职工的积极性,因此拒绝了陈老师的要求。陈老师很愤怒,认为园长对自己有看法,是打击报复她,于是她对园长进行人身攻击,并让家里人和她一起到园里大吵大闹,看到园长没有让步的意思,又找到幼儿园主管单位的领导处哭闹,歪曲事实。

而此领导在没有调查清楚的情况下,轻率地表态,认为批评一下就可以,让园长把扣发的奖金还给陈老师,这样就使园长处于被动地位和两难境地。但园长并不盲从该领导,而是写材料呈报上级,讲明情况:如果不能贯彻执行幼儿园的规章制度,那么自己就无法胜任园长的工作,况且自己的做法是正确的。

主管单位对此很重视,经反复调查研究,作出决定:①给陈老师记处分一次,扣发奖金不必退还。②表扬了该园园长工作认真负责、把制定的方针政策贯彻执行到底的做法。

资料来源:张燕,邢利娅.幼儿园管理案例及评析[M].北京:北京师范大学出版社,2002:29—30.有修改。

园长负责制包含了以下两方面的含义。

第一,园长对外作为幼儿园的法人代表,代表幼儿园整体做好与上级行政管理机构(包括上级领导)和社会(如所在社区、街道、具体的居民)之间的沟通与交流工作,为顺利开展内部管理奠定基础;代表幼儿园参与有关的民事或行政诉讼。如在案例 7-3 中,园长严格根据

---

① 王普华.幼儿园管理[M].北京:高等教育出版社,2005:115.

已有规章制度办事是完全正确的,但如果没有得到上级的支持、理解与信任,那么园长管理行为的效力就会大打折扣。

第二,园长对内作为幼儿园的最高行政管理者,既统筹园内各项工作,使之有条不紊地开展,协调处理教职员工间的工作关系,还全面承担幼儿园在民主管理前提下由于决策而产生的风险与责任。

园长对内的最高行政管理权是园长负责制的核心,具体包括了决策指挥权、人事管理权和财政管理权。由于园长负责制赋予了园长十分大的权力,对权力的控制和监督就显得尤为重要,以免制度在运行中因无形地被歪曲而走样。建立健全法律法规是其中的一种手段,但这属于外部环境的改善,漫长且一般难以控制。上级行政管理机构的监督及教职员工的参与,也是一种监督方式。

此处重点介绍教职员工如何参与幼儿园的管理。

教职员工可以通过园务委员会来参与管理。《幼儿园工作规程》规定:园务委员会由园长、副园长、党组织负责人和保教、卫生保健、财会等方面工作人员的代表及幼儿家长代表组成,园长任主任,定期召开园务会议(遇重大问题可临时召集),对规章制度的建立、修改、废除,全园工作计划,工作总结,人员奖惩,财务预算和决算方案,以及其他涉及全园工作的重大问题进行审议。

由园长全面负责幼儿园保教和行政管理工作、上级行政管理机构负责监督、教职员工参与民主管理,这种"三位一体"的园长负责制是一种较为科学的领导制度,但在对这一制度的理解与应用过程中,首先要特别注意避免走入两大误区——"权力至上"(片面夸大园长的职权)和"权力真空"(事务管理没有主导力量)。[1] 其次,园长应该做到以下两点:一是,做坚持原则的园长,按制度决定了的正确决策办事,绝不能轻易更改。二是,在特殊和意外事故中,除了果断作出决策以外,还应请示上级,采取正确决策,管理好幼儿园。[2]

综上所述,若回溯本节开始的案例7-1,姑且权当唐某某就是一个合法创办的幼儿园所聘任的园长。人们责难这位园长的时候,往往会轻易地把关注的焦点集中在埋尸的行为上。细想之下,这无疑又是一个误解。将唐某某埋尸的行为算作是园长的管理行为或园长未尽职责不说是错误的,至少也是牵强的,这仅仅表明了唐某某个人处理问题的方式是极端荒唐的、不合理的、不道德的。

关键在于,唐某某园长一直没有在她创立的幼儿园里建立并执行我们所谓的规章制度,甚至她根本没有一点依法治园的意识;她没有严格把好教师和其他职工的聘任关;她没有也

---

[1] 王洪成.论园长负责制实施中的两个误区[J].学前教育研究,2000(06):47—48.
[2] 张燕,邢利娅.幼儿园管理案例及评析[M].北京:北京师范大学出版社,2002:30.

不可能给予保教人员关于规范的各方面的专业培训(保教人员不能意识到让饱餐的婴儿餐后平躺,极有可能导致食物从食道回流至气管,从而堵塞气管引起窒息,危及生命);她没有坚持贯彻执行关于幼儿园招生的相关规定,而让一个只有1岁零8个月的婴儿进入幼儿园;她没有完好地配备幼儿园必需的保健人员和相关设备,导致发生幼儿伤害事故时难以及时处置……我们可以根据案情推断出唐某某作为园长却未尽园长之职的结论。

再深入分析就会发现,唐某某作为园长最大的问题在于她始终不曾考虑过,也不曾明白过,幼儿园的园长到底应该扮演怎样的角色。而这一问题将在接下来的论述中得到解答。

三、园长的角色[①]

幼儿园园长到底有哪些社会角色需要扮演呢?园长主要扮演教育者、领导者、管理者、经营者、学习者、服务者和开拓创新者等。园长首要的角色便是拥有先进教育理念的教育者,然后才是领导者和管理者。一个完全不懂教育的人,即使拥有强大的领导力和出众的管理才干,也是不可能胜任园长职位的。作为领导者,园长决定着一个幼儿园的办学方向、质量和层次,这时其所要优先考虑的是幼儿园的生存和发展的问题。管理者是园长实际上扮演的主要角色,在实际的管理过程中,也有三种不同的角色定位——经营者、学习者、服务者。经营者的角色让园长更加关注作为一个组织的幼儿园,目标在于如何让其正常地运转。学习者角色则要求园长能够接受继续教育,有终身学习的理念取向,所谓"学无止境"——不仅仅在于知识的汲取和更新,更为重要的是能力的提升和经验的累积。服务者角色意为园长在日常管理之余,还要给幼儿身心发展、家长教育观念转变、教师专业成长提供足够的支持与帮助。最后,幼儿园园长要有开拓创新的勇气,以及对社会发展进程的敏锐洞察力和把握力。

在案例7-1中,本书认为唐某某实际上可能仅仅扮演了三种角色:低层次的教育者、完全不合格的管理者和马马虎虎的经营者。而面对自己所创办的幼儿园,她更像是在艰难地经营,而非有效地管理。

最后,本书简要摘录了三个发生在我们身边的,幼儿园园长因渎职失职而涉嫌犯罪的真实案例(见案例7-4),以供读者深入思考本节内容。

---

① 角色,通常指"戏剧或电影、电视中,演员扮演的剧中人物",也指"比喻生活中某种类型的人物"。西方学者萨宾从心理学的角度,认为角色是对某一社会地位或身份占有者的行为期待。而著名管理学家卡茨和卡恩则认为角色是人们在既定的运作关系中所必须采取的标准化行为模式。社会学将这种具有一定社会地位或身份的人所应有的行为模式称为社会角色。

案例 7-4

幼儿园园长涉嫌犯罪案例

（一）

黄某在相关部门的许可下创办了幼儿园，并自任园长。根据幼儿园的相关安全规定，黄某应对校园安全负责。办园过程中，黄某发现该幼儿园南墙边的秋千架摇篮发生故障，就拆掉了摇篮，将固定秋千架的绳子去掉，准备将秋千架拆除，但因其他事耽误而未能及时拆除，也未对秋千架采取安全保护措施。某天，秋千架倾倒，将在该幼儿园上学的 5 岁幼儿袁某的头部砸伤，黄某等人当即将袁某送到医院抢救，后袁某经抢救无效死亡。黄某拨打"110"报警，并在现场配合公安机关人员调查。

法院审理认为，被告人黄某身为幼儿园的负责人（园长），应对幼儿园的安全负责，在发现秋千架有安全隐患的情况下，应对其进行拆除；在未拆除完毕的情况下，应当预见秋千架会倾倒，自己的行为可能引发危害幼儿的结果。但黄某心存侥幸，致使发生重大事故，致一人死亡，其行为构成教育设施重大安全事故犯罪。黄某在事故发生后，主动向公安机关报案，并在公安机关传唤后能如实地供述自己的罪行，系自首，可对其从轻处罚，遂依法作出如下判决：被告人黄某犯教育设施重大安全事故罪，判处有期徒刑 1 年，缓刑 2 年。

（二）

两所幼儿园因生源问题产生矛盾，甲幼儿园园长李某因生源都被乙幼儿园抢走，十分气愤，遂产生了报复乙幼儿园的想法。某日早晨，李某用注射器将毒鼠强注射到酸奶中，并派知情的教师王某将其和书本等物装在一起，放置在了于乙幼儿园就读的幼儿上学的必经之路上。

当日，一名老人在送孙女丙和外孙女丁上学的路上，意外捡到了一瓶酸奶和几本书。而当孙女丙和外孙女丁相继分着喝下这瓶酸奶后，突然全身抽搐、不省人事，并当场死亡。警方在立案调查后发现，酸奶中竟含有毒鼠强，经过缜密的侦查，警方确定在酸奶中投毒的正是甲幼儿园园长李某。随后，两名犯罪嫌疑人（李某和王某）因涉嫌投放危险物质而被警方刑事拘留。

（三）

数百名离职幼儿园教师集体向媒体投诉某民办幼儿园克扣老师工资、克扣孩子伙食。曾任这家幼儿园厨师的吴某向媒体表示："这里的厨师很难当，做 300 多人的饭，每 4 天才用一瓶普通矿泉水瓶装的油，1 个鸡蛋或 1 个苹果要一分为四、一分为六，分给4个人、6个人,1根香肠要对半再对半切……"

媒体的调查发现,这家幼儿园在财务管理上存在着严重的问题。曾任这家幼儿园会计的黄某提供了该园某月伙食费的实际支出账单。这份账单表明,当月真实的买菜款仅为8 040元,比虚假的账单少48 826元。据此推算,每个孩子在该园日均花费不到1元钱。即使加上煤气费、油米钱和厨师费,每月实际支出也远低于每个孩子每月交的210元伙食费。且有家长反映:"每个月仅克扣伙食费就高达5万元,一年总计克扣60万元。"但该幼儿园原园长莫某作出的回应是:这是"清淡营养餐"。

接到报案后,相关部门组织力量调查此案。经查,该幼儿园原园长莫某在任期间,不但通过虚开现金支出票据,以实际不到1元的"清淡营养餐"克扣幼儿伙食费,而且在收取的幼儿伙食费、保险费、保育费等项目上涉嫌诈骗和职务犯罪。

最终,因涉嫌诈骗和职务犯罪,莫某被刑事拘留。

资料来源:整理自新闻报道。

第二节 幼儿园其他工作人员

《学前教育法》规定了设立幼儿园的基本条件之一便是有符合规定的幼儿园园长、教师、保育员、卫生保健人员、安全保卫人员和其他工作人员,本书此处将幼儿园园长、教师外的人员统称为"其他工作人员"。在"其他工作人员"中,保育员①的地位较为重要,因为其承担了整个幼儿园保教的重要工作内容,也是幼儿园教师正常开展教学活动不可或缺的助手。

一、保育员

随意被录用的保育员

王某因认识红蜻蜓幼儿园管理人员,便成为该园的保育员。某日下午,王某午休

---

① 2021年,国家职业技能标准将"保育员"正式更名为"保育师"。但在幼儿园实际工作中,仍习惯称"保育员"。故本书在阐述相关内容时,仍使用"保育员"这一称谓。

后正在叠被子,一个3岁的小女孩因为要上厕所找她。见四下无人,园内后门大开,王某动了歪念,将小女孩哄骗出幼儿园,带至其暂住地。

晚上,王某连夜写好敲诈信,恐吓红蜻蜓幼儿园和小女孩家长,令他们在2日内将5万元打入指定账号,若报警或不从,后果自负。次日,王某想办法将敲诈信交给幼儿园,并于其后不断查看银行账户。

又过了几日,王某忍不住打电话至红蜻蜓幼儿园,催其尽快交清赎款。警方通过技术侦查手段,查出电话位置。后警方现场抓获在街上闲逛的王某,并根据其交代,成功解救出被绑小女孩。

资料来源:整理自新闻报道。

在案例7-5中,红蜻蜓幼儿园在招聘保育员时,并没有仔细考察其所聘用人员的基本情况,例如查看应聘者的身份信息并进行详细登记。这让案件中的犯罪嫌疑人王某有了可乘之机,最终导致一起绑架幼儿园幼儿的案件发生。

案例中并没有说明王某的文化程度如何,也没有说明她是否曾经受过相关的培训,那么法律上有没有像规定教师和园长的任职条件一样规定保育员的任职条件呢?更进一步,保育员日常须做哪些工作,即其主要职责是什么?在工作中须具备怎样的职业道德和素养?现实中,保育员的素质和生存状态如何?若不理想,又怎么去改善和提高?各种问题有待一一回答。

(一) 保育员的任职条件

《学前教育法》规定,保育员应当具有国家规定的学历,并经过幼儿保育职业培训。

依照《幼儿园工作规程》第四十二条的规定,"幼儿园保育员应当符合本规程第三十九条规定,并应具备高中毕业以上学历,受过幼儿保育职业培训"。

对于我国保育员的学历要求,有人认为这样的要求定得过低,应该设立高学历门槛。纵观其他国家和地区的学前教育机构规程,除美国伊利诺伊州《日托中心执照发放标准》规定学前教育机构教师助理需要拥有高中学历以及阿拉巴马州《日托中心和夜间托管中心规程最低标准》规定教师助理必须至少接受过八年级的教育之外,大多数国家和地区的相关文件都没有关于教师助理(或保育员)最低学历的规定。[①]

"经过幼儿保育职业培训"则是保育员任职的专业背景条件。有些国家极其注重保育员

---

① 严冷,于开莲,高维华,刘琴.中外幼教机构工作人员聘任条件的比较——基于对各国(地区)幼教机构规程的分析[J].学前教育研究,2011(08):3—9.

是否受过正规系统化的相关培训,是否拥有足够的胜任此项工作的能力。比如,澳大利亚新南威尔士州《儿童服务规章》规定,如果一组儿童中有一名小于两岁,学前教育机构就必须聘请一名保育员全程照看,这名保育员必须满足以下条件之一:①已完成育儿学校继续教育课程并获得四级证书,或接受过正规儿童服务培训机构的培训并获得三级证书的注册护士;②具有为儿童服务的经验的注册护士;③获得儿童保育证书、相关专业大专学历或正规培训机构颁发的儿童服务培训证书。①

> **拓展阅读**
>
> **《保育师国家职业技能标准(2021年版)》(部分选摘)②**
>
> 1. 职业概况
>
> 1.1 职业名称
>
> 保育师
>
> 1.2 职业编码
>
> 4—10—01—03
>
> 1.3 职业定义
>
> 在托育机构及其他保育场所中,从事婴幼儿生活照料、安全看护、营养喂养和早期发展工作的人员。
>
> 1.4 职业技能等级
>
> 本职业共设五个等级,分别为:五级/初级工、四级/中级工、三级/高级工、二级/技师、一级/高级技师。
>
> 1.5 职业环境条件
>
> 室内、外,常温。
>
> 1.6 职业能力特征
>
> 身心健康,人格健全;热爱婴幼儿,认真负责;亲切和蔼,善于沟通;观察敏锐,身体灵活。

---

① 严冷,于开莲,高维华,刘琴.中外幼教机构工作人员聘任条件的比较:基于对各国(地区)幼教机构规程的分析[J].学前教育研究,2011(08):3—9.
② 在《保育师国家职业技能标准(2021版)》中,职业名称为保育师,在其他政策文件中为保育员,二者所意指的职业内容相同。

1.7 普通受教育程度

高中毕业(或同等学力)。

1.8 培训参考学时

五级/初级工不少于160标准学时,四级/中级工不少于120标准学时,三级/高级工不少于80标准学时,二级/技师不少于80标准学时,一级/高级技师不少于60标准学时。

1.9 职业技能鉴定要求(略)

2. 基本要求

2.1 职业道德

2.1.1 职业道德基本知识

2.1.2 职业守则

(1) 品德高尚,富有爱心。

(2) 敬业奉献,素质优良。

(3) 尊重差异,积极回应。

(4) 安全健康,科学规范。

2.2 基础知识

2.2.1 婴幼儿生理和心理知识

(1) 婴幼儿生理学知识。

(2) 婴幼儿心理学知识。

2.2.2 婴幼儿营养、喂养知识

(1) 婴幼儿营养知识。

(2) 婴幼儿喂养知识。

2.2.3 婴幼儿安全照护知识

(1) 婴幼儿伤害预防知识。

(2) 婴幼儿急救常识。

2.2.4 婴幼儿常见病和传染病知识

(1) 婴幼儿常见病及保健知识。

(2) 婴幼儿传染病及预防知识。

2.2.5 相关环境知识

(1) 婴幼儿生活环境创设知识。

(2) 婴幼儿支持性环境创设知识。

(3) 合作共育基本知识。

2.2.6 相关法律、法规知识

(1)《中华人民共和国母婴保健法》相关知识。

(2)《中华人民共和国未成年人保护法》相关知识。

(3)《中华人民共和国食品安全法》相关知识。

(4)《中华人民共和国劳动法》相关知识。

(5)《托儿所幼儿园卫生保健管理办法》相关知识。

(6)《托育机构设置标准(试行)》相关知识。

(7)《托育机构管理规范(试行)》相关知识。

(8)《托育机构保育指导大纲(试行)》相关知识。

(二) 保育员的主要职责[①]

《幼儿园工作规程》第四十二条简明概括了保育员的主要职责：

(1) 负责本班房舍、设备、环境的清洁卫生和消毒工作；

(2) 在教师指导下，科学照料和管理幼儿生活，并配合本班教师组织教育活动；

(3) 在卫生保健人员和本班教师指导下，严格执行幼儿园安全、卫生保健制度；

(4) 妥善保管幼儿衣物和本班的设备、用具。

保育员的第一项职责具体包括每日清洁卫生工作(如拖地、开窗通风等)和定期清洁卫生工作(如对玩具的消毒和洗晒等)，类似"保洁"的工作。而其最后一项职责具体包括对幼儿物品(衣物、被褥等)、班级财产(桌椅、日用品与教玩具等)的整理和保管，类似"管家"的工作。之所以说是"类似"，即表明实际上不是。如果只将保育员肤浅地理解为"保洁"和"管家"的合二为一，不仅是对其的不尊重和歧视，更是一种片面乃至错误的认识。

无法否认，保育员是在幼儿的身旁做具体工作的，幼儿在这个过程中，绝不单单是个旁观者和欣赏者。幼儿在看，也在模仿，而模仿恰恰是这个年龄段孩子主要的学习方式。如果想让幼儿学会将取来的玩具在游戏后放回原位或整理自己的物品(让玩具回家)，光靠口头

[①] 有些教材可能称为"岗位要求"，如童宪明主编的《幼儿教育法规与政策》。而《幼儿园工作规程》使用"主要职责"一词。两者所要表达的内容是一致的。本书使用后者是出于忠实法条的考虑。

说教是没用的；而保育员日常的爱护和整理物品的行为，会潜移默化地让幼儿在好奇的模仿中养成同样的好习惯，并且这样的模仿是会在幼儿之间"传播"的。我国古代所谓的"言传身教"大概就是如此。从这个层面上讲，保育员是幼儿更好的"教师"[①]。

同时，保育员的第二项职责直接体现了其作为教育者的作用。"管理幼儿生活"表明保育员是幼儿的生活教师。"配合本班教师组织教育活动"表明保育员是"配班"，是教师的助理。保育员要积极地参与整个教学活动的设计和实施过程，在设计教学活动时建言献策，在准备教学活动时尽心尽力，在组织教学活动时切忌不闻不问。只有教师和保育员地位平等、分工明确而又通力合作，才能创造出一个真正优秀的幼儿园班级。

拓展阅读

某示范性幼儿园保育员的主要工作[②]

1. 晨间清洁卫生

(1) 每天 7 点半开窗通风。

(2) 检查幼儿的茶杯。准备保温桶里的幼儿饮用水。水温要符合安全规定，以滴在成人手背上不烫为宜，如开水过烫则要开盖降温。

(3) 湿扫湿抹。先用清水将窗沿、桌面、玩具柜擦一遍。然后再用消毒液擦一遍。最后把地面、走廊拖一遍。

(4) 整理。做到不凌乱，杂物不乱放。

(5) 盥洗室的准备。为幼儿备好洗手的肥皂，检查幼儿擦手的毛巾是否齐全。

(6) 厕所的清洁卫生。先用清水冲洗一遍，然后用消毒液再刷一遍。

2. 晨间接待

(1) 配合教师做好接待工作。

(2) 做到穿戴整齐、仪表整洁、大方，接待热情。与家长简短交谈，了解一下幼儿在家的情况。检查一下幼儿的口袋。

(3) 对患病的幼儿或情绪不好的幼儿要特别关照。

[①] 曾有国内学者提议撤销保育员称谓，将保育员也称为"教师"。但本书认为，改变一个称谓多数是形式意义大于实际意义，且若均称为"教师"，会造成现有法律法规指称上的混乱。另外，如果将保育员也称作"教师"，那么是否应该将保育员和教师的任职条件统一呢？

[②] 童宪明.幼儿教育法规与政策[M].上海：复旦大学出版社，2013：97—98.

(4) 组织幼儿擦椅子,指导幼儿擦,但不要过多地干涉和过多地要求。这一点根据情况来做,不一定每天都擦。

3. 幼儿户外活动中的保育护理

(1) 幼儿户外活动每日不少于 2 小时。

(2) 保育员注意观察每一个幼儿,注意幼儿使用的活动器械的安全。幼儿衣服不宜穿得过多。提醒幼儿按顺序玩,不要拥挤和推打。

(3) 幼儿在户外活动时,保育员要全神贯注,不得随意离开幼儿,也不要聚在一起聊天。

(4) 做操时,保育员要关心幼儿的情绪等。

(5) 保育员负责做好活动后的整理和安全防护工作。

4. 大小便习惯的培养

(1) 为幼儿准备敞开式的、清洁卫生的、安全的、符合幼儿特点的盥洗和如厕设备。幼儿在进食前或如厕后必须用肥皂洗手。

(2) 组织幼儿盥洗时,要维持好幼儿的秩序。

(3) 注意观察幼儿的大小便情况,如有异常,要及时记录并向保健教师汇报。

(4) 在处理完幼儿大小便后,要用肥皂洗手。

5. 盥洗

(1) 帮助幼儿养成进食前、大小便后用肥皂洗手的习惯。洗手时,教幼儿怎么卷袖子或将袖子往上拉。

(2) 提醒幼儿:洗手时,手心、手背、手指缝到手腕关节活动处都要洗,先用流动的水淋湿手心、手背等处,然后抹上肥皂,双手心搓出肥皂泡后,再用流水冲洗干净,洗完双手后,将小手在水池内甩三下,防止水滴在地上,最后用自己的毛巾擦干双手。要帮助年纪较小的幼儿拉下袖子。

(3) 保育员要帮助不会洗手的幼儿洗手。

(4) 对将大便拉在身上或腹泻的幼儿,先帮他们换下弄脏的衣裤,然后用便纸擦干净幼儿的屁股,再用温水给幼儿清洗。洗屁股的盆要专用,每次用后消毒。洗屁股时由前往后洗,也可用水冲洗。

(5) 给幼儿清洗时,动作要轻柔,语言要和蔼可亲,不要留长指甲或戴容易擦伤幼儿皮肤的戒指。对将大便拉在身上的幼儿,不能训斥或埋怨,以免增加幼儿的心理负担。

6. 早点的安排

(1) 幼儿的早点工作由保教人员相互配合,各尽其责,教师负责组织幼儿有序地上厕所、洗手,保育员负责点心的准备。

(2) 保育员做好早点前的桌面消毒。

(3) 倒牛奶时,保育员必须到每个幼儿座位上去倒。一次不能倒得太多,以杯子的一半的量为宜,并注意第二次添加。

(三) 保育员的职业道德[①]

保育员群体的职业道德可简述为如下五点。

1. 爱岗敬业,热爱幼儿

忠诚于学前教育事业,勤恳敬业,甘为人梯,乐于奉献,对工作高度负责,认真完成本职工作,不断提高对幼儿生活的管理、护理、教育等能力。热爱儿童,对幼儿充满爱心,耐心教育,平等对待,使幼儿感到集体的温暖,促进幼儿身心健康发展。

2. 为人师表,遵纪守法

衣着整洁朴素,言谈举止文雅大方,同时必须以身作则,严于律己,自觉遵守国家的法律法规和幼儿园的各项规章制度,自觉维护幼儿园声誉。

3. 积极进取,开拓创新

深入学习教育学、心理学、教育法等方面的知识,做到理论结合实践;要熟练掌握现代教育技术,能用直观形象的方法来展示保育的内容;要有创新的精神,不断探索,在教学中实现自我更新、自我完善。

4. 尊重家长,热情服务

既要加强与家长的交流,又要认真听取家长的意见,还要给予家长必要的科学育儿方面的指导,与家长建立诚挚平等的关系。

5. 文明礼貌,团结协作

热爱幼儿园,以园为家;服从调配,相互协调,自觉参与幼儿园的有关活动;团结同志,谦虚谨慎,关爱幼儿,关心幼儿园的各项活动,积极配合教师。

[①] 参见:王林.保育员的职业道德与素养[J].学前教育研究,2012(10):57—59.

(四) 保育员的现状

学前教育质量的提升离不开保育员的辛勤工作,也需要保育员掌握专业的理论与技能。但是,保育员的现实情况如何呢?让我们通过案例来了解一下保育员的现状。

案例 7-6

狠心的保育员

某幼儿园保育员赵某某,23岁,没有任何从业资格证书,也未曾有保育工作经验。某日午睡时,赵某某班上的男童航航不好好睡觉,老是讲话,当航航因某样东西掉到墙边而爬起来去捡时,赵某某便用绣十字绣的针在航航的手上扎了14个针眼……

资料来源:整理自新闻报道。

与案例7-6中保育员赵某某相类似的情形,我们时常能在报道中听闻,这说明保育员整体的素质仍需进一步提高。对于幼儿园保育员基本素质的情况,有人做过一个细致的问卷调查研究[①],结论是存在以下的问题:①身心素质差(身体普遍处于亚健康状态、心理素质水平低、情绪调控能力差);②事业心淡薄;③学历水平低,缺乏系统的专业知识与技能;④保教观念落后(认为"保育员"就是"保姆"、消极保育多于积极保育、不能平等对待与尊重幼儿、忽视自身行为的隐性教育价值);⑤保教能力不高(保育工作缺乏科学性和规范性、忽视幼儿的心理保育、缺乏参教意识和行为、教育敏感性不强且缺乏随机教育意识、保育科研能力和自我监控能力缺乏)。

保育员整体素质的低下造成了其生存环境的恶劣。最直接地表现为保育员的工资待遇不佳,与教师所享有的待遇不可同日而语,从业者大多呼吁要和幼儿园教师同酬。第二个较为明显的表现是保育员群体的社会地位偏低,社会对其评价较低,民众普遍没有形成对保育员工作的崇敬感。最后一个容易被忽视的表现是保育员整体年龄结构的失衡,确切来说是年龄大多偏大(部分幼儿园存在幼儿园教师因年龄大而退居二线从事保育员工作的情况),得不到"新鲜血液"的补给。

(五) 保育员现状的改善

针对保育员的从业现状,我们怎么去改善呢?真正有效、可行的建议和对策一定是基于

---

① 参见:杨彦洎.幼儿园保育员基本素质存在的问题及对策的研究[D].长沙:湖南师范大学,2008.

对现实的充分感知、体会和理性的分析而提出的。综合一些学者提出的观点,本书归纳了两方面,共十条建议和对策,见表7-1。

表7-1 改善保育员现状的建议和对策

从提升保育员本身素质出发	从改善保育员外部环境出发
保育员自身提高文化水平和专业技能,积极适应社会的发展	通过政策法规提高保育员的任职条件和岗位要求
	幼儿园严格执行保育员持证上岗制度
保育员要加强对自我的认同感,转变对自己职业的看法;积极保护自身合法权益	政府和幼儿园提高保育员的地位与经济待遇
保育员自身要重视保育知识和技能的不断学习、更新和提高;主动把握培训的机会	相关机构加强对保育员的职前培训;幼儿园加强保育员的职后培训(包括选送保育员参加脱产的专业培训和开展园本培训等)
保育员自身强化竞争意识和合作意识,开展相互之间的探讨和学习,通过自我管理提升专业精神;积极开展保育科研活动,培养自身的科研意识并学会反思	幼儿园开展保育竞技活动和保育科研活动(幼儿园之间与幼儿园内部)
	幼儿园内部制定合理的保育员奖惩激励机制(实行岗位绩效评估)

全国很多幼儿园近几年积极开始了"保育员岗位绩效评估"制度的尝试,将保育工作的实效直接与奖金挂钩,以提高保育员工作的积极主动性。表7-2是福建省某一实行该制度的幼儿园制定的具体评估表,以供参考。

表7-2 保育员岗位绩效评估表

年 月 日		姓名:	班级:		
评估标准			分值	评估得分	
				自评	互评	园评
卫生和保管	1. 负责本班清洁卫生,每天做好包干区卫生工作,每周大扫除一次。		10			
	2. 每天做好杯子、毛巾的消毒工作。		10			
	3. 妥善保管幼儿衣服和班级设备、用品。		10			
管理幼儿	1. 管理好幼儿的生活。		10			
	2. 进食前组织幼儿洗手,并让幼儿吃饱、睡好。		10			
	3. 能根据天气冷热,及时给幼儿增减衣服。		5			

评 估 标 准	分值	评估得分		
		自评	互评	园评
参与教育	1. 配合本班教师组织适当的教育活动,参与幼儿早操、游戏活动的组织,做好教玩具准备、整理工作。	15			
	2. 帮助老师做好安全防护工作。	10			
工作态度	1. 遵守幼儿园的规章制度,不迟到、不早退、不随便请假。	10			
	2. 上班时间不干私活,坚守工作岗位。	5			
	3. 团结同志,不讲不团结的话,有协作精神。	5			
总评		总分			
备注					

二、其他工作人员

(一) 其他工作人员的任职条件

1. 卫生保健人员

《学前教育法》规定:卫生保健人员包括医师、护士和保健员,医师、护士应当取得相应执业资格,保健员应当具有国家规定的学历,并经过卫生保健专业知识培训。此外,根据《幼儿园工作规程》第四十三条和《托儿所幼儿园卫生保健管理办法》第十一条的规定,幼儿园卫生保健人员的任职条件如下:

(1) 在卫生室工作的医师应按国家有关规定和程序取得卫生行政部门颁发的《医师执业证书》;

(2) 在卫生室工作的护士应当取得卫生行政部门颁发的《护士执业证书》;

(3) 在保健室工作的保健员应当具有高中毕业以上学历,经过卫生保健专业知识培训,具有托幼机构卫生保健基础知识,掌握卫生消毒、传染病管理和营养膳食管理等技能。

一般幼儿园均须配备医师和护士,但规模较小的幼儿园可以退而求其次,选择配备保健员。

2. 事务人员

事务人员包括了幼儿园的后勤人员、安全保卫人员、财会人员和园长以外的管理人员等。《幼儿园工作规程》并没有具体言明他们各自的任职条件,但规定了"幼儿园其他工作人员的资格和职责,按照国家和地方的有关规定执行"。

(二) 其他工作人员的主要职责

1. 卫生保健人员

《幼儿园工作规程》第四十三条初步规定了幼儿园医务人员的主要职责有:

(1) 协助园长组织实施有关卫生保健方面的法规、规章和制度,并监督执行。

(2) 负责指导调配幼儿膳食,检查食品、饮水和环境卫生。

(3) 负责晨检、午检和健康观察,做好幼儿营养、生长发育的监测和评价;定期组织幼儿健康体检,做好幼儿健康档案管理。

(4) 密切与当地卫生保健机构的联系,协助做好疾病防控和计划免疫工作。

(5) 向幼儿园教职工和家长进行卫生保健宣传和指导。

(6) 妥善管理医疗器械、消毒用具和药品。

《托儿所幼儿园卫生保健管理办法》更为具体地规定了卫生保健工作的内容:

(1) 根据儿童不同年龄特点,建立科学、合理的一日生活制度,培养儿童良好的卫生习惯。

(2) 为儿童提供合理的营养膳食,科学制定食谱,保证膳食平衡。

(3) 制定与儿童生理特点相适应的体格锻炼计划,根据儿童年龄特点开展游戏及体育活动,并保证儿童户外活动时间,增进儿童身心健康。

(4) 建立健康检查制度,开展儿童定期健康检查工作,建立健康档案。坚持晨检及全日健康观察,做好常见病的预防,发现问题及时处理。

(5) 严格执行卫生消毒制度,做好室内外环境及个人卫生。加强饮食卫生管理,保证食品安全。

(6) 协助落实国家免疫规划,在儿童入托时应当查验其预防接种证,未按规定接种的儿童要告知其监护人,督促监护人带儿童到当地规定的接种单位补种。

(7) 加强日常保育护理工作,对体弱儿进行专案管理。配合妇幼保健机构定期开展儿童眼、耳、口腔保健,开展儿童心理卫生保健。

(8) 建立卫生安全管理制度,落实各项卫生安全防护工作,预防伤害事故的发生。

(9) 制定健康教育计划,对儿童及其家长进行多种形式的健康教育活动。

(10) 做好各项卫生保健工作信息的收集、汇总和报告工作。

2. 事务人员

与其任职条件一样,参照政府的有关规定执行。

思考与练习

一、问答题

1. 什么是幼儿园园长负责制?
2. 简述幼儿园园长的任职资格。
3. 简述幼儿园园长的主要职责。
4. 简述保育员的任职条件和主要职责。
5. 幼儿园其他工作人员包括哪些?

二、材料分析题

某市幼儿园小(1)班的小朋友正如往常一样在教室里上音乐课。突然,一名30多岁的陌生男子破门而入,老师和孩子们还没明白过来是怎么回事,该名男子便从衣兜里拿出一把匕首,迅速挟持了老师,孩子们吓得缩成一团,有的还哇哇大哭起来。慌乱之中,该名男子一脚踢在了离他最近的一位坐在前排的小朋友的脸上,正好踢在其鼻子上,当时这名小朋友的鼻子便鲜血直流。

面对紧急情况,园方迅速报警,警方立即赶到并制服了该名男子。原来该名男子正在逃避警方的追捕,情急之下,他跳墙闯入了该幼儿园。幼儿园老师随即将受伤的孩子送往医院治疗,并及时通知了孩子家长,但经医院诊断,孩子的鼻骨骨折,共花去医疗费等3 000多元。孩子家长认为孩子是在园期间受到的伤害,故要求幼儿园承担法律责任。

幼儿园的处理有问题吗? 在这种情况下,幼儿园是否要承担法律责任?

第八章

儿童权利与保护

 学习目标

1. 掌握《儿童权利公约》中儿童保护的四项基本原则。
2. 知道《儿童权利公约》中有关儿童的年龄规定。
3. 理解《儿童权利公约》中儿童最大利益原则。
4. 熟悉《中国儿童发展纲要(2021—2030年)》中的基本原则。

导入案例

胡某诉陈某变更抚养权纠纷案——发出全国首份家庭教育令

2020年8月,原告胡某和被告陈某协议离婚,约定女儿胡小某由其母即被告陈某抚养,原告每月支付抚养费。一个月后,被告陈某再婚,并有两三个星期未送胡小某去上学。自2020年12月10日起,原告胡某为胡小某找来全托保姆,让其与保姆居住,由保姆单独照看胡小某,原告胡某自己住在距胡小某住处20公里的乡下小院内,被告陈某每周末去接孩子。原告胡某认为离婚后,被告陈某未能按约定履行抚养女儿的义务,遂将陈某诉至法院,请求法院判令将女儿胡小某的抚养权变更给自己。经法庭询问,胡小某表示更愿意和妈妈陈某在一起生活。

联合国《儿童权利公约》第十二条规定,确保有主见能力的儿童有权对影响其本人的一切事项自由发表自己的意见,对儿童的意见应按照其年龄和成熟程度给予适当的看待。

法院经审理认为,原告胡某与被告陈某协议离婚后,对未成年女儿胡小某仍负有抚养、教育和保护的义务。本案原、被告双方都存在怠于履行抚养义务和承担监护职责的行为,忽视了胡小某的生理、心理与情感需求。鉴于胡小某表达出更愿意和其母亲即被告共同生活的主观意愿,法院判决驳回原告的诉讼请求。同时,法院认为,在无正当理由的情况下委托保姆单独照看年幼的女儿,属于怠于履行家庭教育责任的行为,根据《中华人民共和国家庭教育促进法》的相关规定,应予以纠正。法院裁定要求胡某陈某多关注胡小某的生理、心理状况和情感需求,与学校老师多联系、多沟通,了解胡小某的详细状况,并要求陈某与胡小某同住,由自己或近亲属亲自养育与陪伴胡小某,切实履行监护职责,承担起家庭教育的主体责任,不得让胡小某单独与保姆居住生活。

儿童时期是人生的关键时期。为儿童提供必要的生存、发展、受保护和参与的机会及条件,最大限度地满足儿童的发展需要,发挥儿童潜能,为儿童一生的发展奠定重要基础。而"儿童最大利益原则"和对儿童受教育权利的保护是保证儿童权利的前提条件。

第一节 儿童最大利益原则

随着人类进入权利时代,儿童的权利和成人的权利一样,都被看作是普遍权利的一部分。

一、从《儿童权利宣言》到《儿童权利公约》

第一次世界大战后,鉴于儿童在战乱中遭受的苦难,英国发起成立拯救儿童国际联盟,并在其积极推动下,《日内瓦儿童权利宣言》于1924年发布。

1959年,联合国大会通过《儿童权利宣言》,宣告了各国儿童应当享有的各项基本权利,标志着儿童权利保护进入到一个新的历史阶段。

"……鉴于儿童因身心尚未成熟,在其出生以前和以后,均需要特殊的保护及照料,包括法律上的适当保护;……发布这一儿童权利宣言,以期儿童能有幸福的童年,为其自身的社会的利益得享《儿童权利宣言》中所说明的各项权利和自由,并号召所有父母和一切男女个人以及各自愿组织、地方当局和各国政府确认这些权利。"(序言)

该宣言还明确要求:

"身心或所处社会地位不正常的儿童,应根据其特殊情况的需要给予特别的治疗、教育和照料。"(原则五)

"儿童的最大利益应成为对儿童的教育和指导负有责任的人的指导原则;儿童的父母首先负有责任。"(原则七)

"儿童在一切情况下均应属于首先受到保护和救济之列。"(原则八)

该宣言首次在国际范围内宣布了儿童最大利益原则。从此,儿童最大利益原则成为保护儿童权利的一项国际性指导原则。

将儿童权利保护和最大利益原则推向新阶段的是1989年联合国大会通过的《儿童权利公约》。1990年,《儿童权利公约》正式生效,其制定和通过是儿童最大利益原则作为一项国际普遍承认的原则得以确立的里程碑。

《儿童权利公约》第一条,开宗明义:"为本《公约》之目的,儿童系指18岁以下的任何人,除非对其适用之法律规定成年年龄低于18岁。"

《儿童权利公约》分为序言、第一部分、第二部分、第三部分。首先是序言,回顾了《联合国宪章》的原则,以及有关人权的宣言和《儿童权利公约》中的相关原则。第一部分(第一条至第四十一条)是实质性条款,这一部分包括儿童的定义、《儿童权利公约》的原则以及儿童权利的具体内容。第二部分(第四十二条至第四十五条)是程序性条款,这一部分规定缔约国有定期提交执行《儿童权利公约》情况报告的义务,联合国儿童权利委员会负责审议各缔约国的报告,并规定了儿童权利委员会的组成和任期。第三部分(第四十六条至第五十四条)规定了《儿童权利公约》的签署、批准、加入、生效、修改、保留、退出等事项。

更为重要的是,《儿童权利公约》提出了关于儿童保护的四项基本原则,即不歧视原则(第二条);儿童最大利益原则(第三条);确保儿童的生命权、生存权和发展权原则(第六条);尊重儿童的意见原则(第十二条)。这四项原则所强调的不同方面,在每个儿童成长的过程中是相辅相成、不可分割的。

案例 8-1

某幼儿园人身损害赔偿纠纷案

贝贝于9月到某幼儿园小班就读。某日,幼儿园的梁老师为包括贝贝在内的小朋友分汤。在梁老师背对贝贝为其他小朋友分汤、没有注意到贝贝的情况下,贝贝从自己的座位上摔倒在地。贝贝摔倒后,梁老师将贝贝扶起,贝贝称脖子后面痛,老师检查后没有发现流血。另一名老师为贝贝擦药,并安排其休息。幼儿园下午放学时,老师将贝贝受伤的情况告知了其监护人。

同日17时30分许,贝贝到医院就医,医生检查后初步诊断为头部挫伤。次日,贝贝再次到该医院就医,经头颅CT检查后,诊断为左侧头枕部骨折。三日后,贝贝被诊断为急性闭合性轻型颅脑损伤,并住院接受治疗。十日后,贝贝母亲为其转院,以接受进一步治疗。前后的医疗费用共计7 000多元。事后,幼儿园和家长就赔偿问题闹上了法庭。幼儿园辩称贝贝坐翻板凳摔倒是自己造成的,园方不应负主要责任,对此法院没有采纳,并最终判决幼儿园支付3 826.5元医疗费和2 000元精神损害抚慰金。

资料来源:整理自新闻报道。

人身权是《宪法》赋予公民的基本权利。人身权与公民的人身密切相关,由人格权和身份权构成。人格权包括各项具体的权利,如生命权、自由权、姓名权、名誉权、肖像权等;身份权是与人的地位、身份或资格不可分离的权利,如亲属权、监护权、继承权以及著作权和发明权等。

生命权是公民人身权利的一种,指自然人具有的保护和维持其生命不受任何非法侵害的权利。公民的生命权是最重要的人身权,是其他一切活动得以开展的前提。

儿童作为公民,享有公民所享有的一切人身权利。对儿童而言,生命、健康是其最大的利益。因此,国际、国内的法律制度都十分重视保护儿童的人身和生命安全。

联合国《儿童权利公约》对儿童的生命权作了明确的规定。《儿童权利公约》第六条规定:"缔约国承认每个儿童均享有固有的生命权。"第十九条规定:"缔约国应采取一切适当的立法、行政、社会和教育措施,保护儿童受父母、法定监护人或其他任何负责照管儿童的人的照料时,不致受到任何形式的身心摧残、伤害或凌辱、忽视或照顾不周、虐待或剥削,包括性侵犯。"我国对儿童的人身权和生命权的保护,与《儿童权利公约》的精神是基本一致的。比如,《中国儿童发展纲要(2021—2030年)》规定,要"依法保障儿童的人身权利"。

儿童的人身权受到国际公约、国内法律的保护,任何人都不得非法剥夺和侵犯儿童的生命权。幼儿园和教师作为儿童在幼儿园的人身法律关系的义务主体,对儿童的生命、健康、安全等负有保障的义务。幼儿园和教师应该采取积极的措施,维护儿童的人身权利。任何人如果非法侵犯儿童的人身权和生命权,就要承担相应的法律责任。

二、儿童利益最大原则的中国法律实践

我国于1992年加入《儿童权利公约》后,儿童教育在政府教育事业发展安排上获得了优先地位。显然,这里的"优先"不是指处理儿童利益相关人之间的纠纷时的儿童利益优先,而是在更宏观的层面上,将儿童放在优先地位。2001年发布的《中华人民共和国儿童发展状况报告》提出:坚持儿童优先的原则,不断促进儿童的生存、保护、发展和参与,努力为儿童创造更加美好的未来。

《中国儿童发展纲要(2021—2030年)》提出了五个基本原则:

(1)坚持党的全面领导。把握儿童事业发展的政治方向,贯彻落实党中央关于儿童事业发展的决策部署,切实把党的领导贯彻到儿童事业发展的全过程和各方面。

(2)坚持对儿童发展的优先保障。在出台法律、制定政策、编制规划、部署工作时优先考虑儿童的利益和发展需求。

(3)坚持促进儿童全面发展。尊重儿童的人格尊严,遵循儿童身心发展特点和规律,保障儿童身心健康,促进儿童在德智体美劳各方面全面发展。

(4)坚持保障儿童平等发展。创造公平社会环境,消除对儿童一切形式的歧视,保障所有儿童平等享有发展权利和机会。

(5)坚持鼓励儿童参与。尊重儿童主体地位,鼓励和支持儿童参与家庭、社会和文化生活,创造有利于儿童参与的社会环境。

经过改革开放四十多年来的发展,特别是签署《儿童权利公约》三十多年来的发展,我国初步形成了以《宪法》为基础,以《未成年人保护法》为主干,包括《民法典》《义务教育法》《中华人民共和国母婴保健法》以及有关的行政法规、地方性法规在内的保护儿童的法律体系,

这个体系已经成为中国法律体系的重要组成部分。

我国除了设立专门保护未成年人权益的单行法律,如《未成年人保护法》《预防未成年人犯罪法》以外,还在《民事诉讼法》《刑法》《教育法》等法律法规及相关司法解释中,规定了保护未成年人的内容。在这个法律体系里,儿童最大利益原则得到了不同程度的体现。比如,《民法典》第一千零七十八条规定,婚姻登记机关查明双方确实是自愿离婚,并已经对子女抚养、财产以及债务处理等事项协商一致的,予以登记,发给离婚证。第一千零八十四条规定,父母与子女间的关系,不因父母离婚而消除。离婚后,子女无论由父或者母直接抚养,仍是父母双方的子女。离婚后,父母对于子女仍有抚养、教育、保护的权利和义务。离婚后,不满两周岁的子女,以由母亲直接抚养为原则。已满两周岁的子女,父母双方对抚养问题协议不成的,由人民法院根据双方的具体情况,按照最有利于未成年子女的原则判决。子女已满八周岁的,应当尊重其真实意愿。第一千零八十五条规定,离婚后,子女由一方直接抚养的,另一方应当负担部分或者全部抚养费。负担费用的多少和期限的长短,由双方协议;协议不成的,由人民法院判决。第一千零八十七条规定,离婚时,夫妻的共同财产由双方协议处理;协议不成的,由人民法院根据财产的具体情况,按照照顾子女、女方和无过错方权益的原则判决。第一千零八十七条改变了以往女方在前子女在后的顺序,将照顾子女置于优先地位,这种顺序的变更充分体现了儿童利益最大原则的意识。

第二节　儿童的教育利益

儿童的教育利益主要体现为"有学上""上好学",相应的权利就是教育公平权、教育质量权。强调教育质量权并把它和教育公平权放在一起作为儿童受教育权的基本内容,有利于更全面、更集中地反映儿童作为受教育者的利益要求,有利于防止对儿童利益的侵害,更好地体现权利的本质,也有利于建立更具完整性、科学性的教育权利体系。

一、儿童的教育公平权

根据《宪法》的原则性规定,《教育法》强调了教育平等。《教育法》第九条规定:中华人民共和国公民有受教育的权利和义务。公民不分民族、种族、性别、职业、财产状况、宗教信仰等,依法享有平等的教育机会。

儿童受教育权无法得到保障是现实中存在的问题。近些年来,国家和社会对进城务工人员子女教育问题、农村女童教育问题给予了许多关注,但还是存在一些客观因素,使儿童的受教育权益无法得到保障。

 **案例 8-2**

到底是谁打翻了牛奶

　　王老师刚给小朋友端好牛奶,才一转身,就听见几个小朋友一起叫起来:"王老师,杨艺的牛奶打翻了!"王老师转过头去一瞧,可不是吗,牛奶正顺着桌沿往下滴呢,可还没等王老师说什么,杨艺和唐震就用手指着对方,一起说:"是他(她),是他(她)把牛奶打翻的。"

　　王老师有些生气地问:"到底是谁打翻的?""是他(她)。"他们异口同声地叫起来。"是吗?"王老师陷入沉思,杨艺是班里的乖孩子,大家都喜欢她。而唐震呢?则是一个十分调皮捣蛋的孩子,常做一些莫名其妙的事。想到这儿,王老师立即看着唐震,想好好地批评他一下,没想到,她看到的却是他那清澈的双眼,紧张地看着自己,难道……? 王老师心里一动:难道这次不是他? 可不能在没有弄清楚事实真相前就随便批评人,不然会深深地伤害到孩子。

　　于是,王老师又问了他们俩到底是谁把牛奶打翻的,可他俩都说不是自己,是对方,周围的小朋友也说是唐震。王老师听了很生气:不但不承认自己的错误,还要撒谎,真得好好批评批评。可再一瞧唐震那双无辜的眼睛,王老师又觉得不像是他打翻的,究竟是怎么回事呢? 王老师灵机一动,想出一个好办法来,她对全班小朋友说:"现在王老师也分辨不出到底是谁把牛奶打翻了,但是杯子上面肯定留下了他的指纹,我们每个人的指纹都不一样,所以我们现在就请医生阿姨用显微镜来帮助我们看看,这只杯子上留下的到底是谁的指纹。这样我们就知道到底是谁把牛奶打翻了。"

　　没想到,王老师话还没说完,杨艺就低下头开始哭起来,王老师一下子就明白了到底是怎么回事了。王老师也非常吃惊,自己差一点就错怪了一个无辜的孩子,差一点就对一个孩子造成了无法弥补的伤害。更有甚者,其他孩子因为唐震常调皮被老师批评,现在发生了和他有关的事情就全都认为是他干的。这也给王老师敲响了警钟——不管遇到什么事情,一定要耐心地了解清楚事情经过以后再下结论。

　　资料来源:整理自新闻报道。

　　《儿童权利公约》要求缔约国对儿童的人格给予尊重。如《儿童权利公约》第三十七条规定:任何儿童不受酷刑或其他形式的残忍、不人道或有辱人格的待遇或处罚。

幼儿虽然年纪较小,心智发育还不成熟,但也与成人一样具备人格,一样享有人格尊严权。同时,每一个幼儿都应该平等地享有人格尊严权,教师应该平等地尊重和关怀每一个幼儿,而不要根据幼儿的家庭、性别、民族、长相、学业表现等对幼儿实行差别对待,甚至侮辱或讽刺幼儿。

案例8-2中的王老师没有根据两个幼儿以前的表现判断是唐震犯了错,并武断地指责他,而是反复仔细地询问。王老师也没有因为其他幼儿的"证词"就认定是唐震犯了错误,而不听他的申辩。在这件事情的处理过程中,王老师充分做到了明辨事实,尊重幼儿的人格尊严,巧妙地运用教育智慧和经验保护了幼儿的自尊心。试想,如果王老师不是耐心地调查事实真相,而是简单认定是唐震干的,并对其进行批评,就侵犯了唐震的人格尊严权,这对其自尊心造成的伤害也将是难以弥补的。

二、儿童的教育质量权

儿童"有学上"并不必然意味着儿童在教育方面的最大利益得到了保障,还要看教育的质量、教育的方式,是否真正符合儿童的利益。儿童天真可爱,同时又是脆弱、幼稚而被动的,这个特点意味着,如果教育质量低,那么即便儿童接受教育,可能也会受到伤害。

(一)《儿童权利公约》对教育质量权的规定

根据儿童权利委员会的解释,《儿童权利公约》第二十八条强调的是缔约国在建立教育体系和确保教育准入方面的义务,第二十九条则强调了儿童在教育质量方面享有的个人和主体权利。这样的规定以儿童主体权利为中心,体现了儿童最大利益原则。

《儿童权利公约》第二十九条的意义重大而深远。其中所有缔约国商定的教育目的,在于支持和保护公约的核心价值,即每个儿童固有的人的尊严及其平等和不可剥夺的权利。这些教育目的全部与实现儿童的人的尊严和权利直接相关,同时考虑了儿童的特殊发展需要和不同的发展能力。

> **拓展阅读**
>
> **《儿童权利公约》第二十九条(部分选摘)**
>
> 缔约国一致认为教育儿童的目的应是:
> (a) 最充分地发展儿童的个性、才智和身心能力;
> (b) 培养对人权和基本自由以及《联合国宪章》所载各项原则的尊重;

> (c) 培养对儿童的父母、其自身的文化认可、语言和价值观、儿童所居国家的民族价值观、其原籍国以及不同于其本国文明的尊重;
>
> (d) 培养儿童本着各国人民、族裔、民族和宗教群体以及原为土著居民之间的谅解、和平、宽容、男女平等和友好的精神,在自由社会里过有责任感的生活;
>
> (e) 培养对自然环境的尊重。

(二) 我国有关儿童教育质量权的法律

我国有关教育的若干法律法规都有强调提高教育质量的规定。例如,《教育法》第十一条规定:"国家支持、鼓励和组织教育科学研究,推广教育科学研究成果,促进教育质量提高。"《教育督导条例》以"提高教育质量,促进教育公平"为宗旨(第一条),将教育质量、义务教育的普及状况等作为主要内容(第十一条)。《民办教育促进法》第四条强调民办教育要保证教育质量。2022年,教育部颁发《幼儿园保育教育质量评估指南》,围绕办园方向、保育与安全、教育过程、环境创设、教师队伍五个方面提出关键指标和考查要点,是促进学前教育高质量发展的重要举措。

从法律实践看,我国儿童教育中,体罚及有辱儿童人格的情况并没有完全消失。我国现行法律对体罚及有辱儿童人格的情况提出了明确的禁止。如《未成年人保护法》第二十七条规定:学校、幼儿园的教职员工应当尊重未成年人人格尊严,不得对未成年人实施体罚、变相体罚或者其他侮辱人格尊严的行为。第一百一十九条规定违反该法第二十七条的,由相关部门按照职责分工责令改正;拒不改正或者情节严重的,对直接负责的主管人员和其他直接责任人员依法给予处分。

《刑法》第二百三十四条规定:"故意伤害他人身体的,处三年以下有期徒刑、拘役或者管制。犯前款罪,致人重伤的,处三年以上十年以下有期徒刑;致人死亡或者以特别残忍手段致人重伤造成严重残疾的,处十年上有期徒刑、无期徒刑或者死刑。本法另有规定的,依照规定。"第二百三十五条规定:"过失伤害他人致人重伤的,处三年以下有期徒刑或者拘役,本法另有规定的,依照规定。"

《教师法》第三十七条规定:"教师有下列情形之一的,由所在学校,其他教育机构或者教育行政部门给予行政处分或者解聘:(一) 故意不完成教育教学任务,给教学工作造成损失的;(二) 体罚学生,经教育不改的;(三) 品行不良,侮辱学生,影响恶劣的。教师有前款第(二)项,第(三)项所列情形之一,情节严重,构成犯罪的,依法追究刑事责任。"

思考与练习

一、问答题

1. 简述《儿童权利公约》中的儿童保护四项基本原则。
2. 举例说明《儿童权利公约》中的儿童最大利益原则。
3. 简述《中国儿童发展纲要(2021—2030年)》中的基本原则。

二、材料分析题

教学楼改建,孩子活动受限

某市实验幼儿园由于改建,仅有的西教学楼无法容纳现有的全部班级,因此该园让大班的9个班搬到该市第二实验幼儿园进行教学。为了便于各自独立管理,两个幼儿园划分了相对固定的通道和活动场地,但是由于客观条件的限制,幼儿的活动也受到了限制。据家长反映,实验幼儿园的孩子从西门过,这里狭小拥挤。实验幼儿园的孩子不准到操场上玩耍,孩子们只能天天待在教室里玩。

为了安全,该限制孩子的活动吗

某幼儿园一中班幼儿玩滑梯时,重心没稳住,身体一侧和耳朵碰到了树枝,被划破了皮。事后,老师怕出意外,就尽量减少带孩子们去户外荡秋千、滑滑梯、攀爬绳架的次数;即使带幼儿出去玩,老师也规定,荡秋千时,小朋友之间不能帮着推,自己也不能荡高,攀爬绳架时,不能从架顶上翻过去,等等。由于这些游戏规则限制了幼儿的行动,孩子们在玩的过程中再也没有以前的激情和创意了。

请根据儿童发展权保护的相关内容分析以上两个案例。

第九章

幼儿与教育政策法规

 学习目标

1. 熟悉幼儿在学前教育中的法律地位。
2. 了解幼儿教育权利保障的途径。
3. 了解与幼儿有关的常见法律问题。
4. 学会处理与幼儿有关的法律问题。

> **导入案例**

以儿童为本,安全第一①

"一切为了孩子,为了孩子的一切,为了一切孩子。"某幼儿园将此作为自己的办园宗旨。在日常生活的安全管理中,班级老师首先必须本着"安全第一"的思想意识,时时刻刻把幼儿的安全放在"第一",并将其贯穿到幼儿每天的一日生活中去,如每天的晨间检查,以及早点和午餐、户外活动、如厕、喝水、午睡等活动时的检查,保证幼儿的一日生活一直在教师的视线内。在幼儿园的每个班级,教室里的所有设施都布置得既周密,又安全。教师也会每天排查,以免幼儿在室内活动时受到伤害。每天的一日生活中,教师在组织幼儿户外活动时,会随时观察幼儿的一举一动,时刻注意幼儿的人身安全。幼儿园还很重视幼儿的饮食安全问题。

由此可知,安全问题是幼儿园教育的重中之重,我们务必要把保护幼儿的生命安全和促进幼儿的健康放在工作首位,关注每一位幼儿在园的点点滴滴,确保他们在园健康快乐地成长。幼儿年龄较小,生活自理能力差,生活经验少,最容易发生危险,需要成人及时的帮助和指导。因此,幼儿园在一日生活的各个环节都要对幼儿进行保育和教育,既要对孩子进行耐心细致的观察和照顾,又要随时进行教育指导;既要保证幼儿的安全健康,又要培养孩子的自理能力,在确保幼儿安全的前提下,真正体现孩子在园的主体地位。

因此,将保护幼儿生命安全放在首位、重视幼儿身心健康发展是幼儿园教师的重要职责。《幼儿园教育指导纲要(试行)》的第二部分提出:幼儿园必须把保护幼儿的生命和促进幼儿的健康放在工作的首位。《幼儿园教师专业标准(试行)》也明确规定了教师应当"关爱幼儿,重视幼儿身心健康,将保护幼儿生命安全放在首位"。《学前教育法》第一条开宗明义地指出:"为了保障适龄儿童接受学前教育,规范学前教育实施,促进学前教育普及普惠安全优质发展,提高全民族素质,根据宪法,制定本法。"这说明学前教育的安全是底线,不允许逾越。

---

① 整理自新闻报道。

第一节 学前教育中的幼儿

一、幼儿的身心特点及其法律地位

学前教育的对象是接受义务教育之前的幼儿，其年龄一般在6周岁以内。在法律意义上，幼儿属于对自己行为的性质无认识能力，也无法预测自己行为后果的人。也就是说，幼儿因其年龄较小，心智尚未成熟，欠缺对其行为的认识能力；在做出一定行为时，对行为可能带来的一些结果没有预测能力；幼儿行为的发生是基于本能，欠缺法律上的控制能力。比如，幼儿园中发生的幼儿对幼儿的伤害行为，如一个幼儿把另一个幼儿往墙上推，致其头部被撞流血。实施伤害行为的幼儿，对"推"的行为没有认识（年龄较小时），对另一个幼儿撞到墙上会受到伤害这一结果是没有预测能力的；一般而言，幼儿不会做出这种推的动作，但是当幼儿想着把另一个幼儿往墙上推时，他就推了，他在这样做时，不会考虑行为的后果。他或许对推的动作和撞到墙上的事实有所认识，因为刚刚听到的故事里讲到了"推"，在以前的经验里，也有撞到墙上的印象，但对于整个行为以及行为的后果和其中的因果关系，以幼儿的心智是无法清晰认识的，也不能强求幼儿对其有认识。如果是成人实施这样的行为，就属于明知把人往墙上推的行为会造成他人受伤害的后果，或者应知会有造成他人受伤害的后果而故意这么做；或者至少是对行为和行为的后果都有认识，然而因为自己被胁迫做这样的事或是身体突发疾病而不能控制自己的行为，但对行为、行为的后果以及其中的因果关系是有意识的。

根据我国《民法典》第二十条的规定，不满八周岁的未成年人为无民事行为能力人①。《刑法》第十七条有在刑事责任年龄上的规定，十二岁以下行为人不具备刑事责任能力②。在民事法律关系中，幼儿虽然因没有民事行为能力而无民事责任能力，但根据《民法典》第十三条的规定，幼儿具有民事权利能力，依法享有民事权利，承担民事义务。不论是从《宪法》《刑

---

① 民事责任能力是指自然人能辨认和控制自己的行为，因而对其致人损害的后果要承担侵权民事责任的资格；民事权利能力是指法律赋予民事主体享有民事权利和承担民事义务的能力；民事行为能力是指能够独立有效地实施民事法律行为的地位或资格。
② 刑事责任能力是指行为人具备的刑法意义上辨认和控制自己行为的能力。我国《刑法》第十七条规定，已满十二周岁不满十四周岁的人，犯故意杀人、故意伤害罪，致人死亡或者以特别残忍手段致人重伤造成严重残疾，情节恶劣，经最高人民检察院核准追诉的，应当负刑事责任。

法》《民法典》①等法律来看,还是从《未成年人保护法》等法律来看,幼儿都是处于受保护的法律地位的,幼儿的侵权行为,由其监护人代为承担责任;对儿童的保护包括国家保护、社会保护、学校保护、家庭保护;在儿童利益受到侵害时,由其监护人作为其法定代理人提出权利主张;针对幼儿的犯罪会被处以更为严厉的刑罚;等等。比如《刑法》第二百三十六条规定"奸淫不满十四周岁的幼女的,以强奸论,从重处罚",这是对幼儿权利保护的具体规定。

案例 9-1

摔伤的小云

暑假的某日下午,幼儿园陈老师带领留园幼儿参加户外活动。为安全起见,陈老师在前面领队时,边走边大声招呼队尾幼儿跟上。中班幼儿小云与大班幼儿青青排在队尾。好动的青青趁队伍行走拉开距离时,拉住小云边走边玩,结果在把小云背起来时,不慎使其摔倒在地。幼儿园另一工作人员及时将小云送到医院诊断治疗,小云被确诊为左股骨中段斜形闭合性骨折,住院三个月后康复。幼儿园为小云支付一万元医药费后,小云家长还要求幼儿园赔偿营养费、误工费、交通费等。那么,幼儿园该不该赔偿这笔钱?

资料来源:周天枢.老师和家长需要知道的100个幼儿园法律问题[M].广州:中山大学出版社,2005:39.

案例9-1中,幼儿园并无过错,应当由青青承担对小云的损害赔偿责任。但由于青青不具有民事行为能力,根据《民法典》第一千一百八十八条的规定,无民事行为能力人、限制民事行为能力人造成他人损害的,由监护人承担侵权责任。因此,本案中的医药费、营养费、误工费和交通费等应由青青的监护人,即青青父母承担侵权责任。

我国《未成年人保护法》对未成年人保护条款的制定全面、科学。该法第三条规定:国家保障未成年人的生存权、发展权、受保护权、参与权等权利。这更加全面地保护了未成年人的各项权利。该法第二十七条还明确规定:学校、幼儿园的教职员工应当尊重未成年人人格尊严,不得对未成年人实施体罚、变相体罚或者其他侮辱人格尊严的行为。在促进幼儿的发展权方面,《未成年人保护法》第二十六条规定:幼儿园应当做好保育、教育工作,遵循幼儿身心发展规律,实施启蒙教育,促进幼儿在体质、智力、品德等方面和谐发展。《幼儿园教育指

---

① 《民法典》第二十条规定,不满八周岁的未成年人为无民事行为能力人,由其法定代理人代理实施民事法律行为。

导纲要(试行)》在第二部分对幼儿园"教育内容与要求"的规定中指出:幼儿园的教育内容是全面的、启蒙性的,可以相对划分为健康、语言、社会、科学、艺术等五个领域,也可作其他不同的划分。各领域的内容应相互渗透,从不同的角度促进幼儿情感、态度、能力、知识、技能等方面的发展。

二、幼儿在学前教育中的地位

(一) 享有受教育权

我国《宪法》第四十六条、《教育法》第九条规定:中华人民共和国公民有受教育的权利和义务。

根据《教育法》的规定,"国家实行学前教育、初等教育、中等教育、高等教育的学校教育制度"。《教育法》第二条规定,"在中华人民共和国境内的各级各类教育,适用本法"。

幼儿享有受教育权。《学前教育法》第十三条规定了学前儿童享有"依法平等接受学前教育"的权利。《幼儿园管理条例》第十三条规定,幼儿园应当贯彻保育与教育相结合的原则,创设与幼儿的教育和发展相适应的和谐环境,引导幼儿个性的健康发展。幼儿园应当保障幼儿的身体健康,培养幼儿的良好生活、卫生习惯;促进幼儿的智力发展;培养幼儿热爱祖国的情感以及良好的品德行为。

《幼儿园教育指导纲要(试行)》是为指导幼儿园深入实施素质教育而制定的政策性文件,强调幼儿园教育应尊重幼儿的人格和权利,保教并重;从另一方面来说,《幼儿园教育指导纲要(试行)》体现了幼儿园教育的义务,相对于幼儿来说,即为幼儿之权利;幼儿园教育的内容,也就是幼儿受教育权的具体内容。

(二) 保育的对象

保育工作是一项基础性工作,合格的保育工作可以满足幼儿在园生活、游戏和学习的需要,确保幼儿接受基本的、有质量的幼儿教育,达到促进幼儿健康成长的目的。

《幼儿园工作规程》第四章第十七条规定:幼儿园必须切实做好幼儿生理和心理卫生保健工作。幼儿园应当严格执行《托儿所幼儿园卫生保健管理办法》以及其他有关卫生保健的法规、规章和制度。

根据《幼儿园教职工配备标准(暂行)》,我国全日制幼儿园每班要配备2名专任教师、1名保育员(或配备3名专任教师),保教人员与幼儿比达到1∶7至1∶9;半日制幼儿园每班要配备2名专任教师,有条件的可配备1名保育员,保教人员与幼儿比达到1∶11至1∶13。

上述法规明确了幼儿是保育的对象,并在法规中将幼儿保育工作确定下来,保证了幼儿的合法权益。

第二节 幼儿伤害事故类型

发生幼儿在园伤害事故,通常与幼儿园的管理、幼儿园教师和保育员有一定关系。近年来,幼儿在各种学前教育机构接受保教服务的过程中,身心健康受到侵害的事件层出不穷,其表现形式可以概括为以下七种。

一、故意违法犯罪行为

故意违法犯罪行为对幼儿的身心伤害最为严重。凡是《刑法》规定为犯罪的行为,即是法律所禁止的行为。《刑法》第二百三十二条、第二百三十四条,便是有关禁止故意杀人与故意伤害行为的规定。《刑法》对公民身心健康权的保护,还体现有关强奸罪、猥亵罪、侮辱罪、拐卖儿童罪等方面的规定上。

《民法典》第一千一百六十五条规定,行为人因过错侵害他人民事权益造成损害的,应当承担侵权责任。根据《民法典》第九百九十条的规定,人格权是民事主体享有的生命权、身体权、健康权、姓名权、名称权、肖像权、名誉权、荣誉权、隐私权等权利。故意伤害幼儿身心健康的行为是行为人有意实施的,实施这种行为的人,既可以是幼儿园内部人员,也可以是幼儿园外部人员。

(一) 幼儿园内部人员的侵害行为

《幼儿园工作规程》第六条规定:幼儿园教职工应当尊重、爱护幼儿,严禁虐待、歧视、体罚和变相体罚、侮辱幼儿人格等损害幼儿身心健康的行为。幼儿园内部人员实施的故意侵害行为,可能会有虐待、歧视、体罚和变相体罚、故意伤害、性侵害等。

案例 9-2

向孩子施暴的老师

某幼儿园的一名老师对年仅 5 岁的孩子施暴,扇耳光、揪脸,下手毫不留情。某日下午短短 10 分钟的时间内,这名老师就扇了一个女童 70 余下耳光。该老师的行为是否侵犯了该幼儿的权利?

资料来源:整理自新闻报道。

这是一起严重侵犯幼儿人身权利的事件。根据《民法典》第一千一百六十五条过错责任原则规定,案例9-2中打人的幼儿园教师应当承担侵权责任。《民法典》第一千二百零一条规定:无民事行为能力人或限制民事行为能力人在幼儿园、学校或其他教育机构学习、生活期间,受到幼儿园、学校或其他教育机构以外的第三人人身损害的,由第三人承担侵权责任;幼儿园、学校或者其他教育机构未尽到管理责任的,承担相应的补充责任。幼儿园、学校或其他教育机构承担补充责任后,可以向第三人追偿。

根据《未成年人保护法》第一百二十九条的规定,该打人的幼儿园教师应当承担民事责任。

(二) 幼儿园外部人员的侵害行为

校外人员故意违法犯罪而对幼儿身心健康造成侵害的现象也时有发生。

案例 9-3

校外人员故意违法犯罪

2010年5月12日8时左右,林场村幼儿园发生一起凶杀案。犯罪嫌疑人吴某某持菜刀闯入该村幼儿园,致使7名幼儿和2名成人当场死亡,20多人受伤,死亡的7名儿童为5男2女,2名成人为幼儿园教师刘某及其母亲。其中,2名儿童伤势严重,伤者被送往市医院抢救。省政府应急办公室提供的信息称,犯罪嫌疑人吴某某,男性,48岁,初中肄业,系林场村四组人,身患多种疾病,多次医治未见好转,对治疗失去信心,思想压力大,行凶后返回家中自杀身亡。

资料来源:整理自新闻报道。

对于这一案例,吴某某应当承担全部责任,其中既有刑事责任,又有刑事附带民事责任。但由于吴某某行凶后自杀,其行为无法进入审判程序。

此类故意违法犯罪事件,系行为人抓住幼儿园管理方面的漏洞,明目张胆地实施违法犯罪。其特点是难以预料,事发突然,让人来不及反应便已经造成了侵害;或是行为人蓄谋已久,防不胜防;或是纵然事先有相关方面的预防与应对措施,但当面对具体的违法犯罪时,幼儿园方面也无法抵抗等。可以根据这类行为的违法程度,将其分为故意的侵权行为和犯罪行为。

二、幼儿园管理上的过失

《未成年人保护法》第三十五条规定：学校、幼儿园应当建立安全管理制度，对未成年人进行安全教育，完善安保设施、配备安保人员，保障未成年人在校、在园期间的人身和财产安全。学校、幼儿园不得在危及未成年人人身安全、身心健康的校舍和其他设施、场所中进行教育教学活动。

《幼儿园管理条例》第十九条规定，幼儿园应当建立安全防护制度，严禁在幼儿园内设置威胁幼儿安全的危险建筑物和设施，严禁使用有毒、有害物质制作教具、玩具。

《幼儿园工作规程》第三章规定了有关幼儿园安全的内容。其中第十二条规定：幼儿园应当严格执行国家和地方幼儿园安全管理的相关规定，建立健全门卫、房屋、设备、消防、交通、食品、药物、幼儿接送交接、活动组织和幼儿就寝值守等安全防护和检查制度，建立安全责任制和应急预案。第十三条规定：幼儿园的园舍应当符合国家和地方的建设标准，以及相关安全、卫生等方面的规范，定期检查维护，保障安全。幼儿园不得设置在污染区和危险区，不得使用危房。幼儿园的设备设施、装修装饰材料、用品用具和玩教具材料等，应当符合国家相关的安全质量标准和环保要求。入园幼儿应当由监护人或者其委托的成年人接送。

案例 9-4

幼儿园是否保护了幼儿安全

因某幼儿园新购滑梯的滑道和滑梯平台之间出现断裂，幼儿园设置了写有"禁止攀玩"文字的警示牌，在滑梯周围围上栏杆，并已经要求生产厂家维修。在维修之前，一名幼儿在户外体育活动时，趁老师不注意溜到活动场地旁边的滑梯上玩，结果从该滑梯上摔下致残。

资料来源：林雪卿.幼儿教育法规[M].北京：科学出版社，2010：136—137.

在案例 9-4 中，幼儿园虽然设置了"禁止攀玩"的警示牌、围上了栏杆，但"禁止攀玩"的文字提醒，对于幼儿来说显然没有效用；简单地围上栏杆，并没有排除幼儿进入危险区域的可能。因此，幼儿园在发现危险之后，没有采取有效措施避免这一危险，是管理有所不足，对幼儿受伤一事应当承担责任。

案例 9-5

幼儿园的严重失职

在某寄宿制幼儿园中,小(六)班的班主任杨某某在宿舍内的过道上点了三盘蚊香。临走时,杨某某将这一情况告诉了当晚值班的保育员吴某某。晚 11 时许,该幼儿园保教主任倪某某和值班医生在巡查中发现小(六)班点了蚊香,倪某某进行了简单询问,但未作任何处理便离开了。晚 11 时 30 分,吴某某离开宿舍后,45 分钟内未再到宿舍巡视。在此期间,床上的棉被掉落在床边过道点燃的蚊香上,引起燃烧,火势迅速蔓延,造成 13 名 3—4 岁的幼儿在火灾中丧生。其中男孩 7 人,女孩 6 人,大部分为窒息性死亡。法院认为,担任小(六)班保育员的吴某某既无上岗证,也未受过幼儿保育职业培训,身为园长的刘某某违反有关规定让吴某某担任保育员一职,属严重失职行为。

资料来源:林雪卿.幼儿教育法规[M].北京:科学出版社,2010:139—140.

在案例 9-5 中,幼儿园方面存在的问题,主要是幼儿园的消防制度不健全,没有安装消防设施;园长在招聘工作人员方面犯有重大的过错,将没有资质的人员请来做保育员。

幼儿园还存在其他可能导致幼儿受到侵害的情形,比如:幼儿园户外器械失修,幼儿玩耍时因器械出现问题而受到伤害;幼儿园中堆砌的物品倒塌或悬挂的物品落下砸伤幼儿;幼儿园中闯来一只流浪狗而幼儿园没有发现,也没有及时将其赶走,导致幼儿被狗咬伤;食堂管理问题致使幼儿出现食物中毒事件;幼儿园插座设计不合理,幼儿将手指插入,导致触电事件;幼儿园门卫管理不善或接送管理存在问题,致使幼儿从幼儿园走出后丢失;幼儿园校车管理不善,致使幼儿被遗忘在校车中,因闷热窒息而死亡;幼儿园医务工作管理制度不健全或医务人员疏忽,致使幼儿吃错药而损害幼儿身体健康等。上述事件皆因幼儿园管理问题而引发,或主要因幼儿园管理问题而引发,并造成幼儿受到侵害。

此外,有些过失违法犯罪行为与幼儿园管理也有一定的关系,但主要责任并不在幼儿园。如 2012 年 12 月 24 日发生在江西的幼儿园校车驶入水塘致 11 名幼儿遇难事件,事故主要由校车司机引起(排除校车本身的问题),其主要责任在校车司机。

此类事件的特征是多因过失而发生,原因在于幼儿园管理方面的不完善或没有尽到应尽的责任;在某些情况下,幼儿园设备或物品的质量存在问题,由此而引发幼儿受伤害,而幼儿园在将这些设备用于幼儿园时,应当对其质量进行检验,并不能因为产品质量责任而免除幼儿园方面的责任。如果提高幼儿园管理水平和幼儿园有关人员的责任心,此类事件大多可以避免,这也是这些事件的发生让人备感痛惜的原因。在解决、预防此类事件上,应当特别注意提高幼儿园及其教职工在相关问题上的认识。

三、幼儿园教师的失职

幼儿园教师过失致幼儿死亡

刘某,男,离异后带着5岁女儿兰兰再婚。其再婚妻子李某性格执拗倔强。一日早晨,夫妻二人因为家庭生活琐事争吵了几句,刘某没有理睬李某,就送女儿去幼儿园了。到了幼儿园后,刘某交代幼儿园老师单某,如果继母来接兰兰,不要让她接走,他会来接的。单某知道兰兰的家庭情况,也了解其继母的性格,便应允了。午饭过后不久,李某到幼儿园接兰兰回家。单某想到兰兰父亲的交代,正要拒绝,但是转念一想,毕竟其是兰兰的继母,就又答应了。过后,单某越想越担心,就跑到了兰兰的家里,发现家门没有锁,进到室内,单某在一堆旧衣服里发现了兰兰,而此时兰兰已经没有呼吸了,送到医院后经抢救无效死亡。

《未成年人保护法》第三十五条规定:学校、幼儿园安排未成年人参加文化娱乐、社会实践等集体活动,应当保护未成年人的身心健康,防止发生人身伤害事故。《幼儿园工作规程》第十三条规定:入园幼儿应当由监护人或者其委托的成年人接送。因此,幼儿园教师单某是案例9-6中幼儿安全事故责任的承担者。

因幼儿园教师疏忽导致幼儿身心健康受到损害的现象在现实中确实存在,且为数不少。幼儿是没有民事行为能力的,一般在幼儿园出现事故后,人们的第一反应是当时幼儿园教师在哪里?他们是否有责任?幼儿园是否有责任?不过,这是一个相当复杂的问题,并不能认为一旦幼儿在幼儿园遭遇事故,就必然与幼儿园教师和幼儿园有关联。

一般而言,此类事件的构成包括三个要素:其一,幼儿有受到伤害的事实;其二,幼儿园教师存在疏忽;其三,幼儿园教师的疏忽与幼儿受到伤害之间具有因果关系。幼儿是否受到伤害是较易判断的,但是幼儿园教师是否存在疏忽就比较难判断了,即便幼儿园教师存在某些疏忽,对这种疏忽与幼儿受到伤害之间有无因果关系以及因果关系的强度的判断也更为复杂,因为此时不仅要判断行为人的行为,也要考虑学前教育本身所具有的一些特点。比如一个陌生人来接幼儿回家,幼儿园教师在没有向家长确认,该人也没有幼儿园接送卡的情况下,便让该人将幼儿领走,事后发生该幼儿受到侵害的情形,就与幼儿园教师有莫大关系。

但与此同时,《民法典》第一千零八十四条规定:"父母与子女间的关系,不因父母离婚而消除。离婚后,子女无论由父或者母直接抚养,仍是父母双方的子女。离婚后,父母对于子女仍有抚养、教育、保护的权利和义务。"

在案例9-6中,刘某叮嘱过单某自己会来接兰兰,并强调不要让兰兰的继母李某接走兰兰。然而,单某让李某将兰兰接走,最后李某将兰兰杀害。这样,我们会认为只有单某对兰兰的死负有责任。但是,李某通过与刘某建立婚姻关系,对兰兰有照顾和抚养的义务,虽然刘某对单某说不让李某接走兰兰,然而单某作为教师,很难完全就此而阻碍李某接走兰兰。刘某在叮嘱单某时,并没有告诉她李某可能会对兰兰的安全构成威胁这一情况,单某因此也就不可能预料到李某会杀害兰兰这一情况;不能要求单某因知晓兰兰的家庭组成而预料到李某可能会杀害兰兰。在案例9-6中,单某固然负有责任,但兰兰父亲刘某既没有如实告知单某有关事实,也没有采取进一步的措施对兰兰进行保护,在兰兰受害一事上承担着主要责任。

四、幼儿自身引起的伤害

在幼儿伤害事故中,如果是幼儿自身原因引起的伤害问题,一般情况下,应该由幼儿自己承担责任。

幼儿因自身原因造成伤害

欣欣就读于某幼儿园小一班。在一次户外活动中,欣欣突然呕吐、四肢抽搐并昏厥。老师及时做了救助工作并将欣欣立即送往医院,但是欣欣在途中不幸死亡。经诊断,欣欣是因脑膜炎复发而猝死的。

幼儿因特定疾病而受伤害,幼儿园不知情的,可免责。根据《学生伤害事故处理办法》的规定,幼儿有特异体质、特定疾病或异常心理状态,幼儿园不知情或者难于知情的,且履行了相应职责,行为并无不当的,一般不承担法律责任。

在案例9-7中,欣欣曾患有特定疾病,但其家长并未告知幼儿园,未让其多加注意,因此,幼儿园对欣欣旧病复发之事无法预见也不可能预防。欣欣病发后,幼儿园及时采取了救助措施,尽了善意的注意义务,因此,幼儿园对欣欣的猝死不承担法律责任。

五、意外伤害事故

所谓意外伤害事故,系指无人为因素(主要指无幼儿园和幼儿园教师因素)却造成幼儿身心受到伤害的情形。既然是意外事故,那么幼儿园和幼儿园教师即便采取了足够的防护措施也是难以完全避免的。此时,如果幼儿园能够证明尽到教育、管理职责的,可以根据《民法典》第一千一百九十九条"教育机构的过错推定责任"的规定,不承担责任。这类事故有幼儿自身的危险行为、幼儿间无法预见的相互伤害行为、外界突发事件等。

比如,幼儿不听教师多次劝阻,在教室内跑动时撞到桌子并摔倒,致胳膊骨折,应视为幼儿自身的危险行为;此时幼儿园教师已尽安全提醒义务,不存在疏忽;也不能就此认为幼儿园教室空间过于狭小,且物品摆放不合理,致使幼儿受伤,因为幼儿活动空间有相应的法律要求,同时教室并非可以随意奔跑的地方,因此,幼儿应对其受伤行为自负其责。

再如开展区角活动时,幼儿园教师布置完阅读区幼儿的活动并讲明注意事项后,去指导表演区幼儿的活动,而阅读区两名幼儿起了争执,一名幼儿用书角击打另一名幼儿的面部,致其鼻骨骨折。这便是幼儿间无法预测的侵害行为,教师因尽到相应的义务而不用承担责任。由于幼儿对其行为的性质无认识,故而对于幼儿而言,幼儿间的伤害行为不适用故意伤害之说,只能称为意外伤害。所以,此部分责任,根据《民法典》第一千一百八十九条"委托监护责任"的规定,应由实施侵害行为的幼儿的家长承担。

案例 9-8

幼儿意外伤害事故

某幼儿园中班幼儿李明不知什么时候在哪里捡了一个纸团,趁老师不注意时将其塞入鼻腔,后来他想用手指把纸团挖出来,但越挖纸团陷得越深。老师问他为什么老挖鼻孔,他才把情况告诉老师。由于纸团塞得较深,很难取出,园保健医生马上送李明去医院,并立即通知家长到医院共同处理。医生将纸团取出,但李明鼻膜出血,需要住院治疗,共花去医疗费 1 000 元。李明家长要求幼儿园承担这笔费用,幼儿园是否应该承担?

资料来源:周天枢.老师和家长需要知道的 100 个幼儿园法律问题[M].广州:中山大学出版社,2005:88—89.

案例 9-8 中的事故责任完全是由幼儿本人引起的,李明趁教师不注意将纸团塞进鼻腔的行为并非教师所能预见的,幼儿挖鼻子的行为在幼儿园也经常出现;教师在看到李明挖鼻子的行为有些异常后,及时询问并送至医院处理,已尽到了照顾幼儿的责任。因此,李明应当自行承担责任,幼儿园并没有过错,根据《民法典》一千一百九十九条"教育机构的过错推定责任"的规定,无须承担责任。

六、幼儿精神损害

一般而言,侵犯幼儿生命健康的行为,比如连续打幼儿巴掌或是让幼儿之间互扇巴掌等,都会给幼儿的心理造成严重的影响。根据《民法典》第一千一百八十三条"精神损害赔偿"规定,侵害自然人人身权益造成严重精神损害的,被侵权人有权请求精神损害赔偿。具体而言,《民法典》第四编"人格权"第九百九十条规定:人格权是民事主体享有的生命权、身体权、健康权、姓名权、名称权、肖像权、名誉权、荣誉权、隐私权等权利。《学前教育法》第十四条规定,"尊重学前儿童人格尊严"。因此,面对直接侵犯幼儿人格尊严的行为,包括对幼儿的言语侮辱、身体侮辱,不正当的教育方式如不当的比较等,都可提起精神损害赔偿。

《民法典》第一千条在有关"消除影响、恢复名誉、赔礼道歉等民事责任的承担"等方面规定:行为人因侵害人格权承担消除影响、恢复名誉、赔礼道歉等民事责任的,应当与行为的具体方式和造成的影响范围相当。行为人拒不承担前款规定的民事责任的,人民法院可以采取在报刊、网络等媒体上发布公告或者公布生效裁判文书等方式执行,产生的费用由行为人负担。

案例 9-9

被恐吓的兰兰

某幼儿园大班幼儿兰兰被检查出患了精神疾病。经查,兰兰班上的李老师曾让兰兰在墙角、厕所甚至在其他班里罚站,李老师甚至还拿着一把剪刀在兰兰面前吓唬她。兰兰妈妈意识到,兰兰可能是因为在幼儿园受到恐吓才导致精神疾病的。于是向法院起诉,要求园方赔偿医疗费和精神损失费。请问:兰兰可以要求相关赔偿吗?

资料来源:周天枢.老师和家长需要知道的100个幼儿园法律问题[M].广州:中山大学出版社,2005:18—19.

在案例9-9中,法院判决该幼儿园赔偿兰兰医疗费2 500元,精神损失费5 000元,理由是幼儿园在教学过程中有一定过错,该过错与原告精神疾病之间存在一定的联系。法院查明的事实表明,李老师确实对兰兰进行过恐吓,不仅没有尊重、爱护幼儿,反而直接侵犯了幼儿的权利,其在兰兰患精神疾病这件事上是有过错的。根据《民法典》第一千条的规定,李老师应当承担侵权责任。

除上述生命健康权之外,幼儿还享有《民法典》第九百九十九条规定的姓名权、肖像权等人身权利。这些权利也可能受到侵犯。

案例9-10

幼儿是否具有这些权利

（一）

某幼儿园钟老师用自己班上10名幼儿的名字,报名参加了某市报刊举办的抽奖活动,结果幼儿星星被幸运抽中。因为领取奖品须凭幼儿的户口本,钟老师就把这件事告诉了星星的妈妈,并向她借户口本。可星星的妈妈却认为钟老师侵犯了星星的姓名权,要求钟老师交回兑奖凭条。星星还这么小,也享有姓名权吗？

（二）

某幼儿园拟请广告公司为小朋友拍照片,用于幼儿园的招生广告中。在家长会上征得了家长们的同意后,幼儿园就约了广告公司到幼儿园为孩子们拍照。广告公司工作人员看见正在花园旁边玩耍的美丽的、活泼的小霞,就请求幼儿园同意他们将小霞的照片作为广告公司的商业广告用图,并答应付给幼儿园相应的报酬。幼儿园同意了,并在事后得到了这笔报酬。某日,小霞妈妈无意间发现小霞的照片出现在该广告公司的商业广告中,找幼儿园和广告公司交涉未果,遂将广告公司和幼儿园诉至法院,要求其作出侵权赔偿。小霞也有自己的肖像权吗？若有,如何受法律保护？

（三）

幼儿小聪有遗尿的毛病,这引起了保育员张某的反感。一天午睡醒来后,小聪又尿床了。张某不悦,大声斥骂:"你真是个窝囊废！你再尿床,就打你！"小聪觉得无地自容,不肯再上幼儿园。小聪的妈妈认为张某的行为伤了孩子的自尊心,损害了小聪的名誉权,应当赔礼道歉。而张某则认为:小孩子没有什么名誉权。自己只是随口说了一句,没有那么严重。你认为呢？

资料来源:周天枢.老师和家长需要知道的100个幼儿园法律问题[M].广州:中山大学出版社,2005:16—17.

幼儿也享有姓名权、肖像权和名誉权。同时,幼儿为无民事行为能力人,因此,幼儿的法定监护人可以向侵权人主张上述权利。依据《民法典》第一千条的规定,案例9-10中的幼儿园及教师、保育员应承担消除影响、恢复名誉、赔礼道歉等民事责任。

具体来说,案例9-10中的钟老师未经星星家长同意而使用他的姓名,侵犯了其姓名权,但情节轻微,应当赔礼道歉,并且将兑奖凭条交给星星家长。小霞所在幼儿园及广告公司的行为则侵犯了小霞的肖像权,因为根据《民法典》第九百九十条"人格权定义"的规定,未经本人同意,不得以营利为目的使用公民的肖像。广告公司虽然征得幼儿园同意,但并未获得小霞的同意(因为小霞是无民事行为能力人,故而须征得小霞父母的同意),就以营利为目的展示了小霞的肖像。在侵犯小霞肖像权一事上,幼儿园与广告公司属于共同侵权,根据《民法典》第一千一百六十八条"共同侵权"的规定,幼儿园应当承担连带责任。张某因认为小聪是幼儿而无视其人格尊严,在同班小朋友面前辱骂小聪,造成对其名誉的贬损,侵犯了小聪的名誉权。根据《民法典》第一千条的规定,应当停止侵害,消除此事对小聪的影响,恢复小聪的名誉。

七、幼儿著作权受到侵害

有关幼儿知识产权方面权益受到侵犯的问题,主要集中在幼儿著作权领域。著作权又称版权,是指作者及其他著作权人依法对自己的作品享有的权利。著作权包括人身权和财产权两大类,其中,人身权具体包括发表权、署名权、修改权等,财产权具体包括复制权、发行权、展览权等。《中华人民共和国著作权法》(以下简称《著作权法》)第十一条规定,"创作作品的自然人就是作者"。根据我国《著作权法》的规定,著作权自作品创作完成之日起自动产生,无须经过任何批准或登记手续。幼儿创作的作品,幼儿就是作品的作者,享有相应的著作权。幼儿虽然不具有民事行为能力,但其仍然享有相应的权利,其权利由其法定监护人代为行使。《著作权法》第二条规定:"中国公民、法人或者其他非法人组织的作品,不论是否发表,依照本法享有著作权。"这些作品根据《著作权法》第三条的规定,包括文字作品,口述作品,音乐、戏剧、曲艺、舞蹈、杂技艺术作品,美术建筑作品,摄影作品,视听作品,工程设计图、产品设计图、地图、示意图等图形作品和模型作品,计算机软件,符合作品特征的其他智力成果等。作品的著作权人包括:(1)作者;(2)其他依照《著作权法》享有著作权的公民、法人或者其他组织。著作权包括发表权、署名权、修改权等权利,他人若想使用著作权人的相关权利,必须征得著作权人同意,并可能需要支付相应的报酬。使用幼儿作品的,须征得幼儿法定监护人的同意。

幼儿享有著作权案例一

　　5岁的辉辉就读于某幼儿园,该幼儿园将该园幼儿的绘画作品结集出版,并公开发售,其中选登了辉辉的6幅作品。辉辉妈妈看到后,认为幼儿园应该支付稿酬。可是幼儿园园长解释说:"你儿子才5岁,不享有著作权。况且你儿子的作品是在我园教师辅导下完成的。著作权应归幼儿园。"

　　资料来源:武祥海.幼儿园侵害幼儿合法权益案例三则[J].早期教育(教师版),2007(01):42.

　　在案例9-11中,辉辉才5岁,不具备完全民事行为能力,但是他同样享有著作权。另外,辉辉的作品虽然是在教师辅导下完成的,但幼儿园不能据此就将作品的著作权视为己有,因为幼儿园教师对辉辉的辅导是在履行幼儿园对辉辉的教育义务。若是两人共同完成的作品,著作权则由两人共同享有。因此,幼儿园在使用时,应当支付相应的报酬。

　　同样,案例9-12中的丹丹对其作品也享有著作权。

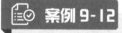

幼儿享有著作权案例二

　　丹丹受画家父亲的熏陶,4岁开始作画,6岁时画的猴子就已经活灵活现了。幼儿园教师王某向她索要画作,她给了王老师绘画作品2幅。王老师爱不释手,将这2幅画送到了某出版社。该出版社在出版一本画集时将其收入,并署上了丹丹的名字。丹丹的妈妈知道此事后,找到王老师要求取回稿酬和样书。王老师以种种理由拒绝。于是丹丹妈妈向法院起诉,要求王老师退回稿酬和样书。

　　资料来源:周天枢.老师和家长需要知道的100个幼儿园法律问题[M].广州:中山大学出版社,2005:12—13.有修改。

　　案例9-12是一起因幼儿的著作权受到侵害而引起的法律纠纷案。

　　《著作权法》第九条、第十一条规定,著作权首先属于作者,即作品的创作人。判断一个人是不是作者,关键是看该作品是否由其创作,与其是否具有民事行为能力并无关系,这是因为创作作品是事实行为而不是法律行为。因此,具有完全民事行为能力人可因其创作出作品而成为著作权人,而限制民事行为能力和无民事行为能力人也可因独立创作出作品而成为著作权人,受《著作权法》的保护。同时,我国《著作权法》第二十条规定:作品原件所有权的转移,不改变作品著作权的归属,但美术、摄影作品原件的展览权由原件所有人享有。可见,将作品用于出版的授权,必须由该作品的著作权人作出。

据此,案例9-12中的丹丹虽然年幼,但她同样对自己的画享有著作权。王老师未经丹丹法定监护人的许可,把丹丹的作品拿到出版社去出版,已构成侵权。丹丹妈妈取回稿酬和样书的要求是合理合法的。

第三节 幼儿伤害事故发生的原因及其预防

一、幼儿身心健康受到侵犯的原因

幼儿园是幼儿生活和学习的主要场所,同时幼儿又是身心尚未成熟的群体,因此幼儿园及其教职员工的履职至关重要。尽管各层面都有照护幼儿安全的政策和法规,但幼儿园仍有一定数量的幼儿伤害事故发生。根据现实情况来看,幼儿在园伤害事故发生的原因主要有:幼儿园管理制度不健全;监护人忽视对孩子自我保护的教育;教师履职不力;幼儿园设施设备存在安全隐患;幼儿园发生突发事件等。也有调查给出了幼儿园伤害事故发生的主要原因有:设施不符合安全标准而导致幼儿刮伤、摔伤甚至死亡;教师或者保育员失职对幼儿身心健康造成损害;幼儿园保健人员的疏忽导致损害幼儿身体健康;幼儿园安保制度不规范导致幼儿被人拐骗;幼儿自身原因导致突发性的伤害事故等。

除了非人为因素的自然灾害和人为因素的故意侵犯幼儿身心健康的行为之外,本书认为幼儿园中幼儿身心健康受伤害的主要原因如下。

其一,幼儿园管理方面的原因。这方面主要表现为:幼儿园园舍管理不善,没有排除可能使幼儿受到伤害的危险因素;幼儿园采购管理不到位,引进有质量问题的产品;幼儿园医务管理问题;幼儿园门卫管理问题;幼儿园食堂管理问题;幼儿园校车管理问题等。其中,幼儿园没有系统的安全教育课程,也应当归入此类原因中。

其二,幼儿园教师方面的原因。其主要表现为:幼儿园教师疏忽,幼儿园教师疏忽与幼儿受到伤害之间具有因果关系。从幼儿自我保护意识教育方面来说,幼儿园教师也应当承担一定的教育责任。幼儿园方面应当有相应的安全课程和自我保护的主题教育活动。

其三,幼儿自身方面的原因。其中包括幼儿自身的危险行为和其他幼儿的不当行为。

其四,幼儿食品供应商、幼儿园各物品供应商等方面的原因。幼儿园作为对幼儿进行保教的机构,其能力也是有限的,在认真履行其职责的情况下,也不能完全确保其他单位供应的食品或是其他所用物品的质量不出现安全问题。因此,如果系因食品、玩具或家具质量等原因引发幼儿伤害的,相应产品的供货人便是造成伤害的最终原因。将此部分原因列出,主要是为了帮助理解幼儿园在赔付受伤害幼儿后向有关单位进行追偿的需要。

二、维护幼儿身心健康权利

(一) 幼儿及其监护人的权利救济

在幼儿身心健康权益受到侵犯后,一般是幼儿家长作为幼儿的法定监护人代幼儿维护权益的。《民法典》第二十条明确了无民事行为能力的未成年人,为不满八周岁的未成年人,由其法定代理人代理实施民事法律行为。

根据《民法典》第九百九十一条的规定,民事主体的人格权受法律保护,任何组织或个人不得侵害。

幼儿的法定监护人对于正在发生的侵害行为,可以要求有关人员停止侵害;发现幼儿园有可能存在危险时,有权要求园方排除可能对幼儿造成侵害的危险;对于已经造成的侵害,可以向责任人要求相应的人身损害赔偿和精神损害赔偿。并且,当存在犯罪行为时,幼儿监护人有权向有关机关报案,要求追究相关人员的刑事责任。

根据《民法典》第一千一百六十七条:侵权行为危及他人人身、财产安全的,被侵权人有权请求侵权人承担停止侵害、排除妨碍、消除危险等侵权责任。第一千一百七十五条明确:损害是因第三人造成的,第三人应当承担侵权责任。幼儿家长在幼儿受伤害后,一般直接向幼儿园要求损害赔偿。幼儿园教师作为幼儿园的工作人员,其行为所产生的责任,应由幼儿园代为承担,事后再行追究。即便是其他人在幼儿园对幼儿造成侵害或是因幼儿园物品质量问题造成幼儿伤害的,监护人都可以向幼儿园索赔,因为幼儿园负有确保幼儿在园期间安全的义务。此时,在幼儿园之外,可能会存在第三人,包括直接侵害人和承担产品质量责任的人。在这种情况下,监护人可以起诉幼儿园或者第三人,或者将两者作为共同被告。

案例 9-13

幼儿园园舍安全问题

某日早上,某幼儿园大班小朋友顺着楼梯下楼去操场,在接近一楼的最后几个台阶处,楼梯护栏突然倒塌,幼儿纷纷跌倒,相互叠压、踩踏,造成多个孩子受伤。事故发生后,幼儿园立即将受伤幼儿送医治疗。经调查发现,此楼梯护栏的钢筋强度不够,园方早前已经发现其出现小的裂缝,但因没有及时维修,导致事故发生。受伤幼儿家长向幼儿园索赔,没有受伤的幼儿家长也以其子女受到惊吓为由,向幼儿园提出精神损害赔偿。而幼儿园则认为,这起事故是因为建筑单位在工程施工时偷工减料所致,应由建筑公司负责赔偿。

在这起事故中,幼儿园要不要承担法律责任?若要,应该承担哪些法律责任?

资料来源:周天枢.老师和家长需要知道的100个幼儿园法律问题[M].广州:中山大学出版社,2005:63—65.

在案例9-13中,"受伤幼儿家长"向幼儿园索赔,"没有受伤的幼儿家长"也以其子女受到惊吓为由向幼儿园提出精神损害赔偿,也就是指幼儿家长在幼儿受到侵害时,以幼儿法定代理人的身份向侵权者主张损害赔偿。该事故的发生,系由幼儿园园舍安全问题所致。

根据《幼儿园管理条例》第二十一条的规定,幼儿园的园舍和设施有可能发生危险时,举办幼儿园的单位或个人应当采取措施,排除险情,防止事故发生。然而,幼儿园在发现楼梯护栏出现小裂缝后,没有采取任何的防护措施,对事故的发生负有不可推卸的责任。

《民法典》第一千二百五十三条规定:建筑物、构筑物或者其他设施及其搁置物、悬挂物脱落、坠落造成他人损害,所有人、管理人或者使用人不能证明自己没有过错的,应当承担侵权责任。所有人、管理人或者使用人赔偿后,有其他责任人的,有权向其他责任人追偿。在案例9-12中,楼梯护栏系幼儿园园舍的一部分,为幼儿园所有。受伤幼儿家长可以据此向幼儿园提出损害赔偿。

但事实上,幼儿楼梯护栏倒塌是因为护栏的钢筋强度不够所致,也就是说施工单位在工程建设时偷工减料是导致这次事故的根本原因。因此,幼儿园在赔偿受伤幼儿之后,可以向楼梯护栏的建设者或施工者追偿。

(二) 幼儿园及幼儿园教师的抗辩

法律意义上的抗辩,是对抗权利人的履行请求并说明理由。幼儿园以及幼儿园教师可以进行抗辩,其抗辩理由有第三人责任、证明自己无过错、意外事件、已履行合理注意义务而仍然无法避免等。另外,幼儿园教师职务行为免责也可以成为抗辩理由。但是,幼儿园以第三人责任为由进行抗辩的,并不能免除幼儿园的损害赔偿责任;其在赔偿受害幼儿后,可以向第三人追偿,以挽回自己的损失。以下主要介绍两种抗辩方式。

1. 已履行合理注意义务的抗辩

关于幼儿园教师的合理注意义务问题,需要在此进行特别说明。合理注意义务是相对于一般注意义务而言的,二者均系法律术语。一般注意义务指因社会接触或社会交往活动而对他人引发一定的危险,基于诚信原则、善良风俗或适当社会生活不成文的规则所要求的对此等危险之合理的注意,而对一般人负有的除去或者防止危险的义务。合理注意义务的标准要高于一般注意义务,是对相关法律事由的抽象概括,由法官在具体的案件中,根据其社会生活经验的积累,考虑行为人"合理注意"的尺度。①

> **拓展阅读**
>
> **合理注意义务**
>
> 以给婴儿喂奶一事为例,如果找一个亲戚代劳,该人没有相关的知识背景,因喂奶而导致婴儿呛奶并住院治疗,只要该亲戚的喂奶方式与常人的喂奶方式一样,该亲戚就可因履行了一般注意义务而免责。但如果是请月嫂给婴儿喂奶,月嫂同样采用与常人一样的喂奶方式而导致婴儿被呛奶住院的,她便不能因履行了一般注意义务而免责。
>
> 对于月嫂而言,其职业特点和其本身的知识经验,要求其比一般人具有更高的注意义务,即她可以预见到用哪些方式给婴儿喂奶可能呛到婴儿,如果能够避免而没有避免,便是没有履行月嫂的合理注意义务。幼儿在幼儿园受意外伤害所产生的损害赔偿诉讼,一般适用民事法律进行解决,因此,这一法律关系可视为民事法律关系,民法上的"注意义务"可以适用于此。对于教育者,人们期望其尽到"与其职责相当的、符合一定水平标准的'注意义务'"。
>
> 资料来源:(美)内尔达·H·坎布朗-麦凯布,马莎·M·麦卡锡,斯蒂芬·B·托马斯. 教育法学——教师与学生的权利(第五版)[M]. 江雪梅,茅锐,王晓玲,译. 北京:中国人民大学出版社,2010:470.

在学前教育领域,学前教育的特点和幼儿园教师的职务特性,要求幼儿园教师在对幼儿安全事务进行管理时,具有高于一般人的注意义务,即幼儿在幼儿园发生意外伤害时,不是以理性的普通人应尽的注意义务为一般标准,来判断幼儿园教师是否尽到了一般注意义务,

---

① 晏宗武. 论民法上的注意义务[J]. 法学杂志,2006,27(04):144—146.

而是会对幼儿园教师提出更高的要求。这一更高要求的注意义务是基于职务行为而产生的,即职务上的合理注意义务。它要求幼儿园教师在进行相关的教育活动时,对其职务上能够预见的危险应当事先排除,或者避开这样的行为;如果其能预见到而没有避免,或者应当预见到而由于疏忽没有预见的,则是没有履行幼儿园教师职务上的合理注意义务。

> **拓展阅读**
>
> **教师的合理注意义务**
>
> 在开展体育活动时,教师让两名幼儿手拉手去围拢其他幼儿,围住后三人手拉手再去围拢其他幼儿,如是等。一般可能会预测到两名、三名幼儿去围拢其他幼儿时,会与其他幼儿相撞;其他幼儿有可能要挣脱,从而造成一些伤害。不过,他们一般不会预料到,两名、三名或更多名幼儿拉在一起时,他们之间可能会因方向的不同,以及不等与他人商议便自己跑出去等,由此把其他幼儿拉倒,并因此造成伤害。

幼儿园教师基于其专业知识背景,以及其对幼儿心理特点的了解和组织幼儿体育活动的经验,对此应当能够预见。倘若其没有预见,或虽然预见,但因此游戏比较有趣,幼儿也比较喜欢,并且自信可以避免其中的危险,组织了该活动,并出现了幼儿意外伤害的情形,便是没有尽到合理注意义务。

此外,还需要考虑相应的"危险"是否为教育活动本身所包含的。比如,跑步相对于走路而言,更容易导致摔跤。如果幼儿园对幼儿开展的是正常的跑步活动,但幼儿因自身原因在跑步时摔倒,便不能归责于教师的过失。

合理注意义务实则是一种责任平衡,即确立幼儿园教师在幼儿受到意外伤害时,在什么情况下承担责任比较合宜。这一责任的设置,应达到这样的效果:既可以让教师履行适当的注意义务,又不至于苛求其注意责任,以致其为了保安全而不进行相应的教育活动。作为幼儿园管理者和教师,在开展有潜在危险的活动时,一方面要尽量避免幼儿受到不必要的伤害,另一方面,在幼儿受到伤害后,要处理好与受伤幼儿、受伤幼儿家长等的关系。

2. 职务行为免责抗辩

在合理注意义务之外,幼儿园教师还应遵循适当的教育原则;而幼儿园教师的适当职务行为,应当享有免责权。这是应教师教育权而产生的要求。对于幼儿园教师而言,虽然幼儿安全问题是学前教育活动中应当首先考虑的因素,但是,若因幼儿园发生过安全事故,为了预防这样的事情再度发生,就连相对安全的活动也不开展,则是违背了《幼儿园工作规程》中关于学前教育活动开展的基本精神。

事实上,幼儿身上发生的伤害事故,多是意外伤害,一般发生在幼儿自由活动时或是区角活动中,真正在有组织的教学活动中发生的幼儿伤害事故是不多的。即使开展有挑战性的活动,如果对相关的事项预先做好应急预案,也可以将危险发生的可能性降到最低。在对幼儿进行教育的过程中,需要对幼儿提供一定的、可控的危机教育和安全教育;通过安全教育,使幼儿认识、了解危险,并学会避免危险发生,这是学前教育内容的一个组成部分。

案例 9-14

幼儿伤害案例

2013年7月23日20时许,韩某、李某驾车至大兴区,因停车问题与钱某发生争执。随后,韩某将钱某的女儿孙某某从婴儿车内抓起摔在地上,之后李某当场驾车带韩某逃离。7月26日,被摔女童经抢救无效死亡。9月25日,北京市一中院以故意杀人罪一审判处韩某死刑,剥夺政治权利终身,法院同时裁定准许受害人家属撤回此前对韩某提出的总计273万余元的附带民事诉讼请求。韩某随后提出上诉。同年11月29日,北京市高级人民法院二审维持原判。

资料来源:整理自新闻报道。

幼儿面临的伤害事件越来越多,有必要让幼儿了解一些危险的存在,也就是需要对幼儿进行自我保护方面的教育。比如:遇到地震、火灾时,应怎样逃生;在陌生人以幼儿喜欢的物品引诱幼儿时,幼儿怎样作出反应等。在模拟训练期间,有可能出现幼儿间冲撞、刮擦等情况,甚至是摔跤、擦破等,这是应当允许的,即此"危险"是活动本身所包含的部分,需要教育幼儿识别与避免。

遵循适当教育原则,教育活动中可能存在一些危险,但仍有必要让幼儿从中学习如何识别危险、避免危险。而且,教师享有一部分职务行为免责权,要学会利用这部分免责权为自己抗辩。即在组织教育活动时,教师只要履行了合理注意义务,且对可以预测的危险进行了防范,对于因无法预测而致使幼儿受到伤害的事件,教师应当免责;但是,教师应当预测到相应的活动不会威胁幼儿的生命,不会对其造成严重伤害。此外,可以通过购买商业保险或是其他方式,对幼儿的伤害进行救助。即使因此而进入诉讼程序,也可以行使相应的抗辩权。

三、预防幼儿身心健康受侵犯的措施

幼儿园可以采取适当的措施,防止幼儿园成为违法犯罪分子的作案场所,防止幼儿成为违法犯罪分子侵害的对象。

(一) 建立健全相应的制度

预防幼儿身心健康受到伤害事件的发生,制度的构建是根本。制度是一种科学合理的组织运营体系,要完善幼儿园的管理体制,就必须建立健全相应的制度。完善幼儿园管理体制,除完善幼儿园园舍管理制度、幼儿园食堂管理制度、幼儿园门卫管理制度、幼儿园卫生管理制度、幼儿园教师管理制度之外,还应建立以下四种制度。

第一,要建立应急预案管理制度。事故发生后,如何及时有效地处理事故,防止伤害的加重和损害的扩大,是幼儿园方面首先要考虑的问题。幼儿园在此方面,要建立一个应急预案管理制度,并且需要定期演练,这样可以防止因在面临突发事件或是幼儿伤害事故时不知如何应对或仓皇处理而造成伤害的加重。制度的建立在于通过常规化的运作,将问题的处理方式程序化,避免人为因素对意外伤害或是故意犯罪事件的处理产生不利影响。

第二,要建立并完善家园沟通制度和意外伤害事件善后处理制度。合理的家园沟通,应当是全体家长与幼儿园之间就幼儿园安全、教育内容和教育方式、家园互动的有效性等方面进行的沟通。比如:家长可以向幼儿园反映幼儿园园舍安全或其他管理方面的问题,要求幼儿园方面予以回应和解决;家长可以针对幼儿园教师的不当行为向幼儿园方面进行投诉并要求处理等。家长与幼儿园应以此构建家园合作机制,预防幼儿园安全事故的发生。

第三,幼儿园须完善相关的合同管理制度。幼儿园的合同管理制度包括三方面内容:一是幼儿园与幼儿家长签订的教育合同,实质上是一份保教合同;二是幼儿园与工作人员签订的劳动或聘用合同,本质上是雇佣合同;三是幼儿园对外签订的合同,包括玩具及家具购买合同、食品供应合同、装修及安装合同等。完善幼儿园合同管理制度,主要针对后两种合同。

第四,幼儿园还应注重保险制度的建立,包括幼儿意外伤害保险制度、教师个人责任保险制度、幼儿园责任保险制度。有人认为,现代社会是一个风险社会,难以预料的风险会在难以预料的时间和场合以难以预料的方式出现。对于幼儿园和幼儿园教师来说,可以为幼儿购买意外伤害保险,为幼儿园教师购买个人责任保险,为幼儿园购买责任保险。

(二) 提高相关人员的重视程度

预防幼儿园意外伤害事故,人的因素是关键。每一种制度,并非自动就能运转,而是需要人的适当作为,才能最大限度发挥作用。因此,提高相关人员对幼儿意外伤害事故的认识能力,使其知道幼儿园意外伤害事故的类型,了解什么样的行为与活动可能会导致意外伤害事故,从而避免必然会造成无端伤害的行为与活动,对可能发生意外伤害事故但又有相当程度开展必要的行为与活动,通过提高注意水平、制定更为完善的防护措施或是更完善地设计相关活动来加以避免。以此为目的,在进行有关活动时,可以组织相关人员对有关活动进行评估,以发现其中可能存在的风险,对如何避免风险建言献策,甚至当评估的风险较高时,可以全园共同商讨是否要开展这样的活动,如果要开展,可以提供哪些辅助等。

对于幼儿园发生的安全事故,幼儿园内的各类人员均须进行反思。即便自己没有过错,也应以他人之教训,反观自己在相关事件中的状况,思考是否有可能发生一样的事件,怎样预防自己出现这样的状况。对于确系因幼儿园工作人员致使幼儿受伤害的事件,也应当追究相关人员的责任。不过,追究责任时,应考虑其主观过错的轻重,施以相应的惩戒,注意责任的平衡。

(三) 加强幼儿安全教育

对幼儿进行安全方面的教育,在避免某些意外伤害事故中,能够起到有效的作用。现实中,幼儿不仅在幼儿园会受到意外伤害,即便是在家中或是公共场所,也会面临意外伤害的威胁。

对幼儿的安全教育,应区分一般的安全行为教育和特殊的安全行为教育。对于一般的安全行为教育,如用电安全、使用家庭生活用品的安全等,在各地幼儿园均应开展。这可以称为对危险行为的预防。

针对外界环境所带来的危险,应当结合具体的情况来实施安全教育。比如:所在城市地区发生的拐骗幼儿事件较多,应当考虑防拐骗方面的安全教育;车辆较多的地区,可以开展交通安全方面的安全教育;同时,还应当进行防走丢的教育,并使幼儿知道相应的求助方式,如父母电话、家庭地址,知道寻求警察的帮助。除此之外,在易发生地震、滑坡的山区,可以开展灾难中自保、自救方面的安全教育;在台风较为频繁、水域比较多的地区,应当进行关于免受台风伤害、远离水域的安全教育;等等。

对幼儿的安全教育,应该采取多种方式进行。幼儿园教师要运用多种策略,如游戏练习、情景模拟、感知行为、讨论评议、替代强化等方法以及幼儿园一日生活各环节中的教育因素,让幼儿明白有关道理,学习简易可行的应急自救措施,增强防范应变的能力。

思考与练习

一、问答题

1. 什么是民事责任能力?
2. 简述我国关于幼儿受教育权的规定。
3. 简述我国关于幼儿保育的规定。
4. 简述幼儿在园伤害事故处理的一般程序。
5. 简述有关幼儿精神损害的法律法规。
6. 在保护幼儿不受伤害方面,我国制定了哪些针对幼儿园的法律法规?
7. 简述幼儿身心伤害的相关预防措施。

二、材料分析题

萌萌和飞飞是某幼儿园大班的同班同学。一日,王老师带领幼儿到户外活动,在排队时,王老师一再交代:"小朋友排队下楼梯时,不要拥挤、打闹。"下楼梯时,飞飞站在萌萌的背后,两人均在队尾,并在嬉闹。然而,萌萌不小心将飞飞绊倒,导致飞飞骨折。

事故发生后,幼儿园及时送飞飞到医院治疗,飞飞住院两个月后痊愈。飞飞住院期间共花去医疗费 5 680 元,飞飞的父母误工费、住宿费、医院伙食费、护理费、交通费及必要的营养费等共计 4 450 元。飞飞的父母与幼儿园及萌萌的父母就医疗费和赔偿问题多次进行协商,他们要求幼儿园和萌萌的父母赔偿上述费用。

萌萌的父母认为,萌萌入园意味着自己已经将萌萌及对其的监护责任托付给了幼儿园,萌萌在幼儿园时,自己作为法定监护人,不可能直接行使监护人责任,只有幼儿园才能监护孩子,因此,自己不应承担任何赔偿责任。幼儿园则提出,在孩子下楼之前,王老师已经一再强调"不要拥挤、打闹",且事故发生之后,幼儿园及时送飞飞到医院治疗,幼儿园主观和客观上都不存在过错,不应独自承担赔偿费用。协商未果,飞飞的父母作为法定代理人,以幼儿园及萌萌的父母为被告,向法院提起诉讼,要求幼儿园及萌萌的父母赔偿医疗费、误工费等共计 10 130 元。

请问:谁该承担这次意外事故的责任?幼儿园是不是在园幼儿的监护人?对幼儿的监护责任是否随着幼儿入园而转移到幼儿园?在园幼儿发生意外伤害事故,幼儿园究竟应该按什么原则来承担民事责任?

附 录

 附录概览

附录1 《幼儿园工作规程》

附录2 《幼儿园教育指导纲要(试行)》

附录3 《幼儿园管理条例》

附录4 《中华人民共和国教师法》

附录5 《中华人民共和国民办教育促进法》

附录6 《中华人民共和国学前教育法》

附录7 《3—6岁儿童学习与发展指南》

附录8 《幼儿园保育教育质量评估指南》

附录9 《中共中央国务院关于学前教育深化改革规范发展的若干意见》

附录10 《国务院关于当前发展学前教育的若干意见》

附录1 《幼儿园工作规程》

第一章 总则

第一条 为了加强幼儿园的科学管理,规范办园行为,提高保育和教育质量,促进幼儿身心健康,依据《中华人民共和国教育法》等法律法规,制定本规程。

第二条 幼儿园是对3周岁以上学龄前幼儿实施保育和教育的机构。幼儿园教育是基础教育的重要组成部分,是学校教育制度的基础阶段。

第三条 幼儿园的任务是:贯彻国家的教育方针,按照保育与教育相结合的原则,遵循幼儿身心发展特点和规律,实施德、智、体、美等方面全面发展的教育,促进幼儿身心和谐发展。

幼儿园同时面向幼儿家长提供科学育儿指导。

第四条 幼儿园适龄幼儿一般为3周岁至6周岁。

幼儿园一般为三年制。

第五条 幼儿园保育和教育的主要目标是:

(一)促进幼儿身体正常发育和机能的协调发展,增强体质,促进心理健康,培养良好的生活习惯、卫生习惯和参加体育活动的兴趣。

(二)发展幼儿智力,培养正确运用感官和运用语言交往的基本能力,增进对环境的认识,培养有益的兴趣和求知欲望,培养初步的动手探究能力。

(三)萌发幼儿爱祖国、爱家乡、爱集体、爱劳动、爱科学的情感,培养诚实、自信、友爱、勇敢、勤学、好问、爱护公物、克服困难、讲礼貌、守纪律等良好的品德行为和习惯,以及活泼开朗的性格。

(四)培养幼儿初步感受美和表现美的情趣和能力。

第六条 幼儿园教职工应当尊重、爱护幼儿,严禁虐待、歧视、体罚和变相体罚、侮辱幼儿人格等损害幼儿身心健康的行为。

第七条 幼儿园可分为全日制、半日制、定时制、季节制和寄宿制等。上述形式可分别设置,也可混合设置。

第二章 幼儿入园和编班

第八条 幼儿园每年秋季招生。平时如有缺额,可随时补招。

幼儿园对烈士子女、家中无人照顾的残疾人子女、孤儿、家庭经济困难幼儿、具有接受普通教育能力的残疾儿童等入园,按照国家和地方的有关规定予以照顾。

第九条 企业、事业单位和机关、团体、部队设置的幼儿园,除招收本单位工作人员的子女外,应当积极创造条件向社会开放,招收附近居民子女入园。

第十条 幼儿入园前,应当按照卫生部门制定的卫生保健制度进行健康检查,合格者方可入园。

幼儿入园除进行健康检查外,禁止任何形式的考试或测查。

第十一条 幼儿园规模应当有利于幼儿身心健康,便于管理,一般不超过360人。

幼儿园每班幼儿人数一般为:小班(3周岁至4周岁)25人,中班(4周岁至5周岁)30人,大班(5周岁至6周岁)35人,混合班30人。寄宿制幼儿园每班幼儿人数酌减。

幼儿园可以按年龄分别编班,也可以混合编班。

第三章 幼儿园的安全

第十二条 幼儿园应当严格执行国家和地方幼儿园安全管理的相关规定,建立健全门卫、房屋、设备、消防、交通、食品、药物、幼儿接送交接、活动组织和幼儿就寝值守等安全防护和检查制度,建立安全责任制和应急预案。

第十三条 幼儿园的园舍应当符合国家和地方的建设标准,以及相关安全、卫生等方面的规范,定期检查维护,保障安全。幼儿园不得设置在污染区和危险区,不得使用危房。

幼儿园的设备设施、装修装饰材料、用品用具和玩教具材料等,应当符合国家相关的安全质量标准和环保要求。

入园幼儿应当由监护人或者其委托的成年人接送。

第十四条 幼儿园应当严格执行国家有关食品药品安全的法律法规,保障饮食饮水卫生安全。

第十五条 幼儿园教职工必须具有安全意识,掌握基本急救常识和防范、避险、逃生、自救的基本方法,在紧急情况下应当优先保护幼儿的人身安全。

幼儿园应当把安全教育融入一日生活,并定期组织开展多种形式的安全教育和事故预防演练。

幼儿园应当结合幼儿年龄特点和接受能力开展反家庭暴力教育,发现幼儿遭受或者疑似遭受家庭暴力的,应当依法及时向公安机关报案。

第十六条 幼儿园应当投保校方责任险。

第四章 幼儿园的卫生保健

第十七条 幼儿园必须切实做好幼儿生理和心理卫生保健工作。

幼儿园应当严格执行《托儿所幼儿园卫生保健管理办法》以及其他有关卫生保健的法规、规章和制度。

第十八条　幼儿园应当制定合理的幼儿一日生活作息制度。正餐间隔时间为3.5—4小时。在正常情况下，幼儿户外活动时间（包括户外体育活动时间）每天不得少于2小时，寄宿制幼儿园不得少于3小时；高寒、高温地区可酌情增减。

第十九条　幼儿园应当建立幼儿健康检查制度和幼儿健康卡或档案。每年体检一次，每半年测身高、视力一次，每季度量体重一次；注意幼儿口腔卫生，保护幼儿视力。

幼儿园对幼儿健康发展状况定期进行分析、评价，及时向家长反馈结果。

幼儿园应当关注幼儿心理健康，注重满足幼儿的发展需要，保持幼儿积极的情绪状态，让幼儿感受到尊重和接纳。

第二十条　幼儿园应当建立卫生消毒、晨检、午检制度和病儿隔离制度，配合卫生部门做好计划免疫工作。

幼儿园应当建立传染病预防和管理制度，制定突发传染病应急预案，认真做好疾病防控工作。

幼儿园应当建立患病幼儿用药的委托交接制度，未经监护人委托或者同意，幼儿园不得给幼儿用药。幼儿园应当妥善管理药品，保证幼儿用药安全。

幼儿园内禁止吸烟、饮酒。

第二十一条　供给膳食的幼儿园应当为幼儿提供安全卫生的食品，编制营养平衡的幼儿食谱，定期计算和分析幼儿的进食量和营养素摄取量，保证幼儿合理膳食。

幼儿园应当每周向家长公示幼儿食谱，并按照相关规定进行食品留样。

第二十二条　幼儿园应当配备必要的设备设施，及时为幼儿提供安全卫生的饮用水。

幼儿园应当培养幼儿良好的大小便习惯，不得限制幼儿便溺的次数、时间等。

第二十三条　幼儿园应当积极开展适合幼儿的体育活动，充分利用日光、空气、水等自然因素以及本地自然环境，有计划地锻炼幼儿肌体，增强身体的适应和抵抗能力。正常情况下，每日户外体育活动不得少于1小时。

幼儿园在开展体育活动时，应当对体弱或有残疾的幼儿予以特殊照顾。

第二十四条　幼儿园夏季要做好防暑降温工作，冬季要做好防寒保暖工作，防止中暑和冻伤。

第五章　幼儿园的教育

第二十五条　幼儿园教育应当贯彻以下原则和要求：

（一）德、智、体、美等方面的教育应当互相渗透，有机结合。

（二）遵循幼儿身心发展规律，符合幼儿年龄特点，注重个体差异，因人施教，引导幼儿个性健康发展。

（三）面向全体幼儿，热爱幼儿，坚持积极鼓励、启发引导的正面教育。

（四）综合组织健康、语言、社会、科学、艺术各领域的教育内容，渗透于幼儿一日生活的各项活动中，充分发挥各种教育手段的交互作用。

（五）以游戏为基本活动，寓教育于各项活动之中。

（六）创设与教育相适应的良好环境，为幼儿提供活动和表现能力的机会与条件。

第二十六条　幼儿一日活动的组织应当动静交替，注重幼儿的直接感知、实际操作和亲身体验，保证幼儿愉快的、有益的自由活动。

第二十七条　幼儿园日常生活组织，应当从实际出发，建立必要、合理的常规，坚持一贯性和灵活性相结合，培养幼儿的良好习惯和初步的生活自理能力。

第二十八条　幼儿园应当为幼儿提供丰富多样的教育活动。

教育活动内容应当根据教育目标、幼儿的实际水平和兴趣确定，以循序渐进为原则，有计划地选择和组织。

教育活动的组织应当灵活地运用集体、小组和个别活动等形式，为每个幼儿提供充分参与的机会，满足幼儿多方面发展的需要，促进每个幼儿在不同水平上得到发展。

教育活动的过程应注重支持幼儿的主动探索、操作实践、合作交流和表达表现，不应片面追求活动结果。

第二十九条　幼儿园应当将游戏作为对幼儿进行全面发展教育的重要形式。

幼儿园应当因地制宜创设游戏条件，提供丰富、适宜的游戏材料，保证充足的游戏时间，开展多种游戏。

幼儿园应当根据幼儿的年龄特点指导游戏，鼓励和支持幼儿根据自身兴趣、需要和经验水平，自主选择游戏内容、游戏材料和伙伴，使幼儿在游戏过程中获得积极的情绪情感，促进幼儿能力和个性的全面发展。

第三十条　幼儿园应当将环境作为重要的教育资源，合理利用室内外环境，创设开放的、多样的区域活动空间，提供适合幼儿年龄特点的丰富的玩具、操作材料和幼儿读物，支持幼儿自主选择和主动学习，激发幼儿学习的兴趣与探究的愿望。

幼儿园应当营造尊重、接纳和关爱的氛围，建立良好的同伴和师生关系。

幼儿园应当充分利用家庭和社区的有利条件，丰富和拓展幼儿园的教育资源。

第三十一条　幼儿园的品德教育应当以情感教育和培养良好行为习惯为主，注重潜移默化的影响，并贯穿于幼儿生活以及各项活动之中。

第三十二条　幼儿园应当充分尊重幼儿的个体差异，根据幼儿不同的心理发展水平，研究有效的活动形式和方法,注重培养幼儿良好的个性心理品质。

幼儿园应当为在园残疾儿童提供更多的帮助和指导。

第三十三条　幼儿园和小学应当密切联系,互相配合,注意两个阶段教育的相互衔接。

幼儿园不得提前教授小学教育内容,不得开展任何违背幼儿身心发展规律的活动。

第六章　幼儿园的园舍、设备

第三十四条　幼儿园应当按照国家的相关规定设活动室、寝室、卫生间、保健室、综合活动室、厨房和办公用房等,并达到相应的建设标准。有条件的幼儿园应当优先扩大幼儿游戏和活动空间。

寄宿制幼儿园应当增设隔离室、浴室和教职工值班室等。

第三十五条　幼儿园应当有与其规模相适应的户外活动场地,配备必要的游戏和体育活动设施,创造条件开辟沙地、水池、种植园地等,并根据幼儿活动的需要绿化、美化园地。

第三十六条　幼儿园应当配备适合幼儿特点的桌椅、玩具架、盥洗卫生用具,以及必要的玩教具、图书和乐器等。

玩教具应当具有教育意义并符合安全、卫生要求。幼儿园应当因地制宜,就地取材,自制玩教具。

第三十七条　幼儿园的建筑规划面积、建筑设计和功能要求,以及设施设备、玩教具配备,按照国家和地方的相关规定执行。

第七章　幼儿园的教职工

第三十八条　幼儿园按照国家相关规定设园长、副园长、教师、保育员、卫生保健人员、炊事员和其他工作人员等岗位,配足配齐教职工。

第三十九条　幼儿园教职工应当贯彻国家教育方针,具有良好品德,热爱教育事业,尊重和爱护幼儿,具有专业知识和技能以及相应的文化和专业素养,为人师表,忠于职责,身心健康。

幼儿园教职工患传染病期间暂停在幼儿园的工作。有犯罪、吸毒记录和精神病史者不得在幼儿园工作。

第四十条　幼儿园园长应当符合本规程第三十九条规定,并应当具有《教师资格条例》规定的教师资格、具备大专以上学历、有三年以上幼儿园工作经历和一定的组织管理能力,并取得幼儿园园长岗位培训合格证书。

幼儿园园长由举办者任命或者聘任,并报当地主管的教育行政部门备案。

幼儿园园长负责幼儿园的全面工作,主要职责如下:

（一）贯彻执行国家的有关法律、法规、方针、政策和地方的相关规定，负责建立并组织执行幼儿园的各项规章制度；

（二）负责保育教育、卫生保健、安全保卫工作；

（三）负责按照有关规定聘任、调配教职工，指导、检查和评估教师以及其他工作人员的工作，并给予奖惩；

（四）负责教职工的思想工作，组织业务学习，并为他们的学习、进修、教育研究创造必要的条件；

（五）关心教职工的身心健康，维护他们的合法权益，改善他们的工作条件；

（六）组织管理园舍、设备和经费；

（七）组织和指导家长工作；

（八）负责与社区的联系和合作。

第四十一条　幼儿园教师必须具有《教师资格条例》规定的幼儿园教师资格，并符合本规程第三十九条规定。

幼儿园教师实行聘任制。

幼儿园教师对本班工作全面负责，其主要职责如下：

（一）观察了解幼儿，依据国家有关规定，结合本班幼儿的发展水平和兴趣需要，制订和执行教育工作计划，合理安排幼儿一日生活；

（二）创设良好的教育环境，合理组织教育内容，提供丰富的玩具和游戏材料，开展适宜的教育活动；

（三）严格执行幼儿园安全、卫生保健制度，指导并配合保育员管理本班幼儿生活，做好卫生保健工作；

（四）与家长保持经常联系，了解幼儿家庭的教育环境，商讨符合幼儿特点的教育措施，相互配合共同完成教育任务；

（五）参加业务学习和保育教育研究活动；

（六）定期总结评估保教工作实效，接受园长的指导和检查。

第四十二条　幼儿园保育员应当符合本规程第三十九条规定，并应当具备高中毕业以上学历，受过幼儿保育职业培训。

幼儿园保育员的主要职责如下：

（一）负责本班房舍、设备、环境的清洁卫生和消毒工作；

（二）在教师指导下，科学照料和管理幼儿生活，并配合本班教师组织教育活动；

（三）在卫生保健人员和本班教师指导下，严格执行幼儿园安全、卫生保健制度；

（四）妥善保管幼儿衣物和本班的设备、用具。

第四十三条　幼儿园卫生保健人员除符合本规程第三十九条规定外,医师应当取得卫生行政部门颁发的《医师执业证书》;护士应当取得《护士执业证书》;保健员应当具有高中毕业以上学历,并经过当地妇幼保健机构组织的卫生保健专业知识培训。

幼儿园卫生保健人员对全园幼儿身体健康负责,其主要职责如下:

（一）协助园长组织实施有关卫生保健方面的法规、规章和制度,并监督执行;

（二）负责指导调配幼儿膳食,检查食品、饮水和环境卫生;

（三）负责晨检、午检和健康观察,做好幼儿营养、生长发育的监测和评价;定期组织幼儿健康体检,做好幼儿健康档案管理;

（四）密切与当地卫生保健机构的联系,协助做好疾病防控和计划免疫工作;

（五）向幼儿园教职工和家长进行卫生保健宣传和指导。

（六）妥善管理医疗器械、消毒用具和药品。

第四十四条　幼儿园其他工作人员的资格和职责,按照国家和地方的有关规定执行。

第四十五条　对认真履行职责、成绩优良的幼儿园教职工,应当按照有关规定给予奖励。对不履行职责的幼儿园教职工,应当视情节轻重,依法依规给予相应处分。

第八章　幼儿园的经费

第四十六条　幼儿园的经费由举办者依法筹措,保障有必备的办园资金和稳定的经费来源。

按照国家和地方相关规定接受财政扶持的提供普惠性服务的国有企事业单位办园、集体办园和民办园等幼儿园,应当接受财务、审计等有关部门的监督检查。

第四十七条　幼儿园收费按照国家和地方的有关规定执行。

幼儿园实行收费公示制度,收费项目和标准向家长公示,接受社会监督,不得以任何名义收取与新生入园相挂钩的赞助费。

幼儿园不得以培养幼儿某种专项技能、组织或参与竞赛等为由,另外收取费用;不得以营利为目的组织幼儿表演、竞赛等活动。

第四十八条　幼儿园的经费应当按照规定的使用范围合理开支,坚持专款专用,不得挪作他用。

第四十九条　幼儿园举办者筹措的经费,应当保证保育和教育的需要,有一定比例用于改善办园条件和开展教职工培训。

第五十条　幼儿膳食费应当实行民主管理制度,保证全部用于幼儿膳食,每月向家长公布账目。

第五十一条　幼儿园应当建立经费预算和决算审核制度,经费预算和决算应当提交园务委员会审议,并接受财务和审计部门的监督检查。

幼儿园应当依法建立资产配置、使用、处置、产权登记、信息管理等管理制度,严格执行有关财务制度。

第九章 幼儿园、家庭和社区

第五十二条 幼儿园应当主动与幼儿家庭沟通合作,为家长提供科学育儿宣传指导,帮助家长创设良好的家庭教育环境,共同担负教育幼儿的任务。

第五十三条 幼儿园应当建立幼儿园与家长联系的制度。幼儿园可采取多种形式,指导家长正确了解幼儿园保育和教育的内容、方法,定期召开家长会议,并接待家长的来访和咨询。

幼儿园应当认真分析、吸收家长对幼儿园教育与管理工作的意见与建议。

幼儿园应当建立家长开放日制度。

第五十四条 幼儿园应当成立家长委员会。

家长委员会的主要任务是:对幼儿园重要决策和事关幼儿切身利益的事项提出意见和建议;发挥家长的专业和资源优势,支持幼儿园保育教育工作;帮助家长了解幼儿园工作计划和要求,协助幼儿园开展家庭教育指导和交流。

家长委员会在幼儿园园长指导下工作。

第五十五条 幼儿园应当加强与社区的联系与合作,面向社区宣传科学育儿知识,开展灵活多样的公益性早期教育服务,争取社区对幼儿园的多方面支持。

第十章 幼儿园的管理

第五十六条 幼儿园实行园长负责制。

幼儿园应当建立园务委员会。园务委员会由园长、副园长、党组织负责人和保教、卫生保健、财会等方面工作人员的代表以及幼儿家长代表组成。园长任园务委员会主任。

园长定期召开园务委员会会议,遇重大问题可临时召集,对规章制度的建立、修改、废除,全园工作计划,工作总结,人员奖惩,财务预算和决算方案,以及其他涉及全园工作的重要问题进行审议。

第五十七条 幼儿园应当加强党组织建设,充分发挥党组织政治核心作用、战斗堡垒作用。幼儿园应当为工会、共青团等其他组织开展工作创造有利条件,充分发挥其在幼儿园工作中的作用。

第五十八条 幼儿园应当建立教职工大会制度或者教职工代表大会制度,依法加强民主管理和监督。

第五十九条　幼儿园应当建立教研制度，研究解决保教工作中的实际问题。

第六十条　幼儿园应当制订年度工作计划，定期部署、总结和报告工作。每学年年末应当向教育等行政主管部门报告工作，必要时随时报告。

第六十一条　幼儿园应当接受上级教育、卫生、公安、消防等部门的检查、监督和指导，如实报告工作和反映情况。

幼儿园应当依法接受教育督导部门的督导。

第六十二条　幼儿园应当建立业务档案、财务管理、园务会议、人员奖惩、安全管理以及与家庭、小学联系等制度。

幼儿园应当建立信息管理制度，按照规定采集、更新、报送幼儿园管理信息系统的相关信息，每年向主管教育行政部门报送统计信息。

第六十三条　幼儿园教师依法享受寒暑假期的带薪休假。幼儿园应当创造条件，在寒暑假期间，安排工作人员轮流休假。具体办法由举办者制定。

第十一章　附则

第六十四条　本规程适用于城乡各类幼儿园。

第六十五条　省、自治区、直辖市教育行政部门可根据本规程，制订具体实施办法。

第六十六条　本规程自 2016 年 3 月 1 日起施行。1996 年 3 月 9 日由原国家教育委员会令第 25 号发布的《幼儿园工作规程》同时废止。

附录2 《幼儿园教育指导纲要（试行）》

第一部分 总则

一、为贯彻《中华人民共和国教育法》、《幼儿园管理条例》和《幼儿园工作规程》，指导幼儿园深入实施素质教育，特制定本纲要。

二、幼儿园教育是基础教育的重要组成部分，是我国学校教育和终身教育的奠基阶段。城乡各类幼儿园都应从实际出发，因地制宜地实施素质教育，为幼儿一生的发展打好基础。

三、幼儿园应与家庭、社区密切合作，与小学相互衔接，综合利用各种教育资源，共同为幼儿的发展创造良好的条件。

四、幼儿园应为幼儿提供健康、丰富的生活和活动环境，满足他们多方面发展的需要，使他们在快乐的童年生活中获得有益于身心发展的经验。

五、幼儿园教育应尊重幼儿的人格和权利，尊重幼儿身心发展的规律和学习特点，以游戏为基本活动，保教并重，关注个别差异，促进每个幼儿富有个性的发展。

第二部分 教育内容与要求

幼儿园的教育内容是全面的、启蒙性的，可以相对划分为健康、语言、社会、科学、艺术等五个领域，也可作其它不同的划分。各领域的内容相互渗透，从不同的角度促进幼儿情感、态度、能力、知识、技能等方面的发展。

一、健康

（一）目标

1. 身体健康，在集体生活中情绪安定、愉快；
2. 生活、卫生习惯良好，有基本的生活自理能力；
3. 知道必要的安全保健常识，学习保护自己；
4. 喜欢参加体育活动，动作协调、灵活。

（二）内容与要求

1. 建立良好的师生、同伴关系，让幼儿在集体生活中感到温暖，心情愉快，形成安全感、信赖感。

2. 与家长配合，根据幼儿的需要建立科学的生活常规。培养幼儿良好的饮食、睡眠、盥洗、排泄等生活习惯和生活自理能力。

3. 教育幼儿爱清洁、讲卫生,注意保持个人和生活场所的整洁和卫生。

4. 密切结合幼儿的生活进行安全、营养和保健教育,提高幼儿的自我保护意识和能力。

5. 开展丰富多彩的户外游戏和体育活动,培养幼儿参加体育活动的兴趣和习惯,增强体质,提高对环境的适应能力。

6. 用幼儿感兴趣的方式发展基本动作,提高动作的协调性、灵活性。

7. 在体育活动中,培养幼儿坚强、勇敢、不怕困难的意志品质和主动、乐观、合作的态度。

(三)指导要点

1. 幼儿园必须把保护幼儿的生命和促进幼儿的健康放在工作的首位。树立正确的健康观念,在重视幼儿身体健康的同时,要高度重视幼儿的心理健康。

2. 既要高度重视和满足幼儿受保护、受照顾的需要,又要尊重和满足他们不断增长的独立要求,避免过度保护和包办代替,鼓励并指导幼儿自理、自立的尝试。

3. 健康领域的活动要充分尊重幼儿生长发育的规律,严禁以任何名义进行有损幼儿健康的比赛、表演或训练等。

4. 培养幼儿对体育活动的兴趣是幼儿园体育的重要目标,要根据幼儿的特点组织生动有趣、形式多样的体育活动,吸引幼儿主动参与。

二、语言

(一)目标

1. 乐意与人交谈,讲话礼貌;

2. 注意倾听对方讲话,能理解日常用语;

3. 能清楚地说出自己想说的事;

4. 喜欢听故事、看图书;

5. 能听懂和会说普通话。

(二)内容与要求

1. 创造一个自由、宽松的语言交往环境,支持、鼓励、吸引幼儿与教师、同伴或其他人交谈,体验语言交流的乐趣,学习使用适当的、礼貌的语言交往。

2. 养成幼儿注意倾听的习惯,发展语言理解能力。

3. 鼓励幼儿大胆、清楚地表达自己的想法和感受,尝试说明、描述简单的事物或过程,发展语言表达能力和思维能力。

4. 引导幼儿接触优秀的儿童文学作品,使之感受语言的丰富和优美,并通过多种活动帮助幼儿加深对作品的体验和理解。

5. 培养幼儿对生活中常见的简单标记和文字符号的兴趣。

6. 利用图书、绘画和其他多种方式,引发幼儿对书籍、阅读和书写的兴趣,培养前阅读和前书写技能。

7. 提供普通话的语言环境,帮助幼儿熟悉、听懂并学说普通话。少数民族地区还应帮助幼儿学习本民族语言。

(三) 指导要点

1. 语言能力是在运用的过程中发展起来的,发展幼儿语言的关键是创设一个能使他们想说、敢说、喜欢说、有机会说并能得到积极应答的环境。

2. 幼儿语言的发展与其情感、经验、思维、社会交往能力等其它方面的发展密切相关,因此,发展幼儿语言的重要途径是通过互相渗透的各领域的教育,在丰富多彩的活动中去扩展幼儿的经验,提供促进语言发展的条件。

3. 幼儿的语言学习具有个别化的特点,教师与幼儿的个别交流、幼儿之间的自由交谈等,对幼儿语言发展具有特殊意义。

4. 对有语言障碍的儿童要给予特别关注,要与家长和有关方面密切配合,积极地帮助他们提高语言能力。

三、社会

(一) 目标

1. 能主动地参与各项活动,有自信心;

2. 乐意与人交往,学习互助、合作和分享,有同情心;

3. 理解并遵守日常生活中基本的社会行为规则;

4. 能努力做好力所能及的事,不怕困难,有初步的责任感;

5. 爱父母长辈、老师和同伴,爱集体、爱家乡、爱祖国。

(二) 内容与要求

1. 引导幼儿参加各种集体活动,体验与教师、同伴等共同生活的乐趣,帮助他们正确认识自己和他人,养成对他人、社会亲近、合作的态度,学习初步的人际交往技能。

2. 为每个幼儿提供表现自己长处和获得成功的机会,增强其自尊心和自信心。

3. 提供自由活动的机会,支持幼儿自主地选择、计划活动,鼓励他们通过多方面的努力解决问题,不轻易放弃克服困难的尝试。

4. 在共同的生活和活动中,以多种方式引导幼儿认识、体验并理解基本的社会行为规则,学习自律和尊重他人。

5. 教育幼儿爱护玩具和其他物品,爱护公物和公共环境。

6. 与家庭、社区合作,引导幼儿了解自己的亲人以及与自己生活有关的各行各业人们的劳动,培养其对劳动者的热爱和对劳动成果的尊重。

7. 充分利用社会资源,引导幼儿实际感受祖国文化的丰富与优秀,感受家乡的变化和发展,激发幼儿爱家乡、爱祖国的情感。

8. 适当向幼儿介绍我国各民族和世界其他国家、民族的文化,使其感知人类文化的多样性和差异性,培养理解、尊重、平等的态度。

(三)指导要点

1. 社会领域的教育具有潜移默化的特点。幼儿社会态度和社会情感的培养尤应渗透在多种活动和一日生活的各个环节之中,要创设一个能使幼儿感受到接纳、关爱和支持的良好环境,避免单一呆板的言语说教。

2. 幼儿与成人、同伴之间的共同生活、交往、探索、游戏等,是其社会学习的重要途径。应为幼儿提供人际间相互交往和共同活动的机会和条件,并加以指导。

3. 社会学习是一个漫长的积累过程,需要幼儿园、家庭和社会密切合作,协调一致,共同促进幼儿良好社会性品质的形成。

四、科学

1. 对周围的事物、现象感兴趣,有好奇心和求知欲;

2. 能运用各种感官,动手动脑,探究问题;

3. 能用适当的方式表达、交流探索的过程和结果;

4. 能从生活和游戏中感受事物的数量关系并体验到数学的重要和有趣;

5. 爱护动植物,关心周围环境,亲近大自然,珍惜自然资源,有初步的环保意识。

(二)内容与要求

1. 引导幼儿对身边常见事物和现象的特点、变化规律产生兴趣和探究的欲望。

2. 为幼儿的探究活动创造宽松的环境,让每个幼儿都有机会参与尝试,支持、鼓励他们大胆提出问题,发表不同意见,学会尊重别人的观点和经验。

3. 提供丰富的可操作的材料,为每个幼儿都能运用多种感官。多种方式进行探索提供活动的条件。

4. 通过引导幼儿积极参加小组讨论、探索等方式,培养幼儿合作学习的意识和能力,学习用多种方式表现、交流、分享探索的过程和结果。

5. 引导幼儿对周围环境中的数、量、形、时间和空间等现象产生兴趣,建构初步的数概念,并学习用简单的数学方法解决生活和游戏中某些简单的问题。

6. 从生活或媒体中幼儿熟悉的科技成果入手,引导幼儿感受科学技术对生活的影响,培养他们对科学的兴趣和对科学家的崇敬。

7. 在幼儿生活经验的基础上,帮助幼儿了解自然、环境与人类生活的关系。从身边的小事入手,培养初步的环保意识和行为。

（三）指导要点

1. 幼儿的科学教育是科学启蒙教育，重在激发幼儿的认识兴趣和探究欲望。

2. 要尽量创造条件让幼儿实际参加探究活动，使他们感受科学探究的过程和方法，体验发现的乐趣。

3. 科学教育应密切联系幼儿的实际生活进行，利用身边的事物与现象作为科学探索的对象。

五、艺术

（一）目标

1. 能初步感受并喜爱环境、生活和艺术中的美；

2. 喜欢参加艺术活动，并能大胆地表现自己的情感和体验；

3. 能用自己喜欢的方式进行艺术表现活动。

（二）内容与要求

1. 引导幼儿接触周围环境和生活中美好的人、事、物，丰富他们的感性经验和审美情趣，激发他们表现美、创造美的情趣。

2. 在艺术活动中面向全体幼儿，要针对他们的不同特点和需要，让每个幼儿都得到美的熏陶和培养。对有艺术天赋的幼儿要注意发展他们的艺术潜能。

3. 提供自由表现的机会，鼓励幼儿用不同艺术形式大胆地表达自己的情感、理解和想象，尊重每个幼儿的想法和创造，肯定和接纳他们独特的审美感受和表现方式，分享他们创造的快乐。

4. 在支持、鼓励幼儿积极参加各种艺术活动并大胆表现的同时，帮助他们提高表现的技能和能力。

5. 指导幼儿利用身边的物品或废旧材料制作玩具、手工艺品等来美化自己的生活或开展其他活动。

6. 为幼儿创设展示自己作品的条件，引导幼儿相互交流、相互欣赏、共同提高。

（三）指导要点

1. 艺术是实施美育的主要途径，应充分发挥艺术的情感教育功能，促进幼儿健全人格的形成。要避免仅仅重视表现技能或艺术活动的结果，而忽视幼儿在活动过程中的情感体验和态度的倾向。

2. 幼儿的创作过程和作品是他们表达自己的认识和情感的重要方式，应支持幼儿富有个性和创造性的表达，克服过分强调技能技巧和标准化要求的偏向。

3. 幼儿艺术活动的能力是在大胆表现的过程中逐渐发展起来的，教师的作用应主要在于激发幼儿感受美、表现美的情趣，丰富他们的审美经验，使之体验自由表达和创造的快乐。

在此基础上,根据幼儿的发展状况和需要,对表现方式和技能技巧给予适时、适当的指导。

第三部分　组织与实施

一、幼儿园的教育是为所有在园幼儿的健康成长服务的,要为每一个儿童,包括有特殊需要的儿童提供积极的支持和帮助。

二、幼儿园的教育活动,是教师以多种形式有目的、有计划地引导幼儿生动、活泼、主动活动的教育过程。

三、教育活动的组织与实施过程是教师创造性地开展工作的过程。教师要根据本《纲要》,从本地、本园的条件出发,结合本班幼儿的实际情况,制定切实可行的工作计划并灵活地执行。

四、教育活动目标要以《幼儿园工作规程》和本《纲要》所提出的各领域目标为指导,结合本班幼儿的发展水平、经验和需要来确定。

五、教育活动内容的选择应遵照本《纲要》第二部分的有关条款进行,同时体现以下原则:

（一）既适合幼儿的现有水平,又有一定的挑战性。

（二）既符合幼儿的现实需要,又有利于其长远发展。

（三）既贴近幼儿的生活来选择幼儿感兴趣的事物和问题,又有助于拓展幼儿的经验和视野。

六、教育活动内容的组织应充分考虑幼儿的学习特点和认识规律,各领域的内容要有机联系,相互渗透,注重综合性、趣味性、活动性,寓教育于生活、游戏之中。

七、教育活动的组织形式应根据需要合理安排,因时、因地、因内容、因材料灵活地运用。

八、环境是重要的教育资源,应通过环境的创设和利用,有效地促进幼儿的发展。

（一）幼儿园的空间、设施、活动材料和常规要求等应有利于引发、支持幼儿的游戏和各种探索活动,有利于引发、支持幼儿与周围环境之间积极的相互作用。

（二）幼儿同伴群体及幼儿园教师集体是宝贵的教育资源,应充分发挥这一资源的作用。

（三）教师的态度和管理方式应有助于形成安全、温馨的心理环境;言行举止应成为幼儿学习的良好榜样。

（四）家庭是幼儿园重要的合作伙伴。应本着尊重、平等、合作的原则,争取家长的理解、支持和主动参与,并积极支持、帮助家长提高教育能力。

（五）充分利用自然环境和社区的教育资源,扩展幼儿生活和学习的空间。幼儿园同时应为社区的早期教育提供服务。

九、科学、合理地安排和组织一日生活。

（一）时间安排应有相对的稳定性与灵活性，既有利于形成秩序，又能满足幼儿的合理需要，照顾到个体差异。

（二）教师直接指导的活动和间接指导的活动相结合，保证幼儿每天有适当的自主选择和自由活动时间。教师直接指导的集体活动要能保证幼儿的积极参与，避免时间的隐性浪费。

（三）尽量减少不必要的集体行动和过渡环节，减少和消除消极等待现象。

（四）建立良好的常规，避免不必要的管理行为，逐步引导幼儿学习自我管理。

十、教师应成为幼儿学习活动的支持者、合作者、引导者。

（一）以关怀、接纳、尊重的态度与幼儿交往。耐心倾听，努力理解幼儿的想法与感受，支持、鼓励他们大胆探索与表达。

（二）善于发现幼儿感兴趣的事物、游戏和偶发事件中所隐含的教育价值，把握时机，积极引导。

（三）关注幼儿在活动中的表现和反应，敏感地察觉他们的需要，及时以适当的方式应答，形成合作探究式的师生互动。

（四）尊重幼儿在发展水平、能力、经验、学习方式等方面的个体差异，因人施教，努力使每一个幼儿都能获得满足和成功。

（五）关注幼儿的特殊需要，包括各种发展潜能和不同发展障碍，与家庭密切配合，共同促进幼儿健康成长。

十一、幼儿园教育要与0—3岁儿童的保育教育以及小学教育相互衔接。

第四部分　教育评价

一、教育评价是幼儿园教育工作的重要组成部分，是了解教育的适宜性、有效性，调整和改进工作，促进每一个幼儿发展，提高教育质量的必要手段。

二、管理人员、教师、幼儿及其家长均是幼儿园教育评价工作的参与者。评价过程是各方共同参与、相互支持与合作的过程。

三、评价的过程，是教师运用专业知识审视教育实践，发现、分析、研究、解决问题的过程，也是其自我成长的重要途径。

四、幼儿园教育工作评价实行以教师自评为主，园长以及有关管理人员、其他教师和家长等参与评价的制度。

五、评价应自然地伴随着整个教育过程进行。综合采用观察、谈话、作品分析等多种方法。

六、幼儿的行为表现和发展变化具有重要的评价意义,教师应视之为重要的评价信息和改进工作的依据。

七、教育工作评价宜重点考察以下方面:

(一)教育计划和教育活动的目标是否建立在了解本班幼儿现状的基础上。

(二)教育的内容、方式、策略、环境条件是否能调动幼儿学习的积极性。

(三)教育过程是否能为幼儿提供有益的学习经验,并符合其发展需要。

(四)教育内容、要求能否兼顾群体需要和个体差异,使每个幼儿都能得到发展,都有成功感。

(五)教师的指导是否有利于幼儿主动、有效地学习。

八、对幼儿发展状况的评估,要注意:

(一)明确评价的目的是了解幼儿的发展需要,以便提供更加适宜的帮助和指导。

(二)全面了解幼儿的发展状况,防止片面性,尤其要避免只重知识和技能,忽略情感、社会性和实际能力的倾向。

(三)在日常活动与教育教学过程中采用自然的方法进行。平时观察所获的具有典型意义的幼儿行为表现和所积累的各种作品等,是评价的重要依据。

(四)承认和关注幼儿的个体差异,避免用划一的标准评价不同的幼儿,在幼儿面前慎用横向的比较。

(五)以发展的眼光看待幼儿,既要了解现有水平,更要关注其发展的速度、特点和倾向等。

附录3 《幼儿园管理条例》

(1989年8月20日国务院批准 1989年9月11日中华人民共和国国家教育委员会令第4号发布 自1990年2月1日起施行)

第一章 总则

第一条 为了加强幼儿园的管理,促进幼儿教育事业的发展,制定本条例。

第二条 本条例适用于招收三周岁以上学龄前幼儿,对其进行保育和教育的幼儿园。

第三条 幼儿园的保育和教育工作应当促进幼儿在体、智、德、美诸方面和谐发展。

第四条 地方各级人民政府应当根据本地区社会经济发展状况,制订幼儿园的发展规划。

幼儿园的设置应当与当地居民人口相适应。

乡、镇、市辖区和不设区的市的幼儿园的发展规划,应当包括幼儿园设置的布局方案。

第五条 地方各级人民政府可以依据本条例举办幼儿园,并鼓励和支持企业事业单位、社会团体、居民委员会、村民委员会和公民举办幼儿园或捐资助园。

第六条 幼儿园的管理实行地方负责,分级管理和各有关部门分工负责的原则。

国家教育委员会主管全国的幼儿园管理工作;地方各级人民政府的教育行政部门,主管本行政辖区内的幼儿园管理工作。

第二章 举办幼儿园的基本条件和审批程序

第七条 举办幼儿园必须将幼儿园设置在安全区域内。

严禁在污染区和危险区内设置幼儿园。

第八条 举办幼儿园必须具有与保育、教育的要求相适应的园舍和设施。

幼儿园的园舍和设施必须符合国家的卫生标准和安全标准。

第九条 举办幼儿园应当具有符合下列条件的保育、幼儿教育、医务和其他工作人员:

(一)幼儿园园长、教师应当具有幼儿师范学校(包括职业学校幼儿教育专业)毕业程度,或者经教育行政部门考核合格。

(二)医师应当具有医学院校毕业程度,医士和护士应当具有中等卫生学校毕业程度,或者取得卫生行政部门的资格认可。

(三)保健员应当具有高中毕业程度,并受过幼儿保健培训。

(四)保育员应当具有初中毕业程度,并受过幼儿保育职业培训。

慢性传染病、精神病患者,不得在幼儿园工作。

第十条　举办幼儿园的单位或者个人必须具有进行保育、教育以及维修或扩建、改建幼儿园的园舍与设施的经费来源。

第十一条　国家实行幼儿园登记注册制度,未经登记注册,任何单位和个人不得举办幼儿园。

第十二条　城市幼儿园的举办、停办,由所在区、不设区的市的人民政府教育行政部门登记注册。

农村幼儿园的举办、停办,由所在乡、镇人民政府登记注册,并报县人民政府教育行政部门备案。

第三章　幼儿园的保育和教育工作

第十三条　幼儿园应当贯彻保育与教育相结合的原则,创设与幼儿的教育和发展相适应的和谐环境,引导幼儿个性的健康发展。

幼儿园应当保障幼儿的身体健康,培养幼儿的良好生活、卫生习惯;促进幼儿的智力发展;培养幼儿热爱祖国的情感以及良好的品德行为。

第十四条　幼儿园的招生、编班应当符合教育行政部门的规定。

第十五条　幼儿园应当使用全国通用的普通话。招收少数民族为主的幼儿园,可以使用本民族通用的语言。

第十六条　幼儿园应当以游戏为基本活动形式。

幼儿园可以根据本园的实际,安排和选择教育内容与方法,但不得进行违背幼儿教育规律,有损于幼儿身心健康的活动。

第十七条　严禁体罚和变相体罚幼儿。

第十八条　幼儿园应当建立卫生保健制度,防止发生食物中毒和传染病的流行。

第十九条　幼儿园应当建立安全防护制度,严禁在幼儿园内设置威胁幼儿安全的危险建筑物和设施,严禁使用有毒、有害物质制作教具、玩具。

第二十条　幼儿园发生食物中毒、传染病流行时,举办幼儿园的单位或者个人应当立即采取紧急救护措施,并及时报告当地教育行政部门或卫生行政部门。

第二十一条　幼儿园的园舍和设施有可能发生危险时,举办幼儿园的单位或个人应当采取措施,排除险情,防止事故发生。

第四章　幼儿园的行政事务

第二十二条　各级教育行政部门应当负责监督、评估和指导幼儿园的保育、教育工作,组织培训幼儿园的师资,审定、考核幼儿园教师的资格,并协助卫生行政部门检查和指导幼儿园的卫生保健工作,会同建设行政部门制定幼儿园园舍、设施的标准。

第二十三条 幼儿园园长负责幼儿园的工作。

幼儿园园长由举办幼儿园的单位或个人聘任,并向幼儿园的登记注册机关备案。

幼儿园的教师、医师、保健员、保育员和其他工作人员,由幼儿园园长聘任,也可由举办幼儿园的单位或个人聘任。

第二十四条 幼儿园可以依据本省、自治区、直辖市人民政府制定的收费标准,向幼儿家长收取保育费、教育费。

幼儿园应当加强财务管理,合理使用各项经费,任何单位和个人不得克扣、挪用幼儿园经费。

第二十五条 任何单位和个人,不得侵占和破坏幼儿园园舍和设施,不得在幼儿园周围设置有危险、有污染或影响幼儿园采光的建筑和设施,不得干扰幼儿园正常的工作秩序。

第五章 奖励与处罚

第二十六条 凡具备下列条件之一的单位或者个人,由教育行政部门和有关部门予以奖励:

(一) 改善幼儿园的办园条件成绩显著的;

(二) 保育、教育工作成绩显著的;

(三) 幼儿园管理工作成绩显著的。

第二十七条 违反本条例,具有下列情形之一的幼儿园,由教育行政部门视情节轻重,给予限期整顿、停止招生、停止办园的行政处罚:

(一) 未经登记注册,擅自招收幼儿的;

(二) 园舍、设施不符合国家卫生标准、安全标准,妨害幼儿身体健康或者威胁幼儿生命安全的;

(三) 教育内容和方法违背幼儿教育规律,损害幼儿身心健康的。

第二十八条 违反本条例,具有下列情形之一的单位或者个人,由教育行政部门对直接责任人员给予警告、罚款的行政处罚,或者由教育行政部门建议有关部门对责任人员给予行政处分:

(一) 体罚或变相体罚幼儿的;

(二) 使用有毒、有害物质制作教具、玩具的;

(三) 克扣、挪用幼儿园经费的;

(四) 侵占、破坏幼儿园园舍、设备的;

（五）干扰幼儿园正常工作秩序的；

（六）在幼儿园周围设置有危险、有污染或者影响幼儿园采光的建筑和设施的。

前款所列情形，情节严重，构成犯罪的，由司法机关依法追究刑事责任。

第二十九条　当事人对行政处罚不服的，可以在接到处罚通知之日起十五日内，向作出处罚决定的机关的上一级机关申请复议，对复议决定不服的，可在接到复议决定之日起十五日内，向人民法院提起诉讼。当事人逾期不申请复议或者不向人民法院提起诉讼又不履行处罚决定的，由作出处罚决定的机关申请人民法院强制执行。

第六章　附则

第三十条　省、自治区、直辖市人民政府可根据本条例制定实施办法。

第三十一条　本条例由国家教育委员会解释。

第三十二条　本条例自 1990 年 2 月 1 日起施行。

附录4 《中华人民共和国教师法》

第一章 总则

第一条 为了保障教师的合法权益,建设具有良好思想品德修养和业务素质的教师队伍,促进社会主义教育事业的发展,制定本法。

第二条 本法适用于在各级各类学校和其他教育机构中专门从事教育教学工作的教师。

第三条 教师是履行教育教学职责的专业人员,承担教书育人,培养社会主义事业建设者和接班人、提高民族素质的使命。教师应当忠诚于人民的教育事业。

第四条 各级人民政府应当采取措施,加强教师的思想政治教育和业务培训,改善教师的工作条件和生活条件,保障教师的合法权益,提高教师的社会地位。

全社会都应当尊重教师。

第五条 国务院教育行政部门主管全国的教师工作。

国务院有关部门在各自职权范围内负责有关的教师工作。

学校和其他教育机构根据国家规定,自主进行教师管理工作。

第六条 每年九月十日为教师节。

第二章 权利和义务

第七条 教师享有下列权利:

(一)进行教育教学活动,开展教育教学改革和实验;

(二)从事科学研究、学术交流,参加专业的学术团体,在学术活动中充分发表意见;

(三)指导学生的学习和发展,评定学生的品行和学业成绩;

(四)按时获取工资报酬,享受国家规定的福利待遇以及寒暑假期的带薪休假;

(五)对学校教育教学、管理工作和教育行政部门的工作提出意见和建议,通过教职工代表大会或者其他形式,参与学校的民主管理;

(六)参加进修或者其他方式的培训。

第八条 教师应当履行下列义务:

(一)遵守宪法、法律和职业道德,为人师表;

(二)贯彻国家的教育方针,遵守规章制度,执行学校的教学计划,履行教师聘约,完成教育教学工作任务;

(三)对学生进行宪法所确定的基本原则的教育和爱国主义、民族团结的教育,法制教育

以及思想品德、文化、科学技术教育,组织、带领学生开展有益的社会活动;

（四）关心、爱护全体学生,尊重学生人格,促进学生在品德、智力、体质等方面全面发展;

（五）制止有害于学生的行为或者其他侵犯学生合法权益的行为,批评和抵制有害于学生健康成长的现象;

（六）不断提高思想政治觉悟和教育教学业务水平。

第九条　为保障教师完成教育教学任务,各级人民政府、教育行政部门、有关部门、学校和其他教育机构应当履行下列职责:

（一）提供符合国家安全标准的教育教学设施和设备;

（二）提供必需的图书、资料及其他教育教学用品;

（三）对教师在教育教学、科学研究中的创造性工作给以鼓励和帮助;

（四）支持教师制止有害于学生的行为或者其他侵犯学生合法权益的行为。

第三章　资格和任用

第十条　国家实行教师资格制度。

中国公民凡遵守宪法和法律,热爱教育事业,具有良好的思想品德,具备本法规定的学历或者经国家教师资格考试合格,有教育教学能力,经认定合格的,可以取得教师资格。

第十一条　取得教师资格应当具备的相应学历是:

（一）取得幼儿园教师资格,应当具备幼儿师范学校毕业及其以上学历;

（二）取得小学教师资格,应当具备中等师范学校毕业及其以上学历;

（三）取得初级中学教师、初级职业学校文化、专业课教师资格,应当具备高等师范专科学校或者其他大学专科毕业及其以上学历;

（四）取得高级中学教师资格和中等专业学校、技工学校、职业高中文化课、专业课教师资格,应当具备高等师范院校本科或者其他大学本科毕业及其以上学历;取得中等专业学校、技工学校和职业高中学生实习指导教师资格应当具备的学历,由国务院教育行政部门规定;

（五）取得高等学校教师资格,应当具备研究生或者大学本科毕业学历;

（六）取得成人教育教师资格,应当按照成人教育的层次、类别,分别具备高等、中等学校毕业及其以上学历。

不具备本法规定的教师资格学历的公民,申请获取教师资格,必须通过国家教师资格考试。国家教师资格考试制度由国务院规定。

第十二条　本法实施前已经在学校或者其他教育机构中任教的教师,未具备本法规定学历的,由国务院教育行政部门规定教师资格过渡办法。

第十三条　中小学教师资格由县级以上地方人民政府教育行政部门认定。中等专业学校、技工学校的教师资格由县级以上地方人民政府教育行政部门组织有关主管部门认定。普通高等学校的教师资格由国务院或者省、自治区、直辖市教育行政部门或者由其委托的学校认定。

具备本法规定的学历或者经国家教师资格考试合格的公民,要求有关部门认定其教师资格的,有关部门应当依照本法规定的条件予以认定。

取得教师资格的人员首次任教时,应当有试用期。

第十四条　受到剥夺政治权利或者故意犯罪受到有期徒刑以上刑事处罚的,不能取得教师资格;已经取得教师资格的,丧失教师资格。

第十五条　各级师范学校毕业生,应当按照国家有关规定从事教育教学工作。

国家鼓励非师范高等学校毕业生到中小学或者职业学校任教。

第十六条　国家实行教师职务制度,具体办法由国务院规定。

第十七条　学校和其他教育机构应当逐步实行教师聘任制。教师的聘任应当遵循双方地位平等的原则,由学校和教师签订聘任合同,明确规定双方的权利、义务和责任。

实施教师聘任制的步骤、办法由国务院教育行政部门规定。

第四章　培养和培训

第十八条　各级人民政府和有关部门应当办好师范教育,并采取措施,鼓励优秀青年进入各级师范学校学习。各级教师进修学校承担培训中小学教师的任务。

非师范学校应当承担培养和培训中小学教师的任务。

各级师范学校学生享受专业奖学金。

第十九条　各级人民政府教育行政部门、学校主管部门和学校应当制定教师培训规划,对教师进行多种形式的思想政治、业务培训。

第二十条　国家机关、企业事业单位和其他社会组织应当为教师的社会调查和社会实践提供方便,给予协助。

第二十一条　各级人民政府应当采取措施,为少数民族地区和边远贫困地区培养、培训教师。

第五章　考核

第二十二条　学校或者其他教育机构应当对教师的政治思想、业务水平、工作态度和工作成绩进行考核。

教育行政部门对教师的考核工作进行指导、监督。

第二十三条 考核应当客观、公正、准确,充分听取教师本人、其他教师以及学生的意见。

第二十四条 教师考核结果是受聘任教、晋升工资、实施奖惩的依据。

第六章 待遇

第二十五条 教师的平均工资水平应当不低于或者高于国家公务员的平均工资水平,并逐步提高。建立正常晋级增薪制度,具体办法由国务院规定。

第二十六条 中小学教师和职业学校教师享受教龄津贴和其他津贴,具体办法由国务院教育行政部门会同有关部门制定。

第二十七条 地方各级人民政府对教师以及具有中专以上学历的毕业生到少数民族地区和边远贫困地区从事教育教学工作的,应当予以补贴。

第二十八条 地方各级人民政府和国务院有关部门,对城市教师住房的建设、租赁、出售实行优先、优惠。

县、乡两级人民政府应当为农村中小学教师解决住房提供方便。

第二十九条 教师的医疗同当地国家公务员享受同等的待遇;定期对教师进行身体健康检查,并因地制宜安排教师进行休养。

医疗机构应当对当地教师的医疗提供方便。

第三十条 教师退休或者退职后,享受国家规定的退休或者退职待遇。

县级以上地方人民政府可以适当提高长期从事教育教学工作的中小学退休教师的退休金比例。

第三十一条 各级人民政府应当采取措施,改善国家补助、集体支付工资的中小学教师的待遇,逐步做到在工资收入上与国家支付工资的教师同工同酬,具体办法由地方各级人民政府根据本地区的实际情况规定。

第三十二条 社会力量所办学校的教师的待遇,由举办者自行确定并予以保障。

第七章 奖励

第三十三条 教师在教育教学、培养人才、科学研究、教学改革、学校建设、社会服务、勤工俭学等方面成绩优异的,由所在学校予以表彰、奖励。

国务院和地方各级人民政府及其有关部门对有突出贡献的教师,应当予以表彰、奖励。

对有重大贡献的教师,依照国家有关规定授予荣誉称号。

第三十四条 国家支持和鼓励社会组织或者个人向依法成立的奖励教师的基金组织捐助资金,对教师进行奖励。

第八章 法律责任

第三十五条 侮辱、殴打教师的,根据不同情况,分别给予行政处分或者行政处罚;造成损害的,责令赔偿损失;情节严重,构成犯罪的,依法追究刑事责任。

第三十六条 对依法提出申诉、控告、检举的教师进行打击报复的,由其所在单位或者上级机关责令改正;情节严重的,可以根据具体情况给予行政处分。

国家工作人员对教师打击报复构成犯罪的,依照刑法有关规定追究刑事责任。

第三十七条 教师有下列情形之一的,由所在学校、其他教育机构或者教育行政部门给予行政处分或者解聘:

(一)故意不完成教育教学任务给教育教学工作造成损失的;

(二)体罚学生,经教育不改的;

(三)品行不良、侮辱学生,影响恶劣的。

教师有前款第(二)项、第(三)项所列情形之一,情节严重,构成犯罪的,依法追究刑事责任。

第三十八条 地方人民政府对违反本法规定,拖欠教师工资或者侵犯教师其他合法权益的,应当责令其限期改正。

违反国家财政制度、财务制度,挪用国家财政用于教育的经费,严重妨碍教育教学工作,拖欠教师工资,损害教师合法权益的,由上级机关责令限期归还被挪用的经费,并对直接责任人员给予行政处分;情节严重,构成犯罪的,依法追究刑事责任。

第三十九条 教师对学校或者其他教育机构侵犯其合法权益的,或者对学校或者其他教育机构作出的处理不服的,可以向教育行政部门提出申诉,教育行政部门应当在接到申诉的三十日内,作出处理。

教师认为当地人民政府有关行政部门侵犯其根据本法规定享有的权利的,可以向同级人民政府或者上一级人民政府有关部门提出申诉,同级人民政府或者上一级人民政府有关部门应当作出处理。

第九章 附则

第四十条 本法下列用语的含义是:

(一)各级各类学校,是指实施学前教育、普通初等教育、普通中等教育、职业教育、普通高等教育以及特殊教育、成人教育的学校。

(二)其他教育机构,是指少年宫以及地方教研室、电化教育机构等。

(三)中小学教师,是指幼儿园、特殊教育机构、普通中小学、成人初等中等教育机构、职业中学以及其他教育机构的教师。

第四十一条　学校和其他教育机构中的教育教学辅助人员,其他类型的学校的教师和教育教学辅助人员,可以根据实际情况参照本法的有关规定执行。

军队所属院校的教师和教育教学辅助人员,由中央军事委员会依照本法制定有关规定。

第四十二条　外籍教师的聘任办法由国务院教育行政部门规定。

第四十三条　本法自1994年1月1日起施行。

附录5 《中华人民共和国民办教育促进法》

第一章 总则

第一条 为实施科教兴国战略,促进民办教育事业的健康发展,维护民办学校和受教育者的合法权益,根据宪法和教育法制定本法。

第二条 国家机构以外的社会组织或者个人,利用非国家财政性经费,面向社会举办学校及其他教育机构的活动,适用本法。本法未作规定的,依照教育法和其他有关教育法律执行。

第三条 民办教育事业属于公益性事业,是社会主义教育事业的组成部分。

国家对民办教育实行积极鼓励、大力支持、正确引导、依法管理的方针。

各级人民政府应当将民办教育事业纳入国民经济和社会发展规划。

第四条 民办学校应当遵守法律、法规,贯彻国家的教育方针,保证教育质量,致力于培养社会主义建设事业的各类人才。

民办学校应当贯彻教育与宗教相分离的原则。任何组织和个人不得利用宗教进行妨碍国家教育制度的活动。

第五条 民办学校与公办学校具有同等的法律地位,国家保障民办学校的办学自主权。

国家保障民办学校举办者、校长、教职工和受教育者的合法权益。

第六条 国家鼓励捐资办学。

国家对为发展民办教育事业做出突出贡献的组织和个人,给予奖励和表彰。

第七条 国务院教育行政部门负责全国民办教育工作的统筹规划、综合协调和宏观管理。

国务院劳动和社会保障行政部门及其他有关部门在国务院规定的职责范围内分别负责有关的民办教育工作。

第八条 县级以上地方各级人民政府教育行政部门主管本行政区域内的民办教育工作。

县级以上地方各级人民政府劳动和社会保障行政部门及其他有关部门在各自的职责范围内,分别负责有关的民办教育工作。

第二章 设立

第九条 举办民办学校的社会组织,应当具有法人资格。

举办民办学校的个人,应当具有政治权利和完全民事行为能力。

民办学校应当具备法人条件。

第十条　设立民办学校应当符合当地教育发展的需求，具备教育法和其他有关法律、法规规定的条件。

民办学校的设置标准参照同级同类公办学校的设置标准执行。

第十一条　举办实施学历教育、学前教育、自学考试助学及其他文化教育的民办学校，由县级以上人民政府教育行政部门按照国家规定的权限审批；举办实施以职业技能为主的职业资格培训、职业技能培训的民办学校，由县级以上人民政府劳动和社会保障行政部门按照国家规定的权限审批，并抄送同级教育行政部门备案。

第十二条　申请筹设民办学校，举办者应当向审批机关提交下列材料：

（一）申办报告，内容应当主要包括：举办者、培养目标、办学规模、办学层次、办学形式、办学条件、内部管理体制、经费筹措与管理使用等；

（二）举办者的姓名、住址或者名称、地址；

（三）资产来源、资金数额及有效证明文件，并载明产权；

（四）属捐赠性质的校产须提交捐赠协议，载明捐赠人的姓名、所捐资产的数额、用途和管理方法及相关有效证明文件。

第十三条　审批机关应当自受理筹设民办学校的申请之日起三十日内以书面形式作出是否同意的决定。

同意筹设的，发给筹设批准书。不同意筹设的，应当说明理由。

筹设期不得超过三年。超过三年的，举办者应当重新申报。

第十四条　申请正式设立民办学校的，举办者应当向审批机关提交下列材料：

（一）筹设批准书；

（二）筹设情况报告；

（三）学校章程、首届学校理事会、董事会或者其他决策机构组成人员名单；

（四）学校资产的有效证明文件；

（五）校长、教师、财会人员的资格证明文件。

第十五条　具备办学条件，达到设置标准的，可以直接申请正式设立，并应当提交本法第十二条和第十四条（三）、（四）、（五）项规定的材料。

第十六条　申请正式设立民办学校的，审批机关应当自受理之日起三个月内以书面形式作出是否批准的决定，并送达申请人；其中申请正式设立民办高等学校的，审批机关也可以自受理之日起六个月内以书面形式作出是否批准的决定，并送达申请人。

第十七条　审批机关对批准正式设立的民办学校发给办学许可证。

审批机关对不批准正式设立的，应当说明理由。

第十八条 民办学校取得办学许可证,并依照有关的法律、行政法规进行登记,登记机关应当按照有关规定即时予以办理。

第三章 学校的组织与活动

第十九条 民办学校应当设立学校理事会、董事会或者其他形式的决策机构。

第二十条 学校理事会或者董事会由举办者或者其代表、校长、教职工代表等人员组成。其中三分之一以上的理事或者董事应当具有五年以上教育教学经验。

学校理事会或者董事会由五人以上组成,设理事长或者董事长一人。理事长、理事或者董事长、董事名单报审批机关备案。

第二十一条 学校理事会或者董事会行使下列职权:

(一)聘任和解聘校长;

(二)修改学校章程和制定学校的规章制度;

(三)制定发展规划,批准年度工作计划;

(四)筹集办学经费,审核预算、决算;

(五)决定教职工的编制定额和工资标准;

(六)决定学校的分立、合并、终止;

(七)决定其他重大事项。

其他形式决策机构的职权参照本条规定执行。

第二十二条 民办学校的法定代表人由理事长、董事长或者校长担任。

第二十三条 民办学校参照同级同类公办学校校长任职的条件聘任校长,年龄可以适当放宽,并报审批机关核准。

第二十四条 民办学校校长负责学校的教育教学和行政管理工作,行使下列职权:

(一)执行学校理事会、董事会或者其他形式决策机构的决定;

(二)实施发展规划,拟订年度工作计划、财务预算和学校规章制度;

(三)聘任和解聘学校工作人员,实施奖惩;

(四)组织教育教学、科学研究活动,保证教育教学质量;

(五)负责学校日常管理工作;

(六)学校理事会、董事会或者其他形式决策机构的其他授权。

第二十五条 民办学校对招收的学生,根据其类别、修业年限、学业成绩,可以根据国家有关规定发给学历证书、结业证书或者培训合格证书。

对接受职业技能培训的学生,经政府批准的职业技能鉴定机构鉴定合格的,可以发给国家职业资格证书。

第二十六条 民办学校依法通过以教师为主体的教职工代表大会等形式,保障教职工参与民主管理和监督。

民办学校的教师和其他工作人员,有权依照工会法,建立工会组织,维护其合法权益。

第四章 教师与受教育者

第二十七条 民办学校的教师、受教育者与公办学校的教师、受教育者具有同等的法律地位。

第二十八条 民办学校聘任的教师,应当具有国家规定的任教资格。

第二十九条 民办学校应当对教师进行思想品德教育和业务培训。

第三十条 民办学校应当依法保障教职工的工资、福利待遇,并为教职工缴纳社会保险费。

第三十一条 民办学校教职工在业务培训、职务聘任、教龄和工龄计算、表彰奖励、社会活动等方面依法享有与公办学校教职工同等权利。

第三十二条 民办学校依法保障受教育者的合法权益。

民办学校按照国家规定建立学籍管理制度,对受教育者实施奖励或者处分。

第三十三条 民办学校的受教育者在升学、就业、社会优待以及参加先进评选等方面享有与同级同类公办学校的受教育者同等权利。

第五章 学校资产与财务管理

第三十四条 民办学校应当依法建立财务、会计制度和资产管理制度,并按照国家有关规定设置会计账簿。

第三十五条 民办学校对举办者投入民办学校的资产、国有资产、受赠的财产以及办学积累,享有法人财产权。

第三十六条 民办学校存续期间,所有资产由民办学校依法管理和使用,任何组织和个人不得侵占。

任何组织和个人都不得违反法律、法规向民办教育机构收取任何费用。

第三十七条 民办学校对接受学历教育的受教育者收取费用的项目和标准由学校制定,报有关部门批准并公示;对其他受教育者收取费用的项目和标准由学校制定,报有关部门备案并公示。

民办学校收取的费用应当主要用于教育教学活动和改善办学条件。

第三十八条 民办学校资产的使用和财务管理受审批机关和其他有关部门的监督。

民办学校应当在每个会计年度结束时制作财务会计报告,委托会计师事务所依法进行审计,并公布审计结果。

第六章　管理与监督

第三十九条　教育行政部门及有关部门应当对民办学校的教育教学工作、教师培训工作进行指导。

第四十条　教育行政部门及有关部门依法对民办学校实行督导,促进提高办学质量;组织或者委托社会中介组织评估办学水平和教育质量,并将评估结果向社会公布。

第四十一条　民办学校的招生简章和广告,应当报审批机关备案。

第四十二条　民办学校侵犯受教育者的合法权益,受教育者及其亲属有权向教育行政部门和其他有关部门申诉,有关部门应当及时予以处理。

第四十三条　国家支持和鼓励社会中介组织为民办学校提供服务。

第七章　扶持与奖励

第四十四条　县级以上各级人民政府可以设立专项资金,用于资助民办学校的发展,奖励和表彰有突出贡献的集体和个人。

第四十五条　县级以上各级人民政府可以采取经费资助,出租、转让闲置的国有资产等措施对民办学校予以扶持。

第四十六条　民办学校享受国家规定的税收优惠政策。

第四十七条　民办学校依照国家有关法律、法规,可以接受公民、法人或者其他组织的捐赠。

国家对向民办学校捐赠财产的公民、法人或者其他组织按照有关规定给予税收优惠,并予以表彰。

第四十八条　国家鼓励金融机构运用信贷手段,支持民办教育事业的发展。

第四十九条　人民政府委托民办学校承担义务教育任务,应当按照委托协议拨付相应的教育经费。

第五十条　新建、扩建民办学校,人民政府应当按照公益事业用地及建设的有关规定给予优惠。教育用地不得用于其他用途。

第五十一条　民办学校在扣除办学成本、预留发展基金以及按照国家有关规定提取其他的必需的费用后,出资人可以从办学结余中取得合理回报。取得合理回报的具体办法由国务院规定。

第五十二条　国家采取措施,支持和鼓励社会组织和个人到少数民族地区、边远贫困地区举办民办学校,发展教育事业。

第八章 变更与终止

第五十三条 民办学校的分立、合并,在进行财务清算后,由学校理事会或者董事会报审批机关批准。

申请分立、合并民办学校的,审批机关应当自受理之日起三个月内以书面形式答复;其中申请分立、合并民办高等学校的,审批机关也可以自受理之日起六个月内以书面形式答复。

第五十四条 民办学校举办者的变更,须由举办者提出,在进行财务清算后,经学校理事会或者董事会同意,报审批机关核准。

第五十五条 民办学校名称、层次、类别的变更,由学校理事会或者董事会报审批机关批准。

申请变更为其他民办学校,审批机关应当自受理之日起三个月内以书面形式答复;其中申请变更为民办高等学校的,审批机关也可以自受理之日起六个月内以书面形式答复。

第五十六条 民办学校有下列情形之一的,应当终止:

(一)根据学校章程规定要求终止,并经审批机关批准的;

(二)被吊销办学许可证的;

(三)因资不抵债无法继续办学的。

第五十七条 民办学校终止时,应当妥善安置在校学生。实施义务教育的民办学校终止时,审批机关应当协助学校安排学生继续就学。

第五十八条 民办学校终止时,应当依法进行财务清算。

民办学校自己要求终止的,由民办学校组织清算;被审批机关依法撤销的,由审批机关组织清算;因资不抵债无法继续办学而被终止的,由人民法院组织清算。

第五十九条 对民办学校的财产按照下列顺序清偿:

(一)应退受教育者学费、杂费和其他费用;

(二)应发教职工的工资及应缴纳的社会保险费用;

(三)偿还其他债务。

民办学校清偿上述债务后的剩余财产,按照有关法律、行政法规的规定处理。

第六十条 终止的民办学校,由审批机关收回办学许可证和销毁印章,并注销登记。

第九章 法律责任

第六十一条 民办学校在教育活动中违反教育法、教师法规定的,依照教育法、教师法的有关规定给予处罚。

第六十二条 民办学校有下列行为之一的,由审批机关或者其他有关部门责令限期改正,并予以警告;有违法所得的,退还所收费用后没收违法所得;情节严重的,责令停止招生、吊销办学许可证;构成犯罪的,依法追究刑事责任:

(一)擅自分立、合并民办学校的;

(二)擅自改变民办学校名称、层次、类别和举办者的;

(三)发布虚假招生简章或者广告,骗取钱财的;

(四)非法颁发或者伪造学历证书、结业证书、培训证书、职业资格证书的;

(五)管理混乱严重影响教育教学,产生恶劣社会影响的;

(六)提交虚假证明文件或者采取其他欺诈手段隐瞒重要事实骗取办学许可证的;

(七)伪造、变造、买卖、出租、出借办学许可证的;

(八)恶意终止办学、抽逃资金或者挪用办学经费的。

第六十三条　审批机关和有关部门有下列行为之一的,由上级机关责令其改正;情节严重的,对直接负责的主管人员和其他直接责任人员,依法给予行政处分;造成经济损失的,依法承担赔偿责任;构成犯罪的,依法追究刑事责任:

(一)已受理设立申请,逾期不予答复的;

(二)批准不符合本法规定条件申请的;

(三)疏于管理,造成严重后果的;

(四)违反国家有关规定收取费用的;

(五)侵犯民办学校合法权益的;

(六)其他滥用职权、徇私舞弊的。

第六十四条　社会组织和个人擅自举办民办学校的,由县级以上人民政府的有关行政部门责令限期改正,符合本法及有关法律规定的民办学校条件的,可以补办审批手续;逾期仍达不到办学条件的,责令停止办学,造成经济损失的,依法承担赔偿责任。

第十章　附则

第六十五条　本法所称的民办学校包括依法举办的其他民办教育机构。

本法所称的校长包括其他民办教育机构的主要行政负责人。

第六十六条　在工商行政管理部门登记注册的经营性的民办培训机构的管理办法,由国务院另行规定。

第六十七条　境外的组织和个人在中国境内合作办学的办法,由国务院规定。

第六十八条　本法自 2003 年 9 月 1 日起施行。1997 年 7 月 31 日国务院颁布的《社会力量办学条例》同时废止。

附录6 《中华人民共和国学前教育法》

第一章 总则

第一条 为了保障适龄儿童接受学前教育,规范学前教育实施,促进学前教育普及普惠安全优质发展,提高全民族素质,根据宪法,制定本法。

第二条 在中华人民共和国境内实施学前教育,适用本法。

本法所称学前教育,是指由幼儿园等学前教育机构对三周岁到入小学前的儿童(以下称学前儿童)实施的保育和教育。

第三条 国家实行学前教育制度。

学前教育是国民教育体系的组成部分,是重要的社会公益事业。

第四条 学前教育应当坚持中国共产党的领导,坚持社会主义办学方向,贯彻国家的教育方针。

学前教育应当落实立德树人根本任务,培育社会主义核心价值观,继承和弘扬中华优秀传统文化、革命文化、社会主义先进文化,培育中华民族共同体意识,为培养德智体美劳全面发展的社会主义建设者和接班人奠定基础。

第五条 国家建立健全学前教育保障机制。

发展学前教育坚持政府主导,以政府举办为主,大力发展普惠性学前教育,鼓励、引导和规范社会力量参与。

第六条 国家推进普及学前教育,构建覆盖城乡、布局合理、公益普惠、安全优质的学前教育公共服务体系。

各级人民政府应当依法履行职责,合理配置资源,缩小城乡之间、区域之间学前教育发展差距,为适龄儿童接受学前教育提供条件和支持。

国家采取措施,倾斜支持农村地区、革命老区、民族地区、边疆地区和欠发达地区发展学前教育事业;保障适龄的家庭经济困难儿童、孤儿、残疾儿童和农村留守儿童等接受普惠性学前教育。

第七条 全社会应当为适龄儿童接受学前教育、健康快乐成长创造良好环境。

第八条 国务院领导全国学前教育工作。

省级人民政府和设区的市级人民政府统筹本行政区域内学前教育工作,健全投入机制,明确分担责任,制定政策并组织实施。

县级人民政府对本行政区域内学前教育发展负主体责任,负责制定本地学前教育发展规划,统筹幼儿园建设、运行,加强公办幼儿园教师配备补充和工资待遇保障,对幼儿园进行监督管理。

乡镇人民政府、街道办事处应当支持本辖区内学前教育发展。

第九条 县级以上人民政府教育行政部门负责学前教育管理和业务指导工作,配备相应的管理和教研人员。县级以上人民政府卫生健康行政部门、疾病预防控制部门按照职责分工负责监督指导幼儿园卫生保健工作。

县级以上人民政府其他有关部门在各自职责范围内负责学前教育管理工作,履行规划制定、资源配置、经费投入、人员配备、待遇保障、幼儿园登记等方面的责任,依法加强对幼儿园举办、教职工配备、收费行为、经费使用、财务管理、安全保卫、食品安全等方面的监管。

第十条 国家鼓励和支持学前教育、儿童发展、特殊教育方面的科学研究,推广研究成果,宣传、普及科学的教育理念和方法。

第十一条 国家鼓励创作、出版、制作和传播有利于学前儿童健康成长的图书、玩具、音乐作品、音像制品等。

第十二条 对在学前教育工作中做出突出贡献的单位和个人,按照国家有关规定给予表彰、奖励。

第二章 学前儿童

第十三条 学前儿童享有生命安全和身心健康、得到尊重和保护照料、依法平等接受学前教育等权利。

学前教育应当坚持最有利于学前儿童的原则,给予学前儿童特殊、优先保护。

第十四条 实施学前教育应当从学前儿童身心发展特点和利益出发,尊重学前儿童人格尊严,倾听、了解学前儿童的意见,平等对待每一个学前儿童,鼓励、引导学前儿童参与家庭、社会和文化生活,促进学前儿童获得全面发展。

第十五条 地方各级人民政府应当采取措施,推动适龄儿童在其父母或者其他监护人的工作或者居住的地区方便就近接受学前教育。

学前儿童入幼儿园接受学前教育,除必要的身体健康检查外,幼儿园不得对其组织任何形式的考试或者测试。

学前儿童因特异体质、特定疾病等有特殊需求的,父母或者其他监护人应当及时告知幼儿园,幼儿园应当予以特殊照顾。

第十六条 父母或者其他监护人应当依法履行抚养与教育儿童的义务,为适龄儿童接受学前教育提供必要条件。

父母或者其他监护人应当尊重学前儿童身心发展规律和年龄特点,创造良好家庭环境,促进学前儿童健康成长。

第十七条 普惠性幼儿园应当接收能够适应幼儿园生活的残疾儿童入园,并为其提供帮助和便利。

父母或者其他监护人与幼儿园就残疾儿童入园发生争议的,县级人民政府教育行政部门应当会同卫生健康行政部门等单位组织对残疾儿童的身体状况、接受教育和适应幼儿园生活能力等进行全面评估,并妥善解决。

第十八条 青少年宫、儿童活动中心、图书馆、博物馆、文化馆、美术馆、科技馆、纪念馆、体育场馆等公共文化服务机构和爱国主义教育基地应当提供适合学前儿童身心发展的公益性教育服务,并按照有关规定对学前儿童免费开放。

第十九条 任何单位和个人不得组织学前儿童参与违背学前儿童身心发展规律或者与年龄特点不符的商业性活动、竞赛类活动和其他活动。

第二十条 面向学前儿童的图书、玩具、音像制品、电子产品、网络教育产品和服务等,应当符合学前儿童身心发展规律和年龄特点。

家庭和幼儿园应当教育学前儿童正确合理使用网络和电子产品,控制其使用时间。

第二十一条 学前儿童的名誉、隐私和其他合法权益受法律保护,任何单位和个人不得侵犯。

幼儿园及其教职工等单位和个人收集、使用、提供、公开或者以其他方式处理学前儿童个人信息,应当取得其父母或者其他监护人的同意,遵守有关法律法规的规定。

涉及学前儿童的新闻报道应当客观、审慎和适度。

第三章 幼儿园

第二十二条 县级以上地方人民政府应当统筹当前和长远,根据人口变化和城镇化发展趋势,科学规划和配置学前教育资源,有效满足需求,避免浪费资源。

第二十三条 各级人民政府应当采取措施,扩大普惠性学前教育资源供给,提高学前教育质量。

公办幼儿园和普惠性民办幼儿园为普惠性幼儿园,应当按照有关规定提供普惠性学前教育服务。

第二十四条 各级人民政府应当利用财政性经费或者国有资产等举办或者支持举办公办幼儿园。

各级人民政府依法积极扶持和规范社会力量举办普惠性民办幼儿园。

普惠性民办幼儿园接受政府扶持,收费实行政府指导价管理。非营利性民办幼儿园可以向县级人民政府教育行政部门申请认定为普惠性民办幼儿园,认定标准由省级人民政府或者其授权的设区的市级人民政府制定。

第二十五条　县级以上地方人民政府应当以县级行政区划为单位制定幼儿园布局规划,将普惠性幼儿园建设纳入城乡公共管理和公共服务设施统一规划,并按照非营利性教育用地性质依法以划拨等方式供地,不得擅自改变用途。

县级以上地方人民政府应当按照国家有关规定,结合本地实际,在幼儿园布局规划中合理确定普惠性幼儿园覆盖率。

第二十六条　新建居住区等应当按照幼儿园布局规划等相关规划和标准配套建设幼儿园。配套幼儿园应当与首期建设的居住区同步规划、同步设计、同步建设、同步验收、同步交付使用。建设单位应当按照有关规定将配套幼儿园作为公共服务设施移交地方人民政府,用于举办普惠性幼儿园。

现有普惠性幼儿园不能满足本区域适龄儿童入园需求的,县级人民政府应当通过新建、扩建以及利用公共设施改建等方式统筹解决。

第二十七条　地方各级人民政府应当构建以公办幼儿园为主的农村学前教育公共服务体系,保障农村适龄儿童接受普惠性学前教育。

县级人民政府教育行政部门可以委托乡镇中心幼儿园对本乡镇其他幼儿园开展业务指导等工作。

第二十八条　县级以上地方人民政府应当根据本区域内残疾儿童的数量、分布状况和残疾类别,统筹实施多种形式的学前特殊教育,推进融合教育,推动特殊教育学校和有条件的儿童福利机构、残疾儿童康复机构增设学前部或者附设幼儿园。

第二十九条　设立幼儿园,应当具备下列基本条件:

(一)有组织机构和章程;

(二)有符合规定的幼儿园园长、教师、保育员、卫生保健人员、安全保卫人员和其他工作人员;

(三)符合规定的选址要求,设置在安全区域内;

(四)符合规定的规模和班额标准;

(五)有符合规定的园舍、卫生室或者保健室、安全设施设备及户外场地;

(六)有必备的办学资金和稳定的经费来源;

(七)卫生评价合格;

(八)法律法规规定的其他条件。

第三十条　设立幼儿园经县级人民政府教育行政部门依法审批、取得办学许可证后,依照有关法律、行政法规的规定进行相应法人登记。

第三十一条　幼儿园变更、终止的,应当按照有关规定提前向县级人民政府教育行政部门报告并向社会公告,依法办理相关手续,妥善安置在园儿童。

第三十二条　学前教育机构中的中国共产党基层组织,按照中国共产党章程开展党的活动,加强党的建设。

公办幼儿园的基层党组织统一领导幼儿园工作,支持园长依法行使职权。民办幼儿园的内部管理体制按照国家有关民办教育的规定确定。

第三十三条　幼儿园应当保障教职工依法参与民主管理和监督。

幼儿园应当设立家长委员会,家长委员会可以对幼儿园重大事项决策和关系学前儿童切身利益的事项提出意见和建议,对幼儿园保育教育工作和日常管理进行监督。

第三十四条　任何单位和个人不得利用财政性经费、国有资产、集体资产或者捐赠资产举办或者参与举办营利性民办幼儿园。

公办幼儿园不得转制为民办幼儿园。公办幼儿园不得举办或者参与举办营利性民办幼儿园和其他教育机构。

以中外合作方式设立幼儿园,应当符合外商投资和中外合作办学有关法律法规的规定。

第三十五条　社会资本不得通过兼并收购等方式控制公办幼儿园、非营利性民办幼儿园。

幼儿园不得直接或者间接作为企业资产在境内外上市。上市公司不得通过股票市场融资投资营利性民办幼儿园,不得通过发行股份或者支付现金等方式购买营利性民办幼儿园资产。

第四章　教职工

第三十六条　幼儿园教师应当爱护儿童,具备优良品德和专业能力,为人师表,忠诚于人民的教育事业。

全社会应当尊重幼儿园教师。

第三十七条　担任幼儿园教师应当取得幼儿园教师资格;已取得其他教师资格并经县级以上地方人民政府教育行政部门组织的学前教育专业培训合格的,可以在幼儿园任教。

第三十八条　幼儿园园长由其举办者或者决策机构依法任命或者聘任,并报县级人民政府教育行政部门备案。

幼儿园园长应当具有本法第三十七条规定的教师资格、大学专科以上学历、五年以上幼儿园教师或者幼儿园管理工作经历。

国家推行幼儿园园长职级制。幼儿园园长应当参加县级以上地方人民政府教育行政部门组织的园长岗位培训。

第三十九条　保育员应当具有国家规定的学历,并经过幼儿保育职业培训。

卫生保健人员包括医师、护士和保健员，医师、护士应当取得相应执业资格，保健员应当具有国家规定的学历，并经过卫生保健专业知识培训。

幼儿园其他工作人员的任职资格条件，按照有关规定执行。

第四十条 幼儿园教师职务（职称）分为初级、中级和高级。

幼儿园教师职务（职称）评审标准应当符合学前教育的专业特点和要求。

幼儿园卫生保健人员中的医师、护士纳入卫生专业技术人员职称系列，由人力资源社会保障、卫生健康行政部门组织评审。

第四十一条 国务院教育行政部门会同有关部门制定幼儿园教职工配备标准。地方各级人民政府及有关部门按照相关标准保障公办幼儿园及时补充教师，并应当优先满足农村地区、革命老区、民族地区、边疆地区和欠发达地区公办幼儿园的需要。幼儿园及其举办者应当按照相关标准配足配齐教师和其他工作人员。

第四十二条 幼儿园园长、教师、保育员、卫生保健人员、安全保卫人员和其他工作人员应当遵守法律法规和职业道德规范，尊重、爱护和平等对待学前儿童，不断提高专业素养。

第四十三条 幼儿园应当与教职工依法签订聘用合同或者劳动合同，并将合同信息报县级人民政府教育行政部门备案。

第四十四条 幼儿园聘任（聘用）园长、教师、保育员、卫生保健人员、安全保卫人员和其他工作人员时，应当向教育、公安等有关部门查询应聘者是否具有虐待、性侵害、性骚扰、拐卖、暴力伤害、吸毒、赌博等违法犯罪记录；发现其有前述行为记录，或者有酗酒、严重违反师德师风行为等其他可能危害儿童身心安全情形的，不得聘任（聘用）。

幼儿园发现在岗人员有前款规定可能危害儿童身心安全情形的，应当立即停止其工作，依法与其解除聘用合同或者劳动合同，并向县级人民政府教育行政部门进行报告；县级人民政府教育行政部门可以将其纳入从业禁止人员名单。

有本条第一款规定可能危害儿童身心安全情形的个人不得举办幼儿园；已经举办的，应当依法变更举办者。

第四十五条 幼儿园应当关注教职工的身体、心理状况。幼儿园园长、教师、保育员、卫生保健人员、安全保卫人员和其他工作人员，应当在入职前和入职后每年进行健康检查。

第四十六条 幼儿园及其举办者应当按照国家规定保障教师和其他工作人员的工资福利，依法缴纳社会保险费，改善工作和生活条件，实行同工同酬。

县级以上地方人民政府应当将公办幼儿园教师工资纳入财政保障范围，统筹工资收入政策和经费支出渠道，确保教师工资及时足额发放。民办幼儿园可以参考当地公办幼儿园同类教师工资收入水平合理确定教师薪酬标准，依法保障教师工资待遇。

第四十七条 幼儿园教师在职称评定、岗位聘任（聘用）等方面享有与中小学教师同等的待遇。

符合条件的幼儿园教师按照有关规定享受艰苦边远地区津贴、乡镇工作补贴等津贴、补贴。

承担特殊教育任务的幼儿园教师按照有关规定享受特殊教育津贴。

第四十八条　国务院教育行政部门应当制定高等学校学前教育专业设置标准、质量保证标准和课程教学标准体系,组织实施学前教育专业质量认证,建立培养质量保障机制。

省级人民政府应当根据普及学前教育的需要,制定学前教育师资培养规划,支持高等学校设立学前教育专业,合理确定培养规模,提高培养层次和培养质量。

制定公费师范生培养计划,应当根据学前教育发展需要专项安排学前教育专业培养计划。

第四十九条　县级以上人民政府教育、卫生健康等有关部门应当按照职责分工制定幼儿园园长、教师、保育员、卫生保健人员等工作人员培训规划,建立培训支持服务体系,开展多种形式的专业培训。

第五章　保育教育

第五十条　幼儿园应当坚持保育和教育相结合的原则,面向全体学前儿童,关注个体差异,注重良好习惯养成,创造适宜的生活和活动环境,有益于学前儿童身心健康发展。

第五十一条　幼儿园应当把保护学前儿童安全放在首位,对学前儿童在园期间的人身安全负有保护责任。

幼儿园应当落实安全责任制相关规定,建立健全安全管理制度和安全责任制度,完善安全措施和应急反应机制,按照标准配备安全保卫人员,及时排查和消除火灾等各类安全隐患。幼儿园使用校车的,应当符合校车安全管理相关规定,保护学前儿童安全。

幼儿园应当按照国家有关规定投保校方责任保险。

第五十二条　幼儿园发现学前儿童受到侵害、疑似受到侵害或者面临其他危险情形的,应当立即采取保护措施,并向公安、教育等有关部门报告。

幼儿园发生突发事件等紧急情况,应当优先保护学前儿童人身安全,立即采取紧急救助和避险措施,并及时向有关部门报告。

发生前两款情形的,幼儿园应当及时通知学前儿童父母或者其他监护人。

第五十三条　幼儿园应当建立科学合理的一日生活制度,保证户外活动时间,做好儿童营养膳食、体格锻炼、全日健康观察、食品安全、卫生与消毒、传染病预防与控制、常见病预防等卫生保健管理工作,加强健康教育。

第五十四条　招收残疾儿童的幼儿园应当配备必要的康复设施、设备和专业康复人员,或者与其他具有康复设施、设备和专业康复人员的特殊教育机构、康复机构合作,根据残疾儿童实际情况开展保育教育。

第五十五条　国务院教育行政部门制定幼儿园教育指导纲要和学前儿童学习与发展指南,地方各级人民政府教育行政部门依据职责组织实施,加强学前教育教学研究和业务指导。

幼儿园应当按照国家有关规定,科学实施符合学前儿童身心发展规律和年龄特点的保育和教育活动,不得组织学前儿童参与商业性活动。

第五十六条　幼儿园应当以学前儿童的生活为基础,以游戏为基本活动,发展素质教育,最大限度支持学前儿童通过亲近自然、实际操作、亲身体验等方式探索学习,促进学前儿童养成良好的品德、行为习惯、安全和劳动意识,健全人格、强健体魄,在健康、语言、社会、科学、艺术等各方面协调发展。

幼儿园应当以国家通用语言文字为基本保育教育语言文字,加强学前儿童普通话教育,提高学前儿童说普通话的能力。

第五十七条　幼儿园应当配备符合相关标准的玩教具和幼儿图书。

在幼儿园推行使用的课程教学类资源应当经依法审定,具体办法由国务院教育行政部门制定。

幼儿园应当充分利用家庭、社区的教育资源,拓展学前儿童生活和学习空间。

第五十八条　幼儿园应当主动与父母或者其他监护人交流学前儿童身心发展状况,指导家庭科学育儿。

父母或者其他监护人应当积极配合、支持幼儿园开展保育和教育活动。

第五十九条　幼儿园与小学应当互相衔接配合,共同帮助儿童做好入学准备和入学适应。

幼儿园不得采用小学化的教育方式,不得教授小学阶段的课程,防止保育和教育活动小学化。小学坚持按照课程标准零起点教学。

校外培训机构等其他任何机构不得对学前儿童开展半日制或者全日制培训,不得教授学前儿童小学阶段的课程。

第六章　投入保障

第六十条　学前教育实行政府投入为主、家庭合理负担保育教育成本、多渠道筹措经费的投入机制。

各级人民政府应当优化教育财政投入支出结构,加大学前教育财政投入,确保财政性学前教育经费在同级财政性教育经费中占合理比例,保障学前教育事业发展。

第六十一条　学前教育财政补助经费按照中央与地方财政事权和支出责任划分原则,

分别列入中央和地方各级预算。中央财政通过转移支付对地方统筹给予支持。省级人民政府应当建立本行政区域内各级人民政府财政补助经费分担机制。

第六十二条　国务院和省级人民政府统筹安排学前教育资金,重点扶持农村地区、革命老区、民族地区、边疆地区和欠发达地区发展学前教育。

第六十三条　地方各级人民政府应当科学核定普惠性幼儿园办园成本,以提供普惠性学前教育服务为衡量标准,统筹制定财政补助和收费政策,合理确定分担比例。

省级人民政府制定并落实公办幼儿园生均财政拨款标准或者生均公用经费标准,以及普惠性民办幼儿园生均财政补助标准。其中,残疾学前儿童的相关标准应当考虑保育教育和康复需要适当提高。

有条件的地方逐步推进实施免费学前教育,降低家庭保育教育成本。

第六十四条　地方各级人民政府应当通过财政补助、购买服务、减免租金、培训教师、教研指导等多种方式,支持普惠性民办幼儿园发展。

第六十五条　国家建立学前教育资助制度,为家庭经济困难的适龄儿童等接受普惠性学前教育提供资助。

第六十六条　国家鼓励自然人、法人和非法人组织通过捐赠、志愿服务等方式支持学前教育事业。

第七章　监督管理

第六十七条　县级以上人民政府及其有关部门应当建立健全幼儿园安全风险防控体系,强化幼儿园周边治安管理和巡逻防控工作,加强对幼儿园安全保卫的监督指导,督促幼儿园加强安全防范建设,及时排查和消除安全隐患,依法保障学前儿童与幼儿园安全。

禁止在幼儿园内及周边区域建设或者设置有危险、有污染的建筑物和设施设备。

第六十八条　省级人民政府或者其授权的设区的市级人民政府根据办园成本、经济发展水平和群众承受能力等因素,合理确定公办幼儿园和非营利性民办幼儿园的收费标准,并建立定期调整机制。

县级以上地方人民政府及有关部门应当加强对幼儿园收费的监管,必要时可以对收费实行市场调节价的营利性民办幼儿园开展成本调查,引导合理收费,遏制过高收费。

第六十九条　幼儿园收取的费用应当主要用于保育和教育活动、保障教职工待遇、促进教职工发展和改善办园条件。学前儿童伙食费应当专款专用。

幼儿园应当执行收费公示制度,收费项目和标准、服务内容、退费规则等应当向家长公示,接受社会监督。

幼儿园不得违反有关规定收取费用,不得向学前儿童及其家长组织征订教学材料,推销或者变相推销商品、服务等。

第七十条　幼儿园应当依法建立健全财务、会计及资产管理制度，严格经费管理，合理使用经费，提高经费使用效益。

幼儿园应当按照有关规定实行财务公开，接受社会监督。县级以上人民政府教育等有关部门应当加强对公办幼儿园的审计。民办幼儿园每年应当依法进行审计，并向县级人民政府教育行政部门提交经审计的财务会计报告。

第七十一条　县级以上人民政府及其有关部门应当建立健全学前教育经费预算管理和审计监督制度。

任何单位和个人不得侵占、挪用学前教育经费，不得向幼儿园非法收取或者摊派费用。

第七十二条　县级人民政府教育行政部门应当建立健全各类幼儿园基本信息备案及公示制度，利用互联网等方式定期向社会公布并更新政府学前教育财政投入、幼儿园规划举办等方面信息，以及各类幼儿园的教师和其他工作人员的资质和配备、招生、经费收支、收费标准、保育教育质量等方面信息。

第七十三条　县级以上人民政府教育督导机构对学前教育工作执行法律法规情况、保育教育工作等进行督导。督导报告应当定期向社会公开。

第七十四条　国务院教育行政部门制定幼儿园保育教育质量评估指南。省级人民政府教育行政部门应当完善幼儿园质量评估标准，健全幼儿园质量评估监测体系，将各类幼儿园纳入质量评估范畴，并向社会公布评估结果。

第八章　法律责任

第七十五条　地方各级人民政府及有关部门有下列情形之一的，由上级机关或者有关部门按照职责分工责令限期改正；情节严重的，对负有责任的领导人员和直接责任人员依法给予处分：

（一）未按照规定制定、调整幼儿园布局规划，或者未按照规定提供普惠性幼儿园建设用地；

（二）未按照规定规划居住区配套幼儿园，或者未将新建居住区配套幼儿园举办为普惠性幼儿园；

（三）利用财政性经费、国有资产、集体资产或者捐赠资产举办或者参与举办营利性民办幼儿园，或者改变、变相改变公办幼儿园性质；

（四）未按照规定制定并落实公办幼儿园生均财政拨款标准或者生均公用经费标准、普惠性民办幼儿园生均财政补助标准；

（五）其他未依法履行学前教育管理和保障职责的情形。

第七十六条　地方各级人民政府及教育等有关部门的工作人员违反本法规定，滥用职权、玩忽职守、徇私舞弊的，依法给予处分。

第七十七条　居住区建设单位未按照规定建设、移交配套幼儿园，或者改变配套幼儿园土地用途的，由县级以上地方人民政府自然资源、住房和城乡建设、教育等有关部门按照职责分工责令限期改正，依法给予处罚。

第七十八条　擅自举办幼儿园或者招收学前儿童实施半日制、全日制培训的，由县级人民政府教育等有关部门依照《中华人民共和国教育法》《中华人民共和国民办教育促进法》的规定予以处理；对非法举办幼儿园的单位和个人，根据情节轻重，五至十年内不受理其举办幼儿园或者其他教育机构的申请。

第七十九条　幼儿园有下列情形之一的，由县级以上地方人民政府教育等有关部门按照职责分工责令限期改正，并予以警告；有违法所得的，退还所收费用后没收违法所得；情节严重的，责令停止招生、吊销办学许可证：

（一）组织入园考试或者测试；

（二）因管理疏忽或者放任发生体罚或者变相体罚、歧视、侮辱、虐待、性侵害等危害学前儿童身心安全的行为；

（三）未依法加强安全防范建设、履行安全保障责任，或者未依法履行卫生保健责任；

（四）使用未经审定的课程教学类资源；

（五）采用小学化的教育方式或者教授小学阶段的课程；

（六）开展与学前儿童身心发展规律、年龄特点不符的活动，或者组织学前儿童参与商业性活动；

（七）未按照规定配备幼儿园教师或者其他工作人员；

（八）违反规定收取费用；

（九）克扣、挪用学前儿童伙食费。

依照前款规定被吊销办学许可证的幼儿园，应当妥善安置在园儿童。

第八十条　幼儿园教师或者其他工作人员有下列情形之一的，由所在幼儿园或者县级人民政府教育等有关部门根据情节轻重，依法给予当事人、幼儿园负责人处分，解除聘用合同或者劳动合同；由县级人民政府教育行政部门禁止其一定期限内直至终身从事学前教育工作或者举办幼儿园；情节严重的，吊销其资格证书：

（一）体罚或者变相体罚儿童；

（二）歧视、侮辱、虐待、性侵害儿童；

（三）违反职业道德规范或者危害儿童身心安全，造成不良后果。

第八十一条　在学前教育活动中违反本法规定的行为，本法未规定法律责任，《中华人民共和国教育法》《中华人民共和国未成年人保护法》《中华人民共和国劳动法》等法律、行政法规有规定的,依照其规定。

第八十二条 违反本法规定,侵害学前儿童、幼儿园、教职工合法权益,造成人身损害或者财产损失的,依法承担民事责任;构成违反治安管理行为的,依法给予治安管理处罚;构成犯罪的,依法追究刑事责任。

第九章 附则

第八十三条 小学、特殊教育学校、儿童福利机构、残疾儿童康复机构等附设的幼儿班等学前教育机构适用本法有关规定。

军队幼儿园的管理,依照本法和军队有关规定执行。

第八十四条 鼓励有条件的幼儿园开设托班,提供托育服务。

幼儿园提供托育服务的,依照有关法律法规和国家有关规定执行。

第八十五条 本法自2025年6月1日起施行。

附录7 《3—6岁儿童学习与发展指南》

说 明

一、为深入贯彻《国家中长期教育改革和发展规划纲要(2010—2020年)》和《国务院关于当前发展学前教育的若干意见》(国发〔2010〕41号),指导幼儿园和家庭实施科学的保育和教育,促进幼儿身心全面和谐发展,制定《3—6岁儿童学习与发展指南》(以下简称《指南》)。

二、《指南》以为幼儿后继学习和终身发展奠定良好素质基础为目标,以促进幼儿体、智、德、美各方面的协调发展为核心,通过提出3—6岁各年龄段儿童学习与发展目标和相应的教育建议,帮助幼儿园教师和家长了解3—6岁幼儿学习与发展的基本规律和特点,建立对幼儿发展的合理期望,实施科学的保育和教育,让幼儿度过快乐而有意义的童年。

三、《指南》从健康、语言、社会、科学、艺术五个领域描述幼儿的学习与发展。每个领域按照幼儿学习与发展最基本、最重要的内容划分为若干方面。每个方面由学习与发展目标和教育建议两部分组成。

目标部分分别对3—4岁、4—5岁、5—6岁三个年龄段末期幼儿应该知道什么、能做什么,大致可以达到什么发展水平提出了合理期望,指明了幼儿学习与发展的具体方向;教育建议部分列举了一些能够有效帮助和促进幼儿学习与发展的教育途径与方法。

四、实施《指南》应把握以下几个方面:

1. 关注幼儿学习与发展的整体性。儿童的发展是一个整体,要注重领域之间、目标之间的相互渗透和整合,促进幼儿身心全面协调发展,而不应片面追求某一方面或几方面的发展。

2. 尊重幼儿发展的个体差异。幼儿的发展是一个持续、渐进的过程,同时也表现出一定的阶段性特征。每个幼儿在沿着相似进程发展的过程中,各自的发展速度和到达某一水平的时间不完全相同。要充分理解和尊重幼儿发展进程中的个别差异,支持和引导他们从原有水平向更高水平发展,按照自身的速度和方式到达《指南》所呈现的发展"阶梯",切忌用一把"尺子"衡量所有幼儿。

3. 理解幼儿的学习方式和特点。幼儿的学习是以直接经验为基础,在游戏和日常生活中进行的。要珍视游戏和生活的独特价值,创设丰富的教育环境,合理安排一日生活,最大限度地支持和满足幼儿通过直接感知、实际操作和亲身体验获取经验的需要,严禁"拔苗助长"式的超前教育和强化训练。

4. 重视幼儿的学习品质。幼儿在活动过程中表现出的积极态度和良好行为倾向是终身学习与发展所必需的宝贵品质。要充分尊重和保护幼儿的好奇心和学习兴趣,帮助幼儿逐步养成积极主动、认真专注、不怕困难、敢于探究和尝试、乐于想象和创造等良好学习品质。忽视幼儿学习品质培养,单纯追求知识技能学习的做法是短视而有害的。

一、健康

健康是指人在身体、心理和社会适应方面的良好状态。幼儿阶段是儿童身体发育和机能发展极为迅速的时期,也是形成安全感和乐观态度的重要阶段。发育良好的身体、愉快的情绪、强健的体质、协调的动作、良好的生活习惯和基本生活能力是幼儿身心健康的重要标志,也是其它领域学习与发展的基础。

为有效促进幼儿身心健康发展,成人应为幼儿提供合理均衡的营养,保证充足的睡眠和适宜的锻炼,满足幼儿生长发育的需要;创设温馨的人际环境,让幼儿充分感受到亲情和关爱,形成积极稳定的情绪情感;帮助幼儿养成良好的生活与卫生习惯,提高自我保护能力,形成使其终身受益的生活能力和文明生活方式。

幼儿身心发育尚未成熟,需要成人的精心呵护和照顾,但不宜过度保护和包办代替,以免剥夺幼儿自主学习的机会,养成过于依赖的不良习惯,影响其主动性、独立性的发展。

(一)身心状况

目标1　具有健康的体态

3—4岁	4—5岁	5—6岁
1. 身高和体重适宜。参考标准: 男孩: 身高:94.9—111.7厘米 体重:12.7—21.2公斤 女孩: 身高:94.1—111.3厘米 体重:12.3—21.5公斤 2. 在提醒下能自然坐直、站直。	1. 身高和体重适宜。参考标准: 男孩: 身高:100.7—119.2厘米 体重:14.1—24.2公斤 女孩: 身高:99.9—118.9厘米 体重:13.7—24.9公斤 2. 在提醒下能保持正确的站、坐和行走姿势。	1. 身高和体重适宜。参考标准: 男孩: 身高:106.1—125.8厘米 体重:15.9—27.1公斤 女孩: 身高:104.9—125.4厘米 体重:15.3—27.8公斤 2. 经常保持正确的站、坐和行走姿势。

注:身高和体重数据来源:《2006年世界卫生组织儿童生长标准》4、5、6周岁儿童身高和体重的参考数据。

教育建议:

1. 为幼儿提供营养丰富、健康的饮食。如:

■ 参照《中国孕期、哺乳期妇女和0~6岁儿童膳食指南》,为幼儿提供谷物、蔬菜、水果、肉、奶、蛋、豆制品等多样化的食物,均衡搭配。

- 烹调方式要科学,尽量少煎炸、烧烤、腌制。

2. 保证幼儿每天睡 11~12 小时,其中午睡一般应达到 2 小时左右。午睡时间可根据幼儿的年龄、季节的变化和个体差异适当减少。

3. 注意幼儿的体态,帮助他们形成正确的姿势。如:

- 提醒幼儿要保持正确的站、坐、走姿势;发现有八字脚、罗圈腿、驼背等骨骼发育异常的情况,应及时就医矫治。
- 桌、椅和床要合适。椅子的高度以幼儿写画时双脚能自然着地、大腿基本保持水平状为宜;桌子的高度以写画时身体能坐直,不驼背、不耸肩为宜;床不宜过软。

4. 每年为幼儿进行健康检查。

目标 2　情绪安定愉快

3—4岁	4—5岁	5—6岁
1. 情绪比较稳定,很少因一点小事哭闹不止。 2. 有比较强烈的情绪反应时,能在成人的安抚下逐渐平静下来。	1. 经常保持愉快的情绪,不高兴时能较快缓解。 2. 有比较强烈情绪反应时,能在成人提醒下逐渐平静下来。 3. 愿意把自己的情绪告诉亲近的人,一起分享快乐或求得安慰。	1. 经常保持愉快的情绪。知道引起自己某种情绪的原因,并努力缓解。 2. 表达情绪的方式比较适度,不乱发脾气。 3. 能随着活动的需要转换情绪和注意。

教育建议:

1. 营造温暖、轻松的心理环境,让幼儿形成安全感和信赖感。如:

- 保持良好的情绪状态,以积极、愉快的情绪影响幼儿。
- 以欣赏的态度对待幼儿。注意发现幼儿的优点,接纳他们的个体差异,不简单与同伴做横向比较。
- 幼儿做错事时要冷静处理,不厉声斥责,更不能打骂。

2. 帮助幼儿学会恰当表达和调控情绪。如:

- 成人用恰当的方式表达情绪,为幼儿做出榜样。如生气时不乱发脾气,不迁怒于人。
- 成人和幼儿一起谈论自己高兴或生气的事,鼓励幼儿与人分享自己的情绪。
- 允许幼儿表达自己的情绪,并给予适当的引导。如幼儿发脾气时不硬性压制,等其平静后告诉他什么行为是可以接受的。
- 发现幼儿不高兴时,主动询问情况,帮助他们化解消极情绪。

目标 3　具有一定的适应能力

3—4岁	4—5岁	5—6岁
1. 能在较热或较冷的户外环境中活动。 2. 换新环境时情绪能较快稳定，睡眠、饮食基本正常。 3. 在帮助下能较快适应集体生活。	1. 能在较热或较冷的户外环境中连续活动半小时左右。 2. 换新环境时较少出现身体不适。 3. 能较快适应人际环境中发生的变化。如换了新老师能较快适应。	1. 能在较热或较冷的户外环境中连续活动半小时以上。 2. 天气变化时较少感冒，能适应车、船等交通工具造成的轻微颠簸。 3. 能较快融入新的人际关系环境。如换了新的幼儿园或班级能较快适应。

教育建议：

1. 保证幼儿的户外活动时间，提高幼儿适应季节变化的能力。

■ 幼儿每天的户外活动时间一般不少于两小时，其中体育活动时间不少于1小时，季节交替时要坚持。

■ 气温过热或过冷的季节或地区应因地制宜，选择温度适当的时间段开展户外活动，也可根据气温的变化和幼儿的个体差异，适当减少活动的时间。

2. 经常与幼儿玩拉手转圈、秋千、转椅等游戏活动，让幼儿适应轻微的摆动、颠簸、旋转，促进其平衡机能的发展。

3. 锻炼幼儿适应生活环境变化的能力。如：

■ 注意观察幼儿在新环境中的饮食、睡眠、游戏等方面的情况，采取相应的措施帮助他们尽快适应新环境。

■ 经常带幼儿接触不同的人际环境，如参加亲戚朋友聚会，多和不熟悉的小朋友玩，使幼儿较快适应新的人际关系。

（二）动作发展

目标1　具有一定的平衡能力，动作协调、灵敏

3—4岁	4—5岁	5—6岁
1. 能沿地面直线或在较窄的低矮物体上走一段距离。 2. 能双脚灵活交替上下楼梯。 3. 能身体平稳地双脚连续向前跳。	1. 能在较窄的低矮物体上平稳地走一段距离。 2. 能以匍匐、膝盖悬空等多种方式钻爬。 3. 能助跑跨跳过一定距离，或助	1. 能在斜坡、荡桥和有一定间隔的物体上较平稳地行走。 2. 能以手脚并用的方式安全地爬攀登架、网等。 3. 能连续跳绳。

续表

3—4岁	4—5岁	5—6岁
4. 分散跑时能躲避他人的碰撞。 5. 能双手向上抛球。	跑跨跳过一定高度的物体。 4. 能与他人玩追逐、躲闪跑的游戏。 5. 能连续自抛自接球。	4. 能躲避他人滚过来的球或扔过来的沙包。 5. 能连续拍球。

教育建议：

1. 利用多种活动发展身体平衡和协调能力。如：

- 走平衡木，或沿着地面直线、田埂行走。
- 玩跳房子、踢毽子、蒙眼走路、踩小高跷等游戏活动。

2. 发展幼儿动作的协调性和灵活性。如：

- 鼓励幼儿进行跑跳、钻爬、攀登、投掷、拍球等活动。
- 玩跳竹竿、滚铁环等传统体育游戏。

3. 对于拍球、跳绳等技能性活动，不要过于要求数量，更不能机械训练。

4. 结合活动内容对幼儿进行安全教育，注重在活动中培养幼儿的自我保护能力。

目标2 具有一定的力量和耐力

3—4岁	4—5岁	5—6岁
1. 能双手抓杠悬空吊起10秒左右。 2. 能单手将沙包向前投掷2米左右。 3. 能单脚连续向前跳2米左右。 4. 能快跑15米左右。 5. 能行走1公里左右（途中可适当停歇）。	1. 能双手抓杠悬空吊起15秒左右。 2. 能单手将沙包向前投掷4米左右。 3. 能单脚连续向前跳5米左右。 4. 能快跑20米左右。 5. 能连续行走1.5公里左右（途中可适当停歇）。	1. 能双手抓杠悬空吊起20秒左右。 2. 能单手将沙包向前投掷5米左右。 3. 能单脚连续向前跳8米左右。 4. 能快跑25米左右。 5. 能连续行走1.5公里以上（途中可适当停歇）。

教育建议：

1. 开展丰富多样、适合幼儿年龄特点的各种身体活动，如走、跑、跳、攀、爬等，鼓励幼儿坚持下来，不怕累。

2. 日常生活中鼓励幼儿多走路、少坐车；自己上下楼梯、自己背包。

目标3 手的动作灵活协调

3—4岁	4—5岁	5—6岁
1. 能用笔涂涂画画。 2. 能熟练地用勺子吃饭。 3. 能用剪刀沿直线剪,边线基本吻合。	1. 能沿边线较直地画出简单图形,或能边线基本对齐地折纸。 2. 会用筷子吃饭。 3. 能沿轮廓线剪出由直线构成的简单图形,边线吻合。	1. 能根据需要画出图形,线条基本平滑。 2. 能熟练使用筷子。 3. 能沿轮廓线剪出由曲线构成的简单图形,边线吻合且平滑。 4. 能使用简单的劳动工具或用具。

教育建议:

1. 创造条件和机会,促进幼儿手的动作灵活协调。如:

■ 提供画笔、剪刀、纸张、泥团等工具和材料,或充分利用各种自然、废旧材料和常见物品,让幼儿进行画、剪、折、粘等美工活动。

■ 引导幼儿生活自理或参与家务劳动,发展其手的动作。如练习自己用筷子吃饭、扣扣子,帮助家人择菜叶、做面食等。

■ 幼儿园在布置娃娃家、商店等活动区时,多提供原材料和半成品,让幼儿有更多机会参与制作活动。

2. 引导幼儿注意活动安全。如:

■ 为幼儿提供的塑料粒、珠子等活动材料要足够大,材质要安全,以免造成异物进入气管、铅中毒等伤害。提供幼儿用安全剪刀。

■ 为幼儿示范拿筷子、握笔的正确姿势以及使用剪刀、锤子等工具的方法。

■ 提醒幼儿不要拿剪刀等锋利工具玩耍,用完后要放回原处。

(三)生活习惯与生活能力

目标1　具有良好的生活与卫生习惯

3—4岁	4—5岁	5—6岁
1. 在提醒下,按时睡觉和起床,并能坚持午睡。 2. 喜欢参加体育活动。 3. 在引导下,不偏食、挑食。喜欢吃瓜果、蔬菜等新鲜食品。 4. 愿意饮用白开水,不贪喝饮料。	1. 每天按时睡觉和起床,并能坚持午睡。 2. 喜欢参加体育活动。 3. 不偏食、挑食,不暴饮暴食。喜欢吃瓜果、蔬菜等新鲜食品。	1. 养成每天按时睡觉和起床的习惯。 2. 能主动参加体育活动。 3. 吃东西时细嚼慢咽。 4. 主动饮用白开水,不贪喝饮料。

3—4岁	4—5岁	5—6岁
5. 不用脏手揉眼睛,连续看电视等不超过15分钟。 6. 在提醒下,每天早晚刷牙、饭前便后洗手。	4. 常喝白开水,不贪喝饮料。 5. 知道保护眼睛,不在光线过强或过暗的地方看书,连续看电视等不超过20分钟。 6. 每天早晚刷牙、饭前便后洗手,方法基本正确。	5. 主动保护眼睛。不在光线过强或过暗的地方看书,连续看电视等不超过30分钟。 6. 每天早晚主动刷牙、饭前便后主动洗手,方法正确。

教育建议:

1. 让幼儿保持有规律的生活,养成良好的作息习惯。如:早睡早起、每天午睡、按时进餐、吃好早餐等。

2. 帮助幼儿养成良好的饮食习惯。如:

- 合理安排餐点,帮助幼儿养成定点、定时、定量进餐的习惯。
- 帮助幼儿了解食物的营养价值,引导他们不偏食不挑食、少吃或不吃不利于健康的食品;多喝白开水,少喝饮料。
- 吃饭时不过分催促,提醒幼儿细嚼慢咽,不要边吃边玩。

3. 帮助幼儿养成良好的个人卫生习惯。如:

- 早晚刷牙、饭后漱口。
- 勤为幼儿洗澡、换衣服、剪指甲。
- 提醒幼儿保护五官,如不乱挖耳朵、鼻孔,看电视时保持3米左右的距离等。

4. 激发幼儿参加体育活动的兴趣,养成锻炼的习惯。如:

- 为幼儿准备多种体育活动材料,鼓励他选择自己喜欢的材料开展活动。
- 经常和幼儿一起在户外运动和游戏,鼓励幼儿和同伴一起开展体育活动。
- 和幼儿一起观看体育比赛或有关体育赛事的电视节目,培养他对体育活动的兴趣。

目标2 具有基本的生活自理能力

3—4岁	4—5岁	5—6岁
1. 在帮助下能穿脱衣服或鞋袜。 2. 能将玩具和图书放回原处。	1. 能自己穿脱衣服、鞋袜、扣钮扣。 2. 能整理自己的物品。	1. 能知道根据冷热增减衣服。 2. 会自己系鞋带。 3. 能按类别整理好自己的物品。

教育建议:

1. 鼓励幼儿做力所能及的事情,对幼儿的尝试与努力给予肯定,不因做不好或做得慢而包办代替。

2. 指导幼儿学习和掌握生活自理的基本方法,如穿脱衣服和鞋袜、洗手洗脸、擦鼻涕、擦屁股的正确方法。

3. 提供有利于幼儿生活自理的条件。如:

■ 提供一些纸箱、盒子,供幼儿收拾和存放自己的玩具、图书或生活用品等。

■ 幼儿的衣服、鞋子等要简单实用,便于自己穿脱。

目标 3　具备基本的安全知识和自我保护能力

3—4岁	4—5岁	5—6岁
1. 不吃陌生人给的东西,不跟陌生人走。 2. 在提醒下能注意安全,不做危险的事。 3. 在公共场所走失时,能向警察或有关人员说出自己和家长的名字、电话号码等简单信息。	1. 知道在公共场合不远离成人的视线单独活动。 2. 认识常见的安全标志,能遵守安全规则。 3. 运动时能主动躲避危险。 4. 知道简单的求助方式。	1. 未经大人允许不给陌生人开门。 2. 能自觉遵守基本的安全规则和交通规则。 3. 运动时能注意安全,不给他人造成危险。 4. 知道一些基本的防灾知识。

教育建议:

1. 创设安全的生活环境,提供必要的保护措施。如:

■ 要把热水瓶、药品、火柴、刀具等物品放到幼儿够不到的地方;阳台或窗台要有安全保护措施;要使用安全的电源插座等。

■ 在公共场所要注意照看好幼儿;幼儿乘车、乘电梯时要有成人陪伴;不把幼儿单独留在家里或汽车里等。

2. 结合生活实际对幼儿进行安全教育。如:

■ 外出时,提醒幼儿要紧跟成人,不远离成人的视线,不跟陌生人走,不吃陌生人给的东西;不在河边和马路边玩耍;要遵守交通规则等。

■ 帮助幼儿了解周围环境中不安全的事物,不做危险的事。如不动热水壶,不玩火柴或打火机,不摸电源插座,不攀爬窗户或阳台等。

■ 帮助幼儿认识常见的安全标识,如:小心触电、小心有毒、禁止下河游泳、紧急出口等。

■ 告诉幼儿不允许别人触摸自己的隐私部位。

3. 教给幼儿简单的自救和求救的方法。如:

- 记住自己家庭的住址、电话号码、父母的姓名和单位,一旦走失时知道向成人求助,并能提供必要信息。
- 遇到火灾或其他紧急情况时,知道要拨打110、120、119等求救电话。
- 可利用图书、音像等材料对幼儿进行逃生和求救方面的教育,并运用游戏方式模拟练习。
- 幼儿园应定期进行火灾、地震等自然灾害的逃生演习。

二、语言

语言是交流和思维的工具。幼儿期是语言发展,特别是口语发展的重要时期。幼儿语言的发展贯穿于各个领域,也对其它领域的学习与发展有着重要的影响:幼儿在运用语言进行交流的同时,也在发展着人际交往能力、理解他人和判断交往情境的能力、组织自己思想的能力。通过语言获取信息,幼儿的学习逐步超越个体的直接感知。

幼儿的语言能力是在交流和运用的过程中发展起来的。应为幼儿创设自由、宽松的语言交往环境,鼓励和支持幼儿与成人、同伴交流,让幼儿想说、敢说、喜欢说并能得到积极回应。为幼儿提供丰富、适宜的低幼读物,经常和幼儿一起看图书、讲故事,丰富其语言表达能力,培养阅读兴趣和良好的阅读习惯,进一步拓展学习经验。

幼儿的语言学习需要相应的社会经验支持,应通过多种活动扩展幼儿的生活经验,丰富语言的内容,增强理解和表达能力。应在生活情境和阅读活动中引导幼儿自然而然地产生对文字的兴趣,用机械记忆和强化训练的方式让幼儿过早识字不符合其学习特点和接受能力。

(一)倾听与表达

目标1　认真听并能听懂常用语言

3—4岁	4—5岁	5—6岁
1. 别人对自己说话时能注意听并做出回应。 2. 能听懂日常会话。	1. 在群体中能有意识地听与自己有关的信息。 2. 能结合情境感受到不同语气、语调所表达的不同意思。 3. 方言地区和少数民族幼儿能基本听懂普通话。	1. 在集体中能注意听老师或其他人讲话。 2. 听不懂或有疑问时能主动提问。 3. 能结合情境理解一些表示因果、假设等相对复杂的句子。

教育建议:

1. 多给幼儿提供倾听和交谈的机会。如:经常和幼儿一起谈论他感兴趣的话题,或一起看图书、讲故事。

2. 引导幼儿学会认真倾听。如：
- 成人要耐心倾听别人（包括幼儿）的讲话，等别人讲完再表达自己的观点。
- 与幼儿交谈时，要用幼儿能听得懂的语言。
- 对幼儿提要求和布置任务时要求他注意听，鼓励他主动提问。

3. 对幼儿讲话时，注意结合情境使用丰富的语言，以便于幼儿理解。如：
- 说话时注意语气、语调，让幼儿感受语气、语调的作用。如对幼儿的不合理要求以比较坚定的语气表示不同意；讲故事时，尽量把故事人物高兴、悲伤的心情用不同的语气、语调表现出来。
- 根据幼儿的理解水平有意识地使用一些反映因果、假设、条件等关系的句子。

目标2　愿意讲话并能清楚地表达

3—4岁	4—5岁	5—6岁
1. 愿意在熟悉的人面前说话，能大方地与人打招呼。 2. 基本会说本民族或本地区的语言。 3. 愿意表达自己的需要和想法，必要时能配以手势动作。 4. 能口齿清楚地说儿歌、童谣或复述简短的故事。	1. 愿意与他人交谈，喜欢谈论自己感兴趣的话题。 2. 会说本民族或本地区的语言，基本会说普通话。少数民族聚居地区幼儿会用普通话进行日常会话。 3. 能基本完整地讲述自己的所见所闻和经历的事情。 4. 讲述比较连贯。	1. 愿意与他人讨论问题，敢在众人面前说话。 2. 会说本民族或本地区的语言和普通话，发音正确清晰。少数民族聚居地区幼儿基本会说普通话。 3. 能有序、连贯、清楚地讲述一件事情。 4. 讲述时能使用常见的形容词、同义词等，语言比较生动。

教育建议：

1. 为幼儿创造说话的机会并体验语言交往的乐趣。
- 每天有足够的时间与幼儿交谈。如谈论他感兴趣的话题，询问和听取他对自己事情的意见等。
- 尊重和接纳幼儿的说话方式，无论幼儿的表达水平如何，都应认真地倾听并给予积极的回应。
- 鼓励和支持幼儿与同伴一起玩耍、交谈，相互讲述见闻、趣事或看过的图书、动画片等。
- 方言和少数民族地区应积极为幼儿创设用普通话交流的语言环境。

2. 引导幼儿清楚地表达。如：

- 和幼儿讲话时,成人自身的语言要清楚、简洁。
- 当幼儿因为急于表达而说不清楚的时候,提醒他不要着急,慢慢说;同时要耐心倾听,给予必要的补充,帮助他理清思路并清晰地说出来。

目标3　具有文明的语言习惯

3—4岁	4—5岁	5—6岁
1. 与别人讲话时知道眼睛要看着对方。 2. 说话自然,声音大小适中。 3. 能在成人的提醒下使用恰当的礼貌用语。	1. 别人对自己讲话时能回应。 2. 能根据场合调节自己说话声音的大小。 3. 能主动使用礼貌用语,不说脏话、粗话。	1. 别人讲话时能积极主动地回应。 2. 能根据谈话对象和需要,调整说话的语气。 3. 懂得按次序轮流讲话,不随意打断别人。 4. 能依据所处情境使用恰当的语言。如在别人难过时会用恰当的语言表示安慰。

教育建议:

1. 成人注意语言文明,为幼儿做出表率。如:
- 与他人交谈时,认真倾听,使用礼貌用语。
- 在公共场合不大声说话,不说脏话、粗话。
- 幼儿表达意见时,成人可蹲下来,眼睛平视幼儿,耐心听他把话说完。

2. 帮助幼儿养成良好的语言行为习惯。如:
- 结合情境提醒幼儿一些必要的交流礼节。如对长辈说话要有礼貌,客人来访时要打招呼,得到帮助时要说谢谢等。
- 提醒幼儿遵守集体生活的语言规则,如轮流发言,不随意打断别人讲话等。
- 提醒幼儿注意公共场所的语言文明,如不大声喧哗。

(二) 阅读与书写准备

目标1　喜欢听故事,看图书

3—4岁	4—5岁	5—6岁
1. 主动要求成人讲故事、读图书。 2. 喜欢跟读韵律感强的儿歌、童谣。	1. 反复看自己喜欢的图书。 2. 喜欢把听过的故事或看过的图书讲给别人听。	1. 专注地阅读图书。 2. 喜欢与他人一起谈论图书和故事的有关内容。

续 表

3—4岁	4—5岁	5—6岁
3. 爱护图书,不乱撕、乱扔。	3. 对生活中常见的标识、符号感兴趣,知道它们表示一定的意义。	3. 对图书和生活情境中的文字符号感兴趣,知道文字表示一定的意义。

教育建议:

1. 为幼儿提供良好的阅读环境和条件。如:

■ 提供一定数量、符合幼儿年龄特点、富有童趣的图画书。

■ 提供相对安静的地方,尽量减少干扰,保证幼儿自主阅读。

2. 激发幼儿的阅读兴趣,培养阅读习惯。如:

■ 经常抽时间与幼儿一起看图书、讲故事。

■ 提供童谣、故事和诗歌等不同体裁的儿童文学作品,让幼儿自主选择和阅读。

■ 当幼儿遇到感兴趣的事物或问题时,和他一起查阅图书资料,让他感受图书的作用,体会通过阅读获取信息的乐趣。

3. 引导幼儿体会标识、文字符号的用途。如:

■ 向幼儿介绍医院、公用电话等生活中的常见标识,让他知道标识可以代表具体事物。

■ 结合生活实际,帮助幼儿体会文字的用途。如买来新玩具时,把说明书上的文字念给幼儿听,了解玩具的玩法。

目标 2　具有初步的阅读理解能力

3—4岁	4—5岁	5—6岁
1. 能听懂短小的儿歌或故事。 2. 会看画面,能根据画面说出图中有什么,发生了什么事等。 3. 能理解图书上的文字是和画面对应的,是用来表达画面意义的。	1. 能大体讲出所听故事的主要内容。 2. 能根据连续画面提供的信息,大致说出故事的情节。 3. 能随着作品的展开产生喜悦、担忧等相应的情绪反应,体会作品所表达的情绪情感。	1. 能说出所阅读的幼儿文学作品的主要内容。 2. 能根据故事的部分情节或图书画面的线索猜想故事情节的发展,或续编、创编故事。 3. 对看过的图书、听过的故事能说出自己的看法。 4. 能初步感受文学语言的美。

教育建议:

1. 经常和幼儿一起阅读,引导他以自己的经验为基础理解图书的内容。如:

- 引导幼儿仔细观察画面,结合画面讨论故事内容,学习建立画面与故事内容的联系。
- 和幼儿一起讨论或回忆书中的故事情节,引导他有条理地说出故事的大致内容。
- 在给幼儿读书或讲故事时,可先不告诉名字,让幼儿听完后自己命名,并说出这样命名的理由。
- 鼓励幼儿自主阅读,并与他人讨论自己在阅读中的发现、体会和想法。

2. 在阅读中发展幼儿的想象和创造能力。如:
- 鼓励幼儿依据画面线索讲述故事,大胆推测、想象故事情节的发展,改编故事部分情节或续编故事结尾。
- 鼓励幼儿用故事表演、绘画等不同的方式表达自己对图书和故事的理解。
- 鼓励和支持幼儿自编故事,并为自编的故事配上图画,制成图画书。

3. 引导幼儿感受文学作品的美。如:
- 有意识地引导幼儿欣赏或模仿文学作品的语言节奏和韵律。
- 给幼儿读书时,通过表情、动作和抑扬顿挫的声音传达书中的情绪情感,让幼儿体会作品的感染力和表现力。

目标3　具有书面表达的愿望和初步技能

3—4岁	4—5岁	5—6岁
1. 喜欢用涂涂画画表达一定的意思。	1. 愿意用图画和符号表达自己的愿望和想法。 2. 在成人提醒下,写写画画时姿势正确。	1. 愿意用图画和符号表现事物或故事。 2. 会正确书写自己的名字。 3. 写画时姿势正确。

教育建议:

1. 让幼儿在写写画画的过程中体验文字符号的功能,培养书写兴趣。如:
- 准备供幼儿随时取放的纸、笔等材料,也可利用沙地、树枝等自然材料,满足幼儿自由涂画的需要。
- 鼓励幼儿将自己感兴趣的事情或故事画下来并讲给别人听,让幼儿体会写写画画的方式可以表达自己的想法和情感。
- 把幼儿讲过的事情用文字记录下来,并念给他听,使幼儿知道说的话可以用文字记录下来,从中体会文字的用途。

2. 在绘画和游戏中做必要的书写准备,如:
- 通过把虚线画出的图形轮廓连成实线等游戏,促进手眼协调,同时帮助幼儿学习由上至下、由左至右的运笔技能。

- 鼓励幼儿学习书写自己的名字。
- 提醒幼儿写画时保持正确姿势。

三、社会

幼儿社会领域的学习与发展过程是其社会性不断完善并奠定健全人格基础的过程。人际交往和社会适应是幼儿社会学习的主要内容，也是其社会性发展的基本途径。幼儿在与成人和同伴交往的过程中，不仅学习如何与人友好相处，也在学习如何看待自己、对待他人，不断发展适应社会生活的能力。良好的社会性发展对幼儿身心健康和其它各方面的发展都具有重要影响。

家庭、幼儿园和社会应共同努力，为幼儿创设温暖、关爱、平等的家庭和集体生活氛围，建立良好的亲子关系、师生关系和同伴关系，让幼儿在积极健康的人际关系中获得安全感和信任感，发展自信和自尊，在良好的社会环境及文化的熏陶中学会遵守规则，形成基本的认同感和归属感。

幼儿的社会性主要是在日常生活和游戏中通过观察和模仿潜移默化地发展起来的。成人应注重自己言行的榜样作用，避免简单生硬的说教。

（一）人际交往

目标1　愿意与人交往

3—4岁	4—5岁	5—6岁
1. 愿意和小朋友一起游戏。 2. 愿意与熟悉的长辈一起活动。	1. 喜欢和小朋友一起游戏，有经常一起玩的小伙伴。 2. 喜欢和长辈交谈，有事愿意告诉长辈。	1. 有自己的好朋友，也喜欢结交新朋友。 2. 有问题愿意向别人请教。 3. 有高兴的或有趣的事愿意与大家分享。

教育建议：

1. 主动亲近和关心幼儿，经常和他一起游戏或活动，让幼儿感受到与成人交往的快乐，建立亲密的亲子关系和师生关系。

2. 创造交往的机会，让幼儿体会交往的乐趣。如：

- 利用走亲戚、到朋友家做客或有客人来访的时机，鼓励幼儿与他人接触和交谈。
- 鼓励幼儿参加小朋友的游戏，邀请小朋友到家里玩，感受有朋友一起玩的快乐。
- 幼儿园应多为幼儿提供自由交往和游戏的机会，鼓励他们自主选择、自由结伴开展活动。

目标2 　能与同伴友好相处

3—4岁	4—5岁	5—6岁
1. 想加入同伴的游戏时，能友好地提出请求。 2. 在成人指导下，不争抢、不独霸玩具。 3. 与同伴发生冲突时，能听从成人的劝解。	1. 会运用介绍自己、交换玩具等简单技巧加入同伴游戏。 2. 对大家都喜欢的东西能轮流、分享。 3. 与同伴发生冲突时，能在他人帮助下和平解决。 4. 活动时愿意接受同伴的意见和建议。 5. 不欺负弱小。	1. 能想办法吸引同伴和自己一起游戏。 2. 活动时能与同伴分工合作，遇到困难能一起克服。 3. 与同伴发生冲突时能自己协商解决。 4. 知道别人的想法有时和自己不一样，能倾听和接受别人的意见，不能接受时会说明理由。 5. 不欺负别人，也不允许别人欺负自己。

教育建议：

1. 结合具体情境，指导幼儿学习交往的基本规则和技能。如：

■ 当幼儿不知怎样加入同伴游戏，或提出请求不被接受时，建议他拿出玩具邀请大家一起玩；或者扮成某个角色加入同伴的游戏。

■ 对幼儿与别人分享玩具、图书等行为给予肯定，让他对自己的表现感到高兴和满足。

■ 当幼儿与同伴发生矛盾或冲突时，指导他尝试用协商、交换、轮流玩、合作等方式解决冲突。

■ 利用相关的图书、故事，结合幼儿的交往经验，和他讨论什么样的行为受大家欢迎，想要得到别人的接纳应该怎样做。

■ 幼儿园应多为幼儿提供需要大家齐心协力才能完成的活动，让幼儿在具体活动中体会合作的重要性，学习分工合作。

2. 结合具体情境，引导幼儿换位思考，学习理解别人。如：

■ 幼儿有争抢玩具等不友好行为时，引导他们想想"假如你是那个小朋友，你有什么感受？"让幼儿学习理解别人的想法和感受。

3. 和幼儿一起谈谈他的好朋友，说说喜欢这个朋友的原因，引导他多发现同伴的优点、长处。

目标3 　具有自尊、自信、自主的表现

3—4岁	4—5岁	5—6岁
1. 能根据自己的兴趣选择游戏或其它活动。 2. 为自己的好行为或活动成果感到高兴。 3. 自己能做的事情愿意自己做。 4. 喜欢承担一些小任务。	1. 能按自己的想法进行游戏或其他活动。 2. 知道自己的一些优点和长处,并对此感到满意。 3. 自己的事情尽量自己做,不愿意依赖别人。 4. 敢于尝试有一定难度的活动和任务。	1. 能主动发起活动或在活动中出主意、想办法。 2. 做了好事或取得了成功后还想做得更好。 3. 自己的事情自己做,不会的愿意学。 4. 主动承担任务,遇到困难能够坚持而不轻易求助。 5. 与别人的看法不同时,敢于坚持自己的意见并说出理由。

教育建议:

1. 关注幼儿的感受,保护其自尊心和自信心。如:

- 能以平等的态度对待幼儿,使幼儿切实感受到自己被尊重。
- 对幼儿好的行为表现多给予具体、有针对性的肯定和表扬,让他对自己优点和长处有所认识并感到满足和自豪。
- 不要拿幼儿的不足与其他幼儿的优点作比较。

2. 鼓励幼儿自主决定,独立做事,增强其自尊心和自信心。如:

- 与幼儿有关的事情要征求他的意见,即使他的意见与成人不同,也要认真倾听,接受他的合理要求。
- 在保证安全的情况下,支持幼儿按自己的想法做事;或提供必要的条件,帮助他实现自己的想法。
- 幼儿自己的事情尽量放手让他自己做,即使做得不够好,也应鼓励并给予一定的指导,让他在做事中树立自尊和自信。
- 鼓励幼儿尝试有一定难度的任务,并注意调整难度,让他感受经过努力获得的成就感。

目标4 关心尊重他人

3—4岁	4—5岁	5—6岁
1. 长辈讲话时能认真听,并能听从长辈的要求。 2. 身边的人生病或不开心时表	1. 会用礼貌的方式向长辈表达自己的要求和想法。 2. 能注意到别人的情绪,并有关	1. 能有礼貌地与人交往。 2. 能关注别人的情绪和需要,并能给予力所能及的帮助。

续　表

3—4岁	4—5岁	5—6岁
示同情。 3. 在提醒下能做到不打扰别人。	心、体贴的表现。 3. 知道父母的职业，能体会到父母为养育自己所付出的辛劳。	3. 尊重为大家提供服务的人，珍惜他们的劳动成果。 4. 接纳、尊重与自己的生活方式或习惯不同的人。

教育建议：

1. 成人以身作则，以尊重、关心的态度对待自己的父母、长辈和其他人。如：

- 经常问候父母，主动做家务。
- 礼貌地对待老年人，如坐车时主动为老人让座。
- 看到别人有困难能主动关心并给予一定的帮助。

2. 引导幼儿尊重、关心长辈和身边的人，尊重他人劳动及成果。如：

- 提醒幼儿关心身边的人，如妈妈累了，知道让她安静休息一会儿。
- 借助故事、图书等给幼儿讲讲父母抚育孩子成长的经历，让幼儿理解和体会父爱与母爱。
- 结合实际情境，提醒幼儿注意别人的情绪，了解他们的需要，给予适当的关心和帮助。
- 利用生活机会和角色游戏，帮助幼儿了解与自己关系密切的社会服务机构及其工作，如商场、邮局、医院等，体会这些机构给大家提供的便利和服务，懂得尊重工作人员的劳动，珍惜劳动成果。

3. 引导幼儿学习用平等、接纳和尊重的态度对待差异。如：

- 了解每个人都有自己的兴趣、爱好和特长，可以相互学习。
- 利用民间游戏、传统节日等，适当向幼儿介绍我国主要民族和世界其它国家和民族的文化，帮助幼儿感知文化的多样性和差异性，理解人们之间是平等的，应该互相尊重，友好相处。

（二）社会适应

目标1　喜欢并适应群体生活

3—4岁	4—5岁	5—6岁
1. 对群体活动有兴趣。 2. 对幼儿园的生活好奇，喜欢上幼儿园。	1. 愿意并主动参加群体活动。 2. 愿意与家长一起参加社区的一些群体活动。	1. 在群体活动中积极、快乐。 2. 对小学生活有好奇和向往。

教育建议：

1. 经常和幼儿一起参加一些群体性的活动，让幼儿体会群体活动的乐趣。如：参加亲戚、朋友和同事间的聚会以及适合幼儿参加的社区活动等，支持幼儿和不同群体的同伴一起游戏，丰富其群体活动的经验。

2. 幼儿园组织活动时，可以经常打破班级的界限，让幼儿有更多机会参加不同群体的活动。

3. 带领大班幼儿参观小学，讲讲小学有趣的活动，唤起他们对小学生活的好奇和向往，为入学做好心理准备。

目标2　遵守基本的行为规范

3—4岁	4—5岁	5—6岁
1. 在提醒下，能遵守游戏和公共场所的规则。 2. 知道不经允许不能拿别人的东西，借别人的东西要归还。 3. 在成人提醒下，爱护玩具和其他物品。	1. 感受规则的意义，并能基本遵守规则。 2. 不私自拿不属于自己的东西。 3. 知道说谎是不对的。 4. 知道接受了的任务要努力完成。 5. 在提醒下，能节约粮食、水电等。	1. 理解规则的意义，能与同伴协商制定游戏和活动规则。 2. 爱惜物品，用别人的东西时也知道爱护。 3. 做了错事敢于承认，不说谎。 4. 能认真负责地完成自己所接受的任务。 5. 爱护身边的环境，注意节约资源。

教育建议：

1. 成人要遵守社会行为规则，为幼儿树立良好的榜样。如：答应幼儿的事一定要做到、尊老爱幼、爱护公共环境，节约水电等。

2. 结合社会生活实际，帮助幼儿了解基本行为规则或其它游戏规则，体会规则的重要性，学习自觉遵守规则。如：

■ 经常和幼儿玩带有规则的游戏，遵守共同约定的游戏规则。

■ 利用实际生活情境和图书故事，向幼儿介绍一些必要的社会行为规则，以及为什么要遵守这些规则。

■ 在幼儿园的区域活动中，创设情境，让幼儿体会没有规则的不方便，鼓励他们讨论制定规则并自觉遵守。

■ 对幼儿表现出的遵守规则的行为要及时肯定，对违规行为给予纠正。如：幼儿主动为老人让座时要表扬；幼儿损害别人的物品或公共物品时要及时制止并主动赔偿。

3. 教育幼儿要诚实守信。如：

- 对幼儿诚实守信的行为要及时肯定。
- 允许幼儿犯错误，告诉他改了就好。不要打骂幼儿，以免他因害怕惩罚而说谎。
- 小年龄幼儿经常分不清想象和现实，成人不要误认为他是在说谎。
- 发现幼儿说谎时，要反思是否是因自己对幼儿的要求过高过严造成的。如果是，要及时调整自己的行为，同时要严肃地告诉幼儿说谎是不对的。
- 经常给幼儿分配一些力所能及的任务，要求他完成并及时给予表扬，培养他的责任感和认真负责的态度。

目标3 具有初步的归属感

3—4岁	4—5岁	5—6岁
1. 知道和自己一起生活的家庭成员及与自己的关系，体会到自己是家庭的一员。 2. 能感受到家庭生活的温暖，爱父母，亲近与信赖长辈。 3. 能说出自己家所在街道、小区(乡镇、村)的名称。 4. 认识国旗，知道国歌。	1. 喜欢自己所在的幼儿园和班级，积极参加集体活动。 2. 能说出自己家所在地的省、市、县(区)名称，知道当地有代表性的物产或景观。 3. 知道自己是中国人。 4. 奏国歌、升国旗时能自动站好。	1. 愿意为集体做事，为集体的成绩感到高兴。 2. 能感受到家乡的发展变化并为此感到高兴。 3. 知道自己的民族，知道中国是一个多民族的大家庭，各民族之间要互相尊重，团结友爱。 4. 知道国家一些重大成就，爱祖国，为自己是中国人感到自豪。

教育建议：

1. 亲切地对待幼儿，关心幼儿，让他感到长辈是可亲、可近、可信赖的，家庭和幼儿园是温暖的。如：

- 多和孩子一起游戏、谈笑，尽量在家庭和班级中营造温馨的氛围。
- 通过和幼儿一起翻阅照片、讲幼儿成长的故事等，让幼儿感受到家庭和幼儿园的温暖，老师的和蔼可亲，对养育自己的人产生感激之情。

2. 吸引和鼓励幼儿参加集体活动，萌发集体意识。如：

- 幼儿园和班级里的重大事情和计划，请幼儿集体讨论决定。
- 幼儿园应经常组织多种形式的集体活动，萌发幼儿的集体荣誉感。

3. 运用幼儿喜闻乐见和能够理解的方式激发幼儿爱家乡、爱祖国的情感。如：

- 和幼儿说一说或在地图上找一找自己家所在的省、市、县(区)名称。
- 和幼儿一起外出游玩，一起看有关的电视节目或画报等；和他们一起收集有关家乡、祖国各地的风景名胜、著名的建筑、独特物产的图片等,在观看和欣赏的过程中激发幼儿的自豪感和热爱之情。

- 利用电视节目或参加升旗等活动,向幼儿介绍国旗、国歌以及观看升旗、奏国歌的礼仪。
- 向幼儿介绍反映中国人聪明才智的发明和创造,激发幼儿的民族自豪感。

四、科学

幼儿的科学学习是在探究具体事物和解决实际问题中,尝试发现事物间的异同和联系的过程。幼儿在对自然事物的探究和运用数学解决实际生活问题的过程中,不仅获得丰富的感性经验,充分发展形象思维,而且初步尝试归类、排序、判断、推理,逐步发展逻辑思维能力,为其它领域的深入学习奠定基础。

幼儿科学学习的核心是激发探究兴趣,体验探究过程,发展初步的探究能力。成人要善于发现和保护幼儿的好奇心,充分利用自然和实际生活机会,引导幼儿通过观察、比较、操作、实验等方法,学习发现问题、分析问题和解决问题;帮助幼儿不断积累经验,并运用于新的学习活动,形成受益终身的学习态度和能力。

幼儿的思维特点是以具体形象思维为主,应注重引导幼儿通过直接感知、亲身体验和实际操作进行科学学习,不应为追求知识和技能的掌握,对幼儿进行灌输和强化训练。

(一)科学探究

目标1　亲近自然,喜欢探究

3—4岁	4—5岁	5—6岁
1. 喜欢接触大自然,对周围的很多事物和现象感兴趣。 2. 经常问各种问题,或好奇地摆弄物品。	1. 喜欢接触新事物,经常问一些与新事物有关的问题。 2. 常常动手动脑探索物体和材料,并乐在其中。	1. 对自己感兴趣的问题总是刨根问底。 2. 能经常动手动脑寻找问题的答案。 3. 探索中有所发现时感到兴奋和满足。

教育建议:

1. 经常带幼儿接触大自然,激发其好奇心与探究欲望。如:

- 为幼儿提供一些有趣的探究工具,用自己的好奇心和探究积极性感染和带动幼儿。
- 和幼儿一起发现并分享周围新奇、有趣的事物或现象,一起寻找问题的答案。
- 通过拍照和画图等方式保留和积累有趣的探索与发现。

2. 真诚地接纳、多方面支持和鼓励幼儿的探索行为。如：

- 认真对待幼儿的问题，引导他们猜一猜、想一想，有条件时和幼儿一起做一些简易的调查或有趣的小实验。
- 容忍幼儿因探究而弄脏、弄乱、甚至破坏物品的行为，引导他们活动后做好收拾整理。
- 多为幼儿选择一些能操作、多变化、多功能的玩具材料或废旧材料，在保证安全的前提下，鼓励幼儿拆装或动手自制玩具。

目标2 具有初步的探究能力

3—4岁	4—5岁	5—6岁
1. 对感兴趣的事物能仔细观察，发现其明显特征。 2. 能用多种感官或动作去探索物体，关注动作所产生的结果。	1. 能对事物或现象进行观察比较，发现其相同与不同。 2. 能根据观察结果提出问题，并大胆猜测答案。 3. 能通过简单的调查收集信息。 4. 能用图画或其他符号进行记录。	1. 能通过观察、比较与分析，发现并描述不同种类物体的特征或某个事物前后的变化。 2. 能用一定的方法验证自己的猜测。 3. 在成人的帮助下能制定简单的调查计划并执行。 4. 能用数字、图画、图表或其他符号记录。 5. 探究中能与他人合作与交流。

教育建议：

1. 有意识地引导幼儿观察周围事物，学习观察的基本方法，培养观察与分类能力。如：

- 支持幼儿自发的观察活动，对其发现表示赞赏。
- 通过提问等方式引导幼儿思考并对事物进行比较观察和连续观察。
- 引导幼儿在观察和探索的基础上，尝试进行简单的分类、概括。如：根据运动方式给动物分类，根据生长环境给植物分类，根据外部特征给物体分类等等。

2. 支持和鼓励幼儿在探究的过程中积极动手动脑寻找答案或解决问题。如：

- 鼓励幼儿根据观察或发现提出值得继续探究的问题，或成人提出有探究意义且能激发幼儿兴趣的问题。如：皮球、轮胎、竹筒等物体滚动时都走直线吗？怎样让橡皮泥球浮在水面上？
- 支持和鼓励幼儿大胆联想、猜测问题的答案，并设法验证。如：玩风车时，鼓励幼儿猜测风车转动方向及速度快慢的原因和条件，并实际去验证。
- 支持、引导幼儿学习用适宜的方法探究和解决问题，或为自己的想法收集证据。如：想知道院子里有多少种植物，可以进行实地调查；想知道球在平地上还是在斜坡上滚得快，可以动手试一试;想证明影子的方向与太阳的位置有关,可以做个小实验进行验证等。

3. 鼓励和引导幼儿学习做简单的计划和记录,并与他人交流分享。如:

- 和幼儿共同制定调查计划,讨论调查对象、步骤和方法等,也可以和幼儿一起设法用图画、箭头等标识呈现计划。
- 鼓励幼儿用绘画、照相、做标本等办法记录观察和探究的过程与结果,注意要让记录有意义,通过记录帮助幼儿丰富观察经验、建立事物之间的联系和分享发现。
- 支持幼儿与同伴合作探究与分享交流,引导他们在交流中尝试整理、概括自己探究的成果,体验合作探究和发现的乐趣。如一起讨论和分享自己的问题与发现,一起想办法收集资料和验证猜测。

4. 帮助幼儿回顾自己探究过程,讨论自己做了什么,怎么做的,结果与计划目标是否一致,分析一下原因以及下一步要怎样做等。

目标3　在探究中认识周围事物和现象

3—4岁	4—5岁	5—6岁
1. 认识常见的动植物,能注意并发现周围的动植物是多种多样的。 2. 能感知和发现物体和材料的软硬、光滑和粗糙等特性。 3. 能感知和体验天气对自己生活和活动的影响。 4. 初步了解和体会动植物和人们生活的关系。	1. 能感知和发现动植物的生长变化及其基本条件。 2. 能感知和发现常见材料的溶解、传热等性质或用途。 3. 能感知和发现简单物理现象,如物体形态或位置变化等。 4. 能感知和发现不同季节的特点,体验季节对动植物和人的影响。 5. 初步感知常用科技产品与自己生活的关系,知道科技产品有利也有弊。	1. 能察觉到动植物的外形特征、习性与生存环境的适应关系。 2. 能发现常见物体的结构与功能之间的关系。 3. 能探索并发现常见的物理现象产生的条件或影响因素,如影子、沉浮等。 4. 感知并了解季节变化的周期性,知道变化的顺序。 5. 初步了解人们的生活与自然环境的密切关系,知道尊重和珍惜生命,保护环境。

教育建议:

1. 支持幼儿在接触自然、生活事物和现象中积累有益的直接经验和感性认识。如:

- 和幼儿一起通过户外活动、参观考察、种植和饲养活动,感知生物的多样性和独特性,以及生长发育、繁殖和死亡的过程。
- 给幼儿提供丰富的材料和适宜的工具,支持幼儿在游戏过程中探索并感知常见物质、材料的特性和物体的结构特点。

2. 引导幼儿在探究中思考，尝试进行简单的推理和分析，发现事物之间明显的关联。如：

■ 引导5岁以上幼儿关注和思考动植物的外部特征、习性与生活环境对动植物生存的意义。如兔子的长耳朵具有自我保护的作用；植物种子的形状有助于其传播等。

■ 引导幼儿根据常见物质、材料的特性和物体的结构特点，推测和证实它们的用途。如：带轮子的物体方便移动；不同用途的车辆有不同的结构等等。

3. 引导幼儿关注和了解自然、科技产品与人们生活的密切关系，逐渐懂得热爱、尊重、保护自然。如：

■ 结合幼儿的生活需要，引导他们体会人与自然、动植物的依赖关系。如：动植物、季节变化与人们生活的关系、常见灾害性天气给人们生产和生活带来的影响等。

■ 和幼儿一起讨论常见科技产品的用途和弊端，如：汽车等交通工具给生活带来的方便和对环境的污染等。

（二）数学认知

目标1　初步感知生活中数学的有用和有趣

3—4岁	4—5岁	5—6岁
1. 感知和发现周围物体的形状是多种多样的，对不同的形状感兴趣。 2. 体验和发现生活中很多地方都用到数。	1. 在指导下，感知和体会有些事物可以用形状来描述。 2. 在指导下，感知和体会有些事物可以用数来描述，对环境中各种数字的含义有进一步探究的兴趣。	1. 能发现事物简单的排列规律，并尝试创造新的排列规律。 2. 能发现生活中许多问题都可以用数学的方法来解决，体验解决问题的乐趣。

教育建议：

1. 引导幼儿注意事物的形状特征，尝试用表示形状的词来描述事物，体会描述的生动形象性和趣味性。如：

■ 参观游览后，和幼儿一起谈论所看到的事物的形状，鼓励幼儿产生联想，并用自己的语言进行描述。如：熊猫的身体圆圆的，全身好像是一个个的圆形组成的。

■ 和幼儿交谈或读书讲故事时，适当地运用一些有关形状的词汇来描述事物，如看图片时，和幼儿讨论奥运会场馆的形状，体会为什么有的场馆叫"水立方"，有的叫"鸟巢"。

2. 引导幼儿感知和体会生活中很多地方都用到数，关注周围与自己生活密切相关的数的信息，体会数可以代表不同的意义。如：

■ 和幼儿一起寻找发现生活中用数字作标识的事物，如电话号码、时钟、日历和商品的价签等。

- 引导幼儿了解和感受数用在不同的地方,表示的意义是不一样的。如天气预报中表示气温的数代表冷热状况;钟表上的数表明时间的早晚等。
- 鼓励幼儿尝试使用数的信息进行一些简单的推理。如知道今天是星期五,能推断明天是星期六,爸爸妈妈休息。

3. 引导幼儿观察发现按照一定规律排列的事物,体会其中的排列特点与规律,并尝试自己创造出新的排列规律。如:

- 和幼儿一起发现和体会按一定顺序排列的队形整齐有序。
- 提供具有重复性旋律和词语的音乐、儿歌和故事,或利用环境中有序排列的图案(如按颜色间隔排列的瓷砖、按形状间隔排列的珠帘等),鼓励幼儿发现和感受其中的规律。
- 鼓励幼儿尝试自己设计有规律的花边图案、创编有一定规律的动作,或者按某种规律进行搭建活动。
- 引导幼儿体会生活中很多事情都是有一定顺序和规律的,如一周七天的顺序是从周一到周日,一年四季按照春夏秋冬轮回等。

4. 鼓励和支持幼儿发现、尝试解决日常生活中需要用到数学的问题,体会数学的用处。如:

- 拍球、跳绳、跳远或投沙包时,可通过数数、测量的方法确定名次。
- 讨论春游去哪里玩时,让幼儿商量想去哪里玩?每个想去的地方有多少人?根据统计结果做出决定。
- 滑滑梯时,按照"先来先玩"的规则有序地排队玩。

目标2 感知和理解数、量及数量关系

3—4岁	4—5岁	5—6岁
1. 能感知和区分物体的大小、多少、高矮长短等量方面的特点,并能用相应的词表示。 2. 能通过一一对应的方法比较两组物体的多少。 3. 能手口一致地点数5个以内的物体,并能说出总数。能按数取物。 4. 能用数词描述事物或动作。如我有4本图书。	1. 能感知和区分物体的粗细、厚薄、轻重等量方面的特点,并能用相应的词语描述。 2. 能通过数数比较两组物体的多少。 3. 能通过实际操作理解数与数之间的关系,如5比4多1;2和3合在一起是5。 4. 会用数词描述事物的排列顺序和位置。	1. 初步理解量的相对性。 2. 借助实际情境和操作(如合并或拿取)理解"加"和"减"的实际意义。 3. 能通过实物操作或其它方法进行10以内的加减运算。 4. 能用简单的记录表、统计图等表示简单的数量关系。

教育建议：

1. 引导幼儿感知和理解事物"量"的特征。如：

■ 感知常见事物的大小、多少、高矮、粗细等量的特征，学习使用相应的词汇描述这些特征。

■ 结合具体事物让幼儿通过多次比较逐渐理解"量"是相对的。如小亮比小明高，但比小强矮。

■ 收拾物品时，根据情况，鼓励幼儿按照物体量的特征分类整理。如整理图书时按照大小摆放。

2. 结合日常生活，指导幼儿学习通过对应或数数的方式比较物体的多少。如：

■ 鼓励幼儿在一对一配对的过程中发现两组物体的多少。如，在给桌子上的每个碗配上勺子时，发现碗和勺多少的不同。

■ 鼓励幼儿通过数数比较两样东西的多少。如数一数有多少个苹果，多少个梨，判断苹果和梨哪个多，哪个少。

3. 利用生活和游戏中的实际情境，引导幼儿理解数概念。如：

■ 结合生活需要，和幼儿一起手口一致点数物体，得出物体的总数。

■ 通过点数的方式让幼儿体会物体的数量不会因排列形式、空间位置的不同而发生变化。如鼓励幼儿将一定数量的扣子以不同的形式摆放，体会扣子的数量是不变的。

■ 结合日常生活，为幼儿提供"按数取物"的机会，如游戏时，请幼儿按要求拿出几个球。

4. 通过实物操作引导幼儿理解数与数之间的关系，并用"加"或"减"的办法来解决问题。如：

■ 游戏中遇到让 4 个小动物住进两间房子的问题，或生活中遇到将 5 块饼干分给两个小朋友问题时，让幼儿尝试不同的分法。

■ 鼓励幼儿尝试自己解决生活中的数学问题。如家里来了 5 位客人，桌子上只有 3 个杯子，还需要几个杯子等。

■ 购少量物品时，有意识地鼓励幼儿参与计算和付款的过程等。

目标 3　感知形状与空间关系

3—4岁	4—5岁	5—6岁
1. 能注意物体较明显的形状特征，并能用自己的语言描述。 2. 能感知物体基本的空间位置与方位，理解上下、前后、里外。	1. 能感知物体的形体结构特征，画出或拼搭出该物体的造型。 2. 能感知和发现常见几何图形的基本特征，并能进行分类。	1. 能用常见的几何形体有创意地拼搭和画出物体的造型。 2. 能按语言指示或根据简单示意图正确取放物品。

续 表

3—4岁	4—5岁	5—6岁
等方位词。	3. 能使用上下、前后、里外、中间、旁边等方位词描述物体的位置和运动方向。	3. 能辨别自己的左右。

教育建议：

1. 用多种方法帮助幼儿在物体与几何形体之间建立联系。如：

■ 引导幼儿感受生活中各种物品的形状特征，并尝试识别和描述。如感受和识别盘子、桌子、车轮、地砖等物品的形状特征。

■ 鼓励和支持幼儿用积木、纸盒、拼板等各种形状材料进行建构游戏或制作活动。如用长方形的纸盒加两个圆形瓶盖制作"汽车"。

■ 收拾整理积木时，引导幼儿体验图形之间的转换。如两个三角形可组合成一个正方形，两个正方形可组合成一个长方形。

■ 引导幼儿注意观察生活物品的图形特征，鼓励他们按形状分类整理物品。

2. 丰富幼儿空间方位识别的经验，引导幼儿运用空间方位经验解决问题。如：

■ 请幼儿取放物体时，使用他们能够理解的方位词，如把桌子下面的东西放到窗台上，把花盆放在大树旁边等。

■ 和幼儿一起识别熟悉场所的位置。如超市在家的旁边，邮局在幼儿园的前面。

■ 在体育、音乐和舞蹈活动中，引导幼儿感受空间方位和运动方向。

■ 和幼儿玩按指令找宝的游戏。对年龄小的幼儿要求他们按语言指令寻找，对年龄大些的幼儿可要求按照简单的示意图寻找。

五、艺术

艺术是人类感受美、表现美和创造美的重要形式，也是表达自己对周围世界的认识和情绪态度的独特方式。

每个幼儿心里都有一颗美的种子。幼儿艺术领域学习的关键在于充分创造条件和机会，在大自然和社会文化生活中萌发幼儿对美的感受和体验，丰富其想象力和创造力，引导幼儿学会用心灵去感受和发现美，用自己的方式去表现和创造美。

幼儿对事物的感受和理解不同于成人，他们表达自己认识和情感的方式也有别于成人。幼儿独特的笔触、动作和语言往往蕴含着丰富的想象和情感，成人应对幼儿的艺术表现给予充分的理解和尊重，不能用自己的审美标准去评判幼儿，更不能为追求结果的"完美"而对幼儿进行千篇一律的训练,以免扼杀其想象与创造的萌芽。

(一)感受与欣赏

目标1　喜欢自然界与生活中美的事物

3—4岁	4—5岁	5—6岁
1. 喜欢观看花草树木、日月星空等大自然中美的事物。 2. 容易被自然界中的鸟鸣、风声、雨声等好听的声音所吸引。	1. 在欣赏自然界和生活环境中美的事物时,关注其色彩、形态等特征。 2. 喜欢倾听各种好听的声音,感知声音的高低、长短、强弱等变化。	1. 乐于收集美的物品或向别人介绍所发现的美的事物。 2. 乐于模仿自然界和生活环境中有特点的声音,并产生相应的联想。

教育建议:

1. 和幼儿一起感受、发现和欣赏自然环境和人文景观中美的事物。如:

■ 让幼儿多接触大自然,感受和欣赏美丽的景色和好听的声音。

■ 经常带幼儿参观园林、名胜古迹等人文景观,讲讲有关的历史故事、传说,与幼儿一起讨论和交流对美的感受。

2. 和幼儿一起发现美的事物的特征,感受和欣赏美。如:

■ 让幼儿观察常见动植物以及其它物体,引导幼儿用自己的语言、动作等描述它们美的方面,如颜色、形状、形态等。

■ 让幼儿倾听和分辨各种声响,引导幼儿用自己的方式来表达他对音色、强弱、快慢的感受。

■ 支持幼儿收集喜欢的物品并和他一起欣赏。

目标2　喜欢欣赏多种多样的艺术形式和作品

3—4岁	4—5岁	5—6岁
1. 喜欢听音乐或观看舞蹈、戏剧等表演。 2. 乐于观看绘画、泥塑或其它艺术形式的作品。	1. 能够专心地观看自己喜欢的文艺演出或艺术品,有模仿和参与的愿望。 2. 欣赏艺术作品时会产生相应的联想和情绪反应。	1. 艺术欣赏时常常用表情、动作、语言等方式表达自己的理解。 2. 愿意和别人分享、交流自己喜爱的艺术作品和美感体验。

教育建议:

1. 创造条件让幼儿接触多种艺术形式和作品。如:

- 经常让幼儿接触适宜的、各种形式的音乐作品,丰富幼儿对音乐的感受和体验。
- 和幼儿一起用图画、手工制品等装饰和美化环境。
- 带幼儿观看或共同参与传统民间艺术和地方民俗文化活动,如皮影戏、剪纸和捏面人等。
- 有条件的情况下,带幼儿去剧院、美术馆、博物馆等欣赏文艺表演和艺术作品。

2. 尊重幼儿的兴趣和独特感受,理解他们欣赏时的行为。如:
- 理解和尊重幼儿在欣赏艺术作品时的手舞足蹈、即兴模仿等行为。
- 当幼儿主动介绍自己喜爱的舞蹈、戏曲、绘画或工艺品时,要耐心倾听并给予积极回应和鼓励。

(二)表现与创造

目标1 喜欢进行艺术活动并大胆表现

3—4岁	4—5岁	5—6岁
1. 经常自哼自唱或模仿有趣的动作、表情和声调。 2. 经常涂涂画画、粘粘贴贴并乐在其中。	1. 经常唱唱跳跳,愿意参加歌唱、律动、舞蹈、表演等活动。 2. 经常用绘画、捏泥、手工制作等多种方式表现自己的所见所想。	1. 积极参与艺术活动,有自己比较喜欢的活动形式。 2. 能用多种工具、材料或不同的表现手法表达自己的感受和想象。 3. 艺术活动中能与他人相互配合,也能独立表现。

教育建议:

1. 创造机会和条件,支持幼儿自发的艺术表现和创造。
- 提供丰富的便于幼儿取放的材料、工具或物品,支持幼儿进行自主绘画、手工、歌唱、表演等艺术活动。
- 经常和幼儿一起唱歌、表演、绘画、制作,共同分享艺术活动的乐趣。

2. 营造安全的心理氛围,让幼儿敢于并乐于表达表现。如:
- 欣赏和回应幼儿的哼哼唱唱、模仿表演等自发的艺术活动,赞赏他独特的表现方式。
- 在幼儿自主表达创作过程中,不做过多干预或把自己的意愿强加给幼儿,在幼儿需要时再给予具体的帮助。
- 了解并倾听幼儿艺术表现的想法或感受,领会并尊重幼儿的创作意图,不简单用"像不像""好不好"等成人标准来评价。
- 展示幼儿的作品,鼓励幼儿用自己的作品或艺术品布置环境。

目标 2　具有初步的艺术表现与创造能力

3—4岁	4—5岁	5—6岁
1. 能模仿学唱短小歌曲。 2. 能跟随熟悉的音乐做身体动作。 3. 能用声音、动作、姿态模拟自然界的事物和生活情景。 4. 能用简单的线条和色彩大体画出自己想画的人或事物。	1. 能用自然的、音量适中的声音基本准确地唱歌。 2. 能通过即兴哼唱、即兴表演或给熟悉的歌曲编词来表达自己的心情。 3. 能用拍手、踏脚等身体动作或可敲击的物品敲打节拍和基本节奏。 4. 能运用绘画、手工制作等表现自己观察到或想象的事物。	1. 能用基本准确的节奏和音调唱歌。 2. 能用律动或简单的舞蹈动作表现自己的情绪或自然界的情景。 3. 能自编自演故事,并为表演选择和搭配简单的服饰、道具或布景。 4. 能用自己制作的美术作品布置环境、美化生活。

教育建议:

尊重幼儿自发的表现和创造,并给予适当的指导。如:

■ 鼓励幼儿在生活中细心观察、体验,为艺术活动积累经验与素材。如,观察不同树种的形态、色彩等。

■ 提供丰富的材料,如图书、照片、绘画或音乐作品等,让幼儿自主选择,用自己喜欢的方式去模仿或创作,成人不做过多要求。

■ 根据幼儿的生活经验,与幼儿共同确定艺术表达表现的主题,引导幼儿围绕主题展开想象,进行艺术表现。

■ 幼儿绘画时,不宜提供范画,特别不应要求幼儿完全按照范画来画。

■ 肯定幼儿作品的优点,用表达自己感受的方式引导其提高。如,"你的画用了这么多红颜色,感觉就像过年一样喜庆""你扮演的大灰狼声音真像,要是表情再凶一点就更好了"等。

附录8 《幼儿园保育教育质量评估指南》

一、总体要求

（一）指导思想

以习近平新时代中国特色社会主义思想为指导，全面贯彻党的教育方针，落实立德树人根本任务，遵循幼儿发展规律和教育规律，完善以促进幼儿身心健康发展为导向的学前教育质量评估体系，切实扭转不科学的评估导向，强化评估结果运用，推动树立科学保育教育理念，全面提高幼儿园保育教育水平，为培养德智体美劳全面发展的社会主义建设者和接班人奠定坚实基础。

（二）基本原则

1. 坚持正确方向。坚持社会主义办园方向，践行为党育人、为国育才使命，树立科学评价导向，推动构建科学保育教育体系，整体提升幼儿园办园水平和保育教育质量。

2. 坚持儿童为本。尊重幼儿年龄特点和成长规律，注重幼儿发展的整体性和连续性，坚持保教结合，以游戏为基本活动，有效促进幼儿身心健康发展。

3. 坚持科学评估。完善评估内容，突出评估重点，改进评估方式，切实扭转"重结果轻过程、重硬件轻内涵、重他评轻自评"等倾向。

4. 坚持以评促建。充分发挥评估的引导、诊断、改进和激励功能，注重过程性、发展性评估，引导办好每一所幼儿园，促进幼儿园安全优质发展。

二、评估内容

坚持以促进幼儿身心健康发展为导向，聚焦幼儿园保育教育过程质量，评估内容主要包括办园方向、保育与安全、教育过程、环境创设、教师队伍等5个方面，共15项关键指标和48个考查要点。

（一）办园方向。包括党建工作、品德启蒙和科学理念等3项关键指标，旨在促进幼儿园全面贯彻党的教育方针，落实立德树人根本任务，强化党组织战斗堡垒作用，树立科学保育教育理念，确保正确办园方向。

（二）保育与安全。包括卫生保健、生活照料、安全防护等3项关键指标，旨在促进幼儿园加强膳食营养、疾病预防、健康检查等工作，建立合理的生活常规，强化医护保健人员配备、安全保障和制度落实，确保幼儿生命安全和身心健康。

（三）教育过程。包括活动组织、师幼互动和家园共育等3项关键指标，旨在促进幼儿园坚持以游戏为基本活动,理解尊重幼儿并支持其有意义地学习,强化家园协同育人,不断提高保育教育质量。

（四）环境创设。包括空间设施、玩具材料等2项关键指标,旨在促进幼儿园积极创设丰富适宜、富有童趣、有利于支持幼儿学习探索的教育环境,配备数量充足、种类多样的玩教具和图画书,有效支持保育教育工作科学实施。

（五）教师队伍。包括师德师风、人员配备、专业发展和激励机制等4项关键指标,旨在促进幼儿园加强教师师德工作,注重教师专业能力建设,提高园长专业领导力,采取有效措施激励教师爱岗敬业、潜心育人。

三、评估方式

（一）注重过程评估。重点关注保育教育过程质量,关注幼儿园提升保教水平的努力程度和改进过程,严禁用直接测查幼儿能力和发展水平的方式评估幼儿园保育教育质量。

（二）强化自我评估。幼儿园应建立常态化的自我评估机制,促进教职工主动参与,通过集体诊断,反思自身教育行为,提出改进措施。同时,有效发挥外部评估的导向、激励作用,有针对性地引导幼儿园不断完善自我评估,改进保育教育工作。

（三）聚焦班级观察。通过不少于半日的连续自然观察,了解教师与幼儿互动情况,准确判断教师对促进幼儿学习与发展所做的努力与支持,全面、客观、真实地了解幼儿园保育教育过程和质量。外部评估的班级观察采取随机抽取的方式,覆盖面不少于各年龄班级总数的三分之一。

四、组织实施

（一）加强组织领导。各地要高度重视幼儿园保育教育质量评估工作,将其作为促进学前教育高质量发展、办好人民满意教育的重要举措,纳入本地深化教育评价改革重要内容,建立党委领导、政府教育督导部门牵头、部门协同、多方参与的组织实施机制。各省（区、市）要结合实际,完善本地质量评估具体标准,编制幼儿园保育教育质量自评指导手册,增强质量评估的操作性,确保评估工作有效实施。要逐步将幼儿园保育教育质量评估工作与已经开展的对地方政府履行教育职责评价、学前教育普及普惠督导评估、幼儿园办园行为督导评估等工作统筹实施,避免重复评估,切实减轻基层和幼儿园迎检负担。

（二）明确评估周期。幼儿园每学期开展一次自我评估,教育部门要加强对幼儿园保育教育工作和自评的指导。县级督导评估依据所辖园数和工作需要,原则上每3—5年为一个周期,确保每个周期内覆盖所有幼儿园。省、市结合实际适当开展抽查,具体抽查比例由各省（区、市）自行确定。

（三）强化评估保障。各地要为幼儿园保育教育质量评估提供必要的经费保障，支持开展评估研究。要切实加强评估队伍建设，建立一支尊重学前教育规律、熟悉幼儿园保育教育实践、事业心责任感强、相对稳定的专业化评估队伍，评估人员主要由督学、学前教育行政人员、教研人员、园长、骨干教师等组成，强化评估人员专业能力建设。加强对本指南的学习培训，推动幼儿园园长、教师自觉运用对本指南自我反思改进，不断提高保育教育水平。

（四）注重激励引导。各地要将幼儿园保育教育质量评估结果作为对幼儿园表彰奖励、政策支持、资源配置、园长考核以及民办园年检、普惠性民办园认定扶持等方面工作的重要依据。对履职不到位、违反有关政策规定、违背幼儿身心发展规律、保教质量持续下滑的幼儿园，要及时督促整改，并视情况依法依规追究责任。要通过幼儿园保育教育质量评估工作，积极推动地方政府履行相应教育职责，为办好学前教育提供充分的条件保障和良好的政策环境。

（五）营造良好氛围。要广泛宣传国家关于学前教育改革发展的政策措施，深入解读幼儿园保育教育质量评估的重要意义、内容要求和指标体系，认真总结推广质量评估工作先进典型经验，有效发挥示范引领作用，积极开展国际交流与合作，营造有利于促进学前教育高质量发展的良好氛围。

扫码阅读附件

附录 9 《中共中央国务院关于学前教育深化改革规范发展的若干意见》

　　学前教育是终身学习的开端,是国民教育体系的重要组成部分,是重要的社会公益事业。办好学前教育、实现幼有所育,是党的十九大作出的重大决策部署,是党和政府为老百姓办实事的重大民生工程,关系亿万儿童健康成长,关系社会和谐稳定,关系党和国家事业未来。党的十八大以来,我国学前教育事业快速发展,资源迅速扩大、普及水平大幅提高、管理制度不断完善,"入园难"问题得到有效缓解。同时也要看到,由于底子薄、欠账多,目前学前教育仍是整个教育体系的短板,发展不平衡不充分问题十分突出,"入园难"、"入园贵"依然是困扰老百姓的烦心事之一。主要表现为:学前教育资源尤其是普惠性资源不足,政策保障体系不完善,教师队伍建设滞后,监管体制机制不健全,保教质量有待提高,存在"小学化"倾向,部分民办园过度逐利、幼儿安全问题时有发生。为进一步完善学前教育公共服务体系,切实办好新时代学前教育,更好实现幼有所育,现就学前教育深化改革规范发展提出如下意见。

一、总体要求

　　(一)指导思想。以习近平新时代中国特色社会主义思想为指导,全面贯彻党的十九大精神和党的教育方针,认真落实立德树人根本任务,遵循学前教育规律,牢牢把握学前教育正确发展方向,完善学前教育体制机制,健全学前教育政策保障体系,推进学前教育普及普惠安全优质发展,满足人民群众对幼有所育的美好期盼,为培养德智体美劳全面发展的社会主义建设者和接班人奠定坚实基础。

　　(二)基本原则

　　——坚持党的领导。加强党对学前教育工作的领导,确保党的教育方针在学前教育领域深入贯彻,确保立德树人根本任务落实到位,确保学前教育始终沿着正确方向发展。

　　——坚持政府主导。落实各级政府在学前教育规划、投入、教师队伍建设、监管等方面的责任,完善各有关部门分工负责、齐抓共管的工作机制。牢牢把握公益普惠基本方向,坚持公办民办并举,加大公共财政投入,着力扩大普惠性学前教育资源供给。

　　——坚持改革创新。突出问题导向,统筹兼顾、综合施策,破解制约学前教育发展的体制机制障碍,补齐制度短板,激发办园活力,鼓励引导规范社会力量办园,充分调动各方面积极性。

　　——坚持规范管理。遵循幼儿身心发展规律,实施科学保教,健全治理体系,堵住监管漏洞,完善学前教育法律法规,实现依法依规办园治园,促进幼儿健康快乐成长。

(三) 主要目标

到2020年,全国学前三年毛入园率达到85%,普惠性幼儿园覆盖率(公办园和普惠性民办园在园幼儿占比)达到80%。广覆盖、保基本、有质量的学前教育公共服务体系基本建成,学前教育管理体制、办园体制和政策保障体系基本完善。投入水平显著提高,成本分担机制普遍建立。幼儿园办园行为普遍规范,保教质量明显提升。不同区域、不同类型城市分类解决学前教育发展问题,大型、特大型城市率先实现发展目标。

到2020年,基本形成以本专科为主体的幼儿园教师培养体系,本专科学前教育专业毕业生规模达到20万人以上;建立幼儿园教师专业成长机制,健全培训课程标准,分层分类培训150万名左右幼儿园园长、教师;建立普通高等学校学前教育专业质量认证和保障体系,幼儿园教师队伍综合素质和科学保教能力得到整体提升,幼儿园教师社会地位、待遇保障进一步提高,职业吸引力明显增强。

到2035年,全面普及学前三年教育,建成覆盖城乡、布局合理的学前教育公共服务体系,形成完善的学前教育管理体制、办园体制和政策保障体系,为幼儿提供更加充裕、更加普惠、更加优质的学前教育。

二、优化布局与办园结构

(四) 科学规划布局。各地要充分考虑人口变化和城镇化发展趋势,结合实施乡村振兴战略,制定应对学前教育需求高峰方案。以县为单位制定幼儿园布局规划,切实把普惠性幼儿园建设纳入城乡公共管理和公共服务设施统一规划,列入本地区控制性详细规划和土地招拍挂建设项目成本,选定具体位置,明确服务范围,确定建设规模,确保优先建设。公办园资源不足的城镇地区,新建改扩建一批公办园。大力发展农村学前教育,每个乡镇原则上至少办好一所公办中心园,大村独立建园或设分园,小村联合办园,人口分散地区根据实际情况可举办流动幼儿园、季节班等,配备专职巡回指导教师,完善县乡村三级学前教育公共服务网络。

(五) 调整办园结构。各地要把发展普惠性学前教育作为重点任务,结合本地实际,着力构建以普惠性资源为主体的办园体系,坚决扭转高收费民办园占比偏高的局面。大力发展公办园,充分发挥公办园保基本、兜底线、引领方向、平抑收费的主渠道作用。按照实现普惠目标的要求,公办园在园幼儿占比偏低的省份,逐步提高公办园在园幼儿占比,到2020年全国原则上达到50%,各地可从实际出发确定具体发展目标。积极扶持民办园提供普惠性服务,规范营利性民办园发展,满足家长不同选择性需求。

三、拓宽途径扩大资源供给

（六）实施学前教育专项。国家继续实施学前教育行动计划,逐年安排建设一批普惠性幼儿园,重点扩大农村地区、脱贫攻坚地区、新增人口集中地区普惠性资源。

（七）积极挖潜扩大增量。充分利用腾退搬迁的空置厂房、乡村公共服务设施、农村中小学闲置校舍等资源,以租赁、租借、划转等形式举办公办园。鼓励支持街道、村集体、有实力的国有企事业单位,特别是普通高等学校举办公办园,在为本单位职工子女入园提供便利的同时,也为社会提供普惠性服务。对于军队停办的幼儿园,要移交地方政府接收,实行属地化管理,确保学前教育资源不流失。

（八）规范小区配套幼儿园建设使用。2019年6月底前,各省(自治区、直辖市)要制定小区配套幼儿园建设管理办法,健全发展改革、自然资源、住房城乡建设、教育等部门联动管理机制,做好配套幼儿园规划、土地出让、园舍设计建设、验收、移交、办园等环节的监督管理。各省(自治区、直辖市)要对小区配套幼儿园规划、建设、移交、办园等情况进行专项治理,2019年年底前整改到位。老城(棚户区)改造、新城开发和居住区建设、易地扶贫搬迁应将配套建设幼儿园纳入公共管理和公共服务设施建设规划,并按照相关标准和规范予以建设,确保配套幼儿园与首期建设的居民住宅区同步规划、同步设计、同步建设、同步验收、同步交付使用。配套幼儿园由当地政府统筹安排,办成公办园或委托办成普惠性民办园,不得办成营利性幼儿园。对存在配套幼儿园缓建、缩建、停建、不建和建而不交等问题的,在整改到位之前,不得办理竣工验收。

（九）鼓励社会力量办园。政府加大扶持力度,引导社会力量更多举办普惠性幼儿园。2019年6月底前,各省(自治区、直辖市)要进一步完善普惠性民办园认定标准、补助标准及扶持政策。通过购买服务、综合奖补、减免租金、派驻公办教师、培训教师、教研指导等方式,支持普惠性民办园发展,并将提供普惠性学位数量和办园质量作为奖补和支持的重要依据。

四、健全经费投入长效机制

（十）优化经费投入结构。国家进一步加大学前教育投入力度,逐步提高学前教育财政投入和支持水平,主要用于扩大普惠性资源、补充配备教师、提高教师待遇、改善办园条件。中央财政继续安排支持学前教育发展资金,支持地方多种形式扩大普惠性资源,深化体制机制改革,健全幼儿资助制度,重点向中西部农村地区和贫困地区倾斜。研究中央专项彩票公益金等支持学前教育发展的政策。地方各级政府要健全学前教育经费投入机制,规范使用管理,强化绩效评价,提高使用效益。

（十一）健全学前教育成本分担机制。各地要从实际出发,科学核定办园成本,以提供普惠性服务为衡量标准,统筹制定财政补助和收费政策,合理确定分担比例。到2020年,各省(自治区、直辖市)制定并落实公办园生均财政拨款标准或生均公用经费标准,合理确定并动态调整拨款水平;因地制宜制定企事业单位、部队、街道、村集体办幼儿园财政补助政策;根据办园成本、经济发展水平和群众承受能力等因素,合理确定公办园收费标准并建立定期动态调整机制。民办园收费项目和标准根据办园成本、市场需求等因素合理确定,向社会公示,并接受有关主管部门的监督。非营利性民办园(包括普惠性民办园)收费具体办法由省级政府制定。营利性民办园收费标准实行市场调节,由幼儿园自主决定。地方政府依法加强对民办园收费的价格监管,坚决抑制过高收费。

（十二）完善学前教育资助制度。各地要认真落实幼儿资助政策,确保接受普惠性学前教育的家庭经济困难儿童（含建档立卡家庭儿童、低保家庭儿童、特困救助供养儿童等）、孤儿和残疾儿童得到资助。

五、大力加强幼儿园教师队伍建设

（十三）严格依标配备教职工。各地要及时补充公办园教职工,严禁"有编不补"、长期使用代课教师。民办园按照配备标准配足配齐教职工。各类幼儿园按照国家相关规定配备卫生保健人员。

（十四）依法保障幼儿园教师地位和待遇。各地要认真落实公办园教师工资待遇保障政策,统筹工资收入政策、经费支出渠道,确保教师工资及时足额发放、同工同酬。有条件的地方可试点实施乡村公办园教师生活补助政策。按照政府购买服务范围的规定,可将公办园中保育员、安保、厨师等服务纳入政府购买服务范围,所需资金从地方财政预算中统筹安排。民办园要参照当地公办园教师工资收入水平,合理确定相应教师的工资收入。各类幼儿园依法依规足额足项为教职工缴纳社会保险和住房公积金。各地要根据学前教育特点和幼儿园教师专业标准,完善幼儿园教师职称评聘标准,畅通职称评聘通道,提高高级职称比例。对作出突出贡献的幼儿园园长、教师,按照国家有关规定予以表彰和奖励。

（十五）完善教师培养体系。办好一批幼儿师范专科学校和若干所幼儿师范学院,支持师范院校设立并办好学前教育专业。中等职业学校相关专业重点培养保育员。根据基本普及学前教育目标,制定学前教育专业培养规划,扩大本专科层次培养规模及学前教育专业公费师范生招生规模。前移培养起点,大力培养初中毕业起点的五年制专科学历的幼儿园教师。引导学前教育专业毕业生从事幼教工作,鼓励师范院校在校生辅修或转入学前教育专业,扩大有质量教师供给。创新培养模式,优化培养课程体系,突出保教融合,健全学前教育法规及规章制度,加强儿童发展、幼儿园保育教育实践类课程建设,提高培养专业化水平。2018年启动师范院校学前教育专业国家认证工作,建立培养质量保障制度。

（十六）健全教师培训制度。出台幼儿园教师培训课程指导标准，实行幼儿园园长、教师定期培训和全员轮训制度。研究制定全国幼儿园教师培训工作方案，用两年半左右时间，通过国家、省、县三级培训网络，大规模培训幼儿园园长、教师，重点加强师德师风全员培训、非学前教育专业教师全员补偿培训和未成年人保护方面的法律培训等。创新培训模式，支持师范院校与优质幼儿园协同建立培训基地，强化专业学习与跟岗实践相结合，增强培训针对性和实效性，切实提高教师专业水平和科学保教能力。

（十七）严格教师队伍管理。认真落实教师资格准入与定期注册制度，严格执行幼儿园园长、教师专业标准，坚持公开招聘制度，全面落实幼儿园教师持证上岗，切实把好幼儿园园长、教师入口关。非学前教育专业毕业生到幼儿园从教须经专业培训并取得相应教师资格。强化师德师风建设，通过加强师德教育、完善考评制度、加大监察监督、建立信用记录、完善诚信承诺和失信惩戒机制等措施，提高教师职业素养，培养热爱幼教、热爱幼儿的职业情怀。对违反职业行为规范、影响恶劣的实行"一票否决"，终身不得从教。

六、完善监管体系

（十八）落实监管责任。强化各级党委和政府及各有关部门的监管责任，建立健全教育部门主管、各有关部门分工负责的监管机制。健全各级教育部门学前教育管理机构，充实管理力量，建设一支与学前教育事业发展规模和监管任务相适应的专业化管理队伍。

（十九）加强源头监管。严格幼儿园准入管理，各地依据国家基本标准调整完善幼儿园设置标准，严格掌握审批条件，加强对教职工资质与配备标准、办园条件等方面的审核。幼儿园审批严格执行"先证后照"制度，由县级教育部门依法进行前置审批，取得办园许可证后，到相关部门办理法人登记。对符合条件的幼儿园，按照国家相关规定进行事业单位登记。

（二十）完善过程监管。强化对幼儿园教职工资质和配备、收费行为、安全防护、卫生保健、保教质量、经费使用以及财务管理等方面的动态监管，完善年检制度。各地建立幼儿园基本信息备案及公示制度，充分利用互联网等信息化手段，向社会及时公布并更新幼儿园教职工配备、收费标准、质量评估等方面信息，主动接受社会监督。教育、民政、市场监管等部门要健全家长投诉渠道，及时回应和解决家长反映的问题。健全家长志愿者驻园值守制度，充分发挥幼儿园家长委员会作用，推动家长有效参与幼儿园重大事项决策和日常管理。建设全国学前教育管理信息系统，提高学前教育信息化管理水平。

（二十一）强化安全监管。落实相关部门对幼儿园安全保卫和监管责任，提升人防、物防、技防能力，建立全覆盖的幼儿园安全风险防控体系。幼儿园所在街道（乡镇）、城乡社区居民委员会（村民委员会）共同做好幼儿园安全监管工作。幼儿园必须把保护幼儿生命安全和健康放在首位，落实园长安全主体责任，健全各项安全管理制度和安全责任制，强化法治教育和安全教育,提高家长安全防范意识和能力,并通过符合幼儿身心特点的方式提高幼儿感知、体悟、躲避危险和伤害的能力。

(二十二)严格依法监管。加强办园行为督导,实行幼儿园责任督学挂牌督导制度。幼儿园提供虚假或误导家长信息的,纳入诚信记录。对存在伤害儿童、违规收费等行为的幼儿园,及时进行整改、追究责任;造成恶劣影响的,依法吊销办园许可证,有关责任人终身不得办学和执教;构成犯罪的,依法追究其刑事责任。

七、规范发展民办园

(二十三)稳妥实施分类管理。2019年6月底前,各省(自治区、直辖市)要制定民办园分类管理实施办法,明确分类管理政策。现有民办园根据举办者申请,限期归口进行非营利性民办园或营利性民办园分类登记。在此期间,县级以上教育、民政、市场监管部门做好衔接等工作,确保分类登记平稳实施、有序进行。

(二十四)遏制过度逐利行为。民办园应依法建立财务、会计和资产管理制度,按照国家有关规定设置会计账簿,收取的费用应主要用于幼儿保教活动、改善办园条件和保障教职工待遇,每年依规向当地教育、民政或市场监管部门提交经审计的财务报告。社会资本不得通过兼并收购、受托经营、加盟连锁、利用可变利益实体、协议控制等方式控制国有资产或集体资产举办的幼儿园、非营利性幼儿园;已违规的,由教育部门会同有关部门进行清理整治,清理整治完成前不得进行增资扩股。参与并购、加盟、连锁经营的营利性幼儿园,应将与相关利益企业签订的协议报县级以上教育部门备案并向社会公布;当地教育部门应对相关利益企业和幼儿园的资质、办园方向、课程资源、数量规模及管理能力等进行严格审核,实施加盟、连锁行为的营利性幼儿园原则上应取得省级示范园资质。幼儿园控制主体或品牌加盟主体变更,须经所在区县教育部门审批,举办者变更须按规定办理核准登记手续,按法定程序履行资产交割。所属幼儿园出现安全、经营、管理、质量、财务、资产等方面问题时,举办者、实际控制人、负责幼儿经营的管理机构应承担相应责任。民办园一律不准单独或作为一部分资产打包上市。上市公司不得通过股票市场融资投资营利性幼儿园,不得通过发行股份或支付现金等方式购买营利性幼儿园资产。

(二十五)分类治理无证办园。各地要将无证园全部纳入监管范围,建立工作台账,稳妥做好排查、分类、扶持和治理工作。加大整改扶持力度,通过整改扶持规范一批无证园,达到基本标准的,颁发办园许可证。整改后仍达不到安全卫生等办园基本要求的,地方政府要坚决予以取缔,并妥善分流和安置幼儿。2020年年底前,各地要稳妥完成无证园治理工作。

八、提高幼儿园保教质量

(二十六)全面改善办园条件。幼儿园园舍条件、玩教具和幼儿图书配备应达到规定要求。国家制定幼儿园玩教具和图书配备指南,广泛征集遴选符合幼儿身心特点的优质游戏活动资源和体现中国优秀传统文化、现代生活特色的绘本。各地要加强对玩教具和图书配备的指导,支持引导幼儿园充分利用当地自然和文化资源,合理布局空间、设施,为幼儿提供有利于激发学习探索、安全、丰富、适宜的游戏材料和玩教具,防止盲目攀比、不切实际。

(二十七)注重保教结合。幼儿园要遵循幼儿身心发展规律,树立科学保教理念,建立良好师幼关系。合理安排幼儿一日生活,为幼儿提供均衡的营养,保证充足的睡眠和适宜的锻炼,传授基本的文明礼仪,培育幼儿良好的卫生、生活、行为习惯和自我保护能力。坚持以游戏为基本活动,珍视幼儿游戏活动的独特价值,保护幼儿的好奇心和学习兴趣,尊重个体差异,鼓励支持幼儿通过亲近自然、直接感知、实际操作、亲身体验等方式学习探索,促进幼儿快乐健康成长。开展幼儿园"小学化"专项治理行动,坚决克服和纠正"小学化"倾向,小学起始年级必须按国家课程标准坚持零起点教学。

(二十八)完善学前教育教研体系。健全各级学前教育教研机构,充实教研队伍,落实教研指导责任区制度,加强园本教研、区域教研,及时解决幼儿园教师在教育实践过程中的困惑和问题。充分发挥城镇优质幼儿园和农村乡镇中心园的辐射带动作用,加强对薄弱园的专业引领和实践指导。

(二十九)健全质量评估监测体系。国家制定幼儿园保教质量评估指南,各省(自治区、直辖市)完善幼儿园质量评估标准,健全分级分类评估体系,建立一支立足实践、熟悉业务的专业化质量评估队伍,将各类幼儿园全部纳入质量评估范畴,定期向社会公布评估结果。加强幼儿园保育教育资源监管,在幼儿园推行使用的课程教学类资源须经省级学前教育专家指导委员会审核。

九、加强组织领导

(三十)加强党的领导。全面加强党对学前教育事业的领导,按照管党建与管业务相结合的原则,市、县级党委教育工作部门或教育行政部门党组织统一领导和指导幼儿园党建工作。认真落实全面从严治党要求,实现幼儿园党的组织和党的工作全覆盖。充分发挥幼儿园党组织作用,保障正确办园方向,认真做好教职工思想政治工作,厚植立德树人基础。

(三十一)健全管理体制。认真落实国务院领导、省市统筹、以县为主的学前教育管理体制。积极推动各地理顺机关、企事业单位办幼儿园的办园体制,实行属地化管理。国家完善相关法规制度,制定学前教育发展规划,推进普及学前教育,构建覆盖城乡的学前教育公共服务体系。地方政府是发展学前教育的责任主体,省级和市级政府负责统筹加强学前教育工作,推动出台地方性学前教育法规,制定相关规章和本地学前教育发展规划,健全投入机制,明确分担责任,完善相关政策措施并组织实施;县级政府对本县域学前教育发展负主体责任,负责制定学前教育发展规划和幼儿园布局、公办园的建设、教师配备补充、工资待遇及幼儿园运转,面向各类幼儿园进行监督管理,指导幼儿园做好保教工作,在土地划拨等方面对幼儿园予以优惠和支持,确保县域内学前教育规范有序健康发展。城市街道办事处、乡(镇)政府要积极支持办好本行政区域内各类幼儿园。

(三十二)完善部门协调机制。教育部门要完善政策,制定标准,充实管理、教研力量,加强学前教育的科学指导和监督管理。编制部门要结合实际合理核定公办园教职工编制。发展改革部门要把学前教育纳入当地经济社会发展规划,支持幼儿园建设发展。财政部门要完善财政支持政策,支持扩大普惠性学前教育资源。自然资源、住房城乡建设部门要将城镇小区和新农村配套幼儿园必要建设用地及时纳入相关规划,会同教育部门加强对配套幼儿园的建设、验收、移交等环节的监管落实。人力资源社会保障部门要制定完善幼儿园教职工人事(劳动)、工资待遇、社会保障和职称评聘政策。价格、财政、教育部门要根据职责分工,加强幼儿园收费管理。卫生健康部门要监督指导幼儿园卫生保健工作。民政、市场监管部门要分别对取得办学许可证的非营利性幼儿园和营利性幼儿园依法办理法人登记手续。金融监管部门要对民办园并购、融资上市等行为进行规范监管。党委政法委组织协调公安、司法等政法机关和有关部门进一步加强幼儿园安全保卫工作的指导,依法严厉打击侵害幼儿人身安全的违法犯罪行为,推动幼儿园及周边社会治安综合治理。

(三十三)建立督导问责机制。将学前教育普及普惠目标和相关政策措施落实情况作为对省级政府履行教育职责督导评估的重要内容,作为地方各级党委和政府督查工作的重点任务,纳入督导评估和目标考核体系。国务院教育督导委员会制定普及学前教育督导评估办法,以县为单位对普及学前教育情况进行评估,省级为主推动实施,国家审核认定。省一级建立专项督查机制,加强对普惠性资源配置、教师队伍建设、经费投入与成本分担机制等政府责任落实情况的督导检查,并将结果向社会公示。对发展学前教育成绩突出的地区予以表彰奖励,对履行职责不力、没有如期完成发展目标地区的责任人予以问责。

(三十四)研究制定学前教育法。加快推进学前教育立法,进一步明确学前教育在国民教育体系中的地位和公益普惠属性,强化政府和各有关部门在学前教育规划、投入、资源配置、师资队伍建设和监管等方面的责任,明确举办者对幼儿园办园条件、师资聘任、工资待遇、运转保障、经费使用与财务管理等方面的责任,促进学前教育事业健康可持续发展。加大对违法违规办园行为的惩治力度,推进学前教育走上依法办园、依法治教的轨道,保障幼儿身心健康成长。

(三十五)营造良好氛围。教育部门会同宣传、广电部门及新闻媒体认真遴选并广泛宣传各地学前教育工作的典型经验,以及为发展学前教育事业作出突出贡献的先进个人事迹,积极开展"全国学前教育宣传月"等宣传教育活动,传播科学育儿理念和知识,集中宣传展示先进典型经验,大力营造全社会关心支持学前教育改革发展的良好氛围。

附录10 《国务院关于当前发展学前教育的若干意见》

各省、自治区、直辖市人民政府,国务院各部委、各直属机构:

为贯彻落实党的十七届五中全会、全国教育工作会议精神和《国家中长期教育改革和发展规划纲要(2010—2020年)》,积极发展学前教育,着力解决当前存在的"入园难"问题,满足适龄儿童入园需求,促进学前教育事业科学发展,现提出如下意见。

一、把发展学前教育摆在更加重要的位置。学前教育是终身学习的开端,是国民教育体系的重要组成部分,是重要的社会公益事业。改革开放特别是新世纪以来,我国学前教育取得长足发展,普及程度逐步提高。但总体上看,学前教育仍是各级各类教育中的薄弱环节,主要表现为教育资源短缺、投入不足、师资队伍不健全、体制机制不完善,城乡区域发展不平衡,一些地方"入园难"问题突出。办好学前教育,关系亿万儿童的健康成长,关系千家万户的切身利益,关系国家和民族的未来。

发展学前教育,必须坚持公益性和普惠性,努力构建覆盖城乡、布局合理的学前教育公共服务体系,保障适龄儿童接受基本的、有质量的学前教育;必须坚持政府主导,社会参与,公办民办并举,落实各级政府责任,充分调动各方面积极性;必须坚持改革创新,着力破除制约学前教育科学发展的体制机制障碍;必须坚持因地制宜,从实际出发,为幼儿和家长提供方便就近、灵活多样、多种层次的学前教育服务;必须坚持科学育儿,遵循幼儿身心发展规律,促进幼儿健康快乐成长。

各级政府要充分认识发展学前教育的重要性和紧迫性,将大力发展学前教育作为贯彻落实教育规划纲要的突破口,作为推动教育事业科学发展的重要任务,作为建设社会主义和谐社会的重大民生工程,纳入政府工作重要议事日程,切实抓紧抓好。

二、多种形式扩大学前教育资源。大力发展公办幼儿园,提供"广覆盖、保基本"的学前教育公共服务。加大政府投入,新建、改建、扩建一批安全、适用的幼儿园。不得用政府投入建设超标准、高收费的幼儿园。中小学布局调整后的富余教育资源和其他富余公共资源,优先改建成幼儿园。鼓励优质公办幼儿园举办分园或合作办园。制定优惠政策,支持街道、农村集体举办幼儿园。

鼓励社会力量以多种形式举办幼儿园。通过保证合理用地、减免税费等方式,支持社会力量办园。积极扶持民办幼儿园特别是面向大众、收费较低的普惠性民办幼儿园发展。采取政府购买服务、减免租金、以奖代补、派驻公办教师等方式,引导和支持民办幼儿园提供普惠性服务。民办幼儿园在审批登记、分类定级、评估指导、教师培训、职称评定、资格认定、表彰奖励等方面与公办幼儿园具有同等地位。

城镇小区没有配套幼儿园的,应根据居住区规划和居住人口规模,按照国家有关规定配套建设幼儿园。新建小区配套幼儿园要与小区同步规划、同步建设、同步交付使用。建设用地按国家有关规定予以保障。未按规定安排配套幼儿园建设的小区规划不予审批。城镇小区配套幼儿园作为公共教育资源由当地政府统筹安排,举办公办幼儿园或委托办成普惠性民办幼儿园。城镇幼儿园建设要充分考虑进城务工人员随迁子女接受学前教育的需求。

努力扩大农村学前教育资源。各地要把发展学前教育作为社会主义新农村建设的重要内容,将幼儿园作为新农村公共服务设施统一规划,优先建设,加快发展。各级政府要加大对农村学前教育的投入,从今年开始,国家实施推进农村学前教育项目,重点支持中西部地区;地方各级政府要安排专门资金,重点建设农村幼儿园。乡镇和大村独立建园,小村设分园或联合办园,人口分散地区举办流动幼儿园、季节班等,配备专职巡回指导教师,逐步完善县、乡、村学前教育网络。改善农村幼儿园保教条件,配备基本的保教设施、玩教具、幼儿读物等。创造更多条件,着力保障留守儿童入园。发展农村学前教育要充分考虑农村人口分布和流动趋势,合理布局,有效使用资源。

三、多种途径加强幼儿教师队伍建设。加快建设一支师德高尚、热爱儿童、业务精良、结构合理的幼儿教师队伍。各地根据国家要求,结合本地实际,合理确定生师比,核定公办幼儿园教职工编制,逐步配齐幼儿园教职工。健全幼儿教师资格准入制度,严把入口关。2010年国家颁布幼儿教师专业标准。公开招聘具备条件的毕业生充实幼儿教师队伍。中小学富余教师经培训合格后可转入学前教育。

依法落实幼儿教师地位和待遇。切实维护幼儿教师权益,完善落实幼儿园教职工工资保障办法、专业技术职称(职务)评聘机制和社会保障政策。对长期在农村基层和艰苦边远地区工作的公办幼儿教师,按国家规定实行工资倾斜政策。对优秀幼儿园园长、教师进行表彰。

完善学前教育师资培养培训体系。办好中等幼儿师范学校。办好高等师范院校学前教育专业。建设一批幼儿师范专科学校。加大面向农村的幼儿教师培养力度,扩大免费师范生学前教育专业招生规模。积极探索初中毕业起点五年制学前教育专科学历教师培养模式。重视对幼儿特教师资的培养。建立幼儿园园长和教师培训体系,满足幼儿教师多样化的学习和发展需求。创新培训模式,为有志于从事学前教育的非师范专业毕业生提供培训。三年内对1万名幼儿园园长和骨干教师进行国家级培训。各地五年内对幼儿园园长和教师进行一轮全员专业培训。

四、多种渠道加大学前教育投入。各级政府要将学前教育经费列入财政预算。新增教育经费要向学前教育倾斜。财政性学前教育经费在同级财政性教育经费中要占合理比例,未来三年要有明显提高。各地根据实际研究制定公办幼儿园生均经费标准和生均财政拨款标准。制定优惠政策，鼓励社会力量办园和捐资助园。家庭合理分担学前教育成本。建立学前教育资助制度，资助家庭经济困难儿童、孤儿和残疾儿童接受普惠性学前教育。发展残疾儿童学前康复教育。中央财政设立专项经费，支持中西部农村地区、少数民族地区和边疆地区发展学前教育和学前双语教育。地方政府要加大投入，重点支持边远贫困地区和少数民族地区发展学前教育。规范学前教育经费的使用和管理。

五、加强幼儿园准入管理。完善法律法规，规范学前教育管理。严格执行幼儿园准入制度。各地根据国家基本标准和社会对幼儿保教的不同需求，制定各种类型幼儿园的办园标准，实行分类管理、分类指导。县级教育行政部门负责审批各类幼儿园，建立幼儿园信息管理系统，对幼儿园实行动态监管。完善和落实幼儿园年检制度。未取得办园许可证和未办理登记注册手续，任何单位和个人不得举办幼儿园。对社会各类幼儿培训机构和早期教育指导机构，审批主管部门要加强监督管理。

分类治理、妥善解决无证办园问题。各地要对目前存在的无证办园进行全面排查，加强指导，督促整改。整改期间，要保证幼儿正常接受学前教育。经整改达到相应标准的，颁发办园许可证。整改后仍未达到保障幼儿安全、健康等基本要求的，当地政府要依法予以取缔，妥善分流和安置幼儿。

六、强化幼儿园安全监管。各地要高度重视幼儿园安全保障工作，加强安全设施建设，配备保安人员，健全各项安全管理制度和安全责任制，落实各项措施，严防事故发生。相关部门按职能分工，建立全覆盖的幼儿园安全防护体系，切实加大工作力度，加强监督指导。幼儿园要提高安全防范意识，加强内部安全管理。幼儿园所在街道、社区和村民委员会要共同做好幼儿园安全管理工作。

七、规范幼儿园收费管理。国家有关部门2011年出台幼儿园收费管理办法。省级有关部门根据城乡经济社会发展水平、办园成本和群众承受能力，按照非义务教育阶段家庭合理分担教育成本的原则，制定公办幼儿园收费标准。加强民办幼儿园收费管理，完善备案程序，加强分类指导。幼儿园实行收费公示制度，接受社会监督。加强收费监管，坚决查处乱收费。

八、坚持科学保教，促进幼儿身心健康发展。加强对幼儿园保教工作的指导，2010年国家颁布幼儿学习与发展指南。遵循幼儿身心发展规律，面向全体幼儿，关注个体差异，坚持以游戏为基本活动，保教结合，寓教于乐，促进幼儿健康成长。加强对幼儿园玩教具、幼儿图书的配备与指导，为儿童创设丰富多彩的教育环境，防止和纠正幼儿园教育"小学化"倾向。研究制定幼儿园教师指导用书审定办法。建立幼儿园保教质量评估监管体系。健全学前教育教研指导网络。要把幼儿园教育和家庭教育紧密结合，共同为幼儿的健康成长创造良好环境。

九、完善工作机制,加强组织领导。各级政府要加强对学前教育的统筹协调,健全教育部门主管、有关部门分工负责的工作机制,形成推动学前教育发展的合力。教育部门要完善政策,制定标准,充实管理、教研力量,加强学前教育的监督管理和科学指导。机构编制部门要结合实际合理确定公办幼儿园教职工编制。发展改革部门要把学前教育纳入当地经济社会发展规划,支持幼儿园建设发展。财政部门要加大投入,制定支持学前教育的优惠政策。城乡建设和国土资源部门要落实城镇小区和新农村配套幼儿园的规划、用地。人力资源和社会保障部门要制定幼儿园教职工的人事(劳动)、工资待遇、社会保障和技术职称(职务)评聘政策。价格、财政、教育部门要根据职责分工,加强幼儿园收费管理。综治、公安部门要加强对幼儿园安全保卫工作的监督指导,整治、净化周边环境。卫生部门要监督指导幼儿园卫生保健工作。民政、工商、质检、安全生产监管、食品药品监管等部门要根据职能分工,加强对幼儿园的指导和管理。妇联、残联等单位要积极开展对家庭教育、残疾儿童早期教育的宣传指导。充分发挥城市社区居委会和农村村民自治组织的作用,建立社区和家长参与幼儿园管理和监督的机制。

十、统筹规划,实施学前教育三年行动计划。各省(区、市)政府要深入调查,准确掌握当地学前教育基本状况和存在的突出问题,结合本区域经济社会发展状况和适龄人口分布、变化趋势,科学测算入园需求和供需缺口,确定发展目标,分解年度任务,落实经费,以县为单位编制学前教育三年行动计划,有效缓解"入园难"。2011年3月底前,各省(区、市)行动计划报国家教育体制改革领导小组办公室备案。

地方政府是发展学前教育、解决"入园难"问题的责任主体。各省(区、市)要建立督促检查、考核奖惩和问责机制,确保大力发展学前教育的各项举措落到实处,取得实效。各级教育督导部门要把学前教育作为督导重点,加强对政府责任落实、教师队伍建设、经费投入、安全管理等方面的督导检查,并将结果向社会公示。教育部会同有关部门对各地学前教育三年行动计划进展情况进行专项督查,组织宣传和推广先进经验,对发展学前教育成绩突出的地区予以表彰奖励,营造全社会关心支持学前教育的良好氛围。